Guerres secrètes à l'Élysée

DU MÊME AUTEUR

Missions très spéciales,
Presses de la Cité, 1984.

Capitaine Paul Barril

Guerres secrètes à l'Élysée

(1981-1995)

Albin Michel

22, rue Huyghens, 75014 Paris

ISBN : 2-226-08726-5

A mon père, qui m'a tout appris ;

A François de Grossouvre, qui m'a montré la voie ;

Aux hommes du GIGN ;

Aux gendarmes qui ont servi la France, jusqu'à la mort,
à leurs familles ;

A tous ceux qui m'ont soutenu,
aidé, renseigné, protégé.

Chapitre 1

« Protégez le président ! »

« La démocratie est fondée sur la vertu. »

Montesquieu

C'est à La Mecque que tout a commencé. Une mission exécutée dans la Ville sainte de l'islam se trouve à l'origine de la création de la « cellule antiterroriste de l'Élysée ». A la source, aussi, de mes premiers ennuis. Je ne saisissais pas, à l'époque, qu'il s'agissait du début d'une guerre dont je serais la cible.

En 1979, l'intervention courageuse de la France a contribué à sauver le régime wahhabite d'Arabie Saoudite, confronté à la plus importante prise d'otages de l'histoire. Quelque 50 000 pèlerins étaient « braqués » à l'intérieur de la grande mosquée, par plus de 1 500 combattants intégristes, aguerris et armés jusqu'aux dents. Avec deux sous-officiers du Groupement d'intervention de la gendarmerie nationale (GIGN), nous étions les conseillers action en coups tordus des forces spéciales saoudiennes. Je me souviens avoir passé avec eux des jours très difficiles autour de la grande mosquée. Nos vies n'avaient tenu qu'à un fil. Nous en sommes sortis vivants. Dieu était avec nous. Inch Allah ! Un « miracle » dans un lieu saint est presque normal.

Difficile de se faire une juste idée de l'importance de La Mecque si l'on oublie que des centaines de millions de musulmans disséminés dans le monde ambitionnent de s'y rendre, au moins une fois dans leur vie, en pèlerinage. La mosquée est située au cœur d'une grande ville orientale, dans une vallée nichée entre monts et montagnes. Notre place de l'Étoile paraît petite par rapport à l'immensité de l'endroit. La mosquée et ses deux cours intérieures ressemblent, vues du ciel, à une station spatiale en raison de ses immenses toits plats formant le chiffre huit. Des dizaines de milliers de pèlerins viennent prier, au coude à coude, chaque jour, aux heures prescrites par le Coran. La nuit aussi, car de puissants éclairages sont installés, à l'instar de ceux illuminant les stades les plus modernes. Au centre de la plus grande des cours intérieures, se trouve la Pierre noire sacrée, la Kaaba, au cœur de laquelle coule une sainte source depuis la nuit des temps. Haute de 15 m et large de 12 m, la Kaaba est généralement couverte d'un brocart noir brodé d'inscriptions coraniques dorées. Elle est désignée comme la « maison sacrée d'Allah ». La première Kaaba aurait été construite par Adam et détruite par le Déluge, puis reconstruite par Abraham et son fils Ismaël, avant d'être rendue à Mahomet. Tout bon musulman doit, lors de son pèlerinage, en faire sept fois le tour. C'est pourquoi les pèlerins tournent, nuit et jour, à petits pas, scandant prières et incantations à voix basse, tandis que des milliers d'autres, placés sur les toits, visages tournés vers la Pierre noire, en font de même, sur place, sans bouger. Ce mouvement d'ensemble est impressionnant, quand, à l'appel des imams, chaque pratiquant se prosterne, à genoux sur un tapis, torse penché en avant et face contre le sol, pour invoquer la grâce d'Allah. L'imam officie et sa voix diffuse la parole de Dieu depuis le haut de chacun des neuf minarets, à l'aide d'une puissante sonorisation.

Tout a donc commencé le 20 novembre 1979, premier du mois de Muharram 1400, jour historique où l'islam entrait dans son XVe siècle. A 5 heures du matin, l'imam de la grande mosquée venait de lancer l'appel de la première prière. Soudain, un jeune homme aux traits émaciés, portant une barbe noire, le regard illuminé, se dressa. D'un bond, il arracha son microphone à l'imam, se rendant ainsi maître d'une sonorisation portant à plus de 10 km et, d'une voix envoûtante, il annonça : « Je m'appelle Jouhaymane al-Otaibi. Voici mon compagnon, Mohamed el-Ouahtani. C'est le Mahdi qui vient apporter la justice sur terre. Reconnaissez le Mahdi qui va débarrasser le royaume de la corruption ! »

Le Mahdi est un messie, reconnu comme tel par une frange minoritaire de l'islam, proche du chiisme iranien. Sa venue sur terre est attendue par ses adeptes, mais les sunnites ne le reconnaissent pas. Ce jour-là, à La Mecque, l'heure n'était plus aux controverses théologiques. Les pèlerins de ce commando, sous les plis de leurs vastes robes blanches signifiant pureté, égalité et soumission à Dieu, dissimulaient de vraies armes de guerre : des kalachnikovs, des FAL... Dès que les premiers coups de feu sacrilèges résonnèrent en ces lieux sacrés, les autorités saoudiennes surent que la bataille serait terrible et qu'elle pourrait durer plusieurs semaines. Le royaume pouvait basculer.

Retranchés dans les neuf minarets de la grande mosquée, contrôlant les accès, avec pour boucliers des milliers d'otages terrorisés, les insurgés tenaient tête, malgré les puissantes attaques menées rapidement et conjointement par les gardiens des lieux saints et par les forces spéciales saoudiennes qui convergeaient de tout le royaume. Compte tenu du caractère des lieux, les ordres étaient de ne rien faire qui puisse causer des dommages irrémédiables. Il fallait éviter que le sang coule inutilement dans l'enceinte sacrée, le Coran l'interdisant formellement. Les religieux ont toutefois trouvé un biais : « Le fondement de la religion étant en danger, ceux qui s'interposaient devaient mourir. » Un carnage se déroula des jours durant, un siège digne de celui de Médine, à l'époque du Prophète. Surplombant nos positions, les intégristes disposaient d'excellents tireurs. Les hommes tombaient, un par un, tués d'une balle en plein front ou dans la gorge. En riposte, nous engageâmes une interminable bataille de snipers. Aux mains des Saoudiens, les FRF1 français avec lunette allemande Zeiss à grossissement 8×42 firent merveille et forcèrent les rebelles à changer sans arrêt de position, ce qui eut pour effet immédiat de diminuer leur mortelle efficacité en les désorganisant, tandis que les moins aguerris ou les moins chanceux étaient mis hors de combat.

Peu à peu, nous parvînmes à les chasser des hauteurs. Acculés, ils durent se réfugier dans les immenses sous-sols de la grande mosquée. Une unité du génie tenta alors, en vain, d'inonder les locaux souterrains, puis de neutraliser les hommes du Mahdi en propageant des décharges de courant électrique de 380 volts dans les eaux des caves. Pour en finir, sans prendre de risques excessifs, d'importantes quantités de gaz CS, que j'avais fait venir de France par avion spécial, furent utilisées en catastrophe. L'efficacité de ces gaz reposait sur l'idée simple de les brasser par une multitude d'explosions, pour atteindre les moindres recoins souterrains où se terrait le noyau dur des terroristes. La difficulté découlait de la superficie des sous-sols : plus de 70 000 m². Gigantesque objectif, composé de milliers de pièces différentes. Il fallait toutes les atteindre ! Je ne disposais, bien sûr, d'aucun plan du site. Des milliers de pèlerins tentaient d'échapper aux effluves mortels dans une indescriptible panique. La plupart des acteurs étant vêtus de façon similaire, rien ne permettait de distinguer les « bons » des « méchants ». Il fut donc confié à Dieu le soin de reconnaître les siens...

Le non-musulman que je suis venait de vivre des moments exceptionnels, historiques. Le moindre propos concernant ce que j'avais vu, entendu et surtout fait, pouvait faire l'objet d'une *fatwa* de mort, beaucoup plus sérieuse et motivée que celle lancée par le gouvernement islamique d'Iran, à l'encontre de l'auteur des *Versets sataniques*, Salman Rushdie. Ces terribles événements se déroulèrent l'année même qui vit, en Iran, la prise du pouvoir par Khomeiny revenu d'un long exil en France, à Neauphle-le-Château. Un « succès » à notre actif ! Le succès des chiites, dont les conséquences seraient lourdes, a été permis par le lâche abandon du shah d'Iran, victime expiatoire des froids stratèges de la Maison Blanche. Sans ce lâchage, la dynastie des Pahlavi continuerait, probablement, à assurer la stabilité au Moyen-Orient.

En 1996, l'extrémisme chiite cherche toujours à déstabiliser des régimes, en premier lieu ceux du Golfe, en fomentant troubles et actions terroristes, patiemment orchestrés depuis Téhéran. Les Saoudiens sont les plus visés et leur protection est assurée aujourd'hui directement par les États-Unis. Il en va de même de la sûreté des lieux saints, visités chaque année par plus de dix millions de musulmans venus du monde entier. L'Iran demande donc, de manière incessante, l'internationalisation des lieux sacrés de l'islam : La Mecque et Médine. Pour contrer cet objectif, depuis le mois d'octobre 1986 le roi Fahd se fait appeler officiellement « serviteur des deux saintes mosquées ».

Des pèlerins politisés se mêlent facilement à ceux venus du monde entier, ce qui fait beaucoup de monde à surveiller. La CIA s'en charge en appliquant un principe cher à la Mafia qui l'a disséminé dans le monde entier avec succès : « J'encourage, en cachette, des troubles dans ton pays. Au vu des résultats, je sais que tu as peur. Je viens alors à ton secours, pour te proposer mon assistance afin de lutter contre le racket dont tu es devenu la victime. Tu tiens à ta tranquillité et à ta prospérité. Tu vas me payer généreusement et, dès lors, je vais te protéger très... efficacement ! » Il s'agit donc d'un marché et l'Arabie Saoudite doit payer sa sécurité en affermant aux États-Unis plus de 30 % des réserves mondiales de pétrole qu'elle détient. Les cinq mille militaires américains plus les trente mille contractuels coûtent chaque année 30 milliards de dollars à l'Arabie Saoudite. C'est beaucoup et le royaume peine à régler cette facture qui s'ajoute à sa police et à sa propre armée, au demeurant suréquipée. Cette situation n'empêche pas l'opposition au régime saoudien d'être basée à Londres, mais aussi à Washington et à New York, où les « parrains anglo-américains du pétrole d'Arabie » préparent la relève, en conservant plusieurs fers au feu. Courant janvier 1996, le gouvernement britannique, désirant éviter la suppression de contrats d'armement avec l'Arabie, a expulsé avec ménagement le président en exil du redouté Comité de défense des droits légitimes d'Arabie Saoudite, Mohamed Al-Massaari, la « bête noire » du gouvernement de Riyad.

L'actuelle dynastie régnante connaît néanmoins quelques difficultés. Le roi Fahd, âgé de 74 ans, malade, a laissé la régence à son frère, Abdallah ibn Abd el Aziz, âgé de 72 ans et déjà prince héritier. Deux mois plus tard, fin février 1996, il a repris fermement le pouvoir. Pour être roi d'Arabie, il faut être désigné par le conseil de famille composé de plus de trois mille quatre cents princes, mais aussi et surtout être confirmé par le conseil des Oulémas, les gardiens de la loi islamique. L'Arabie Saoudite veut maintenir ses traditions ancestrales et conserver l'islam comme doctrine politico-religieuse. L'interlocuteur des tribus est le prince Abdallah qui a leur confiance. Il peut compter sur l'indéfectible fidélité de sa garde nationale composée de quarante mille hommes, en majorité des Bédouins, ce qui double le potentiel des forces royales saoudiennes placées sous le commandement de son frère, le prince Soltan, également ministre de la Défense. Modéré, il serait d'ailleurs le candidat à la succession et le préféré de l'oncle Sam, mais il ne semble pas envisageable que le roi Fahd modifie l'ordre de succession qui bénéficie à son frère Abdallah.

En Arabie le tchador est de mise pour les femmes, aucun alcool n'est en vente, les voleurs ont la main tranchée, les meurtriers sont exécutés. Le pays travaille au rythme de cinq prières quotidiennes : les boutiques ferment alors rapidement, faisant sortir leurs clients dès les premiers appels à la prière, quand les haut-parleurs scandent leurs lancinants « Allah Akbar... ». Outre l'omniprésence de la police, dans chaque quartier la terrible police religieuse, avec ses *Mutawah* barbus, est là pour faire respecter le Coran à la lettre, et surtout pour surveiller les mœurs. L'ouverture au modernisme s'en trouve freinée, créant bien des tensions internes, malgré le prodigieux développement du pays.

Accompagné de mes hommes, qui s'étaient conduits en véritables héros, dans des conditions exceptionnelles, je suis revenu de La Mecque profondément marqué, changé à tout jamais. Non seulement j'avais forgé au feu d'importants contacts, mais encore je m'étais ouvert à de nouvelles réflexions sur l'islam qui demeure, à mes yeux, une religion animée par la tolérance, une puissante civilisation montante dans ce Sud si proche qui constitue l'un de nos principaux environnements stratégiques. C'est aussi à partir de cette époque que j'ai pris davantage conscience des dangers de l'intégrisme. Ils demeurent actuels. Je n'oublie pas les attentats perpétrés en France en 1986, et surtout durant l'année 1995. La guerre menée en France par l'islamisme extrême armera encore d'autres mains fanatiques et sèmera la mort avec des bouteilles de gaz ou autres bombes, placées dans le métro ou ailleurs.

L'antagonisme entre les sunnites, majoritaires, et les chiites, minoritaires, remonte à l'époque de la succession du Prophète. En Arabie Saoudite, cette rivalité séculaire s'est renforcée d'un contentieux reposant sur trois motifs :

En premier lieu, la proximité de l'Iran, pays où le chiisme est religion d'État depuis la dynastie séfévide, au XVIe siècle. Ce fut un tournant historique, après la disparition successive des dynasties fatimide et ismaélite. Il est clair que Téhéran est et demeure « La Mecque de tous les parias de l'islam ». L'arrivée de Khomeiny, en 1979, n'a été que la suite de cette donnée géopolitique.

En deuxième lieu, lorsque, en 1802, Mohamed Abd el Wahhab lança ses troupes au sud de l'Irak, pour y raser les deux lieux sacrés du chiisme, Kargala et Najef, elles profanèrent les sanctuaires d'Ali, cousin et gendre du Prophète, et ceux de ses fils, Abbas et Hussein. Ces actes de barbarie sont toujours présents dans la mémoire collective des chiites qui sont plus de 100 millions dans le monde[1].

En troisième lieu, les chiites ont de tout temps incité le peuple saoudien à la révolution. A tel point que la religion chiite est interdite en Arabie Saoudite. La clandestinité est donc la règle, entraînant une absence de hiérarchisation au sein de leur communauté religieuse.

Deux groupes d'opposition sont particulièrement actifs pour répandre tracts et cassettes vidéo de propagande : le Hezbollah, d'inspiration iranienne, et l'Oripa, Organisation de la révolution islamique en Arabie. Ils dénoncent, pêle-mêle, la corruption et la répression du régime saoudien. Les thèses qu'ils défendent ont un écho, car elles visent à la moralisation, l'antitribalisme et l'anti-américanisme. La religion étant le seul domaine pouvant servir à accueillir et à nourrir la contestation, des groupes radicaux clandestins créèrent, en 1993, le Comité pour la défense des droits légitimes. Ce mouvement fut dissous un peu plus tard. Il s'agissait des héritiers moraux de la prise d'otages de La Mecque du 20 novembre 1979. Même s'ils sont mal structurés, peu organisés et mal répartis géographiquement, ces groupes revendiquent des actions subversives. Bien qu'ils n'osent s'attribuer le moindre attentat, ils n'en sont pas moins auteurs ou inspirateurs, en Arabie Saoudite ou ailleurs. Ainsi, le 13 novembre 1995, lorsqu'une voiture piégée par plus de 200 kilos de TNT explose contre le bâtiment du centre des communications de la garde

1. Pour un milliard de musulmans.

nationale saoudienne à Riyad, une unité d'élite commandée par le frère du roi, le prince héritier Abdallah ibn Abd el Aziz. L'attentat causa la mort de sept personnes, dont cinq conseillers militaires américains. Cet acte fut ressenti comme une gifle par le Pentagone. Une récompense de 800 000 dollars est offerte par le royaume à qui donnera des renseignements susceptibles de permettre l'arrestation des auteurs de cette action sanglante et spectaculaire qui donna des sueurs froides aux petits États voisins où la contestation islamiste existe aussi. L'émirat du Bahrein ne se remet guère des soubresauts chiites de juillet 1995, et janvier et février 1996, qui entraînèrent attentats, émeutes, pillages et une tentative de coup d'État pro-iranien. Quant au gouvernement du Koweit, il accorda quelques concessions aux chiites – un quart de la population – car leur nombre en fait une « cinquième colonne » potentielle pour Téhéran. Avec l'Irak, les États du Conseil de coopération du Golfe (CCG) comptent jusqu'à 70 % de chiites. Le renforcement du fondamentalisme d'État, opéré par l'Arabie Saoudite, est la preuve d'une prise de conscience de ce risque. Un désir d'ouverture semble pourtant voir le jour, notamment de la part de certains dignitaires saoudiens, dont Bandar et Khaled Ben Soltan, et le ministre des Affaires étrangères, Saoud el-Fayçal. Cette volonté d'apaisement est soutenue par le prince Walid Ben Talal. Ces hommes représentent les générations montantes.

Début 1996, je me trouvais à Riyad où j'ai eu la satisfaction de retrouver des militaires des forces spéciales ayant courageusement participé, à mes côtés, à la réduction de la prise d'otages de La Mecque. Le prince héritier Abdallah et son frère Soltan m'ont fait l'honneur de m'inviter au repas du Ramadan. A Djedda, dix-sept ans après les faits, j'ai dû raconter et raconter encore au gouverneur de La Mecque l'histoire de la grande mosquée. L'Arabie Saoudite est un pays fascinant, passant du désert à l'urbanisation la plus moderne. C'est à Riyad, en janvier 1996, que j'ai justement croisé le secrétaire américain à la Défense, entouré d'un service de sécurité impressionnant, composé de 150 gardes du corps le doigt sur la détente de leurs M16 avec lance-grenades. Il n'est resté que trois heures pour cette visite officielle dans la capitale saoudienne. Juste le temps de récupérer le chèque d'acompte qu'il était venu chercher afin de concrétiser un nouveau contrat d'armement... dont l'Arabie Saoudite n'a nul besoin. Les Saoudiens apprécient de moins en moins ce racket et ce manque de politesse.

La France, hélas, ne bénéficie pas de tels contrats. Son engagement dans la guerre du Golfe fut néanmoins réel et efficace. Seulement, avec l'appui de la CIA, les États-Unis savent mieux gérer leurs affaires et manipuler les gouvernements.

De retour sur le sol de France après avoir résolu la prise d'otages de La Mecque, j'ai ramené dans mon sac de combat un cadeau d'adieu des commandos saoudiens : un lot de cartouches et quelques détonateurs. Ces petits engins pyrotechniques, minuscules et anodins, serviront de prétexte, en 1982, à la première affaire Barril, médiatisée par Christine Ockrent alors présentatrice du journal télévisé de 20 heures sur Antenne 2. L'affaire continue de défrayer la chronique quinze ans plus tard, un record ! Il me faudra longtemps pour identifier les organisateurs de ces campagnes de presse dont je suis devenu la cible constante. Avec le recul, cette affaire m'apparaît comme un montage « amusant » ; en voici les ressorts.

Nous étions en octobre 1981, un trafiquant d'armes venait d'être arrêté par la police à l'un des péages de l'autoroute du Nord et avait mis gentiment les enquêteurs sur les traces de ses clients. Parmi eux, se trouvaient des mercenaires professionnels, plutôt ancrés à droite et même à l'extrême droite, notamment Olivier Danet que je ne connaissais pas, ainsi que des collectionneurs d'armes. Parmi ces derniers figurait mon camarade de régiment Philippe Léonard, fils du célèbre parfumeur et couturier. Le sachant grand amateur de matériel militaire, je lui avais offert, au retour de La Mecque, comme « reliques historiques », quelques détonateurs ainsi qu'une poignée de cartouches civiles de type 357 Magnum. Dans certains milieux malintentionnés, il n'en faut pas davantage pour monter une affaire. Celle-ci fut répugnante, immonde. Des médias complaisants s'attachèrent à me présenter comme le play-boy du GIGN, un homme qui tire plus vite que son ombre, mais surtout un méchant comploteur d'extrême droite cherchant à assassiner Mitterrand. Pour faire bon poids bonne mesure, certains tentèrent de lier à cette première affaire un bizarre vol de mitrailleuses effectué dans une caserne de Foix.

Je ne suis pas d'extrême droite, encore moins d'extrême gauche, ni même d'extrême centre. Je suis tout simplement d'« extrême France ». Mon parti c'est d'abord mon pays. C'est de famille. Je partage, avec mon père, une passion viscérale pour la France. Et le même uniforme : celui de la gendarmerie nationale.

Ce fut une première pour moi, à l'époque, d'être la cible d'un tel déchaînement médiatique. Au même titre que ce fut une première – mais pas la dernière – d'être mis en examen par un juge d'instruction. Quelque temps plus tard, j'ai tout de même retrouvé le sourire en découvrant qu'Olivier Danet, à peine sorti de la prison de Fleury-Mérogis, fut recruté, utilisé, et même bien payé par le gouvernement socialiste de Pierre Mauroy, lorsque celui-ci, paniqué, eut recours à des mercenaires pour manier les missiles Milan au Tchad, face à des Libyens déchaînés. Bizarre, non ?

Devant l'ampleur du phénomène, qui devenait un réel danger pour moi et surtout pour l'existence du GIGN, il fallait réagir. Au même titre que la Légion étrangère ou l'unité de gymnastique de la garde républicaine, le GIGN était alors considéré, dans certains milieux de gauche, comme un « nid d'éléments factieux ». Ces unités d'élite devaient être dissoutes, comme le prévoyaient les 110 propositions du candidat François Mitterrand. Avec la gauche au pouvoir, le terrorisme n'avait plus aucune raison de s'exprimer en France ! Fermez le ban… Avec finesse, Christian Prouteau invita le ministre de la Défense, Charles Hernu, à un show du GIGN [1]. A cette occasion, nous lui avons montré l'étendue de nos compétences, le « grand jeu ». Il comprit que, contrairement à ce que certains s'évertuaient à lui décrire, les hommes du GIGN n'étaient pas des « brutes épaisses aux crânes rasés ». Cette opération de séduction dépassa nos espérances. Saoulé de tirs instinctifs, de cascades de voitures, d'escalades de façades et de descentes spectaculaires d'immeubles, mais aussi par d'éton-

1. Voir le cahier des illustrations.

nants rappels pendulaires effectués depuis un hélicoptère en station à 160 m du sol avec exécution de tirs d'une époustouflante précision, et des explosions de grenades éblouissantes, ainsi que de... bouchons de champagne rosé millésimé – la boisson préférée de Charles Hernu et de son épouse qui l'avait accompagné –, le ministre fut littéralement subjugué. A la fin de notre exhibition, Charles Hernu nous tomba dans les bras, en présence de collaborateurs dont Jean-François Dubos.

Ces personnalités assistèrent, en prime, à un tir sur cible humaine, une invention qui m'est personnelle, copiée depuis par de nombreuses unités spéciales dans le monde. Il s'agit d'effectuer un tir au revolver 357 Magnum sur un gendarme placé à 20 m, protégé par un gilet pare-balles. La cible humaine porte sur sa poitrine un disque de ball-trap d'un diamètre de 8 cm qui explose net sous la puissance de l'impact, tout en projetant des confettis et des nuages de particules fluorescentes. Effet choc garanti. L'auditoire est chaque fois médusé par l'adresse du tir et le risque pris par le gendarme. Ce sentiment s'accroît encore, après l'extraction du projectile de 11 g de laiton, à l'aide d'un couteau. La puissance de l'impact déforme totalement le projectile en l'incrustant dans le tissu en fibres Kevlar du gilet pare-balles.

Charles Hernu me serra longuement et chaleureusement la main, en disant : « Mon cher capitaine Barril, tout comme vous, je suis fils de gendarme... Quand je pense qu'on a osé me faire croire que vous vouliez tuer le président de la République ! N'importe quoi ! Vous avez toute ma confiance... » Dans la foulée, avec l'accord de François de Grossouvre, il nous invita à l'Élysée, pour tester la sécurité du palais présidentiel. Ce fut notre chance.

L'année 1981 était sanglante pour les dirigeants de la planète. Le 30 mars 1981, le président des États-Unis, Ronald Reagan, était blessé par John Hinckley, sous l'œil des caméras. Les hommes des services secrets américains furent débordés lors des coups de feu, leur affolement évident. Ces images restèrent gravées dans la mémoire des Américains. Le 13 mai 1981, place Saint-Pierre à Rome, un jeune « loup gris » de Turquie, Ali Agça, se jetait sur le

Saint Père une arme à la main, le blessant grièvement au ventre de deux balles de 9 mm Parabellum. Le 6 octobre 1981, au Caire, l'impeccable alignement d'un défilé militaire se déroulant devant la tribune présidentielle masque un commando islamiste. Soudain, des rafales sont tirées par les assaillants qui concentrent leurs tirs sur la tribune d'honneur. Les militaires rebelles hurlent « Allah ou Akbar ! Al maout li Feraoun ! » (Allah est le plus grand ! Mort au Pharaon !). Le président égyptien Sadate est abattu.

En France, la gauche au pouvoir vivait un véritable syndrome fantasmatique, en référence à la mort de Salvador Allende, président chilien démocratiquement élu mais renversé en 1973 par le coup d'État sanglant du général Pinochet. Aussi, lorsque, le 14 juillet 1982, le président Mitterrand fut copieusement sifflé par la foule durant son passage sur les Champs-Élysées – y compris par certains officiers présents dans la tribune officielle – des rumeurs de coup d'État suivirent, confirmées par les services secrets. La peur d'une guerre civile habitait Gaston Defferre, ministre de l'Intérieur. Il percevait une « ambiance insurrectionnelle » qu'il croyait comparable à celle de 1939. Le « syndrome Allende » était né. Il sera présent durant les quatorze années de pouvoir socialiste.

A la même époque, des policiers spécialisés dans la sécurité des Voyages officiels (VO) égarèrent leurs revolvers au cours de déplacements où ils étaient censés protéger les personnalités officielles. Certains fonctionnaires des VO se firent même dérober leur arme de fonction dans une boîte de nuit célèbre ! D'autres, disposant d'un emploi du temps allégé, réalisaient des « prestations de sécurité privée », payées grassement par de riches personnalités, qui devenaient ainsi leurs « clients » privilégiés, en toute illégalité. Des responsables du service des Voyages officiels se laissaient inviter dans les plus grands restaurants aux frais de célèbres journalistes, et *Le Canard enchaîné* racontait leurs « exploits » en divulguant des faits piquants sur la vie personnelle, voire privée, des personnalités protégées. Ces indiscrétions faisaient désordre pour une équipe de fonctionnaires chargés d'assumer la sécurité permanente des déplacements du nouveau président de la République. François Mitterrand et son entourage s'en inquiétaient à juste titre.

Je ne connaissais pas François Durand de Grossouvre qui venait d'emménager rue de Bièvre, à Paris, juste en face des époux Mitterrand. Il s'était installé dans une loge de concierge et on le voyait veiller, certains soirs ou matins, parfois en pyjama, 357 Magnum à la ceinture, assurant la sécurité rapprochée du nouveau président. François Durand de Grossouvre était son « ami de toujours ». Il avait très bien « senti le coup », en n'hésitant pas à effectuer lui-même plusieurs tests pour juger de la sécurité élyséenne. Ces expériences révélèrent que l'Élysée était une vraie « passoire ».

Grande figure de la Résistance, ami proche du chef de l'État, le sénateur et maire d'Antibes Pierre Merli pénétra par exemple en voiture dans la cour du palais de l'Élysée, accompagné de Christian Ruggeri. Les deux hommes avaient une carabine d'assaut américaine US M2 et 500 cartouches. Personne n'avait contrôlé leur véhicule ! Une fois dans l'enceinte du palais, Pierre Merli entra *directement* dans le bureau du président, sans contrôle ni vérification. Pourtant, il portait sur lui son pistolet P38 chargé !

Informé de tous ces faits, le président s'inquiéta et encouragea François de Grossouvre et Charles Hernu à remédier au plus vite à ces graves défaillances.

C'est ainsi que Christian Prouteau se vit confier la responsabilité d'une mission d'étude sur la protection du chef de l'État et de sa famille. La saine et fraternelle émulation existant entre gendarmes et policiers joua aussi, il faut le dire. Les gendarmes sont des militaires. Ils vivent en caserne, où le climat est sain et la mentalité rigoureuse, avec leurs familles, sous l'œil attentif de leurs chefs. Les policiers sont des civils. Ils n'habitent surtout pas sur leurs lieux de travail et obéissent d'abord à leurs syndicats. Ceux-ci sont formellement interdits dans la gendarmerie. Deux poids, deux mesures.

Afin d'illustrer notre professionnalisme en matière de prévention, comme des terroristes clandestins exécutant un contrat mortel, nous sommes allés, sans encombre ni contrôle, jusqu'à placer des pièges mortels fictifs sous le siège du président. Histoire d'enfoncer le clou, lors d'une visite en province, il fut même réalisé plusieurs séries de photos surprenantes. Un gendarme du GIGN, armé et disposant d'explosifs sous sa veste, réussit l'exploit de s'intégrer au cortège officiel sans jamais être ni repéré ni contrôlé. Grâce à l'un de nos véhicules rapides qui avait pris de l'avance sur le convoi, il s'était mêlé au bain de foule rituel. Puis, notre « spécialiste » avait serré la main du maire de la localité, et ensuite celle du président François Mitterrand, tandis que, sous sa veste, sa main gauche était posée sur la crosse de son arme de poing. Sept fois de suite la même opération se reproduisit dans des localités différentes. Clic-clac, merci Kodak ! Nous avions les preuves de cette opération et le service de sécurité du ministère de l'Intérieur n'avait « rien vu » ! Pour faire bonne mesure, car à l'époque nous voulions convaincre notre ministre de tutelle Charles Hernu, j'étais également parvenu, avec l'aide d'un sous-officier du GIGN, à piéger la voiture officielle du président de la République après une filature facile à Charenton-le-Pont, à côté de notre caserne, et alors que le chauffeur du chef de l'État, un proche de Joseph Franceschi, secrétaire d'État à la Sécurité publique, venait de garer le véhicule sans protection particulière devant une pizzeria afin de s'offrir un « petit remontant ». J'avais pu opérer sans difficulté.

Aujourd'hui, rien n'a vraiment changé. La sécurité du président de la République reste aléatoire. Pour preuve, les exploits réalisés par un homme « bon chic bon genre », le désormais célèbre « M. Claude », de son vrai nom Claude Khazizian, un retraité du PMU. Le 14 juillet 1995, armé de son seul culot et avec un naturel étonnant, il est parvenu à déjouer les points de contrôle et à se mêler avec jovialité aux personnalités présentes dans la tribune présidentielle, place de la Concorde, ceci sans invitation ni carte d'accréditation ! Ensuite, il a attendu patiemment la fin du défilé militaire et descendu le tapis rouge, emboîtant le pas du président Jacques Chirac sur une dizaine de mètres. Devant des millions de téléspectateurs, il serre chaleureusement la main du chef de l'État en le félicitant pour son succès lors de l'élection présidentielle. Les services de sécurité n'ont rien remarqué d'« anormal ». Le même M. Claude s'était déjà illustré, le 8 mai 1995, en se mêlant aux 53 chefs d'État et 8 chefs de gouvernement étrangers conviés aux cérémonies anniversaires de la victoire du 8 mai 1945. Il figure d'ailleurs sur les photos officielles ! Ses prouesses révélées, il avoua s'être infiltré dans la garden-party donnée dans les jardins de l'Élysée, chaque 14 juillet depuis 1981. Durant quatorze ans !

La sécurité du président de la République nécessite donc, aujourd'hui comme hier, une attention de tous les instants, conjuguée à un professionnalisme forgé par l'expérience. En juillet 1982, pour notre part, nous étions en voie de gagner la confiance du président Mitterrand. Il invita Christian Prouteau à Latché. Après quelques amabilités, Prouteau planta son regard gris dans les yeux du président et lui offrit l'album-photo démontrant les multiples failles de son service de sécurité. Ce fut le « coup de foudre ». François Mitterrand fut séduit par l'homme d'action, par le chef prestigieux du GIGN. De son côté, Christian Prouteau tomba littéralement « amoureux » de l'homme politique et le servira fidèlement, jusqu'au bout. Une belle « love story » à l'ombre de l'Élysée dont Prouteau sera dignement récompensé : colonel d'abord, puis préfet, ensuite responsable de la sécurité des Jeux Olympiques d'hiver, et enfin couvert de prestigieuses décorations...

J'ai toujours refusé d'être un courtisan. Pour moi, servir la France relève d'un tout autre concept, d'un autre style aussi. J'ai une conception plus militaire, plus « choc » : un chef, une mission, des moyens. En revenant de Latché, Christian Prouteau était chargé par le président Mitterrand de constituer le groupe que nous allions baptiser ensemble, quelques semaines plus tard, au moment de sa régularisation administrative, du nom de GSPR. Ces initiales signifient Groupement de sécurité de la présidence de la République.

A la demande de François de Grossouvre, le SDECE[1], de son côté, n'était pas resté inactif. Un de mes amis, officier supérieur des services secrets proche du général Grossin – dont je découvrirais plus tard qu'il faisait également partie des « réseaux particuliers » mis en place à titre personnel par François de Grossouvre –, me communiqua la « note de vulnérabilité » concernant le nouveau président. Elle me révéla des éléments que, aujourd'hui encore et malgré la mort de François Mitterrand, je ne me

1. Service de documentation extérieure et de contre-espionnage, ancêtre de l'actuelle Direction générale de la sécurité extérieure (DGSE).

sens pas autorisé à rendre publics. En annexe, étaient jointes des « pelures originales » de transcriptions d'écoutes téléphoniques qui démontraient que, dès le début des années 60, François Mitterrand et son futur ministre des Affaires étrangères Roland Dumas partageaient beaucoup… d'activités. Les militaires de la caserne Mortier, le siège du SDECE, surveillaient activement dès cette époque le futur chef de file de la gauche et ils décryptaient patiemment les interceptions téléphoniques du Groupement interministériel de contrôle (GIC), situé aux Invalides à Paris. La ligne écoutée était celle d'une secrétaire de l'ambassade du Mali devenue proche de Mitterrand, mais aussi de Dumas, sans que chacun d'eux le sache. En lisant la transcription de ces anciennes conversations, j'avais noté, non sans amusement, qu'en 1960 Roland Dumas reprochait à son ami François une propension à « radoter ». « S'ils ne le font pas président du Conseil rapidement, il sera gâteux à 48 ans… », estimait, non sans cruauté, le futur ministre des Affaires étrangères qui, à l'époque, ne croyait plus guère à la carrière politique de Mitterrand.

Homme de sécurité et de renseignement, je connais ainsi beaucoup de secrets d'État, de cœur, et même d'autres, plus intimes encore et soigneusement cachés par ces « princes qui nous gouvernent ». Certains de mes amis se plaisent à dire que, si je suis encore en vie, c'est uniquement pour cette raison. Il y a là sans doute un peu de vrai, mais cette part de réalité ne saurait tout expliquer. Peu de personnes savent, par exemple, que sur trois cent mille lettres reçues chaque année par le président de la République, beaucoup dénoncent un voisin, sollicitent un emploi ou une grâce. Chaque mois, vingt à trente d'entre elles comportent des offres précises, souvent d'ordre très personnel pour ne pas dire de caractère extrêmement intime. Elles proviennent de femmes, éventuellement jolies, souvent connues et parfois célèbres. Ces lettres ne finissent pas forcément dans les poubelles. C'est ainsi qu'il m'est arrivé d'être sollicité par l'un des plus hauts responsables de l'État pour des enquêtes d'environnement assez serrées. Leur but consistait à vérifier si ces « annonces-contacts » étaient réelles et émanaient de citoyennes sincèrement motivées et séduites par le « profil présidentiel », voire par celui d'un ministre. Il m'appartenait de détecter un quelconque danger de manipulation, de chantage, ou autre. Avec le recul, quand je pense à ces années passées à l'Élysée, ce qui me frappe c'est l'attrait de la fonction auprès des femmes, mais aussi l'engouement pour le site et les personnes qui y travaillent, bref, la fonction « aphrodisiaque » du palais de l'Élysée ! Dans ces locaux vieillots, poussiéreux, ornés de tentures démodées, aux pièces bien peu fonctionnelles, où règne une ambiance aussi joyeuse que dans une église, où chacun parle à voix basse et en baissant les yeux, où il est interdit de rire et de claquer une porte, j'ai assisté à de bien étranges scènes, dignes d'un film de Luis Buñuel ou de Marco Ferreri ! Certains jours de réceptions, des visiteuses, exaltées par le lieu, prenaient prétexte d'un désir impérieux de visiter le palais dans ses recoins les plus discrets, pendant que leurs maris remuaient ciel et terre dans le but d'approcher le président, pour solliciter les attentions du premier beau militaire venu, d'un agent de sécurité ou d'un garde du corps. Elles se laissaient volontiers bousculer et culbuter aimablement. Ah, si les murs pouvaient parler ! Heureusement pour ces dames, le palais présidentiel demeure muet comme un tombeau.

La garden-party du 14 juillet, avec son soleil radieux, ses fortes chaleurs et son champagne de qualité, pousse chaque année certaines invitées, jeunes et moins jeunes, à des débordements qui sidèrent, ou stimulent selon les cas, jusqu'aux plus flegmatiques des hommes. Magie du pouvoir, ou peut-être de son mythe, dans un endroit où l'on travaille fort peu en vérité, mais à partir duquel beaucoup de « relations publiques » s'établissent, visant à débloquer une situation ou à ménager un avantage. Même le bon docteur Gubler en fait état dans son livre interdit[1] : « Qui ne serait ébloui et flatté par cette vie facile où l'on saute d'un jet à l'autre, où tout le monde obéit au moindre claquement de doigts, où l'on côtoie des gens importants. » Au fait des allées et venues des uns et des autres, ayant connaissance de la moindre des visites, j'ai pu constater combien la fascination de l'Élysée s'exerçait sur nombre d'hommes « d'affaires » attirés en ces lieux par des rendez-vous de « prestige » avec les « grands personnages » du moment. Ils devaient souvent, en réalité, se contenter

1. Docteur Gubler, *Le Grand Secret*, Plon, 1996.

d'une brève rencontre avec un vague conseiller technique de second ordre. Il y a beaucoup à parier qu'ils n'en diraient rien, une fois repartis, le fait d'avoir été « reçu à l'Élysée » étant le seul point qui compte. Pour les escrocs virtuels, pour les trafiquants d'influences aussi, le *must* consiste évidemment à pouvoir téléphoner depuis l'Élysée, en appelant un correspondant pour l'épater et « prouver » que l'on a bien accès au palais. Lorsqu'on appelle de l'Élysée, les communications passent obligatoirement par le standard, et la douce voix d'une opératrice prononce les mots magiques : « Présidence de la République, bonjour... M. Untel voudrait vous parler... » L'effet est garanti sur le correspondant à l'autre bout du fil. Ces mots anodins, judicieusement exploités par certains, débloquèrent souvent des contrats dont la signature ou le paiement tardait à venir. Bonjour les commissions ! C'est mieux que le Loto.

La correspondance est aussi un moyen d'obtenir une trace écrite de l'Élysée, ce fameux papier à en-tête où est mentionnée, en haut à gauche, « Présidence de la République ». Le summum du genre consiste pour certains, mais ils sont nombreux, à tout tenter pour recevoir un bristol d'invitation à une réception officielle, carte qui sera ensuite, ostensiblement, déposée sur un bureau, un comptoir où l'on reçoit des visiteurs, dans sa voiture, à la maison, bref, partout où la « frime » peut être un vecteur d'affaire ou un plus relationnel. Les macarons adhésifs aux logos du GSPR ou du GIGN sont également littéralement pris d'assaut, images palpables des prestigieux corps attachés à l'Élysée et à la protection du président. Tout le quartier subit l'incroyable magie attachée au palais. Je me souviens des malicieux sourires dont nous gratifiaient de jeunes et jolies vendeuses, en particulier celles de Louis Féraud, le célèbre couturier chez qui les plus belles filles de Paris défilent.

A l'intérieur de l'enceinte élyséenne, le style n'était pas tout à fait le même. Au début, nous déjeunions en groupe à la cafétéria de l'Élysée, simple et sympathique, dans une bonne atmosphère, en compagnie des conseillers de la présidence, dont les médecins de service, les aides de camp, les secrétaires, les gardes du corps, etc. Seule exception, Régis Debray. Il snobait et l'endroit et nous-mêmes, victime plus que d'autres du « syndrome Allende ».

Voyant des complots partout, il en soupçonnait jusque dans son marc de café. Sombre et muet, il se faisait livrer un plateau-repas qu'il consommait seul dans son cabinet de travail, avec une bouteille de bordeaux. Il déambulait en pantoufles, peut-être pour se sentir encore plus « comme chez lui », à l'abri des regards moqueurs. En dépit de ce régime, Régis Debray, plutôt famélique en arrivant à l'Élysée, a bien « profité » depuis. La dernière fois qu'il m'a été donné de le croiser, en Espagne du côté de Séville, il était devenu gras. Cet embonpoint s'est trouvé confirmé lors des obsèques de François Mitterrand. En quinze ans, au moins 15 kilos, c'est ça la réussite sociale !

Christian Prouteau n'avait pas résisté au plaisir de faire mettre Régis Debray sur écoutes en apprenant, au moment de l'affaire des Irlandais, qu'il était en relation avec Bernard Jégat, l'homme qui nous avait livré ces terroristes installés à Vincennes. A l'époque, sur ordre du président Mitterrand, Régis Debray cherchait pourtant à couvrir Jégat dans cette affaire… en m'accablant. J'étais nettement plus détendu, du moins jusqu'au jour où je me suis aperçu que mes moindres faits et gestes pouvaient être épiés et « commentés ». Au cours d'un déjeuner à la cafétéria de l'Élysée avec Christian Prouteau, je lui avais parlé d'une nouvelle cartouche dont j'avais plusieurs exemplaires dans le barillet de mon revolver. Elles arrivaient directement de chez le fournisseur. « Montre », m'avait demandé Prouteau et, discrètement, je lui avais passé quelques-unes de mes munitions, du creux de ma main à la sienne. Ces cartouches étaient effectivement remarquables car entièrement en aluminium, ce qui explique leur légèreté. Ensuite, d'un geste rapide et machinal, j'ai replacé mon arme dans mon étui, sous mon veston. Rien de provocant ni d'exceptionnel dans ce fait banal pour des professionnels de la sécurité. Le mercredi suivant, un article cinglant du *Canard enchaîné* dénonçait « les cow-boys de l'Élysée dégainant leurs flingues à la cafétéria… ».

Cow-boy ou pas, j'apprenais à tout connaître et d'abord sur les lieux, les gens et leurs habitudes. C'est loin d'être simple, vu le nombre de bâtiments différents et la multiplicité des personnels. Accessibles notamment par les 2 et 14 de la rue de l'Élysée, les services de la présidence sont constitués d'un ensemble d'immeubles occupés par près de six cents personnes, dont un employé passant ses journées à mettre à l'heure les innombrables pendules ! Il ne faudrait pas croire que ces emplois sont faciles à obtenir. Les postes sont attribués aux gens recommandés : parents de personnalités, amis proches de ministres, ou plus haut évidemment ! La « maison de la présidence » emploie deux cents collaborateurs. Il s'agit d'une maison militaire gérée par des militaires, où les civils obéissent sans murmurer. Même Danielle Mitterrand le reconnaît, soulignant qu'« il faut être "général de corps d'armée" pour être entendu ! ». Pour être admis auprès du chef de l'État, il convenait d'être d'abord reçu par l'intermédiaire du directeur de cabinet qui en avisait l'intendant militaire en chef.

Pour suivre et gérer les nombreux mouvements internes, chacun porte un badge d'identité avec photo, couplé à un astucieux éventail de coloris permettant de délimiter des zones d'accès, autorisées ou non, et les horaires afférents. Ces points sont dès lors contrôlables d'un seul coup d'œil, même de loin. Ainsi, les visiteurs attendus sont gratifiés d'un badge « personnalisé », en échange d'une pièce d'identité. Le personnel affecté à la sécurité est composé de cinquante membres de la garde républicaine, un corps d'élite efficace, totalisant un effectif de 188 personnes, ce qui n'est pas de trop pour assurer la protection des 375 pièces du palais 24 heures sur 24. Fort d'une centaine d'hommes placés sous les ordres du commandant Alain Le Caro, la sécurité du président, celle de sa famille et de ses proches étaient assurées par le GSPR, unité s'inscrivant dans le prolongement du GIGN, l'ensemble étant placé sous l'autorité et le contrôle du Groupement spécial d'intervention de la gendarmerie nationale (GSIGN).

A mon arrivée à l'Élysée, en 1982, les dispositifs de sécurité étaient quasi nuls, sans même la présence de portiques aptes à détecter des armes ou explosifs aux entrées. Un détenu de Fleury-Mérogis nous avait écrit depuis sa prison. Il nous alertait sur le fait qu'il demeurait très facile d'accéder à l'Élysée par le réseau des égouts. C'était vrai ! Nous avons consacré beaucoup de temps et d'efforts à régler ce problème. Cette anecdote est significative de la diversité des risques qu'il fallut prévenir. L'un des principaux handicaps pour la sécurité demeure l'étendue géographique et la diversité des bâtiments. Outre sa chapelle particulière, l'Élysée a également une crèche, mise en place par Danielle Mitterrand en 1986. Elle est fréquentée par les enfants du personnel, notamment ceux de Christian Prouteau et de Jean-Louis Esquivié. En quatorze ans, la crèche est la seule réalisation de Danielle Gouze-Mitterrand à l'Élysée, mais elle a privé de ce fait les militaires du pavillon qui leur servait de gymnase pour s'entraîner ! Il faut ajouter les bureaux des assistantes sociales et les parkings, même insuffisants et exigus.

En dehors du palais présidentiel proprement dit, l'hôtel de Persigny du 14, rue de l'Élysée abrite l'état-major particulier du président de la République. Il existe aussi une annexe de l'Élysée, située 11, quai Branly. C'est là que travaille le service du courrier. Il répond, dans les huit jours, à toute lettre reçue, grâce à l'utilisation informatisée de douze types de correspondance standard qu'il suffit de personnaliser. A la même adresse, résidaient plusieurs conseillers du président, dont François Durand de Grossouvre et Gilles Ménage, sans oublier, à la suite de leur déménagement de la rue Jacob[1], Anne Pingeot, la mère de Mazarine, la fille naturelle de François Mitterrand, née en 1974, et que ce dernier parvint à tenir éloignée du public durant toute sa présidence[2]. Chacun avait son appartement particulier dans les anciennes écuries du Second Empire. Même Christian Prouteau

---

1. Le déménagement de la rue Jacob fut décidé en septembre 1985, car la « cellule » avait fait poser une écoute sur cet immeuble où vivaient Mazarine et Anne Pingeot, sa mère. Visant à l'origine une boutique de meubles dont la gérante fut ensuite également mise sur écoutes à son domicile, plusieurs de ses conversations avec Anne Pingeot furent captées. Elles cesseront le 1er octobre 1985, lorsque Mazarine et sa mère iront emménager quai Branly. C'est la crainte des indiscrétions journalistiques qui incita le président à décider ce changement de résidence. Le 29 novembre 1995, à la question du juge Valat qui voulait savoir si la « cellule » qu'il dirigeait à l'époque avec Gilles Ménage s'était bien intéressée à Anne Pingeot, Christian Prouteau répondit : « Qui est Anne Pingeot ? » Sans commentaire.

2. François Mitterrand reconnaîtra sa fille Mazarine, chez un notaire parisien, le 25 janvier 1984.

se vit proposer à cette adresse un bel appartement de 120 m^2, mais il déclina l'offre.

J'occupais un bureau situé 2, rue de l'Élysée, au deuxième étage, juste au-dessus de celui de Guy Penne. Il est comique de voir, avec le recul, que cette réalité a été niée[1]. En 1983, quand j'ai claqué la porte, Gilles Ménage essaya de faire croire que le « capitaine Barril était inconnu à l'Élysée, n'y ayant pas de statut » ! Il s'agit d'un mensonge et je le prouve avec un témoin choc, peu complaisant à mon égard, puisqu'il s'agit d'Edwy Plenel, directeur de la rédaction du quotidien *Le Monde.* Dans son livre *La Part d'ombre*[2], il raconte comment je l'avais reçu, à la demande expresse du secrétaire général de l'Élysée, dans mon bureau du 2, rue de l'Élysée...

L'hôtel de Marigny, situé de l'autre côté de l'Élysée, est dévolu à la réception des personnalités étrangères. Les visites de chefs d'État sont régies par un rituel parfaitement huilé.

La visite d'État dure au moins trois jours. Elle est réservée aux chefs d'État. Ils seront obligatoirement reçus par le Premier ministre sur le sol français. J'ai eu l'occasion, après mon départ de l'Élysée, d'y revenir plusieurs années après en qualité de conseiller d'un chef d'État étranger. Présent à Paris cinq jours avant pour régler certains détails de protocole et surtout la sûreté et la protection, j'ai été reçu avec tous les égards, au grand dam de certains responsables de l'Élysée. Spécialement mandaté, j'étais attendu par le gouverneur militaire du palais, chargé d'organiser la visite. J'ai exigé tapis rouge, fanfare et autres marques ostensibles chères aux visiteurs étrangers. Tout me fut accordé, non sans quelques rebuffades et moues renfrognées de la part de mes interlocuteurs, contraints de traiter avec moi. Quel régal ! Lors de sa visite, mon chef d'État offrit au président Mitterrand un magnifique sabre en or serti de pierres précieuses et de diamants d'une rare pureté et de très grande valeur. La France lui offrit, en retour, une jolie boîte en bois destinée à recevoir des cigares. Elle ne plut guère d'ailleurs et me fut donnée sur l'heure ! Elle trône chez moi, où elle me sert à ranger mes brosses à chaussures. En sortant de la cour

1. Voir annexe n° 1.
2. Edwy Plenel, *La Part d'ombre,* Stock, 1992.

d'honneur, confortablement installé à l'arrière de la puissante Mercedes 600 blindée à plaques diplomatiques vertes 500 CD, certains ne me saluèrent qu'avec bien peu d'enthousiasme.

La visite officielle se limite à deux jours, tandis que la visite officielle de travail dure une demi-journée. En fait, elle est souvent consacrée à l'ébauche d'un contrat ou à sa signature. Enfin, la visite privée est souvent courte, parfois limitée à quelques heures. C'est le modèle dont usent certains chefs d'État africains, venus chercher une aide financière.

Le domaine présidentiel comporte également le château de Souzy-la-Briche, avec son beau jardin à la française. Cette propriété fut offerte à la présidence de la République en 1967, mais c'est François Mitterrand qui la fit remettre à neuf, ce qui coûta plus de 20 millions de francs. A titre personnel, François Mitterrand n'y a jamais investi un seul centime, bien que, dès l'origine, les travaux effectués n'aient eu pour but que d'accueillir Mazarine et sa mère.

De même, pour le somptueux château de Rambouillet, situé dans les Yvelines à une cinquantaine de kilomètres de Paris, qui, durant le « règne socialiste », ne servit que rarement pour des rencontres internationales, mais fut entretenu à l'année afin de recevoir des réunions gouvernementales dites de « travail ». Qu'il devait être pénible de travailler comme ministre sous François Mitterrand !

Il ne faut pas oublier le fort de Brégançon dans le Var, situé en bord de mer. Il s'agit de la résidence officielle réservée aux vacances d'été du chef de l'État français et des siens. Même Jacques Chirac n'échappe pas à la tradition, puisqu'il l'a adopté pour passer ses vacances de l'été 1995, juste après avoir été élu président de la République.

Enfin, le pavillon de Marly, à Marly-le-Roi, très chic lui aussi, est un site réservé aux chasses présidentielles. Il relevait d'un privilège royal aboli par Jacques Chirac dans les jours qui suivirent son élection. Sur place, plus de 20 000 perdreaux, faisans, canards et lièvres étaient lâchés chaque année, ces animaux vivant au cœur d'une réserve destinée à quelques chasseurs privilégiés. Avec

Rambouillet, régi par le même privilège, ce sont 1 200 hectares clos qui sont ainsi entretenus et gardés à l'année, pour l'unique plaisir de certains. Cela s'avère extrêmement dispendieux. Il en a coûté 15 millions de francs par an, soit un total de 210 millions, durant les 14 années du règne socialiste

Chargé, par décret paru au *Journal officiel*, de l'organisation des « chasses présidentielles » et maintenu dans cette fonction de 1981 jusqu'à sa mort en avril 1994, le « conseiller de l'ombre » François Durand de Grossouvre disposait d'un bureau à Marly-le-Roi. Il régnait sur ce domaine ainsi que sur ceux de Rambouillet et du château de Chambord. Il a pu conserver, durant treize ans, l'insigne privilège de chasser douze mois sur douze, en effectuant des tirs dits de « sélection » qui consistent à éliminer un vieux chevreuil ou un cerf âgé pour cause de maladie ou parce que ses bois animaliers ne sont pas assez huppés. François de Grossouvre avait trouvé un moyen original de rentabiliser, au moins en partie, ces coûteux investissements en organisant après chaque partie de chasse un copieux dîner : les bouteilles s'ouvraient gaillardement et les langues se déliaient. Il suffisait ensuite à François de Grossouvre, homme de renseignement, de tout noter et de faire un rapport détaillé au président François Mitterrand qui en était très friand.

La présidence de la République organisait, officiellement, trois chasses par an au château de Chambord, quatre à celui de Rambouillet et quatre à Marly-le-Roi. Ces dernières étaient plus particulièrement réservées aux membres du gouvernement, au corps diplomatique et aux militaires de haut rang. D'autres chasses furent organisées, occasionnellement, dans le Puy-de-Dôme, ou dans la Nièvre, département dont François Mitterrand fut longtemps conseiller général. Pourtant, François Mitterrand ne chassait pas ! Il lui arrivait de faire mine de viser un vague perdreau avec… sa canne. En revanche, il visait toujours, lors de chaque chasse, la liste des invités. Souvent, il s'agissait de « gens ayant rendu un service », plus ou moins important, mais un service rendu au prince ou à l'un de ses proches. A l'inverse, le président écartait certains « importuns ». Durant plus d'une décennie, il me raya systématiquement d'un trait rageur, en disant à François de Grossouvre : « Pas lui ! Barril, jamais ! »

Chaque liste d'invités était tenue secrète, faisant même l'objet d'une classification… « confidentiel défense ». Leur lecture susciterait, à n'en pas douter, bien des commentaires. Elles contiennent de réelles surprises et pourraient faire perdre des élections à quelques élus, si les écologistes en étaient informés. Par peur de la réaction des écologistes, les photographies étaient d'ailleurs déconseillées durant les chasses présidentielles. Pas une seule n'a été publiée depuis 1981.

Charles Hernu, infiniment sympathique, même s'il semblait un peu rustique, appréciait la féminité. En novembre 1982, il me contacta pour que j'aille le voir en urgence au ministère de la Défense, rue Saint-Dominique. N'osant se confier au téléphone, il me dit dans son bureau : « Vous comprenez, mon capitaine, la DGSE m'emmerde ; en plus, ils traînent les pieds pour monter des opérations ! Problèmes de sécurité… Ils ont voulu d'abord me faire déménager, puis changer toutes mes serrures, mais j'ai peur qu'ils n'en profitent pour poser des micros chez moi. Envoyez l'un de vos hommes. Ou plutôt non, je n'ai pas confiance. Allez donc vous-même vérifier tout cela à mon appartement de Lyon ! Je compte sur vous ! » J'avais immédiatement obtempéré. Il n'y avait pas de micro. En tout cas, pas lors de ma visite.

C'est vrai, j'aimais bien Charles Hernu. C'était un brave type, né dans une brigade de gendarmerie, comme moi. Et puis, il était le seul à être à l'aise lors des voyages dans les pays arabes, par exemple quand il fallait s'asseoir par terre et manger le méchoui avec les doigts. Il y allait de bon cœur, s'en mettant partout, et il était immédiatement adopté par tous. C'était cela aussi le style Hernu. Charles Hernu n'avait pas confiance dans le service action de la DGSE pour assurer sa protection personnelle. Il aurait préféré des gendarmes du GIGN, ou du GSPR, mais ce privilège était réservé au président Mitterrand, à sa famille et à ses proches. La protection du ministre était dévolue aux VO du ministère de l'Intérieur, service dont l'inspecteur Paquet fut détaché afin d'être le garde du corps personnel du ministre de la Défense. Il lui sauva d'ailleurs la vie, lors de la cérémonie honorant la mémoire des 58 parachutistes victimes de l'attentat perpétré contre l'immeuble « Drakkar » à Beyrouth. Une chapelle ardente avait été dressée dans un hangar de l'aéroport, afin de remettre des décorations posthumes au nom de la France, et de prononcer un discours. La cérémonie était en cours, poignante, cercueils alignés, drapés de tricolore, quand une Alfa-Romeo fonça sur les officiels. L'inspecteur Paquet dégaina et fit feu, blessant à la cuisse le chauffeur, fou de douleur après la mort de son jeune frère. La voiture arrêta sa course en percutant les cercueils, devant les caméras de la télévision.

Le métier de garde du corps mène à tout. A Lyon, Charles Hernu avait rencontré une jeune femme dans l'ascenseur de son immeuble. Par hasard. C'est fort embarrassé qu'il m'expliqua la situation : « C'est une blonde – geste démonstratif à l'appui –, elle m'a dit : "Ah, monsieur le ministre, j'habite au sixième étage, presque au septième ciel. Venez donc prendre un café..." Barril, vous comprenez, je suis ministre, quand même ! Je dois donc être prudent. » Que faire ? J'avais promis d'étudier discrètement la question. Les locataires du sixième étaient tous de nouveaux occupants. Il s'agissait de truands lyonnais, des personnages plutôt intelligents. Ils avaient leur « petite idée » sur la riche personnalité de Charles Hernu et, en contrepartie, des projets immobiliers et des problèmes de permis de construire à résoudre. La prudence de Charles Hernu s'avéra judicieuse. J'ai déconseillé le « café » à mon ministre. Il nous amusait bien lui, au moins. C'était un bon vivant et ses petites manies étaient sympathiques. Tous les cadeaux qu'il recevait, dans le cadre de sa fonction ministérielle, étaient aussitôt enregistrés, puis transportés dans « sa » mairie de Villeurbanne. Il n'y avait pas de diamants, mais on n'est jamais assez prudent !

Mon métier m'amène à interpréter les missions, à comprendre leurs nuances politiques, et pas seulement sentimentales. C'est ainsi que j'ai dû, très tôt, m'interroger, avec des spécialistes de la DGSE, sur l'importance du « vieux compagnon du président Mitterrand », portant une barbiche grise façon duc de Guise, un personnage sur lequel il me fut demandé de réaliser une « enquête de vulnérabilité ». L'intéressé était François Durand de Grossouvre.

Chapitre 2

De rosiers, de sang et d'ombre

« Tu ne tueras point. »

Vigipirate, vous connaissez ? C'est le plan qui est mis en place dès qu'une menace terroriste se profile. La France vit avec ce mal, dans une accoutumance qui cache bien des calculs et de viles compromissions. Qui se souvient des premiers coups ?

Paris, 9 août 1982, 13 h 15. Au journal télévisé, les images de Beyrouth, ville martyrisée par les bombardements de l'armée israélienne : Tsahal a envahi plus de la moitié du Liban et terrorise la population civile. D'un seul coup, le film tourne à l'envers. Rue des Rosiers, au cœur du Marais, un commando de quatre ou cinq hommes déterminés sème la mort en attaquant à la grenade et à l'arme automatique le prestigieux restaurant Goldenberg. La confusion est telle qu'on ne saura jamais le nombre exact des assaillants. L'un d'entre eux au moins est de type européen. Tous sont munis, selon les survivants, de « petits pistolets très courts tirant en rafales ». L'expertise balistique démontrera qu'il s'agit d'un WZ 63, une arme tchèque de qualité qui constitue ordinairement la signature des attentats commis par le groupe Abou Nidal. Quelques jours plus tard, l'une des armes du commando sera découverte à quelques kilomètres du carnage, dans un sac en plastique placé en évidence dans le bois de Boulogne. Les tueurs fous ont poursuivi jusqu'au fond de la cuisine, pour l'achever, un serveur marocain du restaurant Goldenberg dévasté. Les assassins sont repartis calmement, sans prononcer un mot. Derrière eux, des ruisseaux de sang s'écoulaient lentement sur le trottoir. Bilan : six morts et trente blessés, dont douze dans un état grave.

Rue des Rosiers, comme dans tout le quartier, la haine éclate et se focalise d'abord sur les journalistes et les reporters de télévision accourus sur place. En diffusant les images de guerre, où le goût du sensationnel côtoie le morbide dans une course à l'audimat, ils se sont associés aux responsables de l'horrible attentat, qui ne peut avoir été commis – tous le croient et le crient – que par *les Arabes*. La foule, chauffée à blanc par le climat d'hystérie aiguisé par la télévision, scande : « Mitterrand assassin !... Mauroy complice !... » Sous ces cris, les personnalités politiques se succèdent devant les vitrines dévastées du restaurateur. Le soir même, à la synagogue de la rue Pavée, le président François Mitterrand vient manifester sa « solidarité envers le peuple juif une fois de plus martyrisé ». Il faudra jouer serré pour assurer sa protection rapprochée. Dans la foule, aux aguets, près du chef de l'État, je me glisse discrètement, une arme automatique à la main prête à cracher la mort. Ce contexte nouveau déjouait toute prévision de sûreté. Dès lors, il me faudra conjuguer la lutte antiterroriste et la sécurité présidentielle, deux notions étroitement liées.

Qui sont les auteurs de la boucherie sanglante de la rue des Rosiers ? Le terroriste Abou Nidal revendique souvent, et sans aucun complexe, les forfaits qu'il commet. En revanche, il ne s'exprimera jamais sur le « sujet tabou » de l'attentat de la rue des Rosiers. Plus de treize ans après les faits, c'est le silence dans la « communauté du renseignement » où pourtant peu de secrets peuvent résister au temps, à la délation et aux vantardises, voire à la trahison ou aux primes en dollars. Les attentats arabes commis dans les années 80 ont été, un à un, élucidés, leurs auteurs connus, ainsi que leurs commanditaires. Tous, sauf pour la rue des Rosiers. Black-out total. Cet attentat reste « hors normes ». Un de ses premiers effets aura été de renverser, en faveur de l'État d'Israël et contre le « terrorisme palestinien », le climat violemment antiisraélien créé par les atrocités commises au Liban par Tsahal, l'armée israélienne. Un basculement du discours télévisuel et médiatique suivit. L'« agresseur israélien » devint la « victime juive ». Un miracle en somme.

J'en serai moi-même surpris, à l'occasion d'une rencontre au sein de l'ambassade israélienne à Paris, avec un vieux monsieur chauve, digne et discret : le représentant du Mossad pour l'Europe. Les Israéliens, qui n'ont jamais manifesté, dans le cas de l'attentat de la rue des Rosiers, leur habituelle volonté d'appliquer la « loi du Talion », semblaient peu intéressés par mes informations. J'en ai gardé un profond sentiment de malaise et de gêne.

Régis Debray, dans une note confidentielle qu'il adressa au président de la République, en date du 20 avril 1984, confirma mes interrogations sur cet étrange attentat de la rue des Rosiers, ainsi que la dangerosité des Irlandais de Vincennes. Il faisait apparaître le rôle particulièrement trouble de Bernard Jégat. En effet, écrivait-il à François Mitterrand :

> J'ai rencontré M. Bernard Jégat hier. Il me paraît bien être le seul témoin capital et se déclare prêt à faire crever l'abcès, dût-il aller lui-même en prison. Cette clarification aurait l'avantage de mettre clairement le commandant Prouteau hors de cause et d'authentifier l'extrême importance de l'affaire des Irlandais, lamentablement saccagée par le capitaine Barril.
>
> Je peux attester moi-même la bonne foi de Jégat puisqu'il était venu m'exposer le 1er juin 1981 ses activités, afin de se mettre en règle, par loyauté et attachement envers la gauche et, en particulier, envers le Président. Je l'avais alors éconduit, le prenant pour un provocateur. C'est au lendemain de l'attentat de la rue des Rosiers, le 9 août 1982, au vu des portraits-robots publiés dans *France-Soir*, où il reconnaît certains de ses contacts, qu'il cherche désespérément à rentrer en relation avec l'Élysée. Il appelle mon secrétariat, mais je suis alors en mission aux États-Unis. Il va ensuite voir Jean Daniel en tant qu'« ami du Président ». Ce dernier, de fil en aiguille, le met en contact avec le capitaine Barril, le mardi 24 août, auquel il livre tout. D'où l'arrestation des Irlandais, les jours suivants. Après quoi, il est abandonné pendant un an à son sort, essayant vainement de contacter le commandant Prouteau, ce que refuse Barril. Ce n'est qu'en septembre 1983 qu'il obtient le commandant Prouteau au téléphone, lequel l'oriente sur l'un de ses collaborateurs [1] qui prendra attentivement soin de lui. Bernard Jégat est un journaliste pigiste très émotif, instable, mais

1. Il s'agit de Pierre-Yves Gilleron, un ancien de la Direction de la sécurité du territoire (DST), dont nous aurons l'occasion de reparler.

d'une grande culture et d'une droiture certaine. C'est vraiment l'« idéaliste de gauche » pris au piège et désireux de s'en sortir. Il a été mis par Plunkett[1] en rapport avec des Allemands, des Italiens, et indirectement avec des extrémistes palestiniens. Il a participé, à distance, à un attentat en RFA. Il a la conviction intime, ainsi qu'un faisceau de présomptions, que ses amis irlandais ont servi de base logistique (voitures, passeports, contacts, armes) dans l'attentat de la rue des Rosiers, mais il n'en a pas la preuve matérielle, là est la difficulté.
Bernard Jégat se sent aujourd'hui menacé de mort par ses anciens amis. Il demande les moyens de déménager rapidement, un permis de port d'arme et une orientation sur la conduite à tenir (doit-il aller ou non chez le juge d'instruction ?). Il me remettra, dans une quinzaine de jours, un rapport écrit détaillé sur tout ce qu'il a vu, vécu et entendu entre 1979 et 1982 dans son réseau terroriste, qu'il croyait au départ, mais à tort, purement de soutien à la cause irlandaise.
Je dois dîner mardi soir avec le commandant Prouteau et Maître Kiejman (que Jégat a pris pour avocat). Ce personnage me demande instamment des conseils sur la conduite à tenir. Que puis-je lui répondre, directement ou non ?

Sans commentaire.

Mon scepticisme sur l'attentat de la rue des Rosiers s'est aggravé quand j'ai appris que Abou Nidal, alors le terroriste le plus recherché de la planète, avait passé de longues années, en toute tranquillité, dans une villa cossue de Koweit City. Rallié, en 1991, à la coalition anti-irakienne durant la guerre du Golfe, il a néanmoins laissé certains de ses hommes de main participer aux pogroms antipalestiniens qui eurent lieu, justement au Koweit, après le triomphe des troupes américaines.

Quoi qu'il en soit, pour le GIGN, à l'époque, c'était « l'alerte rouge ». L'*Anschluss* du général israélien Sharon avait pour but déclaré de « rendre service au monde » en envoyant Israël « extirper du Liban le terrorisme international ». Nous étions le 6 juin 1982. L'opération « Paix en Galilée » commençait. Deux mois plus tard, les résultats n'étaient pas probants. En « découpant la ville au chalumeau », selon l'expression d'un rescapé, les blindés du « boucher de Beyrouth » parvinrent, certes, à chasser l'OLP de

1. Michael Plunkett, chef des Irlandais de Vincennes.

Yasser Arafat de ses bases, mais pour combien de temps, et surtout, à quel prix ? Au demeurant, aujourd'hui, Yasser Arafat est prix Nobel de la paix, il a remis les pieds, avec ses hommes en armes, sur une parcelle du sol de la Palestine et il a même une représentation à Paris.

Il existe certains épisodes tenus secrets concernant l'OLP et la France. En tant que responsable du GIGN, mais aussi chef du Groupe d'action mixte (GAM), j'ai eu à accomplir certaines missions, hors hiérarchie. En 1983, par exemple, François de Grossouvre me fit contacter par Charles Hernu : « Mon capitaine, ceci est une mission secrète de la plus haute confidentialité. Aujourd'hui, à 17 h 30, un important dirigeant palestinien arrive sur notre territoire, à l'aérodrome militaire de Villacoublay. Cet homme est en convalescence, suite à une opération chirurgicale subie récemment à Moscou, après une grave blessure. Il vient d'ailleurs directement d'un hôpital russe. Il vous incombe la mission de le "planquer" en France, le temps qu'il se rétablisse, mais attention : le Mossad veut le "liquider" ! Vous avez carte blanche pour le choix du lieu d'accueil et des solutions à mettre en œuvre pour assurer sa sécurité. Vous me rendrez compte directement et personnellement ! Bien entendu, en cas de pépin, vous n'êtes pas couvert. Vous pouvez disposer. »

Clair et précis, comme à son habitude, Charles Hernu avait cependant omis de m'attribuer un budget. Sans moyens financiers, j'ai dû faire fonctionner mon « système D », sans nuire à la sécurité requise ni à la discrétion de rigueur. C'est ainsi que je suis allé convaincre le général Thomas, au Val-de-Grâce. Cet hôpital militaire était devenu ma seconde famille, suite à mes hospitalisations répétées. Dans la chambre voisine de celle attribuée à mon convalescent de marque, j'avais installé mon équipe, ainsi qu'un PC radio mobile. Pour mieux assurer sa protection rapprochée, 24 heures sur 24, mes hommes étaient vêtus de blouses blanches pour passer davantage inaperçus dans les couloirs de cet hôpital. Personnellement en civil, j'ai « promené » chaque jour notre protégé, avec Jacky, mon fidèle second, dans la campagne, à Fontainebleau, à Vincennes, ou à Paris, le temps pour lui de se refaire une santé. Nous sommes presque devenus des amis, à la faveur de ces longues semaines. Il m'a invité dans sa famille, en Syrie, pays avec lequel il entretenait déjà des liens étroits et très privilégiés.

Cette personnalité palestinienne m'intriguait, car je ne connaissais pas son identité, bien que son visage ne me soit pas inconnu. Dans le panel des terroristes internationaux, beaucoup de visages se ressemblent, notamment entre ressortissants du Moyen-Orient. Je voulais cependant une confirmation. En contact permanent avec la DGSE, j'ai obtenu que l'on me détache un jeune homme sportif aux cheveux courts, très dynamique. Je l'ai présenté au convalescent comme étant l'un de mes hommes du GIGN. Il était spécialiste des techniques photographiques subtiles, pratiquées avec un appareil caché au sein d'un attaché-case aménagé. Jolies photos, très nettes. Toute une pellicule. En outre, il m'avait suffi de subtiliser un verre dans lequel notre inconnu avait bu pour être sûr de ramener sa collection d'empreintes digitales. Le reste fut aisé. Les experts de la DGSE eurent tôt fait de mettre un nom et un « palmarès » sur les photos, grâce aux empreintes. J'ai ainsi appris qu'il s'agissait d'un responsable de l'OLP. Quelque temps plus tard, il s'opposera férocement à Yasser Arafat et deviendra un leader du Hamas, déclarant une guerre totale à Israël et aux accords de paix...

Au Val-de-Grâce, pendant l'hospitalisation de mon protégé, j'ai fait la connaissance du représentant de l'OLP à Paris, Ibrahim Souss, un homme délicat, courtois et très cultivé. Il deviendra « l'informateur » privilégié de François Mitterrand et sera « traité » en permanence par Pierre Mutin, conseiller à l'Élysée, et par un spécialiste des pays arabes, l'ancien ministre Edgard Pisani, président de l'Institut du monde arabe. Ibrahim Souss, homme d'écriture et poète, dédicaçait chacun de ses ouvrages au président qui lui répondait par une gentille lettre ou l'invitait à un déjeuner privé. Beau-frère de Yasser Arafat, le représentant de l'OLP était excédé par la « politique palestinienne ». Au point qu'il abandonnera même l'OLP puis, avec l'aide du président Mitterrand qui le remerciait ainsi de ses bons services, obtint la nationalité française. Résidant à Paris et au Canada, ses voisins sont toujours inquiets de sa présence et des risques d'attentats afférents à sa personne.

La Palestine est restée au cœur de l'actualité. La poignée de main symbolique, à la Maison Blanche, devant un Bill Clinton radieux, entre Yasser Arafat et Yitzhak Rabin, le 13 septembre 1993, portait en elle des germes de mort. Depuis, en effet, deux cent cinquante Israéliens ont été tués par le Hamas et plus de mille blessés. La paix est désormais gravement compromise. La montée en puissance du Hezbollah, les attentats contre les diplomates et les militaires israéliens, les voitures piégées et les camions kamikazes font toujours l'actualité.

En Europe, les suites de l'opération « Paix en Galilée » en 1982 et 1983 correspondent à des années records en matière de terrorisme, avec mille cent un attentats en France ou contre des intérêts français dans le monde. Pour la seule année 1983, par exemple, trois cent soixante-quatorze attentats ont été perpétrés dans l'Hexagone proprement dit, six cent soixante en Corse et soixante-sept dans les Dom-Tom ou dans des pays étrangers. Au Liban même, nous étions alors au cœur de la tourmente. Honnis par les Israéliens qui nous reprochaient d'avoir permis le repli, dans l'honneur, des douze mille combattants d'Arafat, personnellement protégé par les tireurs d'élite du GIGN, nous étions également vomis par les Syriens, manipulateurs des principaux réseaux mondiaux du terrorisme. Nous les empêcherons, quelque temps seulement hélas ! d'avaler complètement ce qui reste du cèdre libanais. Quant à l'extrême gauche palestinienne qui nourrissait encore, à cette époque, quelques beaux réseaux internationaux de poseurs de bombes et d'assassins professionnels, elle nous reprochait amèrement d'avoir retiré nos soldats trop tôt, livrant ainsi aux miliciens les femmes et les enfants de Sabra et de Chatila. Oui, elles furent d'enfer, ces années durant lesquelles nous avons combattu tous les terrorismes à la fois : le groupe Carlos, les FARL, les Arméniens, les Corses, les Iraniens, les antisionistes d'Action directe, mais aussi les Irlandais et les Basques... J'en passe.

En faisant exploser le « chaudron de Beyrouth », le général Sharon a dispersé des braises incandescentes prêtes à enflammer le monde. La France est ouverte à tous les dangers, sans protection. En haut lieu, rien n'a été prévu. Le terrorisme ? Foutaise, entendait-on alors. En mars 1982, le patron de la DST, Marcel Chalet, refuse tout net, dans un rapport, de considérer le terrorisme comme une « menace de premier plan ». Pour lui, le communisme, « le rouge » reste l'unique ennemi. L'action de son service doit donc se concentrer sur les pays de l'Est, avec pour cibles les problèmes d'espionnage et de pillage technologique. Au SDECE, qui deviendra bientôt la DGSE, sous la houlette d'un personnage pittoresque, Pierre Marion, la situation est simple : un officier, un seul, s'occupe du terrorisme ! Cet officier est un ami et, j'ose le dire, un complice. Il s'agit du colonel Joseph Fournier, un grand soldat, héros de la France, hélas mort à présent d'un cancer. Il était le plus décoré des officiers supérieurs de la DGSE, la véritable « mémoire vivante » du service.

Quant à Pierre Marion, pour le situer, il demanda un jour à Charles Hernu d'organiser un rendez-vous avec moi. On lui avait dit que le capitaine Barril était bien renseigné sur un problème de trafic de « mercure rouge », organisé par les mafias liées aux pays de l'Est. C'était vrai. Je n'étais pas trop mauvais sur le sujet. Bref, réunion de travail à trois dans les locaux du ministère de la Défense, rue Saint-Dominique. Pierre Marion s'adresse sèchement à moi :

« Capitaine Barril, donnez-moi vos informations.

– … Pardon ?

– Vos sources aussi, je veux tout !

– Monsieur le ministre, dis-je, en me tournant vers Charles Hernu, si monsieur le directeur du SDECE me démontre qu'il est plus avancé que mon équipe, je ne manquerai pas de venir compléter ce qu'il sait, dans la mesure de mes moyens. Mais il lui faut me convaincre. »

Pierre Marion se lève, congestionné, plus rouge que le mercure rouge ! Brandissant son attaché-case dans un geste de fureur, il le jette par terre avec violence. Tous les documents qu'il contient en jaillissent. Gêné, Charles Hernu se baisse pour les ramasser. Je l'aide, en me plaçant à côté de lui. Dans le dos de Marion, Charles Hernu me fait, en douce, un petit signe complice. Quinze jours plus tard, Pierre Marion fut mis à la porte des services secrets, sans ménagement. Depuis, il a écrit ses *Mémoires,* un livre se voulant nourri de souvenirs professionnels et glorieux. Il écrit qu'il n'a jamais su pourquoi on l'avait « remercié ». Le « patron du renseignement français » n'a donc même pas été capable de comprendre cette évidence !

Je me souviens du superbe voilier appartenant au plaisancier Pierre Marion, ancré dans un joli port du sud de la France. François de Grossouvre lui lançait souvent des mots acerbes sur son goût du luxe. Reconverti dans le secteur privé, Marion travaille en qualité de conseiller pour le compte d'une entreprise de sécurité qui comprend un Luxembourgeois, lui-même ancien dirigeant des « services antiterroristes » de ce pays, proche, par ailleurs, du préfet Christian Prouteau. Simultanément, il joue les consultants, voire les pythies, à ses risques et périls. Il a, par exemple, livré au *Figaro*, le 22 avril 1995, une analyse étonnante. Question du journaliste : « Monsieur Marion, l'attentat d'Oklahoma City[1] vous paraît-il signé ? – Oui », répondit fermement l'éminent spécialiste Pierre Marion. Et de rappeler d'autres attentats de même type, avec des charges explosives lourdes, au Moyen-Orient et en particulier à Beyrouth. « La piste d'islamistes, ou celle, très proche, de Palestiniens ou d'Iraniens radicaux est donc probable », conclut-il. Les auteurs de l'attentat d'Oklahoma City furent interpellés quelques jours plus tard. Il s'agissait d'Américains tout ce qu'il y a de plus américains : blancs, chrétiens, anarchistes et d'extrême droite ! Mais ce n'est pas fini, Pierre Marion poursuivait l'interview en ces termes : « L'attentat d'Oklahoma City a également valeur d'avertissement pour tout l'Occident. En ce qui concerne Oklahoma, on néglige étrangement le fait qu'un réseau islamiste américain, probablement local, était nécessairement présent. Sur ce point, il semble que les services de renseignement américains se soient laissé surprendre. » Sans commentaire.

Pierre Marion entretenait des relations suivies avec Michel Lambinet, journaliste-éditeur de la *Lettre d'Afrique*. Ils se rencontraient tous les quinze jours, le lundi, au restaurant *Le Presbourg*, à deux pas de la place de l'Étoile. Personnage à multiples facettes, ce proche des services fut le témoin des relations franco-africaines secrètes et privilégiées, ces trente-cinq dernières années. Le général Jacques Mitterrand avait choisi Marion pour la DGSE dans le but d'approcher durablement certains chefs d'État du continent africain, notamment Mobutu au Zaïre et Bongo au Gabon.

---

1. Le 19 avril 1995, un immeuble appartenant au gouvernement fédéral avait sauté dans cette ville tranquille des États-Unis, faisant cent soixante-huit morts.

Lambinet échangeait volontiers ses informations et ses contacts avec Pierre Marion, tous deux formant un curieux tandem qui ne manquait ni de souffle ni de soufre. Retrouvé « suicidé » le 4 janvier 1996, à 66 ans, Michel Lambinet en savait peut-être trop. « Il vaut mieux être avec lui que contre lui », disait-on à son propos. Il avait réuni et conservé un grand nombre de documents inédits, des photos mais aussi des notes personnelles, fruits d'un archivage sur trois décennies, désormais très convoités. De quoi créer des soucis à certains.

Toujours est-il qu'en 1982, face à un véritable déferlement de violence armée, « la France est le ventre mou du monde ». Hagop Hagopian, l'Arménien fondateur de l'ASALA[1], formé par les Palestiniens de Septembre noir, le dit clairement à un journaliste venu l'interviewer dans un immeuble noirci de Beyrouth-Ouest, un soir, lors des pires bombardements par les canons de la marine israélienne. A la question : « Pourquoi "taper" la France ? », Hagop Hagopian répond : « Parce que c'est moins risqué. C'est le terrain le plus facile, et de plus, le plus payant[2]. »

Au GIGN, la plupart d'entre nous n'étaient « ni pour ni contre » François Mitterrand. Nous étions des soldats républicains, et il nous incombait de le protéger. Avec le recul, je reconnais qu'un jour il nous a fait vraiment plaisir. Une fois. Une seule fois. Ce jour-là, nous avons cru en François Mitterrand, moi plus que les autres. Nous avions confiance. C'était le 17 août 1982, huit jours après la tuerie de la rue des Rosiers. Au cours du journal télé-

1. ASALA : Armée secrète arménienne de libération de l'Arménie.

2. En 1996, hélas, rien ne me semble avoir changé par rapport à 1982 : gestion du terrorisme « à la petite semaine », naïveté et impréparation, départ sur des fausses pistes, informations tronquées, agitation et désordre. C'est comme si les démocraties occidentales avaient décidé que le terrorisme ne constituait, en aucun cas, une menace majeure. Un jour, proche, viendra le temps de se rappeler au bon souvenir des politiques, comme à celui des médias, tombant à point pour distraire l'opinion des problèmes de chômage ou des scandales financiers. La France se prépare des jours difficiles, en continuant dans cette voie.

visé de 20 heures, le président fit une déclaration solennelle : « Les extrémistes de tous bords entendent frapper la France, parce qu'elle est le principal facteur de paix dans le conflit qui se déroule actuellement au Proche-Orient [...]. Je n'y renoncerai pas sous la menace, et, bien entendu, j'entends organiser le pays, les pouvoirs publics, les services de police, de telle sorte que ce terrorisme soit enfin puni [...]. Ce qui est important, c'est la volonté de faire respecter la loi, de la faire appliquer, d'être intransigeant et implacable dans son application. Ce qui compte, c'est la volonté de faire reculer le terrorisme, partout où il se terre, de le traquer jusqu'à la racine. Les Français doivent s'apercevoir, comme je l'ai dit l'autre jour, alors que je me trouvais dans la synagogue où l'on pleurait les triples victimes de l'attentat de la rue des Rosiers, que ce terrorisme-là, comme les autres, me trouvera en face de lui. Nous savons qu'il peut encore nous atteindre [...]. Viendra le jour où lui-même succombera sous nos coups... »

François Mitterrand annonça dans la foulée deux mesures. La création d'un secrétariat d'État à la Sécurité publique, dont le titulaire fut Joseph Franceschi[1] ; la mise en place d'une « mission de coordination, d'information et d'action contre le terrorisme », c'est-à-dire la création de la « cellule » antiterroriste de l'Élysée. Son responsable fut le commandant Prouteau. Pour nous tous, il s'agissait de bonnes nouvelles, sans qu'elles constituent, à proprement parler, une véritable surprise. Nous étions demandeurs[2].

La nomination de Prouteau à la tête de la « cellule » fut l'étincelle qui déclencha la guerre police-gendarmerie. La décision du président revenait en effet à confier la responsabilité de la lutte antiterroriste au patron des supergendarmes du GIGN, et à attribuer la sécurité présidentielle au GSPR[3], entraînant l'éviction des policiers des VO. La préférence était donc donnée à la gendarmerie nationale, non sans certaines humiliations pour les VO et d'autres fonctionnaires de police. Était-ce le prix à payer ? Dans

1. Joseph Franceschi s'emmêlera un peu les pieds en Corse, il faut bien le dire. La Corse, c'est compliqué quand on ne connaît pas... Il retournera bien vite à son autre spécialité : les personnes âgées à Maisons-Alfort.

2. Voir annexe n° 2.

3. Groupement de sécurité de la présidence de la République.

mon précédent ouvrage[1], j'ai sans doute donné une importance exagérée à cet aspect du problème. En fait, cette guéguerre en cachait une autre, plus secrète et infiniment plus cruelle, une guerre de pouvoir sournoisement tapie dans l'ombre du palais de l'Élysée. Les coups que nous avons commencé à recevoir, dès l'annonce de la « mission », venaient d'un réseau bien dissimulé, encore jeune. Ces manipulateurs jouaient, avec beaucoup d'intelligence, sur les contradictions entre gendarmerie et police(s) afin de nous jeter les uns contre les autres. Leur but occulte était de « déblayer le terrain ». Aujourd'hui, j'ai de ces événements une perception beaucoup plus nette, nourrie par l'expérience. A l'époque, j'étais encore quelque peu naïf.

Il faut reconnaître que la mise en place du Groupement de sécurité de la présidence de la République, avec ses effectifs de cent quatorze gendarmes parachutistes d'élite, formés par les anciens du GIGN, travaillant en civil, spécialistes des arts martiaux, mais aussi du tir, équipés de voitures puissantes et de motos banalisées, de moyens de communication cryptés et d'armes ultramodernes, suscita des grincements de dents au ministère de l'Intérieur et ailleurs. Des commentaires acides fusaient, du genre : « Prouteau ? Il n'a qu'une qualité, il tire vite. » Ce qui, soit dit en passant, n'est qu'une demi-vérité. Il est vrai que Christian Prouteau était, à cette époque, un tireur de précision extraordinaire. Il était, de loin, le meilleur de nous à l'arme de poing, grâce à son grand calme. En revanche, pour la vitesse, c'est-à-dire le tir rapide et instinctif au 44 Magnum de 4 pouces, je garde l'avantage.

Les nouvelles responsabilités qui nous incombaient n'étaient, en vérité, qu'une demi-surprise. Depuis le printemps 1982, le nombre de nos interventions avait considérablement augmenté. A Latché, Christian Prouteau ne s'était pas contenté de présenter nos planches de photos au président Mitterrand. Préparée discrètement avec François Durand de Grossouvre, qui poursuivait un projet beaucoup plus large, la discussion s'était étendue à la question du terrorisme : comment réagir, se protéger, dissuader et surtout punir les coupables, lorsqu'ils se trouvent hors d'atteinte du code pénal ? Au Moyen-Orient, à cette époque, le

1. Paul Barril, *Missions très spéciales*, Presses de la Cité, 1984.

SDECE était reconnu « faible ». Sa « force », son vrai terrain de prédilection, était l'Afrique, grâce aussi à Michel Lambinet. Quant à la DST, ayant en charge la sécurité intérieure, sur ce terrain et à cette date, elle n'existait pas. Nous avons commencé par aider la gendarmerie libanaise à mettre sur pied une force spéciale calquée sur le GIGN. A cette occasion, nous avons pris un certain nombre de contacts fructueux. C'est ainsi que, par ce canal, nous avons appris la préparation d'actions terroristes visant la France et que nous avons pu transmettre quelques bons tuyaux que nous étions seuls à détenir, seuls... avec François de Grossouvre. A cette époque, le conseiller du président ne nous était pas encore connu, ou très peu. Nous savions seulement que sa famille avait créé la Banque du Liban, était très liée aux Gemayel et aux chrétiens en général. Il était aussi l'ami de Samy Maroun, qui contrôlait le port de Beyrouth.

Après l'attentat de la rue des Rosiers, mais avant que François Mitterrand n'annonce ses intentions à la télévision, un hélicoptère Puma du GLAM[1] s'était envolé pour la Vendée afin de récupérer Prouteau sur son lieu de vacances. Il s'était vu proposer la « mission antiterroriste », mais avait posé deux conditions :

1) dépendre uniquement de l'Élysée, et directement du chef de l'État, sans intermédiaire d'aucune sorte, donc sans aucun contrôle ;

2) garder, en titre, la direction du GIGN. (Dans les faits, il s'en déchargera immédiatement sur moi, son adjoint.)

Ces deux conditions furent acceptées. En conséquence, à partir de cet instant et sans rien demander, je venais d'être placé au sein du dispositif antiterroriste en disposant d'un bureau rue de l'Élysée. Nous dépendions « uniquement » du président et de son cabinet. A compter du mois d'octobre 1982, nous devions rendre compte et recevions nos consignes de Gilles Ménage. Celui-là même qui nie aujourd'hui avoir jamais entendu parler de moi !

En quelques jours, nous avons mis sur pied un outil formidable.

1. GLAM : Groupe de liaison aérien ministériel. L'utilisation abusive des avions de ce groupe ayant été dénoncée – trop d'épouses ou d'amies de personnalités voyageaient ainsi aux frais de l'État –, il a été dissous par le président Jacques Chirac.

La « cellule » était, en effet, un petit état-major léger et nerveux, avec deux branches principales, la branche renseignement et la branche action. L'action demeure, aujourd'hui encore, mon domaine de prédilection. J'ai eu l'occasion de travailler avec un très grand policier, devenu ensuite un ami, Charles Pellegrini. Il nous amena six de ses meilleurs hommes. J'en ai choisi six autres parmi les miens, pour former le Groupe d'action mixte, véritable bras armé de la « cellule » antiterroriste, son service action. Charles Pellegrini est un Corse calme et mesuré, au front barré d'une mèche rebelle. Officier en Algérie, puis officier dans les CRS et commissaire de police, il fit ses classes avec Lucien-Aimé Blanc, le patron de l'Office central de répression du banditisme (OCRB). Ensemble, ils ont travaillé des dossiers difficiles, dont Mesrine, Goldman, Lebovici, etc. « L'homme est courageux et n'a jamais craint les missions ponctuelles à hauts risques », écrivent à son sujet Jacques Derogy et Jean-Marie Pontaut, dans *Enquête sur trois secrets d'État*[1]. L'homme est aussi un manipulateur hors de pair. On reconnaît là le « coup de patte », la « griffe » du maître Aimé Blanc. Un label professionnel issu d'un moule formateur, le seul, le vrai, celui de l'expérience et du terrain. Pellegrini demanda que ses hommes – et les miens –, qui allaient se « salir les mains » en exécutant des missions délicates, puissent bénéficier de toutes les protections nécessaires. Ce qui veut dire pouvoir travailler, au minimum, sous fausse identité, avec la dotation officielle de « vrais-faux » papiers, tout en disposant de matériels et d'armes aux performances hors du commun. Ce que nous voulions, nous parvenions à l'obtenir rapidement en général, et ce malgré quelques blocages dans certains rouages de l'administration. Aussi nos hommes furent-ils correctement équipés du fusil d'assaut suisse Sig, de pistolets mitrailleurs israéliens Uzi, de pistolets et revolvers de qualité, de postes Motorola à codage alphanumérique pour nos transmissions, et de voitures puissantes, fourgonnettes de « planque » banalisées, jumelles de vision nocturne, appareils photos avec zoom de 1 000 mm, vidéo, riot-gun, microcravate, gilets pare-balles, grenades de divers types, notamment

1. Jacques Derogy, Jean-Marie Pontaut, *Enquête sur trois secrets d'État*, Robert Laffont, 1986.

éclairantes, de neutralisation, à flash, à gaz, etc. Pour obtenir nos papiers, les « vrais-faux » nécessaires, il n'y avait qu'une seule solution : les hommes du GAM furent rattachés administrativement à la DGSE tout en étant mis en disponibilité[1]. Ainsi avons-nous été dotés de passeports neufs, régulièrement fabriqués, en tous points similaires à ceux attribués aux citoyens par l'administration française. Bien sûr, les identités mentionnées n'étaient pas réelles. Le même principe fut appliqué aux autres papiers utiles : permis de conduire et cartes d'identité. Une solution simple et radicale qui élimine le risque d'être retrouvés et abattus à nos véritables adresses personnelles, ces éléments étant tenus secrets. Du moins en principe. La DGSE publia en effet un numéro de son bulletin de liaison comportant... les vrais noms et les vraies adresses des officiers de son service, ceux du 89e bataillon spécial ! Édité à usage interne, l'ouvrage à vocation « annuaire » a été hélas diffusé à l'extérieur ! Une erreur, d'ailleurs unique, qui s'avéra extrêmement dangereuse.

Nous avons connu d'autres types de problèmes quand, curieusement, des difficultés nous ont été faites durant plusieurs semaines, par la DGSE, pour obtenir des « tocs », des « vrais-faux » passeports. La demande avait pourtant été faite, personnellement, par Christian Prouteau dès sa nomination à la tête de notre groupe. Il s'était adressé à Jean-François Dubos, au ministère de la Défense. Dubos était un peu, au ministère de la Défense, ce que Gilles Ménage fut à l'Élysée : l'éminence grise. Soupçonné dans l'affaire Greenpeace, puis épinglé dans l'affaire Luchaire – un grave trafic d'armes au profit de l'Iran –, il bénéficia d'un non-lieu. Stoïque et froid, Jean-François Dubos trouva le temps, dans une carrière menée à la cravache, d'épouser une riche héritière. Pierre Marion « freinait » nos demandes. Il me fallut aller moi-même parler au colonel Moreau, directeur du contre-espionnage à la DGSE, qui me réserva un excellent accueil. Le dialogue s'instaura immédiatement et se révéla positif. Une réunion fut exclusivement consacrée à nos « vrais-faux » passeports, à l'Élysée, durant le mois d'octobre 1982. Nous avons obtenu satisfaction.

1. Voir annexe n° 3.

Les papiers utiles à nos actions nous ont été attribués et ils furent nombreux[1]...

Il ne faudrait pas en déduire que le commissaire Charles Pellegrini et le capitaine Paul Barril n'avaient pour activité que l'action et non le renseignement. Ce serait une erreur. Brutes peut-être, épaisses même si vous voulez, mais hommes dotés d'un cerveau. L'information est, dans notre activité professionnelle, une nécessité. Elle précède et accompagne l'action. Il ne s'agit pas de deux mondes hermétiques. Idéalement, il faut 98 % de renseignement pour 2 % d'action. C'est la bonne proportion, celle qui favorise l'efficacité. L'activité spéciale renseignement partait d'un principe clair et limpide : « Il convenait de ne rien espérer ni attendre des services officiels. »

Son premier responsable était le commissaire Jean Orluc, arbitrairement critiqué par les précieux petits « dandys de gauche » du ministère de l'Intérieur. Ce vrai professionnel nous avait été recommandé par le directeur de cabinet du directeur de la gendarmerie nationale, le colonel Noyelle. A l'actif de Jean Orluc, gaulliste convaincu, il y a notamment une formidable opération d'infiltration de l'Amicale des Algériens en France, ainsi que quelques autres coups tordus servant les intérêts de la France. Cet homme est « un bon », comme on dit familièrement, un tout bon même. Résultat, il n'avait pas que des amis déjà à l'époque. A son pseudo, « Achille », ses ennemis de l'intérieur des « services » tentèrent en vain de substituer celui de « Dom Ruinart », allusion à une marque de champagne qu'il affectionne sans en abuser plus qu'un autre. D'autres encore le baptisèrent « potin de la commère », en l'accusant de véhiculer des ragots ou d'être proche du SAC. Tout cela ne l'empêcha nullement de dormir, ni de « filocher » mon ami Frédéric Thiriez, un officier parachutiste de réserve passé par le cabinet de Gaston Defferre au ministère de l'Intérieur et alors homme de confiance du secrétaire d'État à la Sécurité, Joseph Franceschi. Devenu directeur de cabinet de Franceschi, Frédéric Thiriez était l'interlocuteur privilégié – bien qu'il n'en ait pas l'exclusivité – d'une piquante journaliste de

1. Voir annexe n° 4.

Libération, Véronique Brocard, une jolie brune svelte qui nous rendait quelques signalés services en parlant un peu trop facilement au téléphone.

Complémentaire de Jean Orluc, mais hélas beaucoup moins fiable, travaillait également avec nous Pierre-Yves Gilleron. Issu de la DST, il fut un « homme de gauche absolument parfait », tel qu'il aimait à le dire en ces temps compliqués. Spécialiste des pays de l'Est, il se signalera plus tard en Afrique noire par un travail de pénétration appuyé dans l'immédiat entourage de la présidence congolaise, pour le compte du président Lissouba. Jouissant d'amitiés au sein des services israéliens, eux aussi d'ailleurs très présents au Congo, il fut également « l'ami et l'associé » de l'ancien journaliste Pierre Péan. Du moins, d'après ce que des opposants rwandais, réfugiés en Europe, crurent comprendre après qu'il se fut « occupé d'eux » en Allemagne.

Enfin, complétant notre dispositif de lutte antiterroriste, nous avions aussi parmi nous le lieutenant-colonel de gendarmerie Jean-Louis Esquivié, surnommé « le curé ». Un jésuite de choc ! Cet homme de foi a fait, à pied, le pèlerinage de Saint-Jacques-de-Compostelle. Aujourd'hui général, cet intellectuel a son petit péché mignon personnel : l'informatique. C'est lui qui eut, très vite, l'idée d'installer de puissants ordinateurs dans l'hôtel particulier de la rue de l'Élysée hébergeant nos activités. Détournés de leur vocation initiale, ces ordinateurs centraliseront dans la plus totale illégalité des milliers de fichiers, issus de tous les services, ainsi que toutes les écoutes téléphoniques réalisées sur ordre de l'Élysée, où Gilles Ménage agissait, rendant compte chaque jour au président Mitterrand.

Chapitre 3

Aller-retour pour l'enfer

« Ce qui ne me tue pas
me rend plus fort. »

Nietzsche

Pour parvenir à faire naître le monstre qui est sorti des entrailles de la « cellule » antiterroriste de l'Élysée, c'est-à-dire une « police politique » d'un type nouveau appuyée sur des moyens informatiques exceptionnels, plusieurs conditions devaient être réunies : servir un pouvoir corrompu, manipulateur et dissimulateur, disposer d'un cerveau machiavélique pour diriger cette mutation dans l'ombre et le secret, enfin faire sauter les verrous susceptibles de bloquer cette évolution contre nature. Tous ces éléments existant, restait à trouver une occasion pour activer cette alchimie. Je représentais le premier et le plus apparent des verrous, celui de la loi. M'éliminer devint dès lors un objectif prioritaire. A partir de 1983, un gouffre s'est ouvert sous mes pas et j'ai connu les affres d'une descente dans les sept cercles de l'enfer, sans, dans un premier temps, prendre la véritable dimension de l'attaque ni en saisir tous les ressorts. Il m'a fallu me débattre dans le noir, à l'instinct, avant de pouvoir développer une analyse correcte et passer de la position de défense, le dos au mur et dans le brouillard, à la contre-offensive. Je m'en suis sorti de justesse. Ces épreuves m'ont mûri et m'ont permis de mieux comprendre certains des ressorts cachés d'une mécanique diabolique mise en place à l'Élysée, qui ne cessera d'être active qu'une fois brisée, anéantie à jamais.

Le piège a failli se refermer sur moi fin 1982, à l'occasion de l'affaire des Irlandais de Vincennes. Beaucoup d'inexactitudes ont été proférées sur cette affaire, puis répétées et reproduites tel l'écho en montagne. Une seule voix déformée peut nourrir la chronique. De récents développements, dont la révélation du contenu de certaines écoutes téléphoniques dans le cadre de l'instruction menée par le juge Jean-Paul Valat, permettent de donner un éclairage nouveau sur certains éléments jusqu'alors occultés.

Samedi 28 août 1982, 18 h 32 à Vincennes. Bronzé, musclé, cheveux courts, l'homme a ouvert la porte sans bruit. Il est prudent et aux aguets. C'est un professionnel. Il est sorti sans un mot. Au moment où il referme la porte, je bondis. Il est surpris. Je frappe fort, shuto[1] à la gorge, pour le neutraliser. Il croit qu'il va mourir. C'est un combattant aguerri ; d'instinct, il se débat et se défend avec vigueur. Il est grand, très fort. Désespérément il s'accroche à moi. Nous basculons dans l'escalier. Il s'ensuit un corps à corps silencieux, ponctué par les coups et la descente des étages. A toi, à moi… Je dégaine mon Sig, enfin c'est fait. Le canon de mon arme est dans sa bouche. Il a peur et je le vois, mais qui frimerait dans ce cas ? Pas moi. D'un ton ferme, je lui dis : « Gendarmerie française, it's over, be quiet ! » Je comprendrai, plus tard, la raison de la peur que j'ai saisie dans son regard, et sa violence extrême pour se dégager. Il a cru, dira-t-il, être opposé à un commando anglais des SAS[2] venu pour le liquider, ou au BKA[3] allemand.

Il me sert de bouclier pour pénétrer dans l'appartement. Est-il seul ? Où sont ses complices ? Menottes aux poignets, bras dans le dos, son T-shirt remonté sur la tête, pour cacher le « paysage »,

1. Shuto : coup de karaté, frappé avec le tranchant de la main. Peut être mortel.

2. SAS : le redoutable service action des services secrets anglais.

3. Bundes. Kriminal Amt, police criminelle allemande.

l'homme est mis sur le ventre, allongé sur le sol, jambes écartées au maximum, dans un coin de la pièce principale du minuscule appartement très sale, un véritable capharnaüm. L'attente commence. Ses complices doivent venir. Les renforts de gendarmerie de la section de recherches de Paris-Minimes tardent à arriver. La perquisition commence. Les OPJ[1] travaillent méticuleusement et sans bruit. Le mois d'août finit bien, pensé-je, le temps est beau, la météo sereine, et nous vivons un grand moment de bonheur, après l'émotion et le risque. La vie est belle ! En fait, c'était trop beau.

Onze jours auparavant, le président Mitterrand avait annoncé la naissance de la « cellule » antiterroriste de l'Élysée et, à peine installés dans nos meubles, nous réalisions une première prise et une bonne. Les centaines d'articles publiés dans la presse, à l'instigation des amis et des proches des Irlandais de Vincennes d'une part, et des ennemis jurés de Barril d'autre part, ne peuvent rien contre cette réalité. C'est un nid de terroristes, et un nid d'importance, que le GIGN a investi sans bavure ce jour-là, rue Diderot à Vincennes. Sans attendre – faut-il me le reprocher ? – que les poseurs de bombes aient accompli leur sinistre besogne, nous les avons coincés. Aurait-il fallu les laisser accomplir leurs méfaits dans le sang et l'horreur, avec des corps mutilés, déchiquetés, des vies broyées ?

Le groupe de Vincennes détient de nombreux faux documents très compromettants, ses archives opérationnelles, la liste de ses forfaits et ses futurs objectifs, mais aussi des armes et des explosifs prêts à l'emploi. Son chef, Michael Plunkett, tombe, le soir même, dans notre souricière. C'est le fondateur d'une faction dissidente de l'IRA, particulièrement violente, l'INLA[2]. En Grande-Bretagne, les SAS l'ont mis sur leur liste noire. Son nom y côtoie ceux des onze « salopards » recherchés pour l'assassinat du conseiller et ami de Margaret Thatcher, Airey Neave, héros de la lutte antinazie pendant la Seconde Guerre

1. OPJ : officier de police judiciaire, dont la présence est requise par la loi lors de toute perquisition.

2. INLA : Irish National Liberation Army, Armée de libération nationale irlandaise.

mondiale, exécuté comme un chien par les tueurs sanguinaires de l'INLA dans le parking du Parlement de Westminster, en 1979. Pour l'arrestation des trois Irlandais, je serai félicité par la Special Branch de Scotland Yard, ainsi que par lord Cuningham, une relation de François de Grossouvre, puis par Margaret Thatcher elle-même, et son mari, lorsque je serai reçu, quelques années plus tard, à la résidence du Premier ministre britannique, au 10, Downing Street. Si les amis gauchistes et socialistes des terroristes interpellés, nombreux parmi les journalistes et les juristes qui ont traité l'affaire, se sont à ce point déchaînés pour dénigrer cette opération et pour tenter de déstabiliser ses auteurs, c'est parce que j'avais mis le doigt sur un nœud sensible. Aujourd'hui encore, les attentats-massacres de février et juin 1996 perpétrés à Londres le prouvent, l'INLA demeure un bras armé secret, une menace permanente. Le terrorisme irlandais, avec ses trois mille victimes, n'est ni mort ni même en sommeil. Trop de gens continuent de le protéger et de l'encourager, en sous-main.

En 1982, des groupes de terroristes épars, d'origines variées et aux profils différents, commencèrent à se fédérer. Ils s'unissaient malgré leurs différences, sous l'impulsion croisée des services syriens et iraniens d'une part, et de ceux des pays de l'Est d'autre part. L'un des trois Irlandais ressemble d'ailleurs, c'est un fait, au portrait-robot de l'un des trois meurtriers établi d'après les témoignages des rares survivants du massacre de la rue des Rosiers. Michael Plunkett était, lui aussi, activement recherché par le BKA pour avoir participé, en Allemagne, à une série d'attentats contre des casernes anglaises. Les Irlandais de Vincennes avaient eu et attendaient encore, au moment de leur arrestation, d'importants contacts avec des terroristes extrémistes palestiniens. Parmi leurs principaux relais, y compris au sein du personnel de plusieurs quotidiens, figurent des proches du groupe Carlos, de la filière Bréguet-Kopp, des FARL du Liban, des pourvoyeurs d'armements de l'ETA basque, et même des gauchistes allemands... Une multitude d'indicateurs recrutés parmi les journalistes – ce milieu est si fragile ! – ont pu, par la suite, donner force détails à leurs traitants des RG, de la DST, et même de la DGSE, sur l'inquiétude soulevée dans ces milieux par ce premier coup de pied, spectaculaire et imprévu, donné avec vigueur dans la fourmilière du terrorisme international.

Les archives de la Stasi, publiées en 1995, apporteront de nombreuses confirmations et susciteront de nouvelles inquiétudes dans les « réseaux dormants » nichés au sein de certaines rédactions parisiennes... Il n'y a donc rien de surprenant à ce qu'une banale erreur de procédure[1], annulant non pas les faits probants mais plutôt les conséquences judiciaires de la perquisition, ait donné lieu, dans les journaux les plus infiltrés par le réseau trotskiste, à d'extraordinaires extrapolations.

En cette fin du mois d'août 1982, je ne m'attardai pas rue Diderot, à Vincennes. Je ne voyais rien venir et, pour moi, l'affaire des « Irlandais de Vincennes » était terminée. Elle était réglée et bien réglée. Un peu plus tard, je rencontrerai deux fois le commandant Jean-Michel Beau : une fois à l'Élysée, alors qu'il sollicitait une audience pour être reçu par Christian Prouteau ; puis en étant le seul à pouvoir lui rendre une visite amicale, lors de son hospitalisation prolongée à l'hôpital du Val-de-Grâce.

Sans plus me préoccuper des Irlandais, je filais en Corse où le FLNC, qui ne peut être considéré comme une organisation terroriste majeure malgré des liens incontestables avec le Moyen-Orient, jouissait sereinement de... l'amnistie de 1981 consécutive à l'arrivée au pouvoir de François Mitterrand. Au cours d'une « nuit bleue », régalant et arrosant l'île de Beauté et Marseille, le 11 février 1982, des « clandestins » qui ne le sont guère avaient mitraillé trois légionnaires, dont un fut tué. Maire de Marseille et ministre de l'Intérieur, Gaston Defferre avait aussitôt déclaré : « Aucun gouvernement ne pourra accepter de se laisser dominer par la violence. » Les Corses lui répondirent sans attendre : « Faut voir ! », ce qui se traduisit par une « nuit bleue » de plus, le

1. Les fautes de procédure du commandant Jean-Michel Beau, de la Section de recherches (SR) de la gendarmerie de Paris, ne peuvent être imputées au GIGN, unité d'intervention et non de police judiciaire.

16 février, où de Paris jusque dans le Val-de-Marne, vingt bombes explosèrent contre des banques, des perceptions, des agences postales, à l'École militaire et devant d'autres symboles de « l'État-exploiteur-et-centralisateur ». Le 20 août, une « super-nuit bleue » venait de totaliser cent dix attentats, d'où mon départ en urgence pour l'île.

J'ai voyagé dans le monde entier, je connais des lieux paradisiaques, mais pour moi, la Corse reste le plus beau pays du monde. J'aime ses habitants. Comme moi, ce sont des gens de la montagne, au caractère âpre, durci par un environnement difficile, à la peau tannée par le vent, le soleil, les intempéries, la nature sauvage. Les Corses ont un esprit national enfoui jusqu'aux racines de l'âme, terrain fertile en amitiés solides, ils ont le culte de la famille et, comme moi-même, ils aiment la chasse et les armes. Certains savent s'en servir. Très bien, même. Avec Alain Orsoni, fils d'une des grandes familles de Corse et porte-parole, à l'occasion, du FLNC, j'ai établi des liens d'amitié, tissés solidement depuis la prison de Fleury-Mérogis où nous nous étions un peu frottés l'un à l'autre, il y a quelques années. Lui, dans le rôle du mutin sur la barricade, où il était « bon » d'ailleurs, et moi, dans le rôle de l'officier du GIGN où je me débrouille...

Nous nous étions revus en juin 1982, à la grande fureur des policiers des RG qui me filaient pour tenter d'apprendre quels étaient mes informateurs sur le terrorisme. Ils durent beaucoup travailler pour me suivre nuit et jour car je bouge beaucoup et vite. Les « filocheurs » n'obtinrent aucun résultat. Tout au plus, l'œil fouineur du téléobjectif Nikon des RG me mitraillant de loin, immortalisa-t-il la montée d'Alain Orsoni dans ma voiture. Une rotation d'une heure s'ensuivit autour de la place de l'Étoile, à Paris, à l'abri des micros. A l'intérieur de ma Renault 18 turbo, munie de « vraies-fausses » plaques qui narguaient les policiers, je proposai une négociation globale à Orsoni, comme l'ordre m'en avait été donné. Le point d'orgue était une rencontre directe avec le président Mitterrand. Dans cette optique, un peu plus tard, Orsoni m'a remis une lettre cachetée destinée au chef de l'État, à qui je l'ai transmise personnellement. Bizarrement, cette démarche viendra, par la suite, noircir le dossier monté contre moi en laissant entendre que « Barril-roule-pour-le-FNLC »[1]...

Joseph Franceschi, secrétaire d'État à la Sécurité publique, était donc lui aussi chargé de l'antiterrorisme. A ce titre, il avait choisi comme conseiller technique le préfet Robert Broussard, l'ancien patron de l'antigang, le policier ayant épinglé Jacques Mesrine à son palmarès de plomb. Cette ancienne vedette de la police – rebaptisé « l'homme qui court plus vite que son ombre » par les hommes de la BRI[2], depuis une fusillade panique à l'ambassade d'Irak à Paris, où, sous les flashes des photographes, il fut immortalisé en train de courir – n'aime pas les gendarmes. Pas de chance pour moi. Nos routes s'étaient croisées jadis, et plutôt mal, à deux ou trois reprises. Fonctionnaire ambitieux à la vision étroite, il ne comprend rien à la situation dans l'île de Beauté. Il a, de plus, des ordres précis. Le pouvoir l'a chargé de « criminaliser » le terrorisme corse pour démontrer qu'il n'a rien de politique et apparenter à un banal racket et au trafic de drogue les événements qui s'y déroulent. Les contacts plus politiques dont j'ai la charge, ainsi que mes diverses rencontres avec Alain Orsoni et d'autres comme Marcel Lorenzoni[3] se multiplient sous l'œil des policiers et créent une tension générale plutôt malvenue. Elle s'ajoute aux premières rumeurs, qui courent sous le manteau, concernant les « irrégularités » dans l'affaire des « Irlandais de Vincennes » et le rôle que j'aurais pu jouer.

En février 1983, j'aggrave mon cas en allant rencontrer, d'un

1. La rengaine sera reprise en 1995 et 1996, à l'occasion de la « guerre » déclenchée par le FLNC-Canal historique, contre le MPA d'Alain Orsoni qui a choisi la voie de la légalité et de la lutte à visage découvert. Au cours d'une conférence de presse, les « clandestins » du Canal historique, accusés d'avoir assassiné d'autres nationalistes, tenteront une nouvelle fois d'utiliser le rappel déformé des événements de 1983 pour démontrer la collusion d'Alain Orsoni, qu'ils accusent aussi de trafic de drogue, avec sa famille et le capitaine Barril. Le 3 mars 1996, Alain Orsoni est élu secrétaire général du MPA, vitrine légale du FLNC-Canal habituel, définissant enfin une ligne de conduite claire : « Les violences politiques et organisations clandestines doivent disparaître, ainsi que les notions de séparatisme et d'indépendantisme. »

2. Brigade de recherches et d'intervention de la police.

3. Ancien dirigeant nationaliste corse, aujourd'hui retiré des activités clandestines.

coup d'aile de Mystère 20 du GLAM, Alain Orsoni retenu dans une gendarmerie d'Ajaccio. Il est en garde à vue pour une histoire de port d'arme, un prétexte semble-t-il. Le grand Broussard, qui vient d'être nommé commissaire de la République, inaugure ses cartes de visite fraîchement imprimées. Préfet chargé de la police en Corse, il se plaint que le capitaine Barril marche sur ses plates-bandes. Son ministre de tutelle, Franceschi, en parle à son tour, à... Ménage à l'Élysée. Pour moi, avoir le contact direct, négocier, prévenir, déminer, constitue l'essence même de mon « boulot » : c'est-à-dire la lutte contre le terrorisme quel qu'il soit. A mon sens, la définition d'un terroriste est évidente : il s'agit exclusivement d'une personne qui participe activement à la préparation matérielle et consciente d'un acte terroriste ou d'un assassinat ; exemples : transporter des munitions ou des explosifs, préparer un plan, reconnaître les lieux, faire des photos, suivre une personne, acheter et/ou receler du matériel, aider les autres consciemment, etc. La lutte antiterroriste consiste aussi à anticiper l'irréparable, à dégonfler les litiges, à démêler les affaires délicates, à mettre les contentieux à plat. Finalement, j'obtiens le feu vert de Prouteau, donc de l'Élysée et, fort de cet appui, je fonce. J'exécute ma mission sans état d'âme. Ce que je ne peux évidemment deviner, c'est que de petits procureurs scrutent, dans l'ombre, les premiers pas de la « cellule » et qu'ils m'accuseront, plus tard, grâce à leurs amis dans la presse, de collusions douteuses avec les Corses.

Afin de muscler leur schéma d'accusation, les déstabilisateurs de l'ombre iront jusqu'à me reprocher des accointances avec Action directe. Cet épisode mérite quelques explications. Jean-Marc Rouillan est arrêté, puis placé 48 heures en garde à vue, le 10 août 1982. Remis en liberté, il donne, quelques jours plus tard, une interview à *Libération*, dans laquelle il condamne le terrorisme aveugle et revendique, par comparaison, quelques attentats matériels anti-israéliens ciblés. Dès lors, un mandat d'arrêt est lancé par le juge Bruguière. Rouillan ira d'abord se planquer, puis, changeant d'avis, décide de se rendre. Coup de théâtre ! C'est le moment que choisissent les RG, et aussi l'antigang, pour mitrailler à la volée un malheureux sympathisant d'Action directe, Éric Moreau, qui parvient à filer, les balles sifflant à ses oreilles. Ce jour-là, fils de commissaire de police ou pas, il éprouve la peur de sa vie. Un des policiers devra se faire soigner car, dans l'euphorie de la fusillade et alors que Moreau n'est pas armé, un commissaire des RG lui a fait claquer le tympan en ouvrant le feu, au 357 Magnum, au ras de son oreille et à l'intérieur de la Peugeot 205 de service dont il fait, au passage, éclater le pare-brise ! Jean-Marc Rouillan s'adresse alors à Jacques Bacelon, journaliste au *Matin,* un professionnel intelligent doublé d'un citoyen lucide. Il lui explique qu'il ne veut pas finir comme Jacques Mesrine sous la mitraille de Broussard l'intrépide. Il préfère se constituer prisonnier, sans prendre le risque d'un ticket de plomb pour le cimetière. Je rends compte par écrit. Je suis saisi du dossier. Une négociation s'engage. Elle va durer plusieurs mois. Thierry Fagart, l'avocat de Rouillan, exige des « lettres de garantie ». Nous en signons Christian Prouteau et moi, mais nullement dans le but de les voir publier par *Le Monde* et *Le Canard enchaîné.* Malheureusement, la négociation n'aboutira jamais. En revanche, les lettres cosignées vont aboutir dans la presse du socialisme français.

Là encore, je ne saisis pas la portée de ce qui se trame en cette fin d'année 1982 ni les dimensions du « coup d'arnaque » en gestation. Lorsque des rumeurs me parviennent, ce ne sont encore que des bruissements sourds. Imperceptiblement, le climat s'alourdit sans que j'en sois alerté, puisque j'ai la conscience tranquille.

En décembre 1982, la « cellule » réussit une opération intéressante dans la région de Marseille, avec l'appui du conseiller du ministre de l'Intérieur, Frédéric Thiriez, devenu aujourd'hui avocat au Conseil d'État et à la Cour de cassation. Je vais mettre, peut-être imprudemment, mes blanches mains dans le nœud de vipères qu'est alors le SAC marseillais, en cours de recomposition après l'affaire d'Auriol[1], et dans un autre nid de serpents sifflants

1. Créé en 1958, le Service d'action civique (SAC), émanation des milieux gaullistes, a été dissous en juillet 1982 après qu'un an plus tôt, à Auriol

et venimeux : « l'Évêché », l'hôtel de police de Marseille. Je disposais d'un informateur de grande valeur dans le secteur difficile du trafic d'armes et d'explosifs.

Pour mieux me convaincre de la préparation d'un coup, du côté de Sète, celui-ci m'envoie pour preuve un colis de quatre kilos d'explosifs de type N4OR, ainsi que cinquante détonateurs. Fort de ces informations, j'exécute une filature de grand style aux alentours d'un luxueux restaurant et décide de contrôler une voiture suspecte. A son bord, j'arrête deux personnes, le coffre de leur voiture contenant 6,6 kilos d'un explosif typé. Cet explosif sera retrouvé, quelques mois après, dans divers attentats ou tentatives d'attentat visant Gaston Defferre, la mairie de Marseille, et même un groupe de jeunes Maghrébins devisant dans la rue – action qui fera hélas ! un mort. Après l'interpellation en « flag » des deux hommes présents à bord du véhicule, je les remets, comme prévu, au SRPJ de Marseille, dans le cadre de la procédure normale liée au flagrant délit. Les policiers ne partagent toutefois pas notre enthousiasme, car l'enquête les mène vers d'anciens membres du SAC préparant des attentats de « provocation » destinés à être imputés au FLNC. Cette piste ne sera donc jamais exploitée, et les attentats programmés auront lieu. L'explosion d'une charge de N4OR sera à l'origine de la mort de plusieurs truands, au cours d'une opération de racket menée non loin d'une synagogue. Toute la procédure afférente sera annulée pour vice de forme en 1985.

Entre-temps, une version déformée de l'affaire est généreusement proposée aux médias et je suis l'objet d'une nouvelle et impressionnante campagne de presse. Gilles Ménage jubile et ricane en douce. Pour ma part, jusqu'au mois de mai 1983, j'attribue ces quelques anomalies à la sempiternelle rivalité gendarmerie-police et au fait qu'à travers la nouvelle structure si jalousée qu'est la « cellule » antiterroriste, je bouscule des situations acquises. Je fais confiance aux hommes et aux institutions. Je pense que l'intérêt collectif prime. J'ai tort. Je suis naïf et je vais le payer cher. Très cher.

(Bouches-du-Rhône), plusieurs de ses membres eurent abattu un inspecteur de police et cinq membres de sa famille.

L'entraînement du GIGN est très exigeant. Il faut une vie saine et équilibrée. Personnellement, je n'ai jamais fumé ni bu une goutte d'alcool de ma vie.

Il est nécessaire, en outre, de maintenir une condition physique exceptionnelle, afin de parer à toutes les éventualités, d'exécuter tous types de missions. Il n'y a pas de vedettes ni de stars au sein de ce groupe d'élite. Tout le monde va « au feu », sans exception. A entraînement difficile et risqué, intervention plus facile. C'est la règle qui permet d'obtenir que la sueur épargne parfois le sang. Pour progresser aussi, comme pour réussir en opération, les hommes doivent savoir prendre en permanence de gros risques, mais toujours calculés. L'apprentissage en somme.

J'ai été blessé grièvement plusieurs fois, à l'entraînement, mais aussi en opération. On ne peut donner des coups sans en recevoir. Ainsi, en 1976, après un largage rapide depuis un Nord-Atlas, j'ai été victime d'une grave fracture de la colonne vertébrale, mais le coup fatal interviendra en 1983 lorsqu'une chute, cette fois plus grave que les autres, m'a laissé paralysé durant plus d'une année, mes espoirs de marcher à nouveau étant minimes. Je réalisais des essais de décollage serré, à bord d'un ULM pendulaire, dans la région de Versailles. Ces petits engins volants motorisés, discrets, sans signature radar, peuvent transporter deux combattants, le pilote et un passager équipé et armé d'un fusil de tireur d'élite. Les ULM sont très difficilement repérables. Une qualité appréciable pour des commandos ou des clandestins. A 1 000 ou 1 500 m d'altitude, moteur coupé, l'ULM peut voler comme un planeur sur d'assez longues distances. Il peut atterrir, puis redécoller de jour ou de nuit d'un site minuscule, d'un petit tronçon de route ou d'une parcelle de pré. Utilisés par les commandos de l'air pour des reconnaissances ou pour récupérer des pilotes abattus derrière les lignes de front, ils sont très utiles dans la lutte antiterroriste, pour la récupération d'otages, l'évacuation de blessés, pour s'infiltrer ou s'exfiltrer secrètement. Je m'en suis d'ailleurs servi pour exécuter des tests de pénétration sur des sites nucléaires en larguant clandestinement un chuteur opérationnel de nuit sur le parking d'une centrale du sud de la France. Il est possible également de s'en servir en cas d'émeutes urbaines. Un seul appareil muni de deux disperseurs de gaz lacrymogène de haute capacité, avec 6 kilos de CS[1] pur, par exemple, peut dégager l'ensemble de la place de la Concorde en moins de deux minutes ! Dès lors, pas besoin de grenades. Pas d'explosion ni aucune provocation. En douceur et au moindre coût. Ce jour-là, donc, la chance m'abandonne. Après un décollage très court, brutal, au ras d'un rideau d'arbres, je mets toute la « gomme » du petit moteur Rotax. A plus de 25 m de hauteur, une perte de puissance survient. Je n'ai plus de portance aérodynamique. C'est le crash, techniquement inexplicable. En 1995, douze ans après, j'en apprendrai la cause réelle : je m'étais rendu dans la cité phocéenne après l'attaque victorieuse de l'Airbus d'Air France et la libération des otages sur l'aéroport de Marseille-Marignane, afin de féliciter les héros du GIGN, et surtout l'un de mes anciens sous-officiers, sérieusement blessé au cours de l'assaut par une grenade, puis par une rafale de kalachnikov tirée à bout portant, transperçant son gilet pare-balles en plusieurs endroits à la jointure de l'épaule. Les souvenirs se faisant pressants, il me révéla alors qu'il s'était aperçu, lors de l'examen des débris de mon appareil, que l'hélice de mon ULM avait été « montée à l'envers » ! Une maladresse très rare, pour ne pas dire plus. Bizarre. Un coup tordu ?

Au service de neurochirurgie de l'hôpital du Val-de-Grâce, les spécialistes feront des miracles. D'abord avec ma moelle épinière, puis en me vissant des plaques de métal pour soutenir ma colonne vertébrale endommagée. Au total plus de six heures d'opération et de transfusion. Merci au général Thomas et surtout aux professeurs Desgorges et Jordan. En me réveillant, le 19 mai 1983, j'apprends que j'ai perdu l'usage de la jambe droite. Je refuse d'y croire, et surtout de l'accepter. Le Val-de-Grâce

1. Gaz CS : son nom chimique exact est orthochlorobenzal malonnitrile. Chaque grain de CS est mille fois plus fin qu'un grain de talc, puisque son poids moléculaire est de 188,5. Six kilos de gaz CS correspondent à l'explosion simultanée de six mille grenades utilisées pour le maintien de l'ordre. Ce produit actif, à base de solvant cétonique très inflammable, est remarquablement efficace, ayant un effet neutralisant et incapacitant immédiat.

deviendra ma seconde famille. Je connaîtrai ses potins et ses secrets, même les visites discrètes du président François Mitterrand et ses soucis de santé. De retour, pour convalescence, dans les Hautes-Alpes, aidé par ma famille, je mettrai au point ma propre méthode de rééducation, ne gardant, par la suite, qu'une vague gêne physique mais aussi beaucoup de douleurs. Cet accident me vaudra une carte dont je me serais passé : celle d'invalide. J'ai eu de la chance. Malgré des transfusions intensives, le destin m'a préservé d'une contamination par le virus du sida, alors que j'étais hospitalisé au plus fort moment de la diffusion sanguine infectée. Merci M. Fabius !

Le jour même de mon opération chirurgicale, à peine sorti des torpeurs de l'anesthésie, j'apprends que le gendarme Caudan, de la brigade de Vincennes, est mis en cause – à tort je crois – dans une affaire d'escroquerie et de proxénétisme. Il riposte en dénonçant des irrégularités de forme commises par son chef de service, le commandant Beau, au cours de la perquisition de la rue Diderot dans l'affaire des Irlandais de Vincennes. En police judiciaire, quand un seul élément de procédure est nul, l'ensemble de la procédure s'annule, comme l'indique sans ambiguïté le code de procédure pénale. En conséquence, les Irlandais de Vincennes sont remis en liberté. C'est la loi, toute la loi. C'est aussi la démocratie. Rien à dire. Je suis auprès des miens, dans mon chalet de montagne, à la fois pour récupérer physiquement et prendre un peu de recul. C'est alors que j'apprends la nouvelle et le ciel me tombe sur la tête : Christian Prouteau me lâche, lui, mon chef, mon frère d'armes, mon seul ami, celui à qui j'aurais donné ma vie sans poser de question. Par télégramme antidaté, la direction de la gendarmerie nationale m'annonce courageusement ma suspension pour quatre mois. Il en découle que je ne serai jamais le « patron du GIGN ». Pour moi, c'est la fin de la lutte antiterroriste. Le cabinet du ministre de la Défense me propose, pour une meilleure rééducation de ma colonne vertébrale, une affectation, certes très honorable, visant la formation des officiers. Dans le désert de Mauritanie, de préférence... Et sans téléphone, bien sûr. Je demande à réfléchir. Rendue publique plusieurs mois plus tard, en octobre 1983, ma suspension sera présentée par *Le Monde, Libération* et *Le Canard enchaîné* comme une conséquence des irrégularités constatées dans l'affaire des Irlandais de Vincennes. Plusieurs gendarmes de l'équipe du commandant Beau sont également accusés d'avoir couvert, par de faux témoignages, sur ordre de leur chef, les fautes de procédure. Les Irlandais auraient dû assister à la perquisition de leur domicile alors que le brillant procédurier Beau avait exigé, en trépignant, leur transfert immédiat à la brigade de gendarmerie de Vincennes afin de diriger au plus vite, d'une main de fer, les interrogatoires des suspects.

Je répète une fois de plus que je n'ai rien à voir là-dedans, n'étant pas concerné par la procédure. Le GIGN exécute des interventions délicates et réalise des arrestations certes, mais il n'effectue jamais la procédure dont les actes sont du ressort légal et exclusif d'autres services. En l'espèce, ce fut la brigade de gendarmerie de Vincennes, placée sous la responsabilité de l'excellent major Windels. Tout ce qui n'a cessé d'être dit, écrit et diffusé à ce sujet, notamment par une presse qui refuse la vérité des faits, est faux et mensonger. Ma suspension n'a absolument rien à voir avec l'affaire des Irlandais de Vincennes, n'en déplaise à certains spécialistes de la désinformation. Le coup provient de l'Élysée. Dès lors, les rumeurs les plus extravagantes vont courir, alimenter les « investigateurs » du *Monde,* du *Canard enchaîné* et de *Libération.* D'autres, me voyant à terre, gravement blessé, vont se déchaîner et s'acharner, en ricanant. On m'accuse de n'importe quoi : trafics d'armes et d'explosifs, avoir des comptes bancaires en Suisse, et, comme une cerise au sommet du gâteau, avoir encouragé un de mes indics à commettre des hold-up sous ma protection, en échange de bons tuyaux ! Ce n'est pas tout, sans doute pour faire bonne mesure, il se dit que j'ai organisé une tentative de coup d'État démocratique en Haïti, contre la tyrannie des Duvalier, qui, soit dit en passant, tombera d'elle-même un peu plus tard.

En 1984, entendu comme simple témoin par le juge d'instruction Laroche, je dynamite ce fatras. D'emblée, le magistrat a compris « le film ». Jamais je ne serai inculpé ni, *a fortiori,* condamné. Mais l'important n'est pas là. Qui a donc pu convaincre le ministère de la Défense, la direction de la gendarmerie nationale et Christian Prouteau lui-même, de toutes ces âneries ? Comment ont-ils pu suivre aveuglément, ou accorder foi un seul instant, aux déclarations d'Alexandre Engrand et de ses amis ? Engrand est un homme d'affaires au profil marginal. Il a toujours rêvé de « faire une carrière d'agent secret ». S'il savait ! Il me donnait quelques informations, de temps en temps. Il est vrai que la société avec laquelle il est en contact fréquent est implantée sur le marché délicat des transferts de technologies avec les pays de l'Est. Alerté par Engrand sur un trafic de gros ordinateurs, par des intermédiaires douteux mais néanmoins importants, puisqu'ils aidaient les Soviétiques à contourner l'embargo américain sur l'informatique de pointe, j'ai transmis benoîtement le dossier à la DST. Ma spécialité c'est l'antiterrorisme, rien d'autre. Alors là, je passe. La DST, qui avait déjà une vague « touche » dans ce secteur, recueille, par la filière Engrand, des informations sérieuses concernant deux importants spécialistes du commerce parallèle international, Lousky et Almory, qui ont des contacts avec des ministres russes. Tout ceci serait resté anecdotique si un détenu de la prison de Fleury-Mérogis n'avait, assez curieusement, écrit à Jean-Marie Bermont, un des amis d'Engrand. Il lui réclame, par ce courrier effectué en milieu carcéral, sa « part » sur un vol de lingots d'or commis chez un notaire de la région de Poitiers ! C'est un coup monté. Saisie à la prison, puis transmise à la justice, cette lettre sur une sombre affaire de lingots entraîne une perquisition au siège de la société Novimo. Sur place, Michel Rocca, surnommé « le Chauve » dans la fine équipe, dirige « spontanément » les enquêteurs vers une banque du quartier. Dans l'un des coffres dorment des documents et des cassettes. Sur l'une des cassettes saisies, Engrand affirme avoir bénéficié de ma « protection » pour un « petit hold-up » réalisé au détriment d'un marchand de métaux précieux, ceci pour un butin de 60 000 F. Deux de mes proches, le chef Blancheteau et l'adjudant Christian Lambert, accusés d'avoir « servi de guetteurs », seront mis hors de cause sans délai. Il faut dire qu'ils ont un alibi de poids, puisque leur véhicule a percuté celui d'un fonctionnaire des RG justement à l'heure du hold-up et dans un lieu éloigné. La chance ! Ce qui n'empêchera pas Blancheteau, un enquêteur très expérimenté, d'être muté en province.

Le juge ne m'entendra donc qu'une seule fois, au mois de

juillet 1984. Entre-temps, j'ai fourni toutes les preuves souhaitées. Engrand, incarcéré, est revenu sur ses déclarations. Il ne cherche plus qu'à se protéger et à semer le doute. D'autres que moi, qu'ils soient gendarmes ou policiers, ont vécu ces vicissitudes du travail avec les indics, ces éléments sans lesquels aucune enquête sérieuse n'est même seulement envisageable, surtout dans certains quartiers chauds ou pour des catégories de délinquants difficiles à infiltrer. Comme nous l'apprenons durant les stages de police judiciaire, « l'appât ne fait pas le rat ». Sans manipulations, sans pièges, pas de capture du gibier. C'est certes banal, mais ici, c'est mon tour : le rat, c'est moi. L'équipe d'Engrand avait également « travaillé » Bernard Sansaricq, un opposant à la dictature des Duvalier en Haïti, un homme courageux et sympathique, aujourd'hui sénateur haïtien. Nombre de ses compagnons avaient été massacrés et torturés, après une tentative de débarquement raté sur l'île de la Tortue. Au cours de ses séjours à Paris, j'avais été chargé par l'Élysée de le protéger, mais aussi de le guider. Je l'ai accompagné, notamment, rue de Solférino, au siège du PS, où il a été fort bien reçu, ainsi que chez le bon docteur Guy Penne. Bernard Sansaricq préparait effectivement des commandos contre la dictature dont était alors victime son pays. Il m'avait demandé quelques conseils. Je les lui avais donnés volontiers, et même un peu plus. Ce qui m'avait valu d'être fait membre d'honneur de son mouvement, le Parti populaire national haïtien (PPNH). Où est le crime ? Plus tard, Laurent Fabius notre plus jeune Premier ministre, le « responsable mais pas coupable », permettra à « Bébé Doc », le fils et successeur du dictateur Duvalier, de transiter par la France huit jours « maximum », d'abord à Grenoble, puis sur la Côte d'Azur. En 1996, il y était toujours ! Je le croise parfois à Cannes, sur la Croisette. Il me salue avec politesse, comme un vieil ami.

Mais revenons début 1983. Le mal est fait, Barril est seul, sali, trahi. Brisé, espèrent-ils. C'est l'heure des charognards. Les coups pleuvent et s'enchaînent comme sur un ring, quand le boxeur titube et que la foule hurle : « Finis-le ! A mort ! » La Corse est à la une des médias et je suis au cœur de la cible. Non, je ne divague pas et je ne charge pas la barque. Pour preuve des menées de Gilles Ménage en Corse, il suffit de se référer à la note confidentielle qu'il adresse au chef de l'État le 17 février 1983 : « D'après les informations que j'ai recueillies, les renseignements qu'obtient la police sont nuls en Corse. » Il demande au président de la République d'amnistier un Corse condamné à une très lourde peine pour trafic de drogue. Cette amnistie permettra, en contrepartie et en principe seulement, de récupérer un dépôt d'explosifs et d'armes, et aussi de neutraliser une équipe importante du FLNC. Je peux affirmer que le dépôt d'explosifs et d'armes était fictif et que l'équipe du FLNC était totalement bidon. Le président Mitterrand, qui déjà à cette époque ne pouvait plus rien refuser à Gilles Ménage, donne sur la même note son accord écrit : « Oui. » Le garde des Sceaux Robert Badinter, prudent, refusera ce marché de dupes, indigne de la République.

Le 21 septembre 1983, le FLNC, dans un communiqué, revendique les assassinats de Félix Rosso, un patron de restaurant du sud de l'île, et de Pierre-Jean Massimi, secrétaire général de la préfecture de Haute-Corse. Tous deux sont considérés comme les « commanditaires » de l'enlèvement de Guy Orsoni, le frère d'Alain, torturé à mort au chalumeau, le 17 juin, par les tueurs de la « bande de Valinco », un groupe de malfaiteurs spécialisés dans les hold-up. Informé, Georges Marion révèle dans *Le Canard enchaîné* du 27 septembre ma rencontre avec Alain Orsoni le 12 janvier précédent. Alain m'avait remis, ce jour-là, une lettre confidentielle, au ton plutôt ouvert, dans laquelle le FLNC, s'adressant directement et secrètement par mon intermédiaire au président Mitterrand, jetait les bases d'une possible négociation. Peu de gens étaient au courant, en dehors naturellement d'Orsoni, de moi-même, du président de la République et de son spécialiste de la Corse : Gilles Ménage. Celui-ci n'ignorait rien des très nombreux voyages en Transal militaire effectués en Corse par le Groupe d'action mixte sous couverture de la DGSE. Charles Pellegrini et moi, qui dirigions alors le GAM, avons mobilisé nos hommes des nuits entières, invisibles et muets, à filmer avec nos appareils de vision nocturne les rendez-vous des « clandestins », dans les environs de Porto-Vecchio. Ils ont fouillé les eaux glauques de plusieurs ports, piégé des caches, et « désossé » petit à petit l'organigramme des commandos de choc du FLNC, finalement peu nombreux à l'époque. Nous fournissions aux ordinateurs de la « cellule » antiterroriste d'excellents renseignements sur les structures, les hommes, mais aussi et surtout sur les intentions des Corses.

Partisan d'une négociation, j'avais le feu vert. Le secrétaire d'État Franceschi et le préfet de police Broussard, de leur côté, se voyaient encouragés à faire... le contraire, c'est-à-dire poursuivre la politique de la criminalisation à outrance du FLNC. Le 17 juin, c'est cette ligne dure qui l'emporte. Abondamment nourris d'informations selon lesquelles Roger Orsoni, l'oncle, veut se mêler de leurs affaires, notamment d'héroïne, et peut compter pour cela sur l'appui de l'organisation de ses neveux, les hommes de « Jeannot le Long », la bande de Valinco, passent à l'action, torturent, tuent, et déclenchent en retour, évidemment, une magistrale « vendetta ». Robert Broussard devra d'ailleurs reconnaître que ses hommes avaient bien en filature, depuis plusieurs semaines, la Citroën Visa rouge des assassins de Guy Orsoni. Ils la voyaient souvent, garée à proximité du village des Orsoni, à Vero. Les limiers de la star Broussard croyaient, jureront-ils, que « ces gens-là préparaient un petit hold-up ». Ces « gens-là » avaient déjà dix-sept meurtres à leur actif, dans le « triangle noir » du Sud de l'île de Beauté. De quoi les garder à l'œil, non ? Ce sera non ! Le jour du meurtre, la filature avait été interrompue. C'est pas de chance... Il y a des jours avec... et des jours « sang ».

Oui, dans ce dossier, j'ai commis « plusieurs crimes » et je le reconnais publiquement : voulant écarter les solutions de force autant que possible et soucieux d'éviter que le sang ne coule inutilement, surtout celui des innocents, j'ai favorisé, tant que j'ai pu le faire, tous les contacts possibles entre les Corses et l'Élysée ; mon objectif : prévenir le terrorisme, à la racine. J'ai transmis un courrier confidentiel au chef de l'État. Cette amorce de dialogue raisonnable, avec le FLNC, aurait pu stopper la spirale de violence qui continue plus que jamais en 1996. Le secret a été trahi à l'Élysée même. Par qui ? Et surtout pourquoi ? Pour ma part, bien que cloué, à l'époque, sur mon lit d'hôpital au Val-de-Grâce, j'avais téléphoné pour dire ma peine et l'étendue de mon écœurement à Alain Orsoni et aux siens, quand j'ai appris la mort atroce du jeune Guy. Et c'est tant mieux, après tout, si « on » écoutait la ligne ! Robert Broussard l'a su, évidemment. Bref, j'ai déplu. A un journaliste aussi, du *Canard enchaîné,* Georges Marion, que j'avais déjà peiné en arrêtant ses amis les Irlandais de Vincennes. Georges Marion, le compère d'Edwy Plenel, tous deux anciens militants de la Ligue communiste, continuant à prendre régulièrement des « conseils » auprès d'Alain Krivine et de Daniel Bensaïd tout en « donnant le ton » à la « presse de gauche bien-pensante », dite « politiquement correcte ». Un beau numéro de duettistes. Marion a les tuyaux et Plenel donne le ton dans *Le Monde,* montre les rails comme il le faisait auparavant dans le journal de ses amis trotskistes, sous le pseudonyme vermillon de « Krassny, le Rouge ». Marion publie les documents dans *Le Canard enchaîné,* ce que s'interdit *Le Monde.* A toi, à moi. Feu ! A l'époque de leurs débuts, *Rouge,* leur chère presse trotskiste, justifiait la violence révolutionnaire internationale, vantait les charmes de la dictature du prolétariat, reprochait à Joseph Staline, le « petit père du peuple », de n'avoir pas été suffisamment ni parfaitement communiste, et dénonçait (déjà !) les journalistes en costume trois pièces de la « presse bourgeoise ». C'était leurs places qu'ils voulaient, en fait. Dès qu'ils l'eurent, ils préférèrent la fréquentation des luxueux restaurants proches du ministère de l'Intérieur aux cafétérias de leurs journaux et autres cantines d'usines. Peut-être pour ne pas tacher leurs chaussures toutes neuves en crocodile verni.

Quand Georges Marion frappe le 27 septembre 1983, Edwy Plenel chuinte le 30 dans *Le Monde.* A mon propos, il écrit :

> Ce n'est donc pas un « politique » de l'entourage présidentiel *[tout est déjà dit, le message est passé]* qui aurait été ainsi promu interlocuteur des clandestins de l'ex-FLNC, mais un officier de gendarmerie formé à l'action plus qu'à la diplomatie *[quel ton méprisant]* [...]. La révélation de ce rendez-vous, par la confusion qu'elle ajoute à une situation qui n'en manque pas *[attention, un train peut en cacher un autre]* pose à nouveau le problème de la cellule élyséenne regroupée autour de M. Prouteau.

Au moins, c'est clair et net. Nos Dupond et Dupont du post-gauchisme journalistique ne vont pas rater l'occasion d'« ajouter à la confusion » créée par les campagnes de presse de leur propre « cellule » politico-journalistique, elle aussi, mais à sa façon, « élyséenne ». La première couche n'est pas encore sèche qu'ils impriment la seconde. « Le capitaine Barril écrivait aussi à Action directe », titre *Le Canard enchaîné.*

D'un mal, peut émerger un bien, c'est souvent vrai. Les écoutes téléphoniques n'échappent pas à cette règle. Un citoyen qui n'a rien à se reprocher ne pense même pas qu'une écoute puisse être placée sur son téléphone. Dans le cas inverse, s'il a des raisons de penser qu'il est écouté, il peut dès lors tenter de retourner une situation difficile en sa faveur, en passant des « messages ». J'avais quelques raisons de croire en la présence de « grandes oreilles » sur ma ligne téléphonique. Aussi, lorsqu'un journaliste de *France-Soir,* Jean-Marc Ancian, m'appelle après avoir obtenu sans peine, par le colonel Esquivié, mon numéro de téléphone à la montagne, à Théus dans les Hautes-Alpes, pour m'informer, le mardi 3 octobre, du contenu de l'article que s'apprête à publier contre moi *Le Canard enchaîné,* dans son édition du lendemain matin, une si subite gentillesse journalistique me paraît déjà suspecte. Je me méfie, d'autant que je connais les liens de mon interlocuteur avec le ministère de l'Intérieur. Je sens le coup de « l'interview volée ». Il va me faire parler à voix « off » et publier. Alors je fais l'idiot. Un rôle de composition ! Je rentre dans son jeu, je m'abandonne... et je « parle » : « Pour Rouillan comme pour Orsoni, j'étais couvert. Vous pensez bien que je ne suis pas fou. Je ne serais pas allé au charbon sans le feu vert de Christian Prouteau et de François de Grossouvre ! » En bon petit professionnel du scoop, Jean-Marc Ancian attend sagement la fin de notre conversation pour m'avertir qu'il va publier cette phrase, que je l'y autorise ou non. Je suis très en colère, en tout cas je m'y applique. Les magnétophones du GIC tournent, évidemment. Les « pelures » des retranscriptions seront acheminées en temps réel, par motard, à l'Élysée. Un « arrangement » est donc mis au point avec Ancian. Mes déclarations devront paraître le lendemain. *France-Soir* en fera sa une. Mais je serai couvert, car les passages entre guillemets seront prêtés à mon avocat d'alors, le très sympathique et pugnace Me Francis Szpiner. Le résultat est satisfaisant. « Le supergendarme affirme avoir agi sur ordre », titre *France-Soir* en gros caractères barrant la première page. Voici qui fera chaud à Gilles Ménage. La suite aussi : « Le capitaine Barril a alors été chargé par un conseiller du président de la République, M. François de Grossouvre, de prendre contact avec Action directe pour négocier une trêve. Le capitaine Barril a effectivement rencontré M. de Grossouvre à l'Élysée, à plusieurs reprises. Même chose plus tard, quand AD a cessé de faire parler d'elle pour le FLNC. »

Le mercredi 4 octobre, je l'ai appris par la suite, une « réunion de crise » a rassemblé, à l'Élysée, Gilles Ménage, François de Grossouvre et Christian Prouteau. Juste avant le conseil des ministres. Le président ne veut, à aucun prix, que la presse puisse parler de « police parallèle », explique Gilles Ménage. Donc « il faut que Barril la boucle », admet François de Grossouvre. « Pas de problème », reprend Gilles Ménage, qui ajoute : « Je m'occupe de régler son cas ! » Alors porte-parole du gouvernement, le romancier niçois Max Gallo sera chargé de donner la version officielle : « Le capitaine Barril n'appartient pas et n'a jamais appartenu aux services de l'Élysée. L'enquête révélera dans quelles conditions il a pu utiliser du papier à en-tête de la présidence de la République. » Il n'y eut, évidemment, pas l'ombre d'une enquête. Charles Hernu avait pourtant annoncé qu'il saisissait l'Inspection générale de la gendarmerie (IGG) pour qu'elle lui fasse un rapport. En fait d'enquête, Charles Hernu se contentera d'essayer de savoir si je me vante, ou non, en disant au téléphone et « sous le sceau du secret », à certains de mes amis choisis... pour être sur écoutes, que « oui, je possède une cassette, celle où j'ai été menacé de mort par le ministre, oui, le son de l'enregistrement est très bon, oui, sa voix est reconnaissable ! ». Et je comprends l'anxiété du ministre car je ne me vante pas, je ne mens pas.

Il m'est arrivé de lire que si le capitaine Barril « est encore vivant », en bonne forme physique et libre de ses mouvements, après toutes ces années au cœur de tant de tempêtes, c'est parce qu'il a accumulé de « bons dossiers sur les bonnes personnes ». C'est très exagéré, mais il est vrai qu'en étant souvent confronté aux basses manœuvres et aux diverses menaces de personnages puissants, se conduisant comme des voyous pour certains d'entre eux, j'ai pris, au bon moment, les sages précautions qu'il convenait. J'ai vu trop de « bons soldats » tomber dans des pièges, tout autour de moi. Trop de morts « opportunes ». Trop de meurtres « inexpliqués », dans le secret du sérail, aussi, trop de « suicides » suspects, sans lettres, et bien entendu sans témoin. Trop de sang, trop de morts, vraiment. Trop imprudents, trop malchanceux, trop faibles, ou tout simplement, bien trop gentils et beaucoup trop honnêtes. Je dois ma survie, que j'espère longue, à l'application du principe que Paul Vaillant-Couturier affectionnait : « Pour un œil, deux yeux... Mais pour les dents, toute la gueule ! » Chantage contre chantage, je le reconnais, je l'ai fait en appliquant vice contre vice, menace contre menace, car ma vie en était l'enjeu.

J'étais à cran quand Christian Prouteau m'appela, après la publication de nos textes dans *Le Canard enchaîné,* pour me dire : « Paul, j'ai pris mes précautions. Sur la lettre à Rouillan, j'ai contrefait ma signature. Je peux dire que c'est un faux. Dis la même chose. C'est bon ! » J'ai répondu : « En somme, tu me demandes de me sacrifier en silence. Eh bien, c'est non ! Trop c'est trop ! Christian, je tiens à garder mon honneur. C'est tout ce qui me reste maintenant. » Lancé dans la préparation d'une conférence de presse « saignante », mon avocat et ami Me Francis Szpiner multipliait, de son côté, les « imprudences » au téléphone. Toutes... volontaires. « J'accuserai Max Gallo de mensonge, je le ferai publiquement, et je le referai, jusqu'à ce qu'il m'attaque. Nous irons en justice, nous dirons tout sur le “cabinet noir”. Nous publierons les pièces, les laissez-passer de Barril à l'Élysée, les lettres d'habilitation, les chiffres, les noms, les lieux ! »

Nos messages furent reçus cinq sur cinq. Cessez-le-feu général ! En menaçant de me faire abattre, et en me le disant par téléphone, le 5 octobre 1983, à minuit très exactement, sans savoir que cela était enregistré, Charles Hernu, ministre de la Défense, fait une énorme bourde... qui me sauve la vie ! J'avais rappelé le ministère de chez des voisins, dans les Hautes-Alpes, car mon téléphone était en dérangement et les gendarmes étaient venus me prévenir que Charles Hernu cherchait à me joindre. Dès que j'ai le ministre en ligne, la partie de bras de fer s'engage :

– Dites-moi, mon capitaine... Je vous appelle parce qu'il va falloir, tout à l'heure, quand vous m'aurez eu, que vous appeliez le commandant Prouteau.
– Bien, monsieur le ministre.
– Il se passe des choses très très graves et qui vont vous forcer à réagir... Est-ce que vous avez regardé la télévision ce soir ?
– Non, monsieur le ministre.
– Alors, j'ai dû, moi... heu... comme je vous l'avais dit... heu... vous protéger... C'est-à-dire que j'ai donné un communiqué à la presse, disant que les journaux racontent beaucoup de choses, mais que le GIGN était chargé de... Allô?
– Oui, monsieur le ministre.
– Depuis, d'arrêter... de lutter contre le terrorisme, que je vous avais confié des missions... heu... que si je voulais résumer, je l'ai d'ailleurs dit sur un poste radio, je dirais que quand on lutte contre le terrorisme, on met pas des gants blancs, hein !...
– Oui, monsieur le ministre.
– On prend des risques, donc... heu... moi, comme personne ne vous a inculpé, qu'on vous fait des tas de reproches... heu... je continue à vous couvrir, mais il faut bien que vous considériez que je suis pratiquement... dans le gouvernement... heu... le seul de mon espèce.
– Oui, monsieur le ministre.
– Je ne vais pas vous faire un dessin ! Bien... Il se passe des choses très, très, très, très graves... Dans... M. Dubos l'a dans sa poche, il vous le lira dans une minute, dans le texte que j'ai donné, je dis que je vous ai confié des missions et je dis que j'ai demandé à l'inspecteur général de la gendarmerie... Vous me suivez bien ?
– Oui, monsieur le ministre.
– Une enquête, pour vérifier ce que racontaient les journaux. Je ne dis donc pas vérifiant ce que disent les journaux ; nous ne disons pas que vous êtes coupable de ce qui vous est reproché. Je ne sais pas si vous vous rendez compte de ce que je fais en ce moment ? Je... Ça vient du ministre !...
– Monsieur le ministre...
– Non ! Laissez-moi aller... Je suis, je suis à peu près tout seul à vous défendre partout... mais alors pourquoi... j'ai demandé que vous m'appeliez, parce que vous avez un avocat qui s'appelle Szpiner, c'est bien ça ?

– Oui, monsieur le ministre, j'en ai trois.
– Vous en avez trois, mais il y en a un qui s'appelle Szpiner !
– Oui, monsieur le ministre.
– Qui... a été l'avocat de Varga...
– Je ne le savais pas.
– Comment, vous ne le saviez pas ?
– Je ne savais pas qu'il était l'avocat de...
– Hein... Vous vérifiez...
– Bien non, vous voyez, je peux vous dire une chose : je ne savais pas que c'était l'avocat de Varga[1].
– Ah... Écoutez... C'est peut-être pas vrai, mais en tout cas, c'est ce que tout Paris raconte ce soir, et il a convoqué Tillier, du *Journal du dimanche,* il a convoqué *Minute,* il a convoqué Marion du *Canard enchaîné,* il a convoqué des journalistes et il donne une conférence de presse en votre nom pour accuser le président de la République !
– Monsieur le ministre !
– Alors vous devez téléphoner à cet avocat, tout de suite, ou vous lui interdisez, ou vous vous débarrassez de lui !
– Monsieur le ministre, je peux...
– Laissez-moi aller jusqu'au bout ! Et puis, il faut que je parle : le ministre à l'officier, et après, l'homme à l'homme !
– Très bien.
– Le ministre à l'officier : vous ne pouvez pas accepter que votre avocat tienne une conférence de presse, et... convoque des journalistes, et dise que vous avez reçu des ordres, et le dire, du président de la République ! Je crains que demain matin *Libération...* Allô ?
– Oui oui, je vous écoute...
– Sorte un texte... Je ne sais si c'est vous ou votre avocat qui l'avez remis à *Libération...*
– Écoutez...
– C'est la lettre de Prouteau à vous ! Elle va paraître demain, avec le cachet de la présidence de la République... C'est la lettre que Prouteau avait envoyée, vous disant que les amis de Rouillan devaient se rendre au juge, selon les modalités que vous aviez arrêtées, et je sais que Prouteau disait que cela ne devait pas entraver le cours de la justice... Mais il semble, d'après les informations que j'ai, et que... j'ai les moyens d'avoir... que *Libération* va les publier ! Ça va être

1. Pierre de Varga a été condamné à dix ans de réclusion criminelle en 1981, pour complicité dans l'assassinat de Jean de Broglie, ancien ministre, tué le 24 décembre 1976.

demain un beau tollé ! Si après ça, Szpiner tient en votre nom une conférence de presse, dont on dit qu'elle va être croustillante et... révélatrice... Vous devez vous débarrasser de cet avocat, tout de suite ! Et vous ne devez plus avoir aucun contact avec cet avocat... Et Prouteau qui, évidemment, est au courant, et... qui vous fait confiance, commence à se poser des questions sur vous, puisque la presse est convoquée en votre nom par Szpiner ! Alors moi, je ne manie pas la carotte et le bâton ! C'est pas mon style... Je vous ai dit une fois, dans mon bureau, que je pensais que vous aviez des ordres, mais que, quand on luttait contre le terrorisme comme vous l'aviez fait, on prenait des risques... et que le ministre vous protégeait *in fine*... Mais vous êtes en train de faire, avec votre avocat, des choses qui vont rendre les choses impossibles... Vous risquez votre peau ! Je vous le signale. Alors, *Libération* veut publier, demain matin, ce qu'on appelle le « protocole » entre vous et Prouteau. Alors voilà, je vous ai tout dit... Arrêtez Szpiner... Arrêtez Szpiner, je vous reçois !... M. Dubos, je vais vous le passer... Il va vous dire quand on va avoir un entretien, entre hommes, en mon bureau... Mais ne laissez pas faire « tout ça » ! Vous vous rendez compte que vous engagez la chute de la Vᵉ République ! Hein ?... Je ne peux pas mieux vous dire ! Vous êtes conscient ?

– Oui, monsieur le ministre. Est-ce que je peux vous parler ?

– Maintenant, je vous écoute.

– Monsieur le ministre...

– Alors, en plus, comme j'ai un téléphone où il n'y a pas d'écouteur, parce que c'est mon téléphone privé dans mon appartement, je vous signale que vous parlez à moi seul...

– Monsieur le ministre, je vous donne ma parole d'homme et d'officier que je n'étais absolument pas au courant de ce que...

– Écoutez, votre parole d'homme, j'y crois pas !... Votre parole d'officier, j'y crois.

– Ben... Je vous donne ma...

– Je préférerais que vous me donniez votre parole d'officier.

– Ma parole d'officier, monsieur le ministre ?

– Parlez-moi au nom de votre parole d'officier !

– Et sur ce que j'ai fait, jusqu'à maintenant, et sur ma vie, vous savez très bien que j'ai...

– Je ne vous demande pas sur votre vie, je vous demande votre parole d'officier que vous allez me dire la vérité au téléphone !

– Je vous donne ma parole d'officier !

– Qu'est-ce que vous avez donné à *Libération* qui paraît demain ?

– Écoutez, monsieur le ministre... Rien que le seul fait que vous disiez que j'ai pu donner quelque chose à *Libération,* et vous m'apprenez que Me Szpiner va donner une conférence... Je vous assure...
– Vous ne savez pas que Szpiner donne une conférence de presse ?
– Absolument pas, monsieur le ministre.
– Donc, maintenant vous allez appeler ?
– Je vais l'appeler immédiatement, mais...
– Et interdisez...
– Heu... Je peux vous dire que je ne sais absolument pas que Szpiner...
– Vous allez changer d'avocat.
– Ben... J'arrête Szpiner tout de suite... Il ne donnera pas de conférence...
– Je vous en donnerai un... Dites-moi, Prouteau, vous vous rendez compte dans quel état il est vis-à-vis de vous ? Il est prêt à vous lâcher ! Il faut que vous l'appeliez !
– Je vais l'appeler.
– Hein, vous l'appelez ! Dites-moi, est-ce que c'est vrai que vous avez eu une conversation avec Villeneuve[1] ?
– Absolument pas ! Absolument...
– Donnez-moi votre parole d'honneur !
– Je vous donne ma parole d'honneur et ma parole d'officier. Je peux vous dire que la dernière fois que j'ai eu...
– Quand avez-vous parlé à Villeneuve ?
– Il y a plusieurs mois, mais je veux vous dire...
– Comment ? Il y a plusieurs mois !
– J'ai pas vu Villeneuve, heu... J'ai vu Villeneuve... peut-être trois ou quatre mois, mais pas depuis... Je peux vous dire que Villeneuve...
– Mon capitaine ! Soyez sérieux ! Vous êtes un homme sérieux ! Je ne vous demande pas quand vous l'avez « vu », je vous demande quand vous avez « téléphoné » ?
– Je ne l'ai jamais appelé, monsieur le ministre, je vous dis quelque chose que vous pouvez vérifier ! M. Villeneuve a essayé de téléphoner à un autre officier du GIGN, qui m'a donné un morceau de papier en me disant de me rendre...
– Quel est l'officier du GIGN qui a parlé à Villeneuve ?
– Je crois que c'était un officier qui habitait dans ma cage d'escalier... Je crois...
– Comment il s'appelle ?...

1. Il s'agit du journaliste Charles Villeneuve.

– Le lieutenant Carmichail[1].
– Le lieutenant Carmichail ?
– Je crois... qui est dans ma cage d'escalier... et qui a monté un mot à mon épouse : « Capitaine Barril doit rappeler Villeneuve ou Philippe Bertie[2] » et M. Villeneuve m'attendait le jour où j'étais chez M. Dubos... J'ai donné ma parole à M. Dubos que je n'avais aucun contact.
– M. Dubos me l'a dit.
– Et je n'y suis pas allé, et je n'ai pas téléphoné, ni à Villeneuve ni à Philippe Bertie.
– Donc, Villeneuve, quand il dit... quand il va dire demain matin, sur la radio, qu'il vous a eu au téléphone, il ment ?
– Il ment ! Absolument ! Ma parole d'officier !
– Donc je vous crois.
– Alors...
– Je vous crois.
– Et là, monsieur le ministre, il y a beaucoup, depuis quelque temps, il y a beaucoup de gens qui me prêtent des propos qui enflamment « beaucoup de choses », alors qu'il n'y a rien du tout derrière...
– Bon... Mais ça, je crois qu'il y a bien des gens qui aimeraient vous faire porter... tous les péchés d'Israël... Heu... Je ne crois pas que vous êtes « blanc comme neige », mais je ne crois pas que vous êtes « rouge », comme on le dit ! Heu... rouge dans le sens du péché, hein !
– Oui, monsieur le ministre.
– Heu... Donc, Villeneuve, rien depuis des mois ?
– Rien depuis quatre mois et ils auront du mal à prouver quoi que ce soit !
– Alors... Quels sont les journalistes qui vous ont appelé depuis le début de la semaine ?
– Écoutez, monsieur le ministre, il y a... deux seuls journalistes.
– Lesquels ?
– Que je pourrais donner quelque chose et qui n'ont rien dit, c'est Jean-Claude Bourret et Jean-Michel Gourevitch.
– Jean-Claude Bourret et qui ?
– Jean-Michel Gourevitch.
– Jean-Michel Gourevitch ?

1. Il s'agit du lieutenant Carmichael, brillant officier du GIGN ; il sera grièvement blessé d'une balle de 11,43 à la gorge, au cours d'une opération.
2. Il s'agit du journaliste Philippe Berti.

– Un journaliste du *Point,* que je connais... Mais on n'a parlé de rien d'autre. Voilà !
– Ce sont les seuls journalistes que vous avez vus ces jours derniers ?
– Voilà !... Que j'ai pas « vus »...
– Jean-Claude Bourret et Jean-Michel Gourevitch...
– Qui m'ont contacté à titre personnel, et pour ma santé, et ce sont les deux seuls que je considère comme des amis, à qui je ne confierais jamais...
– Est-ce que vous leur avez dit des choses sur le président ?
– Absolument pas ! Jamais ! Ni au téléphone... Je suis très prudent au... téléphone...
– Ben alors, qui a demandé à Szpiner de convoquer la presse demain matin ?
– Je ne sais absolument pas. Et vous me l'apprenez ! Je vais téléphoner immédiatement à Szpiner.
– Vous devriez... dans l'ordre, mon capitaine, appeler Prouteau, qui est... meurtri et qui se demande pourquoi vous faites tout cela. Si vous ne le faites pas, il faut le lui dire, à lui ! C'est votre chef ! Il a été votre chef, hein ?
– Oui, monsieur le ministre.
– Vous avez de la sympathie pour lui ?
– J'ai plus, j'ai de l'amitié, parce qu'on a failli, on a risqué plusieurs fois notre vie ensemble...
– De l'amitié, pas de la sympathie... Bien ! Il ne s'agit pas d'affection... Pour le président, vous n'avez pas envie qu'arrive le pire ?
– Écoutez, monsieur le ministre, on m'a déjà accusé une fois de vouloir « monter quelque chose »...
– Tandis que moi, dans un communiqué de presse, je me suis vraiment mouillé pour vous !... J'ai dit que c'était faux !...
– Et monsieur le ministre, si demain on me demandait de risquer ma vie pour le président, je serais le premier à le faire.
– Mais... mon capitaine, on ne vous demande pas de risquer votre vie !
– Non ! C'est pour vous montrer !
– Je vous fais confiance, mais ce que je préfère, c'est que vous ne risquiez pas votre parole... heu... la vie, on ne la donne qu'une fois ! La parole, on peut mentir plusieurs fois et c'est dangereux... Soyez officier ! Il ne vous arrivera jamais rien dans l'armée tant que je serai ministre de la Défense... Je ne peux pas vous dire autrement, non ? Je vais vous revoir au ministère, pour vous le dire... Je vous l'ai déjà dit, une fois. Mais ne laissez pas faire, en votre nom, les saloperies

qu'on est en train de faire... Vous n'avez pas écouté la télé ce soir, alors ?
– Non, absolument pas, je...
– Mais on ne parle que de vous !
– J'ai ni télé ni presse...
– Mais on ne parle que de vous, mon capitaine !
– J'ai rien dit, monsieur le ministre !... J'ai rien...
– Vous n'avez rien dit, mais tout le monde vous fait dire ! Alors je vais vous passer M. Dubos, dans une minute, qui va vous dire à quelle heure je vous reçois et quand. On va se voir tous les deux, hein ?
– Très bien, monsieur le ministre.
– Et... à mains nues ! Pas de micro, pas d'enregistrement, rien !
– Monsieur le ministre, je dois le dire auprès de vous, vous m'avez toujours soutenu, et vous savez très bien...
– Et j'ai pas envie de changer ! Mais moi, qu'est-ce que je peux dire quand l'Élysée sait que Szpiner a convoqué Tillier, a convoqué *Minute*, a convoqué Marion, et... votre avocat annonce des choses croustillantes, et la communication de copies de lettres que vous avez remises ! Voilà ce que dit Szpiner ! Szpiner ne peut pas rester votre avocat... Mon capitaine... au nom de... au nom, hein... moi je vais pas chercher la « raison d'État », parce que je m'en fous ! Hein !... Au nom de la discipline militaire !
– Monsieur le ministre, je vais appeler immédiatement Szpiner, et il y a une chose que Szpiner ne pourra jamais faire, c'est remettre des copies de lettres, parce que je ne lui ai jamais remis de copies de lettres.
– Vous n'avez jamais remis de copies de lettres à Szpiner ?
– Absolument pas.
– Je peux encore vous poser une question ?
– Monsieur le ministre, oui !
– Est-ce que vous lui avez remis, oui ou non, la copie de lettre de Prouteau à vous ?
– Absolument pas ! Je l'ai pas cette lettre !
– Vous ne l'avez pas ?
– Non. Cette...
– Comment elle peut être publiée demain dans la presse ?
– Écoutez, monsieur le ministre, je...
– Alors c'est Rouillan qui l'a donnée ?
– C'est Rouillan... ou Thierry Fagart...
– Thierry Fagart ?
– Je l'ai expliqué à Prouteau... Il y avait Thierry Fagart... Il y avait un journaliste qui s'appelait Jacques Bacelon...

– Jacques Bacelon ?
– Bacelon.
– Jacques Bacelon, le journaliste ?
– Voilà. Et Bacelon avait eu une interview avec Rouillan et Thierry Fagart aussi.
– Bacelon est au *Matin* ?
– Oui, je crois... Oui.
– C'est ça...
– Mais...
– Lui, il était là, quand vous parliez ?
– Il a été l'un des premiers approchés, car il avait mis en garde à vue, parce que...
– Qui a été mis en garde à vue ?
– Bacelon avait un...
– Bacelon a été mis en garde à vue ?
– Non ! Mais... mais il y a environ six mois, Bacelon avait eu un scoop, et il avait été reçu par Rouillan... Rouillan avait la confiance de Bacelon.
– Bon. D'accord.
– Et l'approche m'était faite par Bacelon, qui m'avait présenté l'avocat, l'avocat Thierry Fagart. Il y a eu des pourparlers... Il y a eu au moins dix réunions, et à une réunion où la reddition de Rouillan devait se faire pour le premier de l'an, à chaque fois, il y avait une escalade dans les... heu... la sécurité. De mon côté, l'affaire devait se traiter à Montpellier. J'avais pris contact, à Montpellier, avec un procureur de la République, qui était le procureur Rampion. Il y avait un juge d'instruction, que je connaissais, pour que tout soit légal, et tout soit correct... Et j'ai été amené, à ce moment-là, à remettre les lettres... Je les ai remises... Je... J'aurais dû!... Je les ai montrées et on m'a dit : « Il faut que Rouillan les voie, on vous les rendra après ! » ...
– Très bien. J'ai noté tout cela...
– Jacques Bacelon et Thierry Fagart, et personne d'autre qui...
– Non... Mais j'ai noté les deux noms, et M. Dubos, qui est près de moi qui... il n'écoute pas la conversation, parce que j'ai, là, un téléphone sans écouteur... Je suis mal organisé... Heu... Mais... acquiesce de la tête et dit que c'est exact... Bon... Ce que je... Heu... Moi, dans cette affaire, j'ai la tête froide, hein... Heuuuu... Dans cette affaire, je ne crois pas que vous êtes aussi noir que certains voudraient le faire croire... Je crois même que... Heu... On ne peut pas lutter contre le terrorisme sans un petit peu se salir les mains !...

– Monsieur le ministre, dans cette affaire Rouillan, je vous assure qu'il n'y a rien d'illégal qui a été fait.
– Non... Mais ça, effectivement... Il n'y a pas de magistrat qui peut s'offusquer de quoi que ce soit... Remarquez bien, mon capitaine, que votre suspension est terminée... C'était une mesure conservatoire. Vous avez retrouvé une fonction et un poste que vous avez sur la formation des étrangers... Il n'y a pas de changement à votre statut, et ça, je l'ai dit à la presse ce soir... Je ne sais pas si vous vous rendez compte... ça fait sensation !... J'ai simplement dit que l'inspecteur général de la gendarmerie allait conduire une enquête... C'est bien le mot que j'ai employé, pas sur vous, par rapport aux allégations de la presse ! Alors, moi, je continue à dire : je fais confiance à Barril !... Permettez-moi de vous dire qu'au gouvernement, je suis tout seul... Vous écoutez bien ce que je vous dis ?
– Oui, monsieur le ministre.
– Je suis tout seul ! Si votre avocat vient me flanquer tout en l'air et révèle ce que l'on annonce, des informations qu'il aurait de vous, sur le président, des ordres, des trucs que vous avez reçus, etc., vous me mettez dans une situation impossible... Mais moi, je le supporte ! Je continuerai à dire que le capitaine Barril ne dépendait que du ministre de la Défense ! C'est clair ?
– Bien, monsieur le ministre... Mais l'avocat ne fera rien du tout, monsieur le ministre...
– L'avocat ne fera rien ?
– Je l'appelle... Je le contacte, immédiatement...
– Bien... Je vous passe M. Dubos, pour notre rendez-vous. Ce sera un rendez-vous dont j'ai pas honte... Un rendez-vous normal, au ministère de la Défense. On parlera d'homme à homme... Heu... Si la situation est ce que vous dites, vous n'avez rien à craindre.
– Monsieur le ministre, est-ce que je...
– Si vous m'avez menti... Si vous m'avez menti...
– Je ne vous ai pas menti, monsieur le ministre !
– Vous ne me connaissez pas ! Ça ira très loin ! Jusqu'à votre vie !... Donc moi je ne joue pas ! Je ne joue pas.
– Monsieur le ministre !
– Cela dit, je vous fais confiance... Je vous fais confiance ! Vous m'entendez ?!...
– Monsieur le ministre, je voudrais vous demander une seule chose... S'il m'arrive...
– Que les gens qui prétendent être vos porte-parole s'arrêtent !
– Monsieur le ministre, est-ce que le commandant Prouteau vous a

montré, ou donné, des documents que je lui ai remis, dernièrement, et que j'ai pu récupérer ?
– Non ! La réponse est négative...
– Bon... Bien... Je voudrais... C'est quand même... Je crois que cela aurait pu montrer ma fiabilité...
– Ne parlez pas trop de ça au téléphone ! Dites-lui de se présenter à mon cabinet, de me montrer ces documents... Je suis prêt à les lire... Je suis prêt à tout lire, vous savez...
– Très bien, monsieur le ministre.
– Dites-lui, tout à l'heure, au téléphone de... Dites-lui : je sais lire ! Et... Bon !
– Très bien, monsieur le ministre.
– Vous allez rentrer dormir chez vous, là ?
– Oui, oui, monsieur le ministre, et je...
– Vous êtes calme ? Vous êtes calme !
– Je vais essayer de contacter Me Szpiner au plus vite et je...
– Dites ça sur un ton énergique !
– Je vous donne ma parole que je n'étais absolument pas au courant de ça !
– Ne dites pas que... c'est le ministre qui vous a téléphoné !
– Non, je ne le lui dirai pas.
– Ne lui dites pas comment vous l'avez appris.
– Je lui dirai que je ne veux pas qu'il y ait une conférence de presse... Heu...
– Ni convocation de journalistes !
– Ni convocation de journalistes...
– Vous pouvez lui dire, Tillier et Marion.
– Tillier et Marion ?
– A qui il a téléphoné...
– Très bien, monsieur le ministre.
– Dites-lui... Heuuu... Moi, à votre place... je serais détendu et confiant... Heu... Mon intention, à moi, vous êtes un militaire... Vous allez comprendre ce que je vais dire... Je trouve que, dans ce genre d'affaire, depuis les Irlandais, il y a trop de gens qui courbent un peu l'échine, qui ont tendance à s'exposer devant les gens qui nous veulent du mal... J'ai plutôt envie de les attaquer. Vous comprenez ?
– Oui, monsieur le ministre.
– Mais je ne peux attaquer tous ces gens, que si ceux qui sont sous mes ordres... ferment leur gueule et obéissent ! Alors, faites ça ! Vous ne serez pas abandonné... Je ne peux pas vous dire mieux !

– Oui, monsieur le ministre.
– Je vous l'ai déjà dit, mais ce soir c'est très dur… On ne parle que de vous à la télé, je vous signale…
– Je n'étais même pas au courant.
– Bon ! Écoutez, je comprends bien… Ne dramatisons pas. Dites à votre avocat, qui a peut-être été l'avocat de Varga, je vais vérifier, c'est emmerdant…, qu'il arrête… Et si vous voulez que je vous donne un bon avocat, je vous donnerai le meilleur avocat qui soit… Le meilleur ténor du barreau… C'est pas vous qui paierez !
– Très bien, monsieur le ministre !…
– Voilà, mon capitaine… Je vous passe M. Dubos.

Édifiant, non ? Toute la trame de ce livre est résumée dans cette conversation, avec, omniprésente, la hantise du président quant à la découverte de sa double vie, les pressions, la manipulation des médias… Il n'est déjà pas très courant d'être menacé de mort, mais il est encore moins courant que la menace émane d'un ministre de la République ! En plus, pour un officier de gendarmerie, en fonction, l'être par son propre ministre de tutelle, le ministre de la Défense, qui en a les moyens[1] et qui, chaque année, quel que soit le régime politique en place, fait effectivement éliminer plusieurs personnes par le service action de la DGSE, c'est vraiment exceptionnel ! Piéger un ministre, récupérer puis conserver l'enregistrement compromettant, et s'en servir, ouvertement, oui, j'ai osé le faire. Je revendique cette action haut et fort, même si certains pensent que ce n'était pas fair play. Devant tant d'adversité, je n'avais pas le choix des armes. Ce fut un tournant dans ma vie, car, à l'Élysée, Gilles Ménage s'acharnait à me nuire, tandis que Christian Prouteau commen-

1. Le budget 1996 de la France s'élève à 1 642 milliards de francs sur lesquels le budget alloué au ministère de la Défense est de 242 milliards de francs, dont 1,85 milliard pour la DGSE plus 320 millions de fonds spéciaux en cash pour 3 783 salariés et 9 500 honorables correspondants. En France, le secteur public emploie 6 millions de personnes, soit 25 % de la population active. La dette globale de notre pays atteint 3 500 milliards, soit deux fois le budget national, ce qui représente l'équivalent d'une dette de 80 000 F par citoyen, héritage catastrophique de quatorze années de gestion socialiste... Fait significatif, à lui seul, le passif de la sécurité sociale se chiffre à 50 milliards de francs, celui de la SNCF s'élève à 265 milliards et le déficit chronique d'Air France à 20 milliards !

çait à me lâcher, sans oublier le rôle du conseiller Jean-François Dubos... J'avais décidé de tout quitter, volontairement, afin de me mettre en disponibilité. Pour l'anecdote, je signale que par la suite, Me Szpiner est devenu l'avocat de Christian Prouteau, du palais de l'Élysée, de Bernard Tapie et même du docteur Gubler ! Et dire qu'en 1983, le ministre de la Défense voulait que je m'en sépare ! Si je tenais ma promesse de me débarrasser de Francis Szpiner, alors c'était « bon » (sous-entendu : la vie), sinon, c'était « la mort » clairement annoncée. Une opération « homo », dans le jargon des services secrets, était d'ailleurs déjà programmée et le colonel P., aujourd'hui à la retraite, en avait été chargé. Je n'ai pas été chien, comme on dit familièrement. Je respecte la République, et Charles Hernu était ministre quand même ! J'ai donc transigé.

Un magnétophone tournait; il allait m'aider pour négocier plus tard et pour rebondir. Le ministre de la Défense me parlait du ministère, le conseiller Jean-François Dubos à ses côtés. Appelé mais « injoignable », j'avais rappelé du chalet d'un ami. J'étais loin, dans la nuit, au cœur des montagnes. Ils ne voulaient plus de Me Szpiner. Bon. Plus tard, je prendrai pour défenseur Me Vergès... Je n'avais rien promis ni convenu quant au nom du remplaçant ! Charles Hernu m'avait dit : « Szpiner fini ! » J'ai tenu parole. Rien d'autre n'avait été précisé à ce sujet, mais je savais qu'ils auraient préféré que je « choisisse » Me Kiejman, je crois bien, ou Henri Leclerc... On ne peut pas tout faire.

Charles Hernu avait tempêté le mercredi 5, et le jeudi 6 octobre, le lendemain, les lettres que nous avions écrites, Christian Prouteau et moi, à Jean-Marc Rouillan, sortaient dans la presse. Il est piquant, aujourd'hui, loin de ces péripéties, de relire ces lignes dont on a fait un tel « scandale » :

> Dans la mesure où M. Rouillan, comme il en a fait part, par l'intermédiaire de ses amis, au capitaine Barril, souhaiterait se rendre à ce dernier, afin qu'il puisse se présenter devant le juge pour éclairer sa situation, il va sans dire que les accords permettant sa présentation volontaire seront suivis. Les engagements que prendra donc le capitaine Barril, à condition qu'ils ne soient pas en contradiction avec la loi pour la découverte de la vérité, seront tenus.

Ce texte est signé Christian Prouteau, conseiller technique de la présidence de la République, octobre 1982.

Les autres textes stipulent :

Je soussigné, capitaine Paul Barril, capitaine du GIGN, Groupement d'Intervention de la Gendarmerie Nationale, m'engage à assurer la protection physique de Jean-Marc Rouillan et à le présenter directement au magistrat (en fonction du lieu de contact). Je m'engage également à témoigner en sa faveur du fait de sa présentation volontaire aux autorités. (Octobre 1982.)

Et encore :

Monsieur Rouillan,
Je désirerais vous rencontrer personnellement où vous voulez et quand vous voulez, afin de mettre au point un dialogue permettant la régularisation de votre situation. Je suis habilité par la Présidence pour traiter directement avec vous. A bientôt j'espère.

Ce dernier message est signé capitaine Barril et daté du 22 janvier 1983.

Max Gallo doit changer de musique, puis baisser un peu le ton. A l'Élysée, dit-il alors, en parlant de Prouteau, « il y a un conseiller technique qui s'entoure de "spécialistes". Il n'y a pas un noyau stable menant des actions autonomes, mais un conseiller technique qui s'entoure d'un certain nombre de spécialistes, parfois détachés, mais qui travaillent en liaison avec les services de police. Il est faux de prétendre qu'il existe une police parallèle à l'Élysée… Ni mystère ni hypothèse, une situation qui me paraît simple… ». C'est fini. La « cellule » n'a plus son « bras armé ». Il vient d'être coupé.

Charles Pellegrini sera formidable. Convié à accepter une mutation au service du matériel de la préfecture de police – une voie de garage –, il préfère dire non et s'en va, comme moi, dans le secteur privé. Mais il exige d'abord des garanties pour les hommes de son équipe. Il obtiendra un bon reclassement pour chacun d'eux. Le GAM est démantelé. La « cellule » n'a plus de service action, plus de « bras » officiels. La pieuvre, on le verra, va néanmoins conserver sa tête. Les noms des policiers et des gendarmes d'élite, tous volontaires, qui avaient rejoint sous statut de la DGSE et sous de « vrais-faux » papiers le GAM, ne seront jamais publiés, leurs visages resteront inconnus. Ces hommes n'existaient pas et n'existeront jamais. Ils seront protégés, par Pellegrini et Barril. Un anonymat strict, à comparer avec la triste révélation des noms de nos agents de l'affaire Greenpeace, par la presse et par Pierre Joxe...

Traumatisée par les affaires en cascade du capitaine Barril depuis plus de dix ans, la direction de la gendarmerie souhaitait un retour au calme pour le GIGN, loin des médias. Pourtant, quelques années plus tard, le pouvoir se servira du groupe afin de valoriser sa propre image. En effet, après la spectaculaire réussite du GIGN face aux terroristes algériens ayant pris en otage un Airbus d'Air France, en décembre 1994, une formidable bataille s'est engagée entre Matignon et l'Élysée pour récupérer cette aura médiatique. « Le GIGN appartient à Matignon », dira Edouard Balladur. Le président Mitterrand tranchera : « Je suis le chef des armées. Je veux que l'ensemble du personnel ayant participé à l'opération, même les blessés légers, soit présent demain matin à 7 h 30 pour le petit déjeuner à l'Élysée. » Les Français ont alors admiré le sourire radieux et béat du chef de l'État entouré par l'ensemble des officiers et sous-officiers du GIGN devant les télévisions et pour la photo souvenir immortalisant cette belle victoire sur les terroristes. Imposée par le service du protocole de l'Élysée, cette photo est un scandale sans précédent. Elle démontre que la vie d'un gendarme ne compte pas, pour un politique, surtout s'il se trouve à l'Élysée ! Seul le résultat des sondages importe. Les hommes des unités spéciales agissent en opération à visage couvert, pour préserver leur anonymat et également protéger leurs familles d'éventuelles représailles. Pour cette réception à l'Élysée, la consigne était impérative : « Pas de cagoule à l'Élysée, c'est un ordre ! » Des années d'efforts étaient anéanties. Les terroristes du monde entier se sont empressés de découper et d'encadrer cette belle photo couleur du GIGN. Comment, dès lors, voyager clandestinement à l'étranger, sans se faire repérer ni reconnaître ? Comment s'infiltrer dans une organisation terroriste, sans risquer de se faire identifier, même avec de « vrais-faux » documents ? Comment se déguiser, en steward, en gardien de prison, en facteur, en banquier ou autre, pour mener des négociations avec des preneurs d'otages ? Comment s'approcher en douce d'un truand, pour le « serrer » en douceur ?

Outré, j'écrivis au candidat-président Jacques Chirac ainsi qu'au ministre de la Défense, pour leur faire part de mon indignation et de mon inquiétude concernant les futures opérations du GIGN. En réponse, des mesures efficaces ont été prises par le gouvernement d'Alain Juppé, afin de pallier d'éventuels débordements de la presse en matière de noms divulgués ou de photos, à l'occasion d'événements médiatiques. En date du 3 janvier 1996, le *Journal officiel* publiait un arrêté du ministre de la Défense, Charles Millon, modifiant la loi du 29 juillet 1881 sur la liberté de la presse et qui spécifiait : « Le fait de révéler, par quelque moyen d'expression que ce soit, l'identité des fonctionnaires de la police nationale, de militaires de la gendarmerie nationale ou d'agents des douanes appartenant à des services ou unités désignés par arrêté du ministre intéressé et dont les missions exigent, pour des questions de sécurité, le respect de l'anonymat, est puni d'une amende de 100 000 F. » La presse ne peut plus, désormais, révéler et publier les noms d'environ trois cents gendarmes, officiers et sous-officiers, dont ceux des vingt-cinq cadres de l'état-major du GSIGN, le Groupement de sécurité et d'intervention de la gendarmerie nationale, structure qui regroupe les quatre-vingt-dix membres affectés au GIGN, les cent cinquante membres de l'EPIGN, l'Escadron parachutiste et d'intervention de la gendarmerie nationale, les vingt-cinq membres du GSPR, le Groupement de sécurité de la présidence de la République, ce dernier détachement ayant vu ses effectifs fortement diminuer depuis le départ du président Mitterrand. Si la loi avait été rétroactive, le président de la République aurait dû payer 100 000 F pour chaque gendarme du GIGN identifié.

Je serais également riche, si les journaux devaient débourser 100 000 F à chaque citation de mon nom, ou publication de ma photo, et cela depuis 1981 !

Chapitre 4

La cellule prolifère

« Savoir pour pourvoir afin de prévoir. »

Auguste Comte

En mars 1986, survint l'alternance politique. Un bol d'air pur ! Charles Pasqua, ministre de l'Intérieur, et André Giraud, à la Défense, découvrent « avec stupéfaction », du moins l'affirment-ils, qu'une « police parallèle » est en fonction à l'Élysée. Des gendarmes, commandés par le « cabinet noir » du président Mitterrand, sont tous les jours aux Invalides, au GIC du général Charroy[1]. Ils sont enfin priés de plier bagage et s'exécutent, sans panique, en emmenant avec eux leurs casques d'enregistrement, leurs magnétophones, leurs piles de cassettes, leurs carnets de notes et, bien sûr, leurs disquettes informatiques. Moins visibles, mais tout aussi réelles, ils emportent également la protection et la bénédiction du président Mitterrand pour leurs « bons et loyaux services ». Elles leur restent entièrement et durablement acquises. Pas de creux, pas de vagues, savoir attendre pour

1. GIC : Groupement interministériel de contrôle, situé dans les sous-sols de l'hôtel des Invalides. Placé sous autorité militaire, cet organisme réalise la plupart des écoutes téléphoniques. Créé dans les années 60 par Constantin Melnik, alors conseiller du Premier ministre Michel Debré, son infrastructure lui permet d'écouter chaque jour 1 180 lignes téléphoniques différentes : 232 pour le ministère de la Défense (DPSD, DGSE), 928 pour le ministère de l'Intérieur (DST, RG, PJ), 20 pour le ministère du Budget au titre des douanes.

s'organiser ou se réorganiser. Gilles Ménage reste calme et négocie. La force tranquille, c'est lui désormais. Il s'étonne : Quelle « illégalité » ? Quelle « police parallèle » ? Dans l'oblique espace-temps des Républiques modernes, il n'y a pas de parallèles, il n'y a que des convergentes. Elles finissent toujours par se rejoindre. Miracles et mystères de la cohabitation politique. Je te tiens, tu me tiens, mais on négocie toujours...

De mars 1986 à mai 1988, chaque jour un motard quitte l'hôtel Matignon, où règne Jacques Chirac alors Premier ministre, et, quelques minutes plus tard, pénètre dans la cour du palais de l'Élysée. Il est porteur d'une sacoche contenant la liste des personnes écoutées, la veille, par le GIC. Et même, pour certains types d'affaires, notamment de terrorisme, y sont joints des comptes rendus d'écoutes, retranscrits en intégralité. Le tout est remis à l'attention personnelle de Gilles Ménage. Un semblant de légalité est ainsi restauré. Ou, en tout cas, un équilibre des pouvoirs. Le président Mitterrand s'en contente. Moins libre certes, moins puissant et toujours très protégé et super-renseigné. Pas de risques inutiles. A nouvelle donne, nouveaux enjeux qui impliquent de nouvelles réponses. Comme en biologie quand une cellule cancéreuse est confrontée à un médicament inconnu, la « cellule » élyséenne s'adapte parfaitement et vite. Elle prend de nouvelles formes et prolifère, en s'entourant d'un nouveau cercle noir de métastases, de sociétés indépendantes créées par des « amis d'amis » et très bien contrôlées. C'est la « cellule type III » dont l'activité antiterroriste a laissé place à une police politique. Elle restera aux mains de Gilles Ménage de 1986 à 1992 inclus, son influence continuant même jusqu'en 1995, sous l'œil de Michel Charasse. Avec la cohabitation arrive aussi l'ère d'une « économie mixte », La « cellule » élyséenne proliférera alors en une myriade de sociétés privées.

Le 23 décembre 1987, au 1, rue de La Vacquerie à Paris, XIe arrondissement, un locataire inquiet appelle la police. Il a vu des « sportifs » en blouson, l'air peu catholique, cheveux courts, bien habillés, s'introduire dans l'immeuble sur les pas du concierge. Ce dernier a bien manœuvré le digicode censé protéger l'accès, mais il est entré sans attendre que la lourde porte se soit refermée, et sans s'apercevoir qu'il était suivi. Police-Secours est là dans les minutes qui suivent. Les blousons des intrus s'ouvrent, ils ont des poches. Deux des cambrioleurs sont de jeunes gradés de la gendarmerie, déjà en retraite et recyclés dans le privé, porteurs d'une commission rogatoire judiciaire périmée. Le troisième, découvert enfermé… dans un placard téléphonique, est un technicien privé, spécialisé en télécommunications. Il est muni de pinces, de fil, d'un combiné téléphonique un peu particulier, et d'un mignon petit magnétophone japonais. Sa particularité est d'être à « déclenchement vocal », c'est-à-dire commençant à enregistrer tout seul la conversation téléphonique, dès que le combiné du téléphone est décroché. Robert Montoya, le chef du groupe, Fabien Caldironi, son adjoint, et Alain Clarhaut, le civil, sont pris la main dans le sac. Ils tentaient de poser une « écoute sauvage » dans l'immeuble d'Yves Lutbert, un huissier de l'Élysée. Tous trois sont salariés d'une société privée, la SPII. Cette dernière a été créée par un ancien de la « cellule », le commissaire Charles Pellegrini, avant de changer d'actionnaires. Geneviève Pellegrini possédait des parts dans cette entreprise : 20 % exactement. Le financier de SPII est un Corse, très connu dans certaines sphères. Il s'appelle Jean Allégrini. D'ailleurs, la SPII est smart, c'est le style BC-BG des sociétés privées de sécurité. Après un changement de dénomination commerciale, tout à fait opportun, son nouveau nom sera OST. C'est elle qui assurera, plus tard, la sécurité de TF1, ainsi que la protection d'Edouard Balladur durant sa campagne présidentielle de 1995…

Mais pourquoi s'en prendre à l'excellent huissier de l'Élysée, Yves Lutbert ? ce jeune Antillais, sportif et distingué, qui vit dans l'agréable appartement de la rue de La Vacquerie ? Il est affecté, sur le plan professionnel, à une sorte d'annexe de l'Élysée, le Conseil supérieur de la magistrature, censé garantir l'indépendance des magistrats. Or, il se passe des choses bizarres depuis quelque temps au CSM où Danièle Burguburu, amie de François Mitterrand et secrétaire générale en titre, rédige de sa blanche main des notes confidentielles. Elle les adresse ensuite à la présidence de la République qui, comme chacun le sait, assure l'indépendance de cette belle institution. Seulement voilà, certaines de ses notes, et pas des moins poivrées, circulent dans Paris sous forme de photocopies. On peut y lire que tel magistrat serait mieux à sa place dans une ville de province, petite de préférence et calme, ou encore que la femme de l'un de ses cousins a été vue, plus d'une fois, dans des réunions privées de cercles giscardiens, quant à cet autre il est hétérosexuel, ce qui est parfait, et marié, ce qui est mieux encore, il boit peu, ça va, son épouse est médecin, ça passe, mais communiste, ça casse. Même Simone Rozès, premier magistrat de France puisque, à l'époque, première présidente de la Cour de cassation, est fichée au CSM. Indépendante et dotée d'un fort caractère, elle est très mal notée par la douce et charmante Danièle Burguburu qui la juge paresseuse et peu présente dans les bureaux de la Cour de cassation. Simone Rozès le sait. Elle l'a lu. Mais qui donc photocopie les « fiches Burguburu » qu'un motard de la présidence de la République emmène, sous pli sécurisé, directement du CSM, situé quai Branly, à l'Élysée ? D'autres notes photocopiées parviennent... au ministère de la Justice, chez Paul-André Sadon exactement, haut magistrat peu porté à l'humour dans l'exercice de ses fonctions. Lui aussi fronce les sourcils.

Depuis que ces fuites existent, les langues vont bon train. La vie interne du Conseil supérieur de la magistrature est ponctuée d'incidents curieux : des grains de mort aux rats sont découverts dans du thé, des lettres anonymes circulent, plutôt grossières et fort menaçantes à l'encontre de l'huissier Yves Lutbert, et envers deux secrétaires : « Le négro, la blondasse et la brunette, on vous a ratés avec la mort aux rats, mais on vous aura avec le flingue. » Les croassements du corbeau inquiètent évidemment ces trois personnes. Elles jurent n'avoir jamais jeté même un coup d'œil sur les fiches délatrices et disent ignorer tout d'une photocopieuse.

Le colonel Eechout est chargé de l'enquête sur ces « indiscrétions ». A l'école de gendarmerie de Melun, où il fut mon chef de peloton d'instruction pendant deux ans, j'ai bien connu cet homme au nom prédestiné. Le colonel convoque sur-le-champ l'huissier Lutbert. A la guerre comme à la guerre, le colonel Eechout tente de lui faire croire que ses empreintes ont été relevées sur une feuille de papier, et qu'elles ont été comparées avec celles que l'on a trouvées sur les photocopies anonymes. Le responsable est donc lui! Étant « cuit », il ferait mieux de tout avouer et, surtout, donner le nom de ses commanditaires. Impavide, brave et muet comme un « soldat » d'une famille de Palerme, l'huissier du CSM repart libre comme l'air. Le coup n'a pas marché. Dès lors, la décision est prise d'intensifier la surveillance et d'utiliser les grands moyens afin de neutraliser le corbeau. Le colonel Eechout est un militaire strict, incapable d'agir sans ordres précis de ses supérieurs. Montoya et Caldironi, les « plombiers » de l'immeuble de l'huissier Lutbert, travaillent comme « sous-traitants » pour le compte de la « cellule » élyséenne. De l'espionnage des journalistes, en passant par celui mené à l'encontre d'écrivains et d'intellectuels, les sbires de l'Élysée sont passés à celui des magistrats. Sans état d'âme. Puis à l'espionnage des hauts magistrats. Sur ordre du président, tout est permis. L'État c'est lui. Une progression tout à fait logique.

La filière du GIC étant désormais obstruée, trop visible, trop dangereuse aussi, et soumise à tant d'aléas liés à l'alternance politique, un nouveau dispositif d'interception de communications téléphoniques a été mis en place. Il passe par le recours à de « vraies-fausses » sociétés privées, créées par des proches, et recrutant parmi les militaires ou d'anciens militaires, disciplinés et obéissants à souhait. Chef-adjoint de la brigade de recherches de gendarmerie en Corse, Robert Montoya a dû quitter l'armée et prendre une retraite anticipée. Il est très lié à l'expert en renseignements de la « cellule », Pierre-Yves Gilleron, l'ancien de la DST. Il l'avait accompagné à Chypre, à bord d'un avion du GLAM, en 1985, et quelques problèmes s'en étaient suivis avec le service local du contre-espionnage, pour avoir sous-estimé les services chypriotes. Heureusement, le consul de France, sur place, était très efficace. Une autre fois, Robert Montoya a escorté Pierre-Yves Gilleron à Beyrouth, ce dernier étant chargé de la protection d'une précieuse mallette d'argent cash. Ces fonds étaient théoriquement destinés à graisser les rouages d'une négociation diplomatique portant sur la libération de certains otages. La suite est mal connue. Robert Montoya connaît aussi très bien Christian Prouteau. Il a travaillé pour lui au Liban. Il a remonté, ensuite, pour le compte de la « cellule », des filières de drogue, liées, peut-être – ou même sans doute, en tout cas, c'est une hypothèse sérieuse – aux milieux terroristes arabes. La drogue ne lui a pas porté chance. Arrêté par les policiers français, en compagnie de Fabien Caldironi, il se verra accusé par le juge Boulouque d'avoir détourné des paquets de came alors qu'ils étaient saisis, puis d'avoir fait évader un de ses informateurs, Émile Tabet, et de l'avoir séquestré plusieurs mois dans un pavillon de Rosny-sous-Bois. Ce fut « la plus longue garde à vue du siècle », disent les policiers des stups jaloux de ces nouvelles méthodes. Depuis, Tabet a disparu. Ses amis le croient mort, mais ils ne savent pas où ni surtout comment...

Si le sort d'Émile Tabet, le trafiquant de drogue préféré des collaborateurs de la « cellule », n'est pas très clair, je crois savoir, en revanche, ce qu'est devenue la Ford Granada immatriculée 429 CJK 75, utilisée par les « plombiers de l'Élysée » pour espionner l'huissier Lutbert. Découpée au chalumeau, elle repose par petits tas de ferraille, au grand large, dans un cimetière marin. A sa façon, en effet, cette Ford pouvait parler. Avant de servir aux expéditions d'espionnage des miliciens privés de l'Élysée, elle avait appartenu à Mme Dubos, l'épouse de Jean-François Dubos[1], l'éminence noire de Charles Hernu. Or, il semblerait que Jean-François Dubos connaissait les conditions de la mort du général Audran, abattu par les tueurs d'Action directe, alors qu'il s'opposait à des transactions visant la fourniture de matériels militaires à l'Iran. Je connaissais bien le général Audran. C'est lui qui m'avait envoyé en douce en Irak. La veille de son assassinat par Action directe, il se trouvait en Allemagne sous la protection de six sous-officiers de la DGSE qui, sur ordre, levèrent leur dispositif à la frontière française, au retour.

Toujours est-il qu'avant de distraire les algues marines, la Ford avait été vendue, en 1984, au conseiller technique du président Mitterrand, le commandant Christian Prouteau. Cette voiture, qui résume à elle seule une tranche de l'histoire barbouzarde de la « République rose », avait été dotée, comme il se doit, d'une « vraie-fausse » carte grise, délivrée au nom de Xavier Mueler,

1. Elle a été nommée « préfète » de la République par François Mitterrand. L'accès à cette fonction est facile. Pour être préfet ou membre du Conseil d'État au tour extérieur, il suffit d'obtenir la signature du président de la République.

habitant 67, rue Didot, Paris XIVe. Cet homme n'existe évidemment pas. Pas sous ce nom en tout cas. Ce « Xavier Mueler » est l'une des identités fictives de Jean-Louis Esquivié. Il avait perçu de « vrais-faux » papiers à ce « vrai-faux » nom. Cette voiture fut utilisée, sous numéro fictif, par plusieurs gendarmes de choc liés à la « cellule ». La Ford fantôme a servi, entre autres actions, à des exhibitions réalisées sur la glace, à Chamonix. En effet, Christian Prouteau raffole des sports de glisse. La Ford Granada a été affectée, ensuite, à l'un de ses gardes du corps de Satory, avant de finir, chargée de matériels d'écoutes et de magnétophones perfectionnés, près de l'immeuble de l'huissier Lutbert, puis dans la mer. Cette voiture, décidément très utilisée et convoitée, avait accompli ce que l'on peut appeler du « bon boulot ».

L'idée d'avoir recours à la société SPII pour enquêter sur le CSM était bonne mais la « cellule » élyséenne était déjà cancéreuse. Un mois avant l'arrestation des « plombiers », le 24 novembre 1987 exactement, treize hommes ouvrent un compte commun, mais financièrement bloqué, dans un discret établissement bancaire de la rue Quentin-Bauchart. A Paris. A la BPP, Banque de participations et de placement. Une autre histoire commence. Elle touche aussi des « privés » bien particuliers, liés au « cabinet noir » de l'Élysée. Le point commun de cette « bande des treize », c'est qu'ils ont tous travaillé dans les « services spéciaux », et spécialement à Beyrouth. Ils habitent pour la plupart dans un coin discret du Loiret, près de Cercottes, la base d'entraînement du service action de la DGSE. Quant à la BPP, elle est liée à la célèbre BCCI, la banque pakistanaise victime d'un crash retentissant, mettant en cause la CIA et le narco-trafic. La BPP appartient à une nébuleuse de sociétés financières françaises, libanaises, luxembourgeoises, ou sises dans des paradis fiscaux des Caraïbes. Elle était alors contrôlée par un banquier libanais, Roger Tamraz, qui suivit les spéculations boursières qui accompagnèrent le rachat de la société Triangle par Pechiney.

Le compte bloqué de 1 300 000 F ouvert par la « bande des treize » à la BPP sert à la création d'une société de... sécurité, ARC consultants international. Jean-Louis Esquivié, l'expert en informatique qui travaillait à la « cellule » élyséenne, connaît très bien aussi une autre société, International French Security, spécialisée en matière de sécurité informatique, dans laquelle Pierre-Yves Gilleron est associé, ainsi que la société SQ 2 qui gère... le fichier des 3,5 millions de généreux donateurs de l'ARC, la trop célèbre association de recherche contre le cancer que présidait Jacques Crozemarie. Y a-t-il une passerelle informatique ou financière entre les fichiers de l'Élysée et ceux gérés par la SQ 2 ? Je ne le sais pas avec certitude, mais il est établi que la gestion du fichier de l'ARC, en cas de rupture de contrat, permettrait à SQ 2 de toucher de confortables dédommagements. En police judiciaire, on dit toujours au cours d'une enquête : « Cherchez la femme ! » Chez les barbouzes : « Cherchez l'argent ! »

Examinons de plus près les acteurs de cette nouvelle affaire. Jacques Lefranc, l'un des treize, ami de Roger Tamraz et longtemps lui-même directeur d'une banque à Beyrouth, la Fransa-Bank, est revenu du Liban en 1987. Là-bas, il avait été aussi, durant plusieurs années, un des hommes clés du dispositif local de la DGSE. Très proche de Christian Prouteau, Jacques Lefranc, PDG et fondateur d'ARC consultants international, devient par ailleurs directeur de la BPP de Roger Tamraz, mais cette fois à Paris. Il sera cependant amené à démissionner de ses fonctions de PDG d'ARC consultants, en fin d'année 1988, tout en en demeurant le principal actionnaire. A cette époque, ARC consultants est mis en cause dans les journaux français, à la suite d'écoutes téléphoniques, de filatures et de menaces dont ont été victimes des journalistes du *Point* et de *L'Express,* alors qu'ils enquêtaient sur l'affaire Pechiney, mais également sur Roger Tamraz ! « ARC n'a rien à voir avec la BPP, déclare alors Jacques Lefranc, au journal *Le Monde,* qui l'interroge. C'est une affaire personnelle, produit d'une "vie antérieure". Il y a des professions où l'on "pensionne" vite. Avec d'anciens amis, nous avons décidé de mettre en commun des compétences. Nous sommes spécialisés en audit de sécurité. C'est tout. »

Espionner des journalistes ? Les menacer ? Leur envoyer des photos de revolvers par la poste ? Les dissuader de suivre la « piste libanaise » du délit d'initié ? « Ce ne sont pas nos méthodes », affirme, dans *Le Point,* Michel Mauchand, personnage important de la bande. Responsable administratif de la société ARC consultants, dont il est, lui aussi, l'un des cofondateurs, mais minoritaire, il ne vit pas, contrairement aux autres, près de Cercottes, dans le Loiret, mais à Paris. Il vient, lui aussi, des « services secrets » français. A la DGSE, il avait le grade de lieutenant-colonel. Quand Jacques Lefranc démissionne, en titre, de la direction de la société ARC consultants, l'homme qui lui succède vit dans le Loiret. Domicilié à Orléans, à quelques kilomètres de Cercottes, Jean-Louis Chanas, troisième de la bande, est lui aussi un ancien lieutenant-colonel de la DGSE, membre du service action et même chef de poste à Beyrouth. Jean-Louis Chanas est également un ami proche de Christian Prouteau, dont il a été le camarade de promotion. Il va lui proposer un jour un bien curieux « deal ». Une forme de collaboration, ou d'appui direct, pour des projets d'implantation d'activités privées visant la sécurité, sur le marché difficile de la fragile démocratie guatémaltèque.

Comment procéder ? Le chef de l'opposition clandestine guatémaltèque, Arturo X, est réfugié à Paris. Une « construction TPH » (écoute téléphonique) sur sa ligne, par le GIC, sous le contrôle du général Charroy, permet d'obtenir de précieux renseignements opérationnels. Elle est prélevée sur le contingent d'écoutes administratives dévolues à la DGSE. Ces informations pointues, de source crédible, ne pourront qu'aider les « privés » français à démontrer au gouvernement du Guatemala leurs compétences en renseignements et leur fiabilité. Ceci pour vendre des services et du matériel. Le tout, aux frais de la France bien sûr, et au plus total mépris des droits de l'homme. Il faut rappeler qu'au Guatemala, pour un « opposant ordinaire », la torture simple est un traitement de faveur. Pour un « militant (ou une militante) de l'opposition armée », arrêté(e) dans un faubourg de Guatemala City à la suite de renseignements obtenus par l'interception d'une conversation téléphonique avec ses dirigeants, réfugiés politiques à Paris, le supplice est interminable, particulièrement atroce, impossible à décrire ici...

Pour la « bande des treize », le Guatemala n'est qu'un banal dossier. Avec Jean-Louis Chanas, c'est du sérieux. Son terrain de prédilection est Israël où il a établi ses contacts en tant qu'officier de la DGSE. Dès sa création, l'activité de la société ARC consultants international s'est orientée vers ce pays. Sympathisant de toujours de la cause israélienne, Jean-Louis Chanas est un grand ami d'Élie Hobeika, le « patron » des forces libanaises, une des milices impliquées dans le massacre des femmes et des enfants palestiniens des camps de Sabra et de Chatila. Élie Hobeika est aujourd'hui ministre dans le gouvernement libanais de Rafik Hariri. C'est en Israël que Chanas organise, du 20 au 27 mars 1988, le premier grand séminaire d'ARC consultants international, peu après la constitution de cette société par la « bande des treize ». Cette session, dite de réflexion, est consacrée à la formation de responsables de la sécurité de très haut niveau. Selon un document, évidemment ultra-confidentiel, émanant de la société ARC consultants elle-même, les 20 participants sélectionnés, français pour la plupart, sont « des responsables gouvernementaux » et « des responsables de la sécurité de partis politiques », ainsi que des « responsables de la sécurité de firmes privées ». Pour 18 750 F par personne, boisson non comprise, les participants sont invités à s'informer et à se former aux plus « récentes découvertes technologiques dans la lutte contre le terrorisme international ». Et cela, dans un pays où, selon la brochure individuelle remise à l'entrée, « vivant depuis deux générations l'insécurité au quotidien », les responsables locaux ont, « les premiers, conçu et utilisé les systèmes de prévention et de protection les plus performants » et « sont les mieux placés pour apporter aux décideurs les réponses les plus performantes ». Il est certain que l'assassinat en public d'Yitzhak Rabin, le 5 décembre 1995, portera un grave préjudice à la réputation d'invulnérabilité du service de protection et de sécurité intérieures israélien, le Shin Beth, totalement dépassé. Les chefs d'État africains qui pensaient avoir une « assurance tous risques » avec des privés israéliens, ou avec le Mossad, commencent à faire des cauchemars.

Les plus doués des « stagiaires » se verront néanmoins offrir, en guise de « supplément gratuit », par des « amis de rencontre israéliens » connus au cours du stage, une analyse détaillée des conditions dans lesquelles, un mois plus tôt, le 14 février 1988, trois cadres militaires du Fatah sont morts dans une voiture piégée, à Chypre, près du port de Limassol. Ces hommes étaient venus négocier l'achat d'un car-ferry, le *Sol-Phryne,* pour en faire un

« bateau de retour ». Ce navire était destiné à ramener vers Haïfa une centaine de Palestiniens chassés par Israël. Le car-ferry lui-même fut gravement endommagé par un attentat à l'explosif, le 15 février 1988.

De là à faire de la société ARC consultants international et de la « bande des treize » titulaires d'un compte de la BPP de Roger Tamraz une succursale directe du Mossad, il y a évidemment un pas... à ne pas franchir ! Il serait tout aussi choquant et abusif d'extrapoler de ces quelques liens entre la « cellule » de l'Élysée et la société ARC consultants que ces deux organisations, l'une publique et française, l'autre privée et de vocation... cosmopolite, sont les ramifications d'un même tronc. Je note, toutefois, que Gérard Alloncle, numéro un, alphabétiquement, sur la liste des treize, très lié lui aussi aux services français comme aux « affaires spéciales », est également l'un des fournisseurs d'armes attitrés de la « cellule » élyséenne, en sa qualité de PDG d'une autre société, Raymond Gérand SA. Il a fourni directement à l'Élysée, à Prouteau et à ses hommes, des pistolets-mitrailleurs Heckler and Koch avec systèmes d'activation et de visée laser.

Le nom de Raymond Gérand SA était apparu à l'époque où Yves Chalier, chef de cabinet du ministre socialiste de la Coopération Christian Nucci et principal acteur du scandale du Carrefour du développement, cherchait du matériel de sécurité pour préparer le sommet africain de Bujumbura, en 1984. Rappelez-vous l'histoire du « vrai-faux » passeport remis par le contrôleur de la police nationale, Jacques Delebois, à Yves Chalier en fuite au Brésil ! Pour apprécier l'ambiance dans laquelle je vis, le même Jacques Delebois, ami de Gérard Alloncle, tente de m'impliquer dans une affaire politico-barbouzarde et crapuleuse, dont le commissaire des RG Patrick Rougelet a déjà fait les frais en étant révoqué par la police. La fine équipe a recruté, dans une agence parisienne spécialisée, mon propre sosie ! Celui-ci avait pour mission d'intimider une brave et honorable dame, amie d'Yves Chalier, et surtout présidente de l'Association de défense des victimes des notaires... en la menaçant, car elle était censée posséder des « informations » les concernant...

C'est une « embrouille assurée », quand trois témoins vous « reconnaissent formellement » devant un juge d'instruction

Pour peu que vous n'ayez pas un alibi en béton, c'est la prison garantie ! Par chance, le 7 janvier 1996, j'étais dans les émirats depuis un mois, en compagnie de deux chefs d'État. Ouf ! Sauvé, encore une fois ! *Le Canard enchaîné,* toujours à la pointe de l'information, publiera l'histoire fin février 1996. Du « Barril Canada Dry ». Il ressemblait à Paul Barril, mais ce n'était pas lui !

Ces liaisons complexes n'ont pas découragé ARC consultants international de présenter sa candidature pour le juteux marché de la sécurité des Jeux Olympiques d'hiver d'Albertville. Dont, soit dit en passant, Christian Prouteau, alors devenu préfet, était le grand coordinateur. Ce sera un succès, notamment grâce à un génial système informatique de surveillance, alors tout nouveau. Évitons les amalgames douteux. J'en ai personnellement souffert. En revanche, il me paraît temps de mettre sur la table quelques dossiers bien particuliers, dont celui de l'affaire des missiles Mistral.

Tard le soir, mon téléphone sonne. Bizarre. Peu de personnes possèdent le numéro de mon portable. C'est François de Grossouvre. Il me semble nerveux.

– Bonsoir mon petit Paul... C'est très urgent !

– Bonsoir, monsieur.

– Vous connaissez des gens au Congo, je crois ?

– Heu... Heu.

– Venez me voir. Je vous attends quai Branly. Je donne des ordres pour vous laisser entrer, en bas.

– Bien, monsieur. Je serai là dans une demi-heure.

A peine arrivé dans son appartement, François de Grossouvre, visiblement inquiet, m'apostrophe :

– Vous n'avez pas fait de bêtises au Congo, au moins ?

– Je ne comprends pas, monsieur !... Je connais...

François de Grossouvre me coupe alors la parole :

– Ce soir, avant de quitter mon bureau à l'Élysée, Audibert est venu taper à ma porte. Il a prétexté son départ du palais pour venir me dire au revoir, car il est nommé ambassadeur à Alger. Tu parles ! Il ne peut pas me voir ! Il y a au moins trois ans que l'on ne s'est pas parlé, alors que son bureau est à côté du mien. C'est un ancien communiste. Je suis sûr qu'il est toujours en contact avec l'appareil clandestin du PCF sur le continent africain. Bref, il est venu me prévenir que demain, j'allais être mis en cause, avec toi mon petit Paul, par le président, dans une histoire de vente de missiles au Congo. Il s'agit sûrement d'un piège !

Je tombai des nues, mais je promis d'activer mes réseaux, ainsi que mes amis spécialistes du Congo, puis de lui en rendre compte. Par écrit. L'affaire des missiles Mistral commençait pour moi.

Tout débute le 9 mars 1989 quand la police judiciaire arrête, à Tignes, un jeune homme d'affaires français, Thierry Miaillier, âgé de 38 ans. L'affaire met une fois de plus en cause des proches de la société ARC consultants international.

Elle entraînera, d'autre part, l'éviction de la « cellule » du lieutenant-colonel Esquivié, dit « Aramis », sur décision personnelle du président François Mitterrand.

Thierry Miaillier, spécialiste de l'Afrique et brillant professionnel, vit de commissions d'intermédiaire perçues dans le commerce international de l'armement et de l'équipement. Il a travaillé pour Matra. C'est un proche de Gérard Allioncle et de Jean-Louis Chanas. Fin 1987, une photo prise sur le stand de la société ARC consultants international, durant le salon Milipol, le montre en compagnie de Michel Mauchand, de la « bande des treize », reconverti dans la protection rapprochée du PDG de la Régie Renault, Raymond Lévy. Le juge d'instruction de Paris, Marie-Paule Morrachini, qui instruit une plainte à l'encontre de Thierry Miaillier, émanant du ministère de la Défense, pour escroquerie, faux et usage de faux, décide de l'incarcérer. Il venait d'acheter, à la Madeleine, quartier chic de Paris, un appartement d'une valeur de 1,5 million de francs. Selon une indication des services français, ce sage investissement dans la pierre blonde pourrait représenter la valeur d'une commission récemment perçue pour la vente de missiles Mistral à un pays d'Afrique. A quel pays ? C'est tout le problème. Thierry Miaillier a longtemps vécu au Zaïre, où il a vendu du matériel pour le compte des Belges. Ami du colonel Sassou N'guesso, président de la République populaire du Congo, il est également lié au grand patron des services de sécurité congolais, le colonel Emmanuel

Ngouelondele. C'est la signature de ce dernier qui apparaît, sur papier à en-tête de la République populaire du Congo, pour la commande des cinquante missiles. Ces derniers sont en fait, selon le ministère français de la Défense, destinés à Jonas Savimbi, le chef de la guérilla en Angola, l'UNITA. Même le président du Gabon Omar Bongo et les services spéciaux d'Afrique du Sud mettront leur « grain de sel » dans cette transaction à tiroirs. Cela « chauffe » pour Thierry Miaillier, mais surtout pour le colonel Ngouelondele. La France met la pression sur le Congo, dont le chef de l'État découvre, avec stupéfaction, que le Trésor congolais, exsangue, aurait déjà versé cash, sur un compte bancaire, la somme de 15 millions de francs au titre d'« avance sur la commande ». Or, le Congo n'a aucun besoin de ces missiles ! Il n'a d'ailleurs rien commandé ni rien signé, comme le jure devant ses supérieurs le colonel Ngouelondele.

Le 15 mars 1989, Sassou N'guesso, président du Congo, dépêche une délégation spéciale à Vélizy, au siège de Matra, pour démêler les nœuds de cet imbroglio militaro-financier. Thierry Miaillier n'est pas le seul soupçonné. Il nie toute responsabilité dans ce dossier, ayant, dit-il, bien « empoché une commission » mais sur un autre dossier. De leur côté, les Français poussent l'enquête. Les Mistral, à l'époque, sont au top de la technologie militaire. Très récents, même l'armée française ne les a pas encore en dotation ! Ce sont donc de vrais « bijoux », encore tout « neufs » sur le marché de l'armement. Le colonel Ngouelondele est bien connu à Paris. Originaire de Gamboma, c'est un Batéké, l'ethnie des plateaux de Brazzaville et de Djamkala, une tribu stratégique, influente au Congo mais aussi au Gabon, car c'est celle du président el Hadj Omar Bongo. Officier d'ordonnance du militaire marxiste-léniniste (pro-chinois) Marien N'gouabi, chef d'État du Congo assassiné en 1977, il ne souffre pas de cette disparition. Bien au contraire. Il devient, à sa mort, directeur de la toute-puissante sécurité d'État congolaise. Ancien attaché militaire en poste à Paris, il a suivi un « stage idéologique » en Allemagne de l'Est, en 1975. Créateur du Frolibaba, le Front de libération des Batékés et Bangouegoulous, il a l'appui des huit cents Batékés affectés à la sécurité d'État, sur un effectif total de quatorze cents hommes. En outre, il dispose de sa propre cellule d'action et d'investigation, forte de trente hommes, tous formés en Algérie ou à Cuba. Mais l'Afrique reste l'Afrique, un continent complexe. Le colonel Ngouelondele est aussi un ami, très ancien et très proche, du colonel Robert, l'homme des réseaux Foccart en Afrique noire, longtemps ambassadeur de France au Gabon. Formé, à l'origine, à l'école de Melun de la gendarmerie nationale, tout comme moi, le colonel Ngouelondele est aussi lié à son ancien camarade de promotion de Melun... Jean-Louis Esquivié. Il n'est donc pas surprenant, au vu de ces données, que la sécurité militaire française, et plusieurs autres services, se soient penchés de près sur l'affaire des missiles Mistral.

L'enquête démontre que le colonel congolais n'est pas seulement un proche de Jean-Louis Esquivié. Il est aussi étroitement lié à Gérard Allonele, le numéro un de la liste de la « bande des treize » de la société ARC consultants international, l'homme de Raymond Gérand SA. Selon un rapport d'enquête interne à la DGSE, le colonel Ngouelondele connaît aussi Jean-Louis Chanas, au domicile duquel, à Orléans, auraient eu lieu, durant la même période, des rencontres intéressantes.

Cette version est, bien sûr, contestée par les intéressés qui, sans pouvoir nier quelques coïncidences et rapprochements, ne reconnaissent ni les liens spéciaux entre la société ARC consultants international et le « cabinet noir » de l'Élysée, ni aucun trafic d'armes ou de missiles, ni encore avoir eu des contacts avec des services étrangers, pourtant actifs au Congo, notamment ceux d'Israël. Détail amusant : en 1996, la fille du président Lissouba a épousé le colonel israélien, chef de la sécurité présidentielle. Dans ces matières obscures, les preuves sont rares. Le temps efface tout, comme le sable du désert sous l'effet du vent. Informé de l'affaire en janvier 1989, le président Mitterrand prend alors deux sages décisions. D'abord, l'ouverture d'une enquête, et le choix de son responsable. Le colonel Eechout étant trop absorbé par l'affaire des « plombiers » du Conseil supérieur de la magistrature, c'est le général Fleury, chef d'état-major particulier du président de la République, qui se voit prié de démêler l'écheveau des missiles Mistral. Une mission de confiance, bien sûr, et qui demande du tact. Le général Fleury ira très vite pour remonter jusqu'à Esquivié et au Certificat d'exportation internationale de matériel de guerre (CEIMG). Aviateur de métier, il recevra deux mois plus tard sa cinquième étoile, et sera nommé chef d'état-major de l'armée de l'air. Entre-temps, il fait son rapport au président Mitterrand et suggère quelques mesures d'urgence à prendre. Parmi celles-ci, le départ immédiat de Jean-Louis Esquivié de l'Élysée, qui « serait intervenu » par téléphone auprès de la Défense afin de faire accélérer la signature du CEIMG, en se recommandant de Jean-Christophe Mitterrand.

C'était faux, évidemment ! Le président Mitterrand, mis en garde par François de Grossouvre, en avait parlé à Jean-Christophe devant sa mère, qui s'indigna haut et fort de pareils soupçons portés sur son fils favori. Saisi d'une vocation soudaine, Jean-Louis Esquivié demande spontanément sa mutation pour le prestigieux groupement de gendarmerie de Créteil, dans le Val-de-Marne, à une trentaine de kilomètres de Paris.

Sur le plan judiciaire, tout sera clos par un non-lieu majestueux, au terme de trois années d'enquête. Thierry Miaillier a pu fournir des explications parfaitement convaincantes. Sa responsabilité est écartée. Il en va de même pour celle du colonel Ngouelondele. Satisfaisant pour les intéressés, le non-lieu ne suffit évidemment pas à donner les clés de cette affaire.

La mise à feu médiatique du dossier s'opéra par l'intermédiaire de *L'Événement du jeudi*. Un montage compliqué avait été imaginé dans le but de compromettre « Papamadit », Jean-Christophe, le fils du président, tout en affaiblissant « Monamimadit », c'est-à-dire François de Grossouvre. L'idée consistait à nous faire apparaître, tous deux, comme les auteurs d'une machination tortueuse, visant en priorité le fils du président Mitterrand.

Dans son numéro du 7 au 13 juin 1990, sur trois pages détaillées, *L'Événement du jeudi* dénonça certains aspects des brumeuses activités du « chargé des affaires africaines » mandaté par l'Élysée, Jean-Christophe Mitterrand. A lui seul, le titre de l'article sent le soufre : « Afrique : la faillite de la politique française », avec pour surtitre : « Les tribulations du fils de Tonton ». Pêle-mêle, il est question d'affairisme, du siège qu'il occupa trop longtemps au conseil d'administration de la société gabonaise d'exploitation du manganèse, la Comilog, et de ses frasques dans certains quartiers chauds de la capitale togolaise, Lomé, et à

Libreville, au Gabon. Il lui est aussi reproché de ne pas s'occuper des dossiers africains incombant à ses fonctions. Déjà en décembre 1988, Jean Audibert, alors conseiller diplomatique de l'Élysée, avait mis en garde le président Mitterrand sur les dérives africaines de son fils Jean-Christophe. Sans résultat. Ce scandale perturba cette fois François Mitterrand, ainsi que son épouse Danielle, leurs familiers, amis et proches. Au point que le président songea même à démissionner durant l'été 1990, ce qui ne s'était jamais produit auparavant. Ce fait est confirmé par Michel Charasse, son conseiller et l'un de ses plus fidèles jusqu'à la fin.

L'Événement du jeudi tira une seconde salve en juillet 1990, dénonçant, cette fois, les liens étroits existant depuis des années entre Jean-Christophe Mitterrand et l'important holding Adefi présidé par son ami d'enfance Jean-Pierre Fleury. Ce dernier agissait en intermédiaire incontournable, ses activités multiples favorisant l'obtention, à son profit, d'un grand nombre de marchés africains. L'épouse de Jean-Christophe Mitterrand était salariée par l'Adefi. « Minouche » percevait 30 000 F chaque mois. Il y avait plus grave. Outre l'affairisme une nouvelle fois dénoncé, l'article précisait que l'une des sociétés mises en cause, Dolce Vita, avait filmé des opposants congolais et camerounais manifestant à Paris. Ces images furent retrouvées entre les mains des hommes des services de sécurité de ces pays, prouvant ainsi de sombres compromissions. En effet, la cession de ces documents, dans un but répressif, est de loin l'aspect le plus répugnant de cette affaire : la possibilité d'exercer sur les familles des manifestants d'horribles pressions avait été donnée aux États concernés.

De quoi déstabiliser François Mitterrand, alors favorable aux thèses défendues par SOS-Racisme, le président ayant même manifesté dans Paris, aux côtés de son leader charismatique, Harlem Désir.

D'autant qu'à l'époque le président devait gérer également l'amitié de son autre fils, Gilbert, avec Jean-Michel Boucheron, maire socialiste d'Angoulême impliqué dans une importante affaire de fonds municipaux détournés. L'histoire défrayait la chronique journalistique, ajoutant au climat de décomposition qui marqua la fin du règne.

Le président Mitterrand et les siens décidèrent de faire face.

Une plainte fut déposée par l'Élysée. Sur la prière insistante de Gilles Ménage et du président Mitterrand, le président congolais Sassou N'guesso déposa plainte à son tour, au nom de la République populaire du Congo. Il choisit un avocat, sans doute librement, mais, par un hasard extraordinaire, ce fut... Me Burguburu, le mari de la dévouée secrétaire générale du Conseil supérieur de la magistrature ! L'avocat Burguburu eut en charge de défendre les intérêts floués de l'État congolais, dans l'affaire des missiles Mistral. Et certains osaient prétendre que les valeurs républicaines étaient menacées par... le capitaine Barril !

L'Événement du jeudi fut condamné à payer 80 000 F. Cette décision de justice fut ensuite annulée en appel et l'hebdomadaire en est sorti renforcé. La vérité également.

Toujours durant l'été 1990, d'autres tracasseries « familiales » ruinaient le président. Sa double vie menaçait d'être révélée et François de Grossouvre, détenteur du secret, était dans le collimateur de Gilles Ménage et de son « cabinet noir ». Cette dimension explique, plus encore, l'hésitation de François Mitterrand à se maintenir au pouvoir. Pour ma part, je conserve de cet été-là le souvenir d'un François de Grossouvre passant du statut de confident à celui d'ennemi quand, par médias interposés, il décida d'alerter l'opinion sur les turpitudes des uns et des autres. Le clan lui voua dès lors une haine mortelle.

Ces épisodes africains démontrent que la « cellule » élyséenne et ses différents cercles d'influences avaient étendu leurs activités bien au-delà de la vocation d'origine de la « cellule » Prouteau. Ils occupaient à présent le terrain des « affaires africaines » et des ventes d'armes.

La « cellule » était devenue un « service secret » spécial, en marge des services officiels. Ses intérêts s'enchevêtraient avec ceux de sociétés de sécurité privée, et d'un nouveau type de mercenaires, plus « affairistes », plus politiques, et certainement moins romantiques que les sympathiques « chiens de guerre » et autres « soldats perdus » de l'époque Denard-Dulac. Encore aujourd'hui, des mini-cellules construisent des essaims sur le même modèle, et sous l'influence directe des hommes de Gilles

Ménage, dans divers palais présidentiels africains : en Côte-d'Ivoire où officie Alain Le Caro, l'ancien chef du GSPR, au Togo où a échoué Montoya, et enfin au Congo, avec la présence des « Gilleron boys ». Sur place, ces hommes ont une influence certaine.

C'est Pierre-Yves Gilleron, par exemple, qui est intervenu directement, et par écrit, pour obtenir, en faveur du régime rwandais, la livraison par la France d'un nouvel avion présidentiel. Cette démarche est extravagante car très éloignée des tâches dévolues à un simple « conseiller privé » en matière de sécurité. « Où s'arrêteront-ils ? » me disait François de Grossouvre. Pierre-Yves Gilleron venait de quitter, officiellement, les rangs de la « cellule ». Il travaillait, en principe, à son compte et offrait ses conseils avisés aux dirigeants rwandais pour la réorganisation de leur service de renseignement. A ce titre, il est également intervenu auprès des autorités françaises afin de défendre les intérêts de l'ambassadeur du Rwanda, durement traité par la police lors de son arrivée à l'aéroport de Roissy-Charles-de-Gaulle, et accusé d'être mêlé à un « important trafic de drogue ». Bien sûr, aucune trace ne sera trouvée !

Véritable homme orchestre des « affaires africaines », Pierre-Yves Gilleron est devenu l'associé de l'homme d'affaires belgo-zaïrois aux activités multiformes Bele Calo, résidant à Paris. Ces activités n'empêchent pas l'ancien commissaire de la DST de créer pour son compte la société Iris analyse. Adressée au directeur de cabinet de Thierry de Beaucé, alors secrétaire d'État aux Affaires étrangères avant de se replier sur l'Élysée comme chargé de mission, cette lettre du 17 août 1989 vaut tous les discours.

Pierre-Yves Gilleron écrit en effet, à propos du remplacement de l'avion du président de la République du Rwanda :

> Le Président, par le canal autorisé du docteur Bele Calo, son ami personnel, homme d'une remarquable discrétion et d'une grande probité qu'il a spécialement désigné pour mener à terme ce dossier, selon des modalités qu'il vous appartiendra, si vous le souhaitez, de lui préciser, confirme la priorité qu'il accorde au traitement de celui-ci. Il envisage, d'ailleurs, de charger son ministre des Affaires étrangères, qui séjournera à Paris en cette fin de mois, d'un message pour le président de la République française, aux fins de lui confirmer cet

intérêt et s'en remettre à toute suggestion qui pourrait lui être soumise, lui-même s'engageant à offrir toute contrepartie que vous pourriez souhaiter, lors des négociations qui ne manqueront point de s'ouvrir.

Toutefois, aux fins de vous assurer la plus totale discrétion dans le traitement de cette affaire, tant sur un plan intérieur qu'international, une indiscrétion de presse ayant déjà porté, en début de mois, celle-ci sur la place publique, à Kigali, le président du Rwanda ne souhaite point multiplier les intervenants. Seul monsieur le docteur Bele Calo demeure désigné comme interlocuteur, sauf avis contraire de votre part.

Demeurant à votre entière disposition pour tout éclaircissement que vous pourriez solliciter et, vous assurant des plus totales discrétion et loyauté de monsieur le docteur Bele Calo, que je puis vous faire rencontrer à une date qu'il vous appartiendra de fixer, je vous prie, etc.

Au fil de mes propres pérégrinations africaines, j'ai recueilli de nombreux témoignages, et une bonne quantité de documents, sur les pratiques des « proches de la cellule ». Il y a « Bernard », ex-membre de la DGSE, un de la « bande des treize » actionnaires fondateurs d'ARC consultants international, qui veilla longtemps sur les intérêts de la Guinée, avant d'y être remplacé par Lucien-Aimé Blanc, l'ex-patron de l'Office central de répression du banditisme (OCRB), l'ancien maître à penser de Charles Pellegrini, aujourd'hui en Centrafrique. Il y a le colonel Mantion, exécré par l'opposition centrafricaine, et qui est lié à une Eurasienne d'une grande beauté travaillant pour le compte de la DGSE au contrôle des communications téléphoniques de la ville de Bangui. Il avait installé, sur l'ensemble de la ville, la bagatelle de vingt-cinq puissants réémetteurs radios de 25 watts, reliés à un réseau de six cent quatre-vingts postes radio Motorola portables, utilisés uniquement par ses hommes de confiance. Du jamais vu en matière de quadrillage. Et ce avec des fonds provenant du ministère de la Coopération, évidemment. Il y a également Alain Le Caro, le chef des cent quatorze gendarmes parachutistes d'élite du Groupement de sécurité de la présidence de la République (GSPR), reconverti d'abord en Côte-d'Ivoire, puis dans d'autres contrées africaines, et qui n'a pu se soustraire totalement, semble-t-il, à certaines tentations. Il ne sera pas épargné par le vaste coup de balai qui suivra l'affaire des missiles Mistral faussement commandés par la sécurité d'État de la République populaire du Congo. François Mitterrand est intervenu, personnellement, pour l'écarter. Cet intérêt soudain pour « l'intendance » avait été suscité par une brève conversation avec l'un de ses gardes du corps dans la cour du château de Souzy-la-Briche.

– Comment allez-vous F. ? Je ne vous vois plus.

– Moi ça va, je vous remercie, monsieur le président. Moi ça va, mais tout ne va pas ! Il se passe des choses pas très nettes au GSPR.

– Ah bon ! Expliquez-moi un peu ça.

Le garde du corps relata donc une histoire étrange où apparaît un cheval, commandé par le président et acheté pour Mazarine. Jusque-là, tout va bien. Toutefois, une différence de 50 000 F sur la valeur réelle du cheval, due sans doute à une erreur d'informatique, agacera le président Mitterrand. Pas de quoi fouetter un gendarme parachutiste ! Seulement, pour le plus grand malheur d'Alain Le Caro, suivit une troublante mésaventure survenue à un jeune et brillant homme d'affaires africain, une histoire de racket qui commence en roman d'amour et finit par le départ dans le secteur privé du « patron » du GSPR.

Les règlements de la gendarmerie nationale sont stricts. Les « liaisons dangereuses » y sont codifiées. Les rivalités d'hommes autour d'une même femme sont systématiquement sanctionnées par la mutation de l'un ou de l'autre. Bref, Christian Prouteau a dû un jour arbitrer une rectification de la carte du Tendre au sein de la garde présidentielle. Toujours très politique, il trouva un argument massue pour convaincre un maréchal des logis-chef parachutiste, M. X, de démissionner de la gendarmerie. Il lui garantit une embauche de garde du corps auprès de Bernard Tapie. Mais ce dernier confondra rapidement la fonction de garde du corps avec celle de domestique, porteur de sacs et de valises. Il finit par traiter l'ancien parachutiste de « connard », mot très prisé semble-t-il par Nanar. Bref, la reconversion du gendarme-para chez le Marseillais de La Courneuve s'acheva avant d'avoir commencé. Le dossier remonta jusqu'à Christian Prouteau.

Ce dernier propose une autre reconversion : comme chef des gardes du corps, cette fois, auprès d'un homme d'affaires africain résidant à Paris. Appelons-le V.A. L'histoire se complique car les gardes du corps de V.A. essaient de convaincre cet homme fortuné de s'acheter d'urgence une Renault 25 blindée munie de dispositifs spéciaux et d'armements sophistiqués, d'un prix prohibitif. L'homme d'affaires renâcle. La pression est telle qu'il finit par s'en plaindre auprès d'une de ses relations, chef d'État d'un pays africain, qui choisit d'en informer Paris. Une enquête est ouverte. C'est le « Watergate » ! Racket, menaces de mort écrites en arabe dans l'escalier privé de la victime, incendie de son appartement... Le gendarme M. X, disposant des clés, est soupçonné, puis viré. Une plainte est déposée et le nom de Le Caro est cité. La PJ enquête. Doucement... très doucement.

Dès lors, Le Caro part travailler en Afrique noire... Plus récemment, il a tenté de revenir au premier plan en donnant, dans les colonnes de l'hebdomadaire *VSD*, des leçons « sur sa sécurité » au président de la République, Jacques Chirac. Or, au même moment, l'on apprenait qu'à plusieurs reprises, le GSPR avait laissé s'infiltrer un ancien militant communiste dans les réceptions officielles de l'Élysée et dans la tribune présidentielle place de la Concorde, le 14 juillet 1995 : Claude Khazizian. Il n'y a pas de quoi féliciter le GSPR qui, oubliant les leçons de 1982, a glissé doucement sur une pente savonneuse, sous la responsabilité d'Alain Le Caro.

Bien avisé, le nouveau président de la République, Jacques Chirac, a confié la responsabilité d'un nouveau Groupe de sécurité de la présidence de la République, composé paritairement de gendarmes et de policiers, à un commissaire de police. Hélas ! celui-ci a mal commencé en se faisant dérober son arme de service par des farceurs au cours de la garden-party du 14 juillet 1995 ! Décidément, la fête nationale est marquée par des bavures au niveau de la sécurité présidentielle ! Si, à l'origine, le GSPR était un excellent outil, à partir de 1985, et avec le total accord de Christian Prouteau et de Gilles Ménage, le « gang des R 25 » à cocarde rose a commencé à se disputer les hommes du GSPR pour la protection de certaines réunions privées, de soirées, de vacances, de cocktails... Certains de ces soldats d'élite triés sur le volet, qui devaient au départ se consacrer exclusivement à la sécurité du président de la République, à sa famille et à Mazarine, ont été vus dans des soirées fastueuses, données par des princes arabes dans le triangle d'or des beaux quartiers de Paris. Avenue Montaigne, par exemple. D'autres ont consacré leurs soirées libres à la protection rapprochée, et très privée, de personnages célèbres mais à la moralité discutée, dont Tapie et des leaders socialistes. Quelles étaient les fonctions de ces gendarmes, le soir, dans un appartement du 58, rue du Faubourg-Saint-Honoré ou rue Charles-Dolléans, quelque part dans les Yvelines ? Ce sont des anecdotes mais elles témoignent d'un certain climat.

J'ai vu, en Centrafrique, les anciens de la « cellule » dans leurs œuvres. Et là, les choses n'avaient rien de drôle. Valéry Giscard d'Estaing a été critiqué en raison de ses liens avec Jean-Bedel Bokassa, mais la République centrafricaine n'a pas cessé d'extraire des diamants de ses mines d'État le 10 mai 1981, jour de l'alternance politique en France. Ces diamants n'ont pas cessé leurs déroutantes balades. Et François Mitterrand a eu son Bokassa en la personne du général Kolingba, arrivé dans les fourgons militaires d'un putsch en 1981, et tout aussi dictateur que son prédécesseur. Sa ravissante épouse, à l'ample boubou rouge, séduisit le président, lors de slows officiels dans la nuit parfumée de Bangui. Une photo a immortalisé cet instant. Quand Mitterrand danse, les diamants s'envolent. Le général Kolingba est assez nonchalant et laisse volontiers la gestion de l'État au colonel Mantion, de la DGSE. D'abord en charge de la garde présidentielle centrafricaine, ce dernier s'occupera bien vite de tout, du carat des diamants d'État à la couleur des robes de la présidente.

Le discours sur la nécessaire démocratisation des États d'Afrique, prononcé à La Baule par François Mitterrand, eut pour effet qu'il fallut se résoudre à faire des élections en Centrafrique, fin 1993. A la stupéfaction de tous, le colonel Mantion, toujours si sûr de lui, n'a rien vu venir. Elles donnèrent une victoire aussi indiscutable qu'incontournable à l'opposant politique Ange Patassé, ingénieur agronome et leader du Mouvement populaire pour la libération du Centrafrique, le MPLC. L'histoire aurait pu faire qu'Ange Patassé mourût, victime d'une forte grippe ou d'un bol de soupe à la poussière de diamants corrosifs, comme on sait en confectionner depuis le Moyen Age. Il n'en fut rien. Il ne ramassa pas même une balle perdue. Ange Patassé est un homme intelligent. Il pensait depuis longtemps à sa sécurité comme à celle de sa petite famille. Nous étions devenus amis. Je l'avais donc conseillé, sans comploter. Il accédait au pouvoir grâce à une victoire démocratique, obtenue par des élections libres et régulières. Même *Le Monde* a dû le reconnaître. A regret, d'ailleurs. Ange Patassé s'est accroché et il a gagné. A la loyale. Il a fallu en catastrophe rapatrier en France le colonel Mantion, le « Proconsul », évacué par avion sanitaire. Une maladie sans doute diplomatique, mais qui ne l'a pas empêché, juste avant de quitter Bangui, d'emporter des dossiers et quelques souvenirs : des cantines métalliques entières, de couleur bleue.

Raymond Dematteis, ancien directeur de la police de l'air et des frontières (PAF) de Roissy, a évoqué[1] les ordres qu'il recevait de l'Élysée afin de « bloquer » Ange Patassé à l'aéroport lorsque ce dernier était en exil. Après sa victoire, ce fut pire. Une campagne de presse fut déclenchée dans les journaux français pour tenter de le salir, de le neutraliser, en l'impliquant, notamment à Angoulême, dans une sale affaire d'escroquerie dont il est la principale victime ! Oui, j'aime bien Ange Patassé. Je l'ai aidé à titre amical, sans même lui demander un sou. Cela a inquiété Paris. Ce n'était pas dans les mœurs de l'époque. Le colonel Mantion s'est plaint à l'Élysée, au président directement, en disant : « Il y a plus de cent quatre-vingts pays dans le monde ! Que Barril aille ailleurs ! Qu'il me laisse tranquille en Centrafrique. Sinon, ça va chauffer ! » A la suite de l'élection du président Ange Patassé, Michel Charasse, en accord avec le président Mitterrand, s'est déplacé à Bangui. Il a étudié avec l'ambassadeur la possibilité de bloquer les aides françaises au gouvernement de Bangui. Ensuite, la France a fait des misères à Ange Patassé au sein du FMI. Il a tenu[2]. Moi aussi.

Déjà, sous Kolingba, François Durand de Grossouvre m'avait sauvé la mise et peut-être la vie. Il m'avait appelé au téléphone,

1. Michel Leblanc, Raymond Dematteis, *Haute surveillance, six présidents, vingt ministres*, Michel Lafon, 1995.

2. Malgré les émeutes de juin 1996 en Centrafrique, dues aux impayés de son prédécesseur, le président Patassé est toujours aussi populaire. En poste à Nouméa, Mantion est resté en contact permanent avec l'ancien président Kolingba.

en catastrophe, pour me dire que je devais annuler un voyage de chasse : « Mon p'tit Paul, il faut laisser tomber. Il y a un mandat d'arrêt pour vous. Après, cela peut être dangereux. Vous connaissez les prisons là-bas. Ils ont des ordres d'ici, de l'Élysée. Je le sais. »

Je me suis donc fait discret. Ange Patassé, lui, a continué sa marche victorieuse. Il m'a rappelé, plus tard, pour me confier l'organisation de la lutte contre les braconniers à la frontière soudanaise. Il y a en effet des guérillas dans cette région où coule l'argent de la CIA.

Pour me prouver sa reconnaissance, et afin de faire un pied de nez à l'Élysée, le président de la République centrafricaine m'a remis solennellement, en décembre 1995, ainsi qu'à quatre de mes hommes, la plus haute décoration de Centrafrique. Face aux troupes alignées et sous l'œil des caméras des télévisions africaines, ce fut ma seule récompense. Elle compte, car elle me fait chaud au cœur. J'ai eu d'autres satisfactions : de belles histoires de diamants baladeurs, en route dans un avion pour Rome et perdus dans le décor à l'époque du tandem Mantion-Kolingba, qui commencent à remonter jusqu'à mes oreilles et à celles du président Patassé, indice après indice, mois après mois. J'ai tout mon temps. La stabilité démocratique est définitivement instaurée en Centrafrique.

Chapitre 5

L'étreinte mortelle des deux cardinaux noirs

« Il n'y a pas de bonne blessure pour le droit,
toutes sont mortelles. »

François Mitterrand

Le 15 janvier 1994, François de Grossouvre m'a dit : « Mon petit Paul, ils vont me flinguer. Je sais tout maintenant. Ils ont peur. Ils sont prêts à tout à l'Élysée. Ce sont des salauds. Je compte sur toi. » Quelques semaines plus tard, le soir du 7 avril 1994, parce qu'il tardait à venir alors que le président François Mitterrand l'attendait pour leur entretien quotidien, un huissier de l'Élysée alla chercher François Durand de Grossouvre à son bureau, situé au premier étage. En poussant la porte avec précaution, après avoir frappé, il découvrit, horrifié, une véritable scène de carnage. Le responsable des chasses présidentielles, qui fut durant plusieurs dizaines d'années le seul confident du président François Mitterrand mais aussi le responsable de sa sécurité ainsi que des services secrets, gisait mort, couvert de sang, le crâne fracassé sur son bureau dévasté, sans même un mot d'adieu ou d'explication.

Au sein de ce palais si protégé et particulièrement surveillé, les locaux du premier étage sont sensibles au moindre bruit. La simple chute d'une chaise fait sursauter gardes républicains et secrétaires. Curieusement, ce jour-là, personne n'a rien entendu, pas même un coup de revolver 357 Magnum qui aurait dû résonner en ce lieu comme un coup de tonnerre. La thèse des portes capitonnées ne saurait être retenue de manière sérieuse.

Le président s'apprêtait à dîner dans ses appartements privés quand il fut informé du décès par Pierre Chassigneux, son directeur de cabinet. C'est au médecin militaire du GSIGN, le docteur colonel Claude Kalfon, qu'incomba d'établir les premières constatations, et plus tard, avec la PJ, de contribuer à la rédaction du certificat de décès. A la demande du président. De même, c'est sur l'ordre personnel de François Mitterrand qu'il appela d'urgence l'hôpital du Val-de-Grâce. Les contacts étaient étroits depuis 1981 avec les médecins militaires qui, eux, savent garder un secret. Alors un de plus ! L'idée du président était d'exfiltrer, en douce, le corps de François de Grossouvre de l'Élysée, afin de le transférer à son appartement du quai Branly. La présence d'un nombre non négligeable de témoins et surtout du sang dans le bureau de François de Grossouvre – souillure difficile à faire disparaître – empêchèrent le président d'appliquer son « plan d'urgence ». Il en fut contrarié car il souhaitait éviter un scandale, « sauver la face ». Dès la découverte du corps, des informations filtrèrent à l'extérieur, contraignant la présidence à agir vite pour étouffer tout soupçon, pour mieux taire les causes de cette mort violente. Dans un climat de panique générale, il fut décidé de renoncer à transporter le corps, d'assumer, en agissant cependant rapidement, avec méthode et précision. En catastrophe, des gendarmes de confiance du GSPR furent dépêchés à l'annexe de l'Élysée où se situait le domicile de François de Grossouvre, 11, quai Branly, juste au-dessus de l'appartement de Mazarine, la fille de François Mitterrand, et d'Anne Pingeot. Pour garantir la discrétion requise, leur appartement avait été attribué, à titre officiel, à une sympathique femme occupant le poste de chargé de mission à l'Élysée, Laurence Soudet. Une amie de François Mitterrand, ainsi que du PDG de la BNP, René Thomas, qu'elle épousera d'ailleurs en 1994. La mission des hommes du GSPR était simple et précise : « nettoyer » l'appartement et récupérer ce qui pouvait compromettre le président. Ils accomplirent sans état d'âme leur travail, avant l'arrivée redoutée des enquêteurs de la PJ. La mission « tornade blanche » visait surtout à rechercher et extraire rapidement les dossiers personnels de François de

Grossouvre, en particulier un manuscrit mais aussi des lettres et des documents. Le but était d'éliminer toutes traces écrites, mais également photos, films, cassettes vidéo pouvant devenir embarrassants. Après plus de trente-cinq années passées auprès de François Mitterrand, Grossouvre avait accumulé des notes et des souvenirs sur chacun des événements marquants. Depuis 1959. Il avait fabriqué d'excellents alibis au président, en ami sûr, protecteur de ses romances de cœur et gardien d'autres aventures secrètes nettement moins sentimentales. Sur place, le commando « tornade blanche » trouva N. A. en pleurs. Elle reçut l'ordre péremptoire de partir au plus vite, de disparaître, de se taire à tout jamais. C'est ce qu'elle fit en prenant la fuite, sur l'heure, comme une proscrite.

Dans l'histoire des démocraties occidentales, il est rarissime qu'un coup de feu mortel soit tiré en plein palais présidentiel. Jamais la victime n'en fut le conseiller privé du président pour les « affaires réservées ». Quand la mort s'approcha de lui, François Durand de Grossouvre la sentit venir et rôder sournoisement. Il la savait depuis quelque temps omniprésente, menaçante et muette. Son instinct de chasseur lui avait permis de capter certains signes infimes. L'hallali, c'étaient eux. Il était devenu le gibier, le fidèle à sacrifier, le gêneur à immoler sur l'autel du « cabinet noir » de l'Élysée. Il n'avait aucune chance d'échapper. Son heure était venue. Il y était prêt, avec courage, tel un résistant pris dans un piège implacable. Il ne connaissait ni le lieu ni l'instant de sa mort, à l'inverse des hommes de l'ombre qui avaient le choix des armes et le choix du moment et savaient pourquoi ils devaient agir.

Je me souviens de ce jour gris de janvier 1994 où François de Grossouvre m'avait appelé au téléphone. Il fallait que j'aille le voir, tout de suite. Pas besoin d'explications superflues, la crainte des écoutes de la « cellule » Ménage planait au-dessus de ma tête. C'était urgent. Il avait sa voix grave des mauvais jours. Je m'attendais au pire. J'ai pris mon automatique Sig 228 avec deux chargeurs supplémentaires de vingt-trois coups chacun, au cas où. Rapidement je me suis équipé – blouson de cuir, casque intégral – et j'ai bondi sur ma moto, une Yamaha FZX 750, kitée à 100 chevaux, une véritable « bête ». J'ai foncé, foncé... Une poignée de minutes plus tard, je freinais à l'Alma, en catastrophe. J'étais arrivé devant le domicile de François de Grossouvre. J'avais la clef de la porte de service. Quatre à quatre, je grimpais les escaliers, le Sig à la main. Comme convenu, j'ouvris la porte.

Son appartement vieillot, situé au deuxième étage de l'annexe élyséenne du quai Branly, était garni de trophées de chasse, de couteaux, mais aussi de souvenirs de guerre, de livres magnifiques, d'armes anciennes et de photographies jaunies par le temps, montrant certains de ses amis morts. François de Grossouvre m'attendait, tendu et silencieux. Le regard soucieux, il me tendit sans un mot sa carabine de chasse, de marque Kipplauf-Büchse/Borovnik de Ferlach. Je la connaissais bien. C'était sa carabine préférée, ornée de platines Holland décorées d'élans, de cerfs bramant et de biches. Elle était équipée d'une lunette Zeiss à grossissement fixe 6×42, d'un canon octogonal et d'une jolie crosse de type bavarois. C'était vraiment une très belle arme, à double détente plaquée or, tirant du calibre 300 Winchester Magnum. Elle ne fonctionnait plus, ce jour-là. La culasse s'était mystérieusement bloquée. François de Grossouvre s'en était angoissé.

Parmi bien d'autres choses, dont toutes les valeurs essentielles qui nous font aimer la vie, nous partagions la même passion pour la nature, la vraie chasse, les chiens, les armes, ainsi que la traque au gibier difficile. En revenant d'Irak où j'avais eu la chance de pouvoir me familiariser avec le fusil Dragounov, utilisé par les « snipers soviétiques », j'avais mis au point une arme de tireur d'élite extraordinaire, aujourd'hui encore commercialisée dans le cercle fermé des spécialistes mondiaux de la lutte antiterroriste. Son nom est fusil HB 1, les initiales de Humbert-Barril n° 1. En voyant cette magnifique arme, très évoluée, François de Grossouvre « craqua ». J'ai dû accepter de la lui prêter. Il l'utilisa lors d'une chasse en Tanzanie, pays africain où des amis avaient rouvert, spécialement pour lui et à titre exceptionnel, une chasse privée pourtant fermée depuis trente ans. Il y avait abattu, à plus de 300 m et dans des conditions difficiles, deux buffles. En me racontant cet exploit, à son retour en France, ses yeux brillaient.

Il aimait les armes d'exception. Les performances du HB 1 avaient séduit le fin tireur qu'il était. A son sujet, il m'avait dit : « Ta carabine est merveilleuse, dommage que nous n'ayons pas eu les mêmes, dans le Vercors, pour stopper les Allemands. Pour toi, mon petit Paul, je vais la faire mettre dans le catalogue d'armes d'Eduard Kettner. Je ferai ta fortune avec, on te doit bien ça. »

Quel était donc le motif pour lequel il venait de m'appeler d'urgence en ce jour de janvier 1994 ? Un simple problème de culasse bloquée sur sa carabine préférée ? Oui. Ce n'était que cela. J'en étais soulagé et amusé à la fois. J'aimais beaucoup cet homme d'ordre et de rigueur, pour ses caprices également. Je m'apprêtais à repartir, après avoir débloqué facilement le mécanisme récalcitrant, mais à l'ordre du jour de notre rencontre il n'y avait pas que l'inquiétante insubordination de la culasse de sa carabine Kipplauf. Ses yeux cessèrent de rire et son regard devint soudainement grave et profond. Il me prit par le bras, juste avant de me glisser dans le creux de l'oreille, à cause des micros, les mots suivants, sept petits mots désormais gravés dans mon âme : « Mon petit Paul, ils vont me tuer. »

Je ne pouvais qu'aimer et admirer cet homme, qui avait choisi le maquis durant la dernière guerre mondiale, quand d'autres préféraient pactiser ou flirter avec l'occupant nazi. Puis, durant des années, pour protéger son pays contre les « rouges », il dirigea, en secret, les réseaux « Gladio », le glaive[1]. Toute sa vie, il œuvra pour la France, rien que pour elle, avec un sens inné des responsabilités, en conjuguant discrétion, courtoisie, fidélité à l'esprit national et à l'honneur du devoir accompli. Il s'était déjà forgé une solide réputation de grand professionnel, lorsqu'il devint officiellement, dès mai 1981, l'homme des protections secrètes et des missions spéciales du président François Mitterrand. François de Grossouvre n'avait jamais cessé, depuis, de veiller sur le président, payant de sa personne, souffrant en

1. Réseaux mis en place dès avant la fin de la Seconde Guerre mondiale, à l'initiative des services secrets américains, pour servir de base à d'éventuels réseaux de résistance en cas d'invasion de l'Europe occidentale par les troupes soviétiques.

silence. Il a cru, presque jusqu'à la fin, qu'il était possible de protéger « son François », au moins contre « les autres », ceux qu'il appelait « les salauds », sinon contre lui-même. Homme d'ombre, de dague et d'infinie patience, homme sans illusion aussi mais pas sans espoir, François Durand de Grossouvre savait que la valeur de l'héritier fait celle du testament. Je revois son regard grave quand il m'a dit : « Mon petit Paul, je compte sur toi. Tu es le dernier, tu as toute ma confiance. »

Comme simple soldat, je prends le relais du vieux résistant. Je vais tenter d'honorer sa confiance. J'entreprends de le faire sans haine, sans esprit de revanche, par fidélité et loyauté envers un ami très cher, mais aussi, et surtout, par indéfectible attachement à une éthique nationale qui place, au-dessus de tout, la France et notre drapeau tricolore qu'il aimait, lui aussi, avec passion.

Quand j'ai appris la mort de François de Grossouvre, le choc m'empêcha de réagir. Une sourde colère et un besoin d'action m'envahirent. Un peu plus tard, en apprenant la « vraie-fausse » version officielle de sa mort, c'est plutôt l'envie de sourire qui s'imposa, bien qu'elle fût déplacée. La thèse élyséenne précise que le conseiller du président n'avait pas de garde du corps au moment tragique, ce dernier étant parti, fortuitement, faire une course : « porter un pli urgent », à la demande de l'un des innombrables chargés de mission de la présidence. Or, je connais bien cet homme, un ancien membre du GIGN, aujourd'hui à la retraite. Le travail de ce gradé, sa rigueur et son professionnalisme ne sont pas en cause, au contraire. J'ai fait et refait le plan des lieux. Je les connais parfaitement, pour les avoir arpentés durant des années. Puis j'ai consulté mes archives, j'ai activé mes sources, j'ai contacté les anciens, les fidèles du GSPR. J'ai réfléchi aux différents scénarios possibles, aux montages vicieux, pour tenter d'expliquer les circonstances d'une telle mort. Je pense qu'il ne peut s'agir que d'une mission extrême, exécutée en catastrophe par des professionnels de toute confiance et très motivés.

Cette action, comme de nombreuses autres accomplies à l'ombre du palais de l'Élysée, fut occultée par la presse, toujours complaisante. Les gendarmes du GSPR, qui assurèrent pendant quatorze ans la sécurité des dirigeants socialistes, de leurs amis, de leurs petites amies, et de leurs complices, restent les seuls témoins – muets – de secrets encore inavouables, de tant d'exagérations coûteuses, financées avec l'argent des contribuables. Les exemples abondent. Hélas.

Six gardes du corps furent, par exemple, affectés, 24 heures sur 24, durant des années, pour suivre, protéger et dissimuler les déplacements de Mazarine. Cette protection étant permanente, même lors des vacances discrètes et studieuses en Égypte, à Venise, en Afrique, la plupart du temps en vol privé avec le confortable Falcon 50 du GLAM. Cette protection de Mazarine par le GSPR était nécessaire, car nous avions aussi pour mission première d'anticiper toute menace d'enlèvement, de chantage ou d'attentat possible sur la fille du président. Il fallait éviter qu'elle ne devienne un moyen de pression sur la République. En protégeant Mazarine, la fonction présidentielle était protégée et préservée. Pour ce qui est de l'existence de l'enfant cachée, ce secret privé du président devint un secret d'État. Il n'y a rien de plus à en dire. Reste une question : la « raison d'État » justifiait-elle les non-dits du chef de l'État ?

Les hommes du GSPR avaient d'autres protections à assumer, plus discutables, comme le montage d'un dispositif, très élaboré et très discret, pour dépister les journalistes, davantage craints que les terroristes ! Ou pendant des années, chaque jeudi, la protection du président lorsqu'il était en tête à tête de travail avec Édith Cresson, au troisième étage d'un immeuble cossu situé à proximité de l'avenue Montaigne. Sans oublier l'escorte du très fidèle Roland Dumas lors de ses récréations. Ou encore la protection du terroriste retraité de la cordillère des Andes, protégé de Danielle Mitterrand, Régis Debray. Et enfin l'ancien ministre Christian Nucci, le célèbre docteur Garretta, Bernard Tapie, le professeur Léon Schwartzenberg, Roger Hanin, les frères Attali, Gilles Ménage et tant d'autres, qui furent eux aussi protégés durant des années par les gardes du corps du président Mitterrand.

De là à tuer un homme, à l'Élysée, à maquiller son meurtre en suicide ? Qui aurait pu donner un tel ordre ? Qui aurait pu l'exécuter ? Et pourquoi ? Pour connaître ce milieu, je sais que la « raison d'État », ou les « secrets du chef de l'État » auraient pu convaincre des exécutants de bonne foi, persuadés d'agir « pour la sauvegarde de la République ». François de Grossouvre était peut-être devenu un traître au service d'un État étranger, après tout. Il existe tant d'arguments pour obtenir le résultat que l'on souhaite. Seuls, toutefois, des intimes, des membres du premier cercle, des personnes dépendant totalement du chef et se sachant couvertes, auraient pu exécuter, ou faire exécuter, cette « cover action », cette opération « homo ».

A l'Élysée, la mort de François de Grossouvre suscita une panique générale, un tremblement de terre, un séisme maximum sur l'échelle de Richter. Dans les heures qui suivirent, j'ai tout de suite perçu que « l'avocat du diable » avait saisi, une fois de plus, son bâton de pèlerin, pour aller distiller le venin du mensonge dans les veines des officines de presse, là où les spécialistes de la désinformation attendaient servilement. Le système fonctionnait au mieux depuis le premier septennat. Il courait, d'une rédaction à l'autre, susurrant à qui voulait l'entendre que « François le suicidé » n'avait plus la confiance de « François le chef », qu'il n'était plus rien depuis longtemps à l'Élysée, qu'il était « malade, sénile, débile et tremblant ». Pour faire bonne mesure, il était même « corrompu et traître ». Et pourquoi pas un extraterrestre communiste ? Ces mensonges éhontés furent bien sûr publiés. De ce fatras mensonger, les seuls éléments de vérité portaient sur le fait que François de Grossouvre avait effectivement conservé son bureau à l'Élysée, ainsi que son logement de fonction quai Branly. Mais à trop vouloir prouver, on commet des erreurs. François de Grossouvre était en parfaite santé. Ses 76 ans lucides lui permettaient de jouir de toutes ses facultés intellectuelles, ce qu'avait constaté son médecin personnel, le docteur Claude Loisy, en l'examinant dix jours avant son décès. Qu'importe. Il en aurait fallu plus pour stopper le déferlement de l'armée de larbins de la plume, aux ordres du pouvoir. Des gens rapides et bon marché. Bien moins chers, en tout cas, que ceux qui grattèrent du papier à trame rose durant le premier septennat socialiste. Dès 1988, une fois le président Mitterrand réélu, il n'était plus nécessaire d'offrir à ces faux journalistes une bonne table aux frais du contribuable, ni même un petit voyage à l'étranger avec une douce amie financé sur les fonds spéciaux. Il était loin le temps où on leur faisait comprendre, par de lourdes confidences, qu'ils pouvaient continuer de prendre leur ration quotidienne de cocaïne, sans rien avoir à craindre. De fait, cette consigne a été respectée scrupuleusement durant quatorze ans. Les plumitifs de cour et de basse-cour, dans les jours qui suivirent la mort de François de Grossouvre, se ruèrent à la curée pour couvrir le chef en danger. Il en est paru des éditoriaux nauséabonds, des papiers honteux ! Chacun s'appliqua à cracher sur le cadavre ensanglanté d'un homme qu'ils n'avaient jamais vu, dont ils ne savaient évidemment rien, mais sur qui, de son vivant, ils n'écrivaient que flatteries et chatteries, la moindre de leurs virgules étant alors soigneusement pesée !

« Toutes les explications du monde ne justifieront jamais qu'on ait pu livrer aux chiens l'honneur d'un homme, et finalement sa vie... » Ainsi parla le tribun Mitterrand pour faire l'éloge funèbre, et ô combien médiatique, de Pierre Bérégovoy, le compagnon fidèle. Là encore, dans l'heure même de cette mort – elle aussi restée suspecte –, qui avait donc pu trahir l'honneur d'un si vieil ami du président ? Encore un silence garanti.

Lorsque j'ai vu ces calomnies, ces ragots colportés sur François de Grossouvre, et surtout leur origine, j'ai pensé : « Tout est clair. C'est bien un meurtre. Ils ont trop peur. Ils l'ont signé. » Certes, je ne peux affirmer formellement qu'ils ont « tué » François Durand de Grossouvre, seul créateur de la « cellule » antiterroriste de l'Élysée et qui en a combattu les dérives, avec moi, dès 1984. Par éthique, par honnêteté, il avait décidé de résister, d'agir avec moi et de parler pour dénoncer les dérapages résultant d'une manipulation politique.

Ce crime sera puni un jour. Ceux qui me calomnient, comme ceux qui me haïssent – il faut bien reconnaître que cela commence à faire beaucoup de monde – savent que je suis sans peur, même si je ne suis pas sans reproches. J'ai pris souvent des risques insensés, j'en ai fait prendre à ceux qui étaient mes compagnons, pour servir la France, pour sauver des otages, ou pour exécuter une mission officielle secrète. Une fois de plus, je suis volontaire pour une mission : trouver ceux qui ont exécuté François de Grossouvre, et surtout « la raison ».

Le savoir-faire accumulé durant plus de vingt ans par le GIGN, son efficacité empreinte de technicité et d'expérience expliquent une partie de son panache. Son originalité, c'est d'abord son audace, mais aussi sa patience, son imagination et sa retenue, recherchant toujours, même dans les situations les plus critiques où règne une violence extrême, des solutions combinant intelligence, mesure et sauvegarde des vies humaines. Le style du GIGN français est désormais étudié et copié dans de nombreux pays étrangers où il se propage et fait école. L'image de la France s'en trouve grandie et son influence extérieure accrue.

La très médiatique « cellule » antiterroriste de l'Élysée vit le jour pour faire face aux lourdes menaces qui pesaient sur la France à l'été 1982. L'idée était de prolonger l'expérience acquise par le GIGN. C'était surtout la volonté commune, animant Charles Hernu, François de Grossouvre, Christian Prouteau et moi-même. Il y eut bien d'autres personnes concernées. Je ne puis toutes les citer ici. Ensemble, nous espérions transférer, dans l'antiterrorisme, la tradition française de contre-violence, portée au plus haut niveau par le GIGN. Gendarmes et policiers d'élite, soigneusement sélectionnés dans les unités les plus performantes et au sein des meilleurs services, nous nous sommes rassemblés, par-delà nos différences, afin de constituer le « bouclier de la France ». Pour également forger le « bouclier de la présidence ».

Quatorze ans plus tard, cet ambitieux et novateur projet s'était abîmé dans le mensonge, le sang, et le scandale avec la mort de François Durand de Grossouvre. C'est un échec effroyable, d'une gravité sous-estimée mais lourde de conséquences, même pour le président Jacques Chirac. L'affaire dite des écoutes téléphoniques ne reflète qu'une infime partie d'un scandale d'État digne d'une République bananière. Voici pourquoi l'Élysée et son armée de journalistes aux ordres tentèrent désespérément d'en cacher la réalité et que cette manœuvre se prolonge même après la mort du président Mitterrand. Afin de créer une diversion facile, je suis traité en bouc émissaire. La manœuvre a parfaitement fonctionné pendant deux septennats : Barril par-ci, Barril par-là... Barril et les Irlandais, Barril et le FLNC, Barril au Gabon, Barril au Congo, Barril en Irak, Barril et les écoutes de l'Élysée, Barril mercenaire au Qatar... Avec ce livre, je vais encore en voir de toutes les couleurs ! Qu'importe ! Mon action est animée par un seul et unique but : la protection du citoyen face à une vraie mafia. La « cellule » antiterroriste de l'Élysée a été détournée de sa vocation d'origine. Elle est devenue, sur ordre du président Mitterrand et avec les moyens opérationnels et financiers de l'État, une officine politique pratiquant l'espionnage, la manipulation et le chantage, au service d'intérêts privés. Cette mutation n'a pu s'effectuer qu'avec la complicité de ceux qui en retirèrent un intérêt direct, aux différents échelons du pouvoir socialiste. Ils furent nombreux à s'en servir et à se servir impunément. Ces responsables félons ont commis la pire des forfaitures, dont seuls, jusqu'ici, quelques aspects anecdotiques ont été partiellement révélés au public.

Homme d'action, je connais les vertus du silence. Simple citoyen, je respecte le devoir de parole et l'esprit de vérité. Je me dois de confesser, sans fausse honte, une autre motivation, plus personnelle et intime, que je partage d'ailleurs avec quelques autres. En effet, à l'instar des vieux grognards du BCRA[1], résistants de la première heure, des anciens nageurs de combat de la base d'Aspretto, du 1er régiment étranger de parachutistes, des RIMA[2], ou encore des chuteurs opérationnels du service action de la DGSE, gendarmes, fonctionnaires, et même mercenaires pour certains d'entre eux, nous étions tous les amis et les fidèles compagnons de François de Grossouvre. A nos yeux, il fut le bouclier vivant de la France et du président Mitterrand, l'âme de la « cellule » dont il était l'inspirateur.

Heureusement, dès la fin 1983, j'avais, avec fracas, volontaire-

---

1. BCRA : Bureau central de renseignement et d'action, premiers services secrets de la France libre, créés à Londres par le général Charles de Gaulle.

2. RIMA : Régiment d'infanterie de marine. Troupes de choc.

ment quitté la « cellule » antiterroriste de l'Élysée qui commençait à dériver dangereusement vers des actions barbouzardes à caractère politique.

J'ai hérité de quelques-uns des secrets de François de Grossouvre et aussi des lambeaux de ses réseaux et de nombreux contacts internationaux. Je vais me montrer digne de ses dernières volontés. Ils ont voulu l'oubli, le silence définitif, après la besogne des fossoyeurs, des nettoyeurs de l'histoire. Je ne me tairai pas.

Ainsi, et parmi d'autres victimes, les deux meilleurs amis du président François Mitterrand, ses deux conseillers intimes qui savaient tant de choses, sont morts et enterrés. Les dossiers sont classés. Le premier à tomber fut Roger-Patrice Pelat, le colonel « Patrice » dans la Résistance, « le vice-président de l'Élysée », l'homme de l'argent, du château, des Rolls et de la grande chasse. D'après Jacques Attali, Gilles Ménage adressait note sur note au président Mitterrand, lui présentant « le vice-président » comme le coupable désigné dans les délits d'initiés qui accompagnèrent le rachat par Pechiney d'une société américaine. Dans sa note du jeudi 12 janvier 1989, l'inquiétude de Ménage est patente : « Roger-Patrice Pelat est de plus en plus nettement considéré comme l'initiateur. » L'étau de la justice se faisait-il plus serré ? « François Mitterrand, lui, reste de glace », poursuit Jacques Attali qui ajoute qu'en date du vendredi 20 janvier, le président est, cette fois, informé par Pierre Joxe que le scandale s'accroît inexorablement. Le « délit d'initié » semble patent. Il aurait rapporté à Roger-Patrice Pelat la bagatelle de 11,3 millions de francs. « Personne n'ose plus appeler personne, de peur d'être sur écoutes... Mais par qui ? » s'interroge naïvement Jacques Attali, dans *Verbatim III*[1]. Bonne question !

Officiellement décédé le 7 mars 1989, Roger-Patrice Pelat a été victime d'une crise cardiaque survenant, fort opportunément, en pleine tourmente politique et médiatique de l'affaire Pechiney. Le président Mitterrand qui s'inquiétait qu'un juge d'instruction enquête sur les finances de son ami est soulagé. L'instruction ne

1. Jacques Attali, *Verbatim III*, Fayard, 1995.

sera pas poursuivie. L'argent ne disparaît pas pour autant, il change simplement de propriétaire ! Qui donc est l'heureux détenteur, aujourd'hui, de ce superbe pactole ? Qui connaissait les petits et grands secrets du « vice-président » ? Ses proches ? Ses partenaires ? Et que sont devenues les nombreuses et encombrantes archives du défunt Pelat ? Elles ont mystérieusement « disparu ». Plusieurs décennies de renseignements envolés ! Par qui sont-elles détenues, sinon par les personnes qui pouvaient y avoir accès dès que la nouvelle du décès de Roger-Patrice Pelat fut connue ? Voilà qui devrait limiter les investigations. Si des hommes envoyés d'urgence par l'Élysée et ayant une carrure de déménageurs se sont présentés à son domicile, ce ne pouvait être que pour « présenter leurs condoléances à la famille ». Comment s'étonner, dès lors, que le juge Thierry Jean-Pierre n'ait trouvé que des tiroirs vides ? Il était dans une impasse juridique alors qu'il s'était pourtant dirigé dans la bonne voie, montant de plus en plus haut, frappant de plus en plus fort.

A qui profite le silence résultant de la disparition de Roger-Patrice Pelat ? Cet homme et ses documents pouvaient retracer en détail bien des affaires qui assurèrent sa fulgurante réussite à l'ombre de l'Élysée et dans les pas du président Mitterrand.

Un autre décès, discret, est passé totalement inaperçu dans les médias : celui d'Harris Puisais. Encore un fidèle du pouvoir, ayant porte ouverte à l'Élysée malgré un trouble passé qui inquiétait tellement la DST. François de Grossouvre le haïssait et l'appelait « la taupe rouge ».

Il était en parfaite santé. Quelque temps avant sa mort, dans le célèbre restaurant parisien *Chez Edgard*, il participait avec entrain, le 13 novembre 1988, au repas offert à l'occasion du quarantième anniversaire de mariage de Pierre Bérégovoy. Tous les acteurs de la sulfureuse affaire Pechiney étaient présents autour de Bérégovoy et son épouse. Les juges ne peuvent interroger les morts et cela arrange l'Élysée.

La rubrique nécrologique se poursuivit avec la mort de Pierre Bérégovoy, ancien Premier ministre. Il a été retrouvé « suicidé » avec le 357 Magnum de son garde du corps. Dans de bien curieuses circonstances : une balle en l'air, à titre d'entraînement, et une dans la tête ! Telle est, du moins, la version officielle. Pas la mienne ! Certains faits sont, là encore, extrêmement troublants. Il n'y a pas eu, en France, la volonté politique de créer une commission d'enquête sur les services de sécurité, comme cela fut fait en Israël sitôt après l'assassinat du Premier ministre Rabin.

Parmi les morts suspectes, il me faut citer aussi celle du capitaine Guézou. Le travail technique de ce dernier, collaborateur direct de Gilles Ménage à l'Élysée, consistait à l'informatisation méthodique des milliers d'interceptions de conversations téléphoniques privées, dites « de sécurité », réalisées pour la « cellule » élyséenne, ou plutôt pour ses successifs avatars.

Mis en examen et convoqué au palais de justice en 1994, il avait décidé de ne rien cacher au juge Valat. Tout dire était devenu pour lui un devoir moral. Le capitaine Guézou, l'intègre officier de gendarmerie à la retraite, fut retrouvé pendu dans son jardin quelques mois plus tard, le 12 décembre 1994. Il n'avait pas encore pu parler ni être confronté à ses chefs de l'Élysée, dont Gilles Ménage. Encore une coïncidence sans doute.

L'homme qui fut au cœur de toutes les affaires et embrouilles d'État est le préfet Gilles Ménage. Promu directeur de cabinet de François Mitterrand en 1988, il fut chargé de traiter les dossiers délicats du président. A la fin de 1995, le tir a enfin commencé à se concentrer sur sa personne. La justice lui demande des comptes : qui a commandité et exploité les missions d'espionnage, de déstabilisation et de contrôle d'un nombre impressionnant de citoyens français, journalistes, avocats, écrivains, intellectuels, magistrats, hommes politiques… et même simples femmes de ménage ? Toutes ces personnes étaient jugées « dangereuses » par le « cabinet noir » du président Mitterrand. Mis en examen par le juge Valat dans « l'affaire des écoutes », le 6 décembre 1994, Gilles Ménage a dû encore s'expliquer – péniblement – sur ses étranges relations avec Gérard Colé, devant le juge Gérard Poirotte. Il était entendu comme témoin, fin 1995, dans la scandaleuse affaire financière du Loto : l'ancien PDG est en effet suspecté par la justice d'avoir reçu un pot-de-vin de 10 millions de francs de TF1.

Gérard Colé fut longtemps le « conseiller en communication » du président Mitterrand. Ce « chouchou du président » est également poursuivi pour d'importants détournements de fonds. Il lance, depuis, de graves accusations contre des socialistes et non des moindres. Il n'hésite pas à dénoncer les « déjeuners des marquis » qui se déroulaient, aux frais de l'État, chaque mercredi à l'Élysée, sous les ors des appartements du puissant Michel Charasse. A l'issue des conseils des ministres, ces célèbres conseillers s'attribuaient les postes et les prébendes, distribuaient les célèbres primes de cabinet et des salaires pour des postes fictifs. De nombreux salaires fictifs furent versés à des conseillers occultes, ou à de « petites amies », comme à quelques dévouées anciennes secrétaires, par de grandes compagnies du secteur public : EDF, RATP, Elf, Gaz de France..., mais aussi Air France, dont les dirigeants promus par le pouvoir socialiste étaient particulièrement obéissants et aux ordres.

A titre d'anecdote, il faut savoir que le bon docteur Gubler, que François de Grossouvre appelait en code le « Grizzli » ou « le Faussaire », souffrait de ne pas avoir une fonction officielle à l'Élysée, une fonction reconnue administrativement comme celle du colonel Kalfon, médecin du GSIGN[1]. Il ne percevait qu'une petite enveloppe mensuelle pour ses « faux frais »... ou l'aspirine du président.

Louis Schweitzer, actuel PDG de Renault et ancien directeur de cabinet de Laurent Fabius a, lui aussi, été mis en examen début novembre 1995, pour « complicité d'atteinte à l'intimité de la vie privée », par le juge Valat. Il aura à répondre de son rôle aux côtés de Gilles Ménage.

1. GSIGN : Groupement spécial d'intervention de la gendarmerie nationale. Composé essentiellement de gendarmes parachutistes chevronnés placés sous l'autorité du colonel Janvier. Le GSIGN regroupe les unités du GSPR, celles du GIGN et de l'EPIGN, et l'unité d'instruction.

En dix ans, le Gilles Ménage timide et balbutiant, incapable de donner un ordre clair, que nous avions vu arriver à l'Élysée, a pris de l'aisance. C'est un monsieur, un homme de cabinet. Comme son ami Gérard Colé, il préfère les « coups de couloir », les intrigues de palais et les barouds de cocktails. C'est un intrigant intelligent et patient. Personnellement, je ne l'ai jamais vu ni même entendu donner des ordres. Ou alors jamais directs, toujours formulés de manière ambiguë. Mais, en revanche, avec cette sûreté propre à celui qui se sait protégé par le président et qui en use. Gilles Ménage fut l'éminence noire[1], l'homme des basses œuvres et des secrets d'alcôve. Une sorte de « Machiavel de sous-préfecture ». Il a « flingué » mon travail, avant de faire de même pour François de Grossouvre et pour combien d'autres ? C'est un « fossoyeur ». Partout où il est passé, il a semé les germes de la déstructuration : dans l'appareil de sécurité intérieure et extérieure de la France, DGSE comprise. Il n'avait pas hésité à demander en secret à Régis Debray d'étudier la restructuration de la DGSE ! Aujourd'hui, Gilles Ménage a conservé ses « taupes » dans les services, des gens qu'il a façonnés à son image.

---

1. Gilles Ménage a géré l'utilisation des fonds secrets de l'Élysée. Il tenait des dossiers sur tout le monde, travail pour lequel il fut récompensé, à la fin du second septennat de François Mitterrand, par sa nomination au poste juteux de président d'EDF. Il était donné comme « partant » dès la défaite de la gauche à l'élection présidentielle de 1995. Alors que son éviction commençait à être annoncée dans la presse et que certains journalistes s'interrogeaient sur son rôle, il est habilement parvenu à obtenir une audience du nouveau président de la République, Jacques Chirac. En décembre 1995, devant être bientôt débarqué de son poste, il préférera démissionner. Il continuait de faire trembler le tout-Paris politique et financier, du haut des dossiers tranquillement accumulés auprès du président François Mitterrand.

Le 1er février 1996, Gilles Ménage dépose une plainte avec constitution de partie civile pour « recel de violation du secret professionnel et de l'instruction, vol et recel » à l'encontre de deux journalistes, Jean-Marie Pontaut et Jérôme Dupuis, auteurs du livre *Les Oreilles du président* (Fayard, 1996), relatant les réalités des écoutes téléphoniques élyséennes, sur la seule période de 1983 à 1986. Le 5 février 1996, un communiqué émanant du ministère de l'Industrie révèle que Gilles Ménage se voit confier la « mission d'examiner le développement des relations industrielles, énergétiques et économiques de la France, avec les pays de la péninsule arabique et le Qatar, en particulier... ». Une fois encore, Gilles Ménage a su rebondir.

Gilles Ménage est enfin en « première ligne » après l'ouverture d'une information judiciaire à son encontre, pour « atteinte à la vie privée ».

Avant 1981, Gilles Ménage n'était rien ou presque, un sous-préfet provincial joufflu. Il était déjà fasciné par les dossiers de basse police.

C'est le préfet Maurice Grimaud, un ancien du cabinet de François Mitterrand lorsque celui-ci était ministre de l'Intérieur sous la IVe République, devenu en 1981 directeur du cabinet de Gaston Defferre, qui le recommanda à André Rousselet[1], lequel dirigeait alors le cabinet du président François Mitterrand. Prudent, le chef de l'État choisit de « tester » le nouveau venu. Il n'en fait d'abord qu'un modeste conseiller technique plus particulièrement chargé des problèmes d'intendance. On lui adjoignit bientôt, et fort curieusement, le suivi de la télévision pour contrôle. Quel genre de contrôle ?

Quand j'ai été chargé de reprendre de zéro, en 1982, le dossier de la sécurité présidentielle, j'ai commencé à croiser Gilles Ménage. Notamment quand il m'a fallu, dans le cadre de mon travail, faire une petite enquête d'environnement sur chacune des personnes œuvrant à l'Élysée. Plus tard, lorsque je n'étais plus au palais, j'ai enquêté pour François de Grossouvre. Un jour, il me demanda d'en savoir un peu plus sur deux personnes qui l'intriguaient car très introduites au palais présidentiel. D'une part, l'infirmière de François Mitterrand. D'autre part, Gubler lui-même, devenu médecin particulier du président de la République alors qu'il était un simple médecin de quartier, mais suivi fidèlement par Danielle Mitterrand depuis des années. Ce qui tracassait François de Grossouvre, c'était la passion photographique du docteur Gubler. Un appareil en permanence entre les mains, il a réalisé plus de huit mille clichés en deux septennats !

1. André Rousselet, fondateur et ancien PDG de Canal Plus, possède une superbe villa, à côté de Saint-Tropez, pas très éloignée de celle du professeur Crozemarie, de l'ARC. Le président François Mitterrand aimait s'y reposer, entouré de ses proches. On accède à cette résidence de rêve par un favoritisme évident, grâce à un héliport privé. Les écologistes ont déposé, en vain, plusieurs recours en annulation.

J'en comprendrai le but plus tard. Trop tard. Il avait aussi la curieuse manie de vider les corbeilles à papiers. Pourquoi ? Je n'ose penser au pire, s'agissant du bureau présidentiel et des appartements privés du chef de l'État. L'Élysée aura accueilli de bien étranges personnages.

Mon travail d'analyse concerna également Gilles Ménage. A cette époque, rien de saillant n'existait. A part sa passion immodérée pour les peintres, essentiellement américains, chers et toujours négociés discrètement – parfois directement à la célèbre galerie Lambert, où de nombreuses personnalités de l'Élysée défilaient en permanence, dont Prouteau –, je n'avais rien relevé. Ménage est un charmeur. Il aime plaire. Surtout aux femmes.

Son goût pour la vie fastueuse mais toujours discrète tranche curieusement sur l'autre Gilles Ménage, timide et terne, celui qui travaillait à l'Élysée, dans une ambiance feutrée. Là, il était un homme plutôt gris, mais déjà remarquablement informé. Prudent, Gilles Ménage se montrait effacé, très obligeant, toujours présent et disponible, mais dévorant des dossiers à longueur de journée. Cet homme-là toquait à la porte avant d'entrer dans une pièce, puis toussait discrètement pour marquer sa présence, autant que pour s'éclaircir la voix avant de parler.

Quel changement avec le Gilles Ménage de 1996 ! Le jour et la nuit. Il a bien joué son rôle à « double face ».

Plus tard, j'apprendrai avec stupeur, et à mes dépens, ses relations étroites avec Robert Pandraud, le compère de Charles Pasqua au ministère de l'Intérieur pendant le gouvernement Chirac de 1986. J'ai pensé à une infiltration, à haut niveau, du RPR par l'Élysée jusqu'à ce qu'un ami mette à ma disposition un annuaire maçonnique où le nom de Gilles Ménage côtoie ceux de nombreux hauts fonctionnaires de police, d'officiers de gendarmerie et, surprise, de deux responsables de la « cellule » élyséenne.

La surprenante métamorphose de Gilles Ménage, merveille de la promotion socialiste, a fait du « petit rouage » de 1981 une pièce maîtresse. Très vite, c'est à lui qu'il fut demandé d'établir les listes de préfets réputés sûrs. Nommé, le 29 juillet 1982, directeur-adjoint du cabinet du président de la République, Gilles Ménage devient, dès 1983, le chef effectif de la « cellule ». Il est l'interface obligatoire entre les hommes de terrain et ceux de la « cellule » antiterroriste de l'Élysée. C'est lui qui réceptionne tous les rapports, l'ensemble des comptes rendus d'écoutes importantes. Il a aussi pris en charge le suivi des nominations dans la police. Ainsi, il chapeauta discrètement puis beaucoup plus fermement le travail fourni par les RG, la PJ, le GIC, la DST, la DGSE, et même des gendarmes. A partir de ce moment, bien que son nom n'apparaisse pratiquement jamais, il était devenu l'homme le mieux informé de France et l'un des plus puissants, encore aujourd'hui, en 1996.

Deux obstacles imprévus se dressèrent alors. Le premier, ce fut moi. Il jugea le capitaine Barril « dangereux et incontrôlable, pas docile du tout, à écarter au plus vite ». La raison était que jamais je n'avais accepté de lui obéir ni de me soumettre. Il n'était pas rare que je me moque de lui. Le second obstacle était constitué par François de Grossouvre, « le seul homme devant lequel François Mitterrand pense à haute voix », selon la belle expression de Charles Villeneuve, journaliste à TF1.

A partir de 1984, Grossouvre et moi étions devenus amis et complices. Nous partagions progressivement les mêmes informations secrètes. Nos soucis furent mis en commun, ainsi que nos réseaux. Aux yeux de Gilles Ménage, nous constituions, dès lors, une même cible humaine, une cible à neutraliser au plus vite.

Telle est la trame de la tragique histoire de la « cellule » élyséenne.

Chapitre 6

Le directeur de cabinet face au national

« A un ennemi cerné il faut laisser une issue. »

Sun-tzu

François de Grossouvre agissait, face à Gilles Ménage, comme un serpent insaisissable, de ces serpents d'Afrique noire, splendides, dont parlent avec respect certains pisteurs du bas Zaïre, pays où ces animaux savent ressembler à des branches mortes. Ils sont capables de se laisser marcher dessus sans bouger, ayant l'incroyable faculté de rester rigoureusement immobiles. Et puis, dans l'instant suivant, ils se mettent à siffler et à mordre en profondeur, tuant dans un éclair d'anneaux avant de disparaître pour frapper à nouveau. Quand Gilles Ménage a su, en 1983, que le président allait bientôt lui confier les « dossiers particuliers » et ceux des « affaires de sécurité », il a immédiatement compris, de la bouche même de François Mitterrand, que François de Grossouvre avait émis des réserves sur ce choix. Il n'était pas le seul. Le Premier ministre Pierre Mauroy avait lui aussi – démarche sans précédent – suggéré au président d'écarter ce collaborateur qu'il jugeait dangereux. La voie royale de l'ambition de Ménage étant menacée par François de Grossouvre, chacun détesta l'autre et l'ignora dédaigneusement. Une rancœur tenace s'instaura.

Longtemps, le combat entre les deux hommes fut seulement ponctué de reptations discrètes. Les murs de l'Élysée ressemblaient à ceux du Vatican, cachant la guerre secrète entre les deux cardinaux noirs du président. Leur lutte dura onze ans et se termina par la mort de François de Grossouvre au cœur même du palais de l'Élysée, avec l'accord tacite d'un président déjà très malade et se sachant doublement condamné. Politiquement, car le socialisme avait échoué, et par la médecine, son cancer étant mortel en dépit de l'appel tardif au docteur Tarot. Pour soulager la fin de sa vie, le président avait choisi Marie de Hennezel et sa médecine douce. Son « approche tactile affective », l'haptonomie exposée dans son livre *La Mort intime*[1], avec une préface de François Mitterrand, lui procura des ventes records. L'au-delà captivait le président, notamment les préceptes de la secte IVI, ouvrant l'âme à la lumière céleste. Georgina Dufoix, pour sa part, y croit dur comme fer.

Dès le début de ses nouvelles fonctions à l'Élysée, Gilles Ménage s'est fait présenter des dossiers de la DST, du SDECE et des RG, dont le dénominateur commun était François Durand de Grossouvre, né le 23 septembre 1918 à Vienne. Les fiches étant contradictoires, le profil de l'intéressé lui sembla « insaisissable ». Fils du banquier catholique Maurice Durand de Grossouvre, authentique héros de la Grande Guerre, mort des conséquences d'un atroce bombardement au gaz moutarde, le jeune François fut donc orphelin de père dès l'âge de 5 ans, en 1923. Il fut élevé dans la tradition. Banquier de grandes familles chrétiennes du Liban nord et de Beyrouth, Maurice Durand de Grossouvre laissa à ses héritiers une fortune confortable, assortie d'un important capital de relations et de sympathies se situant dans la mouvance francophile de Beyrouth. Plus précisément, dans l'entourage immédiat de Pierre Gemayel, « cheikh Pierre », le fondateur des Phalanges chrétiennes libanaises, leader historique dont les deux fils se succéderont à la tête de l'État libanais : Béchir et Amine. Le premier des fils Gemayel, Béchir, le « Kennedy » des chrétiens du Liban, sera assassiné par les Syriens dès sa prise de pouvoir, avec la bénédiction d'Israël. C'était un patriote charismatique. Il s'était rebellé trop tôt contre ses deux « pays parrains ». Le second des fils Gemayel, Amine, brillant et intelligent, héritera d'une situation extrême. Il succombera à l'influence américaine.

1. Marie de Hennezel, *La Mort intime*, Robert Laffont, 1995.

Je serai à ses côtés, à Beyrouth, au moment de la mort de son père « cheikh Pierre ».

Élevé chez les jésuites, en France, le jeune François de Grossouvre commence des études de médecine quand survient la Seconde Guerre mondiale. Affecté à un régiment de tirailleurs marocains comme médecin auxiliaire, il rejoint une équipe d'éclaireurs skieurs du Vercors. C'est là qu'il rencontre le capitaine Bousquet qui, sous le pseudo de « Chabert », créera un peu plus tard l'un des premiers réseaux de l'ORA[1]. Ensuite, François de Grossouvre revient à Lyon où il devient médecin du 11e cuirassiers, placé sous les ordres du colonel Lormeau qui résistera très tôt, lui aussi, à l'occupant nazi.

Deux rapports différents, rédigés par deux services français plus de quinze ans après les faits, puisqu'ils datent des années 60, donnent des versions diamétralement opposées. Les choix clairs qui furent ceux du patriote François de Grossouvre sont présentés de façon mensongère. Plus de vingt-trois ans après la rédaction de ces premières fiches, soit avec un décalage de presque un demi-siècle par rapport aux événements vécus par François de Grossouvre, de nouvelles fiches parvinrent à l'Élysée à la demande de Gilles Ménage.

Selon la première note, ni datée ni même signée car relevant des « blancs » ultra-confidentiels, François de Grossouvre est présenté d'esprit Action française, admirant le maréchal Pétain, ayant rejoint le Service d'ordre légionnaire (SOL) animé par le cagoulard Joseph Darnand, un ancien combattant de la Grande Guerre créateur, à Nice, d'une association secrète nommée les « compagnons du Glaive », bientôt transformée pour en faire ce qui deviendra la Milice. Toujours selon ce document, François de Grossouvre aurait quitté le SOL « à la suite d'une querelle ». C'est alors seulement – donc sur le tard – qu'au cours de l'été 1944, il aurait décidé de rejoindre ceux qui apparaissaient déjà comme les futurs vainqueurs des combats pour une France libre, c'est-à-dire les maquisards FFI de la Chartreuse. D'après cette source,

1. L'Organisation de la Résistance armée fut l'un des premiers réseaux français de la Résistance intérieure, essentiellement composé d'officiers de l'armée française qui refusaient la défaite.

parfaitement incontrôlable en 1983, François de Grossouvre aurait connu quelques difficultés, dans les années 50, pour obtenir une homologation FFI. Il ne la devrait qu'à l'amitié de Roland Dumas et à celle du résistant Gilbert Beaujolin, fondateur de l'*Amitié chrétienne*. La fiche précise qu'on lui a reconnu, en 1953, des « services rendus à la Résistance, mais ceci seulement sur la fin, en 1944 ». La même fiche ajoute que François de Grossouvre a ensuite fait « un mariage de raison » avec Claude Berger, des sucres Berger, une militante de l'Action catholique. Rapidement, il est censé avoir évincé de l'affaire familiale beau-père et beaux-frères, devenant à cette occasion le fondé de pouvoir, puis le PDG des Sucres Berger, ceci en 1960, tout en créant, avec l'appui de Gilbert Beaujolin, les sociétés Le Bon Sucre, puis Les Sucres industriels de Lyon, et, enfin, Le Sucre tunisien. « Personnage faux et affairiste, poursuit cette note du SDECE, sa belle-famille a mis en garde le service. »

Cette remarque fit, bien sûr, sourire Gilles Ménage, car l'information était intéressante. La seconde note, dépourvue également de date et sans auteur désigné, aura effacé ce sourire rare sur le visage de Gilles Ménage. Sa teneur est bien différente.

Lié, dès 1942, aux renseignements militaires des premiers réseaux de la Résistance armée, François Durand de Grossouvre rejoint le Service d'ordre légionnaire sur ordre, afin de l'infiltrer pour y espionner deux agents dont les noms de code étaient « Clobert » et « Baconnier ». Son statut de résistant FFI et son grade de lieutenant qu'il gagna au combat lui furent accordés pour « services rendus à la Résistance en 1943 et 1944 ». Et non en 1944, comme il est faussement indiqué par le premier document. En 1959, après enquête des autorités compétentes, il sera même décoré comme « combattant volontaire de la Résistance » et sera fait chevalier de la Légion d'honneur.

Comme on le voit, les différences ne sont pas minces d'une fiche à l'autre. En ce qui concerne le mariage de François de Grossouvre avec Claude Berger, il s'agit d'amour. Six enfants naîtront. Enfin, François de Grossouvre s'est attaché à correctement développer, au sein des entreprises de sa belle-famille, ses activités de banquier et celles d'homme d'affaires, toutes qualités héritées de son défunt père.

La suite n'est pas plus compliquée. François Durand de Grossouvre fut tout simplement recruté en 1952, par le service VII du SDECE, en qualité de HC, « honorable correspondant – infrastructures ». Ce service VII abritait, rappelons-le, la fameuse section des ouvreurs de serrures et des spécialistes en tout genre de gadgets pour opérations spéciales, créée par Leroy-Finville et animée par des socialistes et des gaullistes de gauche. Elle fut démantelée en 1965, à la suite des ratages de l'affaire Ben Barka. Selon une note émise par le SDECE, « son engagement politique *[il semblait alors évoluer vers la gauche]* amène de plus en plus de Grossouvre à fournir des renseignements », mais il est précisé que ceux-ci sont « faibles » compte tenu des informations « dont il doit disposer ». Il est ajouté « qu'il s'est lié d'amitié avec Leroy-Finville et Jean-Pierre Lenoir » du service VII, « avant que celui-ci ne se soit reconverti dans le trafic d'armes ». En 1961, le poste de Lyon signale qu'il sera « désormais difficile » de travailler avec François Durand de Grossouvre, ses activités ayant « attiré l'attention d'autres services ». En fait, les RG et la DST voulaient, eux aussi, travailler sérieusement avec lui. Il préférera décliner cette offre. Pourtant, à cette date, François Durand de Grossouvre cessera toute collaboration avec le service VII du SDECE et exigera que sa fiche soit détruite. Il est clair qu'il n'en fut rien. Au milieu des années 60, le service VII contactera de nouveau Grossouvre et il sera de nouveau enregistré comme « honorable correspondant » sous le pseudo de « Granjean », avant de disparaître de leurs archives en 1966. « On ne sait pas », dit encore la note confidentielle lue par Gilles Ménage à l'Élysée, « si sa collaboration avec le service continua ou non après 1966. Rien n'indique qu'elle ait cessé ».

Ce n'est pas tout. Le point marquant de la carrière de François Durand de Grossouvre est son engagement dans les Amitiés franco-chinoises, avant le schisme sino-soviétique. Une autre « note blanche » fait le point sur cette activité. Elle émane de la DST. Il y est précisé que l'adhésion de François de Grossouvre aux AFC eut lieu vers 1959-1960, officiellement afin de « pouvoir plus facilement faire du commerce avec la Chine de Mao ». La fiche précise que François de Grossouvre « vise à empêcher les communistes de conserver le monopole des relations avec ce pays ». Il pressentait donc le formidable potentiel de développement et de puissance qu'offrirait un jour la Chine et voulait ne pas en laisser les clés aux Russes et à leurs alliés du bloc de l'Est. Un visionnaire en somme. La note de la DST poursuit : « Mais le service ne croit pas totalement à cette explication. » D'excellents renseignements, obtenus par des écoutes téléphoniques vu leurs précisions, font apparaître que l'homme d'affaires avait proposé, « en mars 1961 », les mêmes « relations empreintes d'amitié commerciale », aux... Soviétiques ! « En mars 1961, il proposa aux Chinois de mettre à leur disposition toute son infrastructure commerciale. » C'est alors qu'il se liera à « des membres du PCF, ou de l'appareil commercial international du Parti communiste français ». L'interception d'une conversation fit même apparaître que François de Grossouvre était alors « un personnage pesant lourd » aux yeux des « permanents commerciaux » de l'appareil communiste international.

François de Grossouvre « intéresse les Chinois » qui lui font confiance. Ils aimeraient développer des relations avec lui, mais la chose reste « difficile » du fait des amitiés politiques qu'il développe avec François Mitterrand dont il est de plus en plus proche. Il l'accompagne, à cette époque, jusqu'en Chine. C'était en 1961. Ami de Maï Feng, un diplomate chinois en poste à Berne puis à Paris et considéré comme l'un des responsables pour l'Europe des services spéciaux de la République populaire de Chine, François de Grossouvre lui demande, en 1966, « un rendez-vous, dans un restaurant de confiance ».

François Durand de Grossouvre était également considéré comme faisant partie du « cercle d'influence » de Joachim Feilberbaum, dit « Jean-Pierre François », un protégé du père de l'avocat Roland Dumas, futur ministre des Affaires étrangères. Cet israélite autrichien naturalisé français a fait de la résistance à Lyon avant de créer la Banque romande qui, selon les services, « a mauvaise réputation dans les milieux financiers suisses ». La Banque romande a été soupçonnée de trafics avec la Mafia, mais aussi de liens avec « la filière Kintex des services spéciaux bulgares ». Les services ajoutent que « Pierre François » ou « Jean François » est « lié aux milieux gaullistes de gauche et à des personnalités telles que Gilbert Beaujolin, Maurice Herzog, ou encore le contrôleur Gonsales, proche collaborateur du gaulliste Roger Frey ».

A ce stade de sa lecture, Gilles Ménage a dû se dire que ces choses seraient plus faciles avec un « dossier d'objectif ». Si seulement les note accumulées par les divers services de renseignement ne faisaient pas tant apparaître que le PDG du Bon Sucre était aussi le glorieux rescapé des combats meurtriers du SOL et des maquis du Vercors ! Mais voilà, l'homme avait un réel passé de combattant, ce qui n'était pas le cas pour « Morland », le chef de l'État. De plus, François de Grossouvre apparaissait comme étant l'ami et le compagnon de route de François Mitterrand, auquel il avait été présenté par Pierre Mendès France, tout en étant suspecté de liens étroits avec les communistes chinois. Enfin, il était également « proche de l'Algérien Yahia Nekli », très surveillé pour ses activités « subversives » et PDG d'une importante société internationale de transports, la Someport. Tous ces éléments n'étaient guère aisés à analyser pour Gilles Ménage. Il préféra y renoncer temporairement et ouvrir un dossier rouge sur lequel il écrivit le nom de code « Belphégor ».

Fin 1990, éclata l'affaire « Gladio », la révélation de l'existence de « réseaux dormants clandestins », créés dès 1945 par les services secrets alliés, notamment américains, pour résister en Europe à une éventuelle invasion de l'Armée rouge. En Italie, ces réseaux furent impliqués dans des « attentats rouges et noirs », ceux des « années de plomb » résultant de la « stratégie de la tension ». En Autriche, le directeur de la CIA révéla que les États-Unis, dans le cadre de « Gladio », avaient caché des milliers d'armes après la guerre, des explosifs et d'énormes stocks d'or. Cette confidence déclencha une chasse au trésor spontanée dans tout le pays. En France, François Mitterrand tira un peu les oreilles de François de Grossouvre en disant : « J'espère que vous n'avez rien à voir avec ces vieilles histoires au moins ? » Car son ami lui avait soigneusement caché que, depuis 1948, il était un des piliers français de « Gladio », un de ses principaux *stay behind.* François de Grossouvre me convoqua alors quai Branly pour me demander de planquer quelque temps de vieux papiers poussiéreux : les archives secrètes de « Gladio France ». Il redoutait une éventuelle perquisition, suite aux nombreux articles parus dans la presse. François de Grossouvre s'est expliqué sur cet engagement dans *Éminences grises*[1] et avec Pascal Krop, coauteur, avec Roger Faligot, de l'excellent ouvrage *La Piscine*[2].

François Durand de Grossouvre était un personnage absolument et définitivement codé, avec plusieurs clés invisibles et des tiroirs secrets. Il a vécu sa vie durant au sein de réseaux cachés au cœur d'autres réseaux, avec des secrets nichés au cœur d'autres secrets. Il était néanmoins un homme d'une simplicité biblique. L'adjectif « national » me semble pouvoir résumer d'une manière satisfaisante le destin hors du commun de ce vieux cavalier vif et mince, à la barbiche grise soigneusement taillée.

Les services italiens, engagés fermement, en 1980, dans la lutte contre les Brigades rouges, le considéraient comme l'un des financiers de « Radio K. ». Il s'agissait d'une radio libre française installée à San Remo, accusée d'être liée à l'extrême gauche italienne et aux Palestiniens du Fatah. Il fut également supposé lié au mystérieux Crise, le Centre de recherches et d'informations sociales et économiques issu des Brigades rouges et de la Gauche prolétarienne italienne. En fait, Crise regroupait, dans des locaux situés rue Saint-Martin à Paris, des « porteurs de valises » : juifs antisionistes, socialistes proches de Jean-Pierre Chevènement, journalistes du quotidien *Libération* dont Frédéric Laurent, l'auteur de *L'Orchestre noir*[3], tous proches de François de Grossouvre, eux aussi.

Oui, vraiment, l'adjectif qui qualifie et résume le mieux la vie du premier mousquetaire du président François Mitterrand est bien celui qui pourrait lui servir d'épitaphe : « national » !

National en 1942, quand son ami François Valentin lui demandait ce qu'il pensait de tel ou tel légionnaire du SOL, que l'on hésitait à « retourner » au profit de la Résistance, tant cet exercice était dangereux. Son choix tombait net quand il disait :

1. Roger Faligot et Rémy Kauffer, *Éminences grises*, Fayard, 1992.
2. Roger Faligot et Pascal Krop, *La Piscine. Les services secrets français de 1944 à 1984*, Le Seuil, 1985.
3. Frédéric Laurent, *L'Orchestre noir*, Stock, 1978.

prenons plutôt untel, car c'est « un national ». Ce qualificatif ne donnait lieu à aucun argument supplémentaire. Tout était dit.

National quand il militait avec les « compagnons du Glaive » de Darnand, tout en hébergeant, en grand secret, dans son petit appartement de la place Bellecour, à Lyon – devenue durant la guerre la place Philippe-Pétain –, l'officier soviétique en fuite Zunjensky. Ce fut une des premières filières d'évasion, passant par le nord du Vercors et ses maquis.

National quand, Sten (pistolet-mitrailleur) au poing, dans le maquis, dont il n'était pas seulement le médecin, François de Grossouvre participait avec courage et panache à une succession de combats rapprochés dans les montagnes et les vallées des Alpes.

National en 1944, quand passait d'un maquis à l'autre, après une brève incursion dans les chars et même au sein de l'aviation de l'Armée de libération nationale. Il était déjà « partout à la fois »...

National quand, face à certains de ses amis du BCRA de Londres qui mettaient sur pied le SDECE et lui demandèrent de prendre sa place dans les « réseaux dormants » prévus pour constituer une « nouvelle résistance », en cas d'invasion soviétique, il s'engagea dans « Gladio ». La situation était compliquée, car les Français préparaient leur propre dispositif, codé, dans une clandestinité opaque et stricte, sous les noms de « mission 48 », « réseau arc-en-ciel » et « rose des vents ».

National, quand, dans le même temps et parfois dans les mêmes lieux, en tout cas pour un même objectif, les Anglo-Saxons et surtout les Américains de la CIA alors naissante mettaient en place, en Europe et avec des Européens, leur propre dispositif intégré. Ce fut « Gladio ». Une opération ultra-secrète, qui ne sera révélée en totalité qu'après la chute du mur de Berlin, en 1989. C'est ainsi que l'on demeure toute sa vie secrètement un vrai « national ».

National quand, représentant pour la région Rhône-Alpes d'une nouvelle boisson noirâtre, douce et pétillante, d'origine américaine et qui envahissait l'Europe sur les pas des GI, il faisait la promotion du Coca-Cola. François de Grossouvre était, à l'époque, très proche du responsable pour l'Europe de l'entreprise, le prince Majinsky, lié à la jeune CIA.

National quand il avait infiltré la « milice vichyssoise », au profit des naissantes FFI, plutôt que de « jouer le jeu de l'Amérique conquérante ». Il acceptait l'argent de « Gladio », tout en informant le colonel Morvan qui installait sa « rose des vents ». C'était une action simple pour lui. Des réseaux dans les réseaux, un secret dans le secret, un double jeu supplémentaire, complémentaire, mais indispensable pour un professionnel du renseignement et de l'action.

National au début des années 60, agent des Français au sein de structures clandestines contrôlées par les Anglo-Américains, contre les Soviétiques, jouant la carte chinoise contre la carte russe, puis la carte du tiers monde et celle de la politique arabe, contre le jeu des deux super-puissances.

National dans les années difficiles de la décolonisation en Algérie, en se rapprochant de François Mitterrand contre de Gaulle, en promettant au préfet de Lyon de lui donner des « informations sur les milieux activistes », tout en se gardant bien, dans les faits, de lui en fournir une seule. Il conserva, d'ailleurs, les meilleures relations du monde avec les « gaulliste de gauche » de son ami Beaujolin, qui seront plus tard le « fer de lance » des actions « barbouzes » menées contre les excès du FLN algérien, puis de l'OAS.

National dans la déchirure, contrairement à Roger-Patrice Pelat qui fut aussi le « compagnon de détention » du prisonnier de guerre Mitterrand, mais qui, bien que « sorti du peuple », est décédé couvert de milliards, après s'être grassement nourri aux mamelles du pouvoir socialiste. Pour sa part, dès les années 50, François Durand de Grossouvre était un homme riche et libre. Pour lui, l'argent devait servir la France, et non le contraire. C'était à son honneur. Que de jalousie suscita-t-il à l'Élysée en raison de cette liberté financière. L'argent qui salit, qui corrompt, ce n'était bien sûr pas pour lui ! Mais cette aisance constitua un des éléments qui préparèrent sa perte, car Gilles Ménage n'acceptera jamais sa totale indépendance.

Pierre Mendès France avait présenté François Durand de Grossouvre à François Mitterrand en 1959. La rencontre s'était fort bien passée, dans un excellent restaurant parisien. En 1961, le paradoxal militant lyonnais de l'association des amitiés franco-chinoises accompagna en Chine communiste le futur candidat de la gauche à la présidence de la République française, François Mitterrand. Ensemble, ils rencontrèrent le président Mao Tsé-toung, qui s'étonna, dit-on, de la curieuse personnalité de l'un comme de l'autre. L'alchimie de leur étrange tandem surprenait toujours. La confiance s'installa vite. C'est en 1967 que François de Grossouvre acheta, pour le compte de François Mitterrand, la petite maison ensoleillée de Gordes. Elle sera vendue, plus tard, au moment de l'acquisition coûteuse du 22, rue de Bièvre. L'achat de Gordes se fit au nom d'une discrète SCI au profit d'Anne Pingeot, la mère de Mazarine. En 1974, François de Grossouvre fut, avec Roger Fajardie, l'un des animateurs et l'un des financiers de la campagne présidentielle de François Mitterrand. En 1981, réseau dans le réseau, François de Grossouvre devient délégué général de la Convention pour une armée nouvelle. Il avait eu à animer, bien avant 1981, une petite cellule de réflexion visant à réformer les services secrets. Il connaissait le sujet ! C'est là qu'il retrouve Louis Mouchon, ancien du BCRA et du SDECE qui l'avait recruté, en 1948, pour « arc-en-ciel ». Charles Hernu y était aussi, déjà flanqué de Jean-François Dubos.

En 1981, une fois acquise l'élection de François Mitterrand à la présidence de la République, quand fut critiquée, devant François de Grossouvre, la « personnalité énigmatique » de son garde du corps et compagnon de soirées, l'inspecteur des RG Gilles Kaehlin, grand amateur de voyages exotiques et de musique classique, il n'eut qu'une expression pour le défendre : « C'est un national ! » Un argument impropre à convaincre Ménage. Avec l'aide de Christian Prouteau, il n'hésita pas à mettre sur écoute le sympathique et dynamique inspecteur puis, au moment opportun, à glisser quelques conversations privées, parfois ambiguës, dans le parapheur du chef de l'État. Indigné, ce dernier demandera à Gaston Defferre de récupérer Kaehlin et de lui trouver un point de chute éloigné. Ce sera l'île de Saint-Martin, aux Antilles. La première confrontation directe entre Ménage et Grossouvre donnait déjà l'avantage au directeur adjoint de cabinet.

Le 30 mai 1981, contre sa volonté et à regret, François de Grossouvre sortit fugitivement de l'ombre, alors qu'il était totalement inconnu des Français bien qu'il fût le trésorier de la campagne présidentielle de François Mitterrand. Sa photo, publiée sur une pleine page de *Libération*, accompagnait un article le présentant comme le « conseiller spécial » chargé de « lutter contre les détournements des services secrets ». Déjà !

Le 1er juillet 1981, sa nomination est annoncée à la tête du Comité des chasses présidentielles, et le 6 août, François Durand de Grossouvre apparaît officiellement dans le nouvel organigramme de l'Élysée avec le titre de « chargé de mission auprès de la présidence de la République ». L'organigramme précise qu'il est « chargé du SDECE *et* des affaires diverses ». Par suite, un bureau centralisateur des opérations spéciales sera mis en place, au premier étage du palais présidentiel.

Sous l'apparente unanimité de l'« état de grâce » dont bénéficiait le président Mitterrand, la bataille commença dans les coulisses du palais. Elle fut violente et âpre. Gaston Defferre et Jacques Mitterrand, frère du président et président de l'Aérospatiale, surent s'imposer d'emblée en faisant nommer un civil franc-maçon à la tête du SDECE : Pierre Marion. François de Grossouvre était partisan d'un militaire expérimenté, d'un professionnel sérieux et compétent. Battu, il s'adapte immédiatement. Il sent que la CIA va profiter de l'affaiblissement des services, induit par cette nomination, pour entreprendre diverses opérations de déstabilisation. Alors que les barons socialistes prêtent au « clan des Gabonais » du SDECE et aux « réseaux Foccart » des intentions malignes de déstabilisation, François de Grossouvre tente d'expliquer à ces néophytes en services secrets que la situation « est bien plus compliquée » qu'ils ne le supposent : « Ceux qui commencent à jouer aux cons, comme au Tchad ou en Centrafrique, sont plutôt des atlantistes proches du Patron sortant du SDECE, soit Alexandre de Marenches, plutôt que des hommes de Foccart. »

Par la suite, François de Grossouvre battra le rappel de ses réseaux à l'intérieur du SDECE et de l'ex-« rose des vents ». Il réunit des hommes comme Evain, Lionnet, Mouchon, Duboys, Maloubier, Leroy-Finville et d'autres... Il s'entoure de spécialistes du monde arabe, dont Rondeau et Lignières, deux colonels de valeur n'ayant même pas été réintégrés parmi les cadres du SDECE, car Pierre Marion avait refusé.

Le libérateur des otages au Liban et de nos pilotes en Croatie, le grand Jean-Charles Marchiani, aujourd'hui préfet, fut lui aussi consulté et très apprécié par François de Grossouvre. A l'époque l'imbroglio tchadien, dans un contexte compliqué par les habituelles ambiguïtés américaines, refaisait la une de l'actualité. Washington poussait en douce Hissène Habré, qui avait du sang d'officiers français sur les mains, puisqu'il avait fait pendre le commandant Galopin[1]. Toujours excessive, la stratégie officielle des États-Unis était dirigée contre Kadhafi. De nombreux renégats de la CIA et d'autres « pigeaient » pour Kadhafi : training, préparations d'attentats, fabrication d'explosifs en quantités industrielles. La dernière technologie en armements et en gadgets arrivait à Tripoli, en même temps qu'à la CIA. Que sont-ils devenus les Wilson, Terpil et autres Korkala ? Les Américains sont de grands manipulateurs. Au moment où, en 1986, ils bombardaient Tripoli pour tuer Kadhafi, plus de mille de leurs concitoyens vivaient tranquillement en Libye et refusaient de quitter ce pays, même au risque de perdre leur nationalité. Aucune représaille libyenne ne fut exercée contre eux. Il ne faut jamais oublier que la majorité du pétrole libyen est contrôlée par des compagnies américaines !

Revenons en 1981. La Libye soutenait ouvertement Goukouni Oueddeï, opposant tchadien basé à Tripoli. Ce fut là le début d'un bras de fer franco-américain à propos des immenses réserves de pétrole du sous-sol tchadien, réserves dont les États-Unis contrôlent, hélas, la plus grande partie en 1996 ! Sur le Tchad, François de Grossouvre imposa ses vues qui consistaient à soutenir Hissène Habré, pour ne pas le laisser entre les mains américaines, tout en cherchant à établir des compromis avec Kadhafi, mais sans aucune faiblesse. A cet effet, un journaliste parisien prêta son appartement pour qu'il serve à des rencontres aussi discrètement menées que difficiles à finaliser, dans le but de

1. La prise en otage de Mme Claustre par les rebelles tchadiens donna lieu à une négociation pour laquelle le commandant Pierre Galopin, du SDECE, fut envoyé par la France en qualité d'émissaire. Il fut capturé, torturé et pendu en avril 1975 par les hommes d'Hissène Habré qui deviendra par la suite président du Tchad.

ramener la paix entre les belligérants. La ligne défendue par François de Grossouvre l'emporte, lorsque Hissène Habré prend la ville de N'Djamena le 6 août 1981. La France est parvenue à maintenir ses positions au Tchad et à tenir, pour un temps, les Américains à distance. Cela ne dure pas longtemps. A peine un petit mois.

Le 1er septembre 1981, les voyants rouges se mettent à clignoter dangereusement en Centrafrique, pays où les colonels Mantion et Dulaurence, chefs de l'antenne du SDECE, « oublient » carrément de prévenir Paris du renversement du chef d'État, David Dacko, successeur du « regretté » Bokassa. Le coup de force du général Kolingba intervient alors que les courroies de transmission du SDECE cessent de répondre correctement et que Michel Charasse est de permanence à l'Élysée. Réveillé à 4 heures du matin par un coup de fil du Quai d'Orsay lui annonçant qu'un coup d'État est survenu à Bangui, sans autre précision, il estime que cela ne justifie pas de réveiller le président Mitterrand. Ce n'est qu'à 7 h 30 que Michel Charasse alerte Guy Penne, conseiller aux affaires africaines. Ce dernier, ne sachant rien sur ces événements, s'étonne de n'avoir reçu aucune information préalable de nos services spéciaux. Les services répondent : « Pas au courant ! On va se renseigner et on vous rappelle. » En dépit d'une heure passée au téléphone en quête de renseignements, aux côtés d'un Michel Charasse courroucé, aucun changement. Les deux conseillers décident de réveiller le président. Ce dernier, atterré du manque d'efficacité du SDECE, en est durablement mécontent. L'impuissance des agents du SDECE fut palliée par... l'AFP. C'est en effet auprès de l'Agence France Presse que des renseignements furent demandés par nos services secrets ! On croit rêver. Une confirmation du coup de force en Centrafrique leur sera donnée à 9 h 53, par un communiqué repris par toutes les rédactions ! Édifiant. Il fallait réagir.

Voyant le président Mitterrand plusieurs fois par jour, et le soir venu traversant ensemble la Seine à pied, François de Grossouvre propose au chef de l'État sa solution. Elle consiste en la mise en place de « réseaux spéciaux, rattachés directement à l'Élysée », donc également reliés à lui-même, avec la sécurité procurée par des « doubles commandes » dont l'efficacité fut démontrée à maintes occasions au sein des réseaux Foccart d'antan. Il s'agit d'une stratégie pour le moins originale mais qui avait l'avantage d'avoir donné des résultats avec Foccart. Son application apparaît comme la seule solution pour remédier aux manquements du SDECE, en Centrafrique et dans de nombreux autres pays. Habilement le vieux soldat a saisi l'opportunité. Il récidive lors de la vague terroriste qui déferle sur la France à partir de 1982. Dès le lendemain de l'attentat de la rue Marbeuf, le 23 avril 1982, François Mitterrand convoque tous ceux qui comptent pour dessiner les grandes lignes d'une politique antiterroriste. Sont présents : le général Jean Saulnier, chef d'état-major particulier du président, Charles Hernu, ministre de la Défense, Marcel Chalet, patron de la DST, Pierre Marion, responsable du SDECE, Gaston Defferre, ministre de l'Intérieur et, bien entendu, François Durand de Grossouvre. De cette concertation au sommet, naîtra la « cellule » antiterroriste de l'Élysée.

Au cœur du dispositif, François de Grossouvre obtient un premier résultat positif, avec le départ de Pierre Marion qui avait aggravé la démoralisation et la désorganisation du SDECE en ajoutant des purges stupides à la sévérité particulièrement inutile dont avait fait montre, avant lui, Alexandre de Marenches. Marion parti, l'amiral Lacoste[1] lui succède. Honnête et sérieux, véritable militaire, il est particulièrement qualifié pour commander les hommes disciplinés et expérimentés de la DGSE.

A son apogée, François de Grossouvre commet sa première

---

1. Chargé de cours au Centre d'études scientifiques de Défense, à Marne-la-Vallée, l'amiral Lacoste y développe des vues pénétrantes, parues le 6 janvier 1995 dans *L'Événement du jeudi* : « Les États-Unis ont déclaré une guerre économique à l'Europe. Ne dit-on pas que le FBI a recruté des pirates de l'informatique afin de mener des opérations d'intoxication à grande échelle sur le réseau Internet ? L'objectif est de tromper les Occidentaux sur les nouvelles stratégies commerciales américaines. Sommes-nous vraiment préparés à ces nouvelles guerres ? Peu, ou très peu. Or, l'intelligence économique commence à peine à être prise au sérieux par nos dirigeants qui n'ont, pour la plupart d'entre eux, aucune culture du renseignement. Il est donc urgent de faire étudier par nos futurs responsables, chefs d'entreprise, élus et fonctionnaires, un sujet aussi vital et auquel ils seront inévitablement confrontés. »

Dans les dix ans à venir, l'intelligence économique représentera l'un des dangers majeurs pour les entreprises françaises.

erreur. Informé par une note du SDECE de l'existence de rumeurs commençant à circuler sur des manœuvres affairistes de Roger-Patrice Pelat, comme sur des agissements de Jean-Christophe Mitterrand, le fils du président, en Afrique, en compagnie d'un certain Jean-Pierre Fleury, il monte imprudemment en première ligne. Sans se couvrir, il ordonne aux services de réaliser une enquête approfondie sur ces deux sujets sensibles. Il croyait, sincèrement, agir pour le bien du président et pensait qu'il bénéficierait de son soutien total.

Gilles Ménage, toujours bien renseigné, apprend la chose, s'engouffre dans cette brèche, providentielle pour lui, et prévient directement le président François Mitterrand que ses familiers et sa famille risquent d'être atteints par l'enquête lancée par Grossouvre. Le piège est tendu. Convaincu que Roger-Patrice Pelat, le « vice-président », est corrompu, Grossouvre est, à l'époque, persuadé que son président demeure désintéressé et intègre. Il pense pouvoir facilement le convaincre, preuves à l'appui, de couper les « branches pourries » qui risquent de salir tôt ou tard la présidence. Qu'importe si l'une de ces branches est, avec lui, l'un des deux seuls véritables amis de François Mitterrand. Il est clair que François de Grossouvre s'est lourdement trompé. Il lui faudra plus de douze ans pour le découvrir. Ce retard lui coûtera la vie.

A l'été 1982, François de Grossouvre venait d'obtenir le « feu vert » présidentiel[1] pour prendre en main les dossiers concernant le terrorisme moyen-oriental, avec comme outils la « cellule » antiterroriste de l'Élysée dans une main et ses réseaux personnels dans l'autre. Le conseiller du président avait des attaches privilégiées au Liban, mais aussi en Syrie. Il fut l'ami de Samy Maroun, qui contrôlait le port de Beyrouth et les trafics des Milices chré-

1. Cette décision fut prise le 30 juillet 1982, au château des Grossouvre, à Lusigny, dans l'Allier. Le ciel était toujours bleu de France quand François Durand de Grossouvre y maria sa ravissante fille Nathalie, âgée de 23 ans. Depuis longtemps, François Mitterrand avait sa chambre personnelle dans une aile du château.

En 1996 aussi, le champagne fut débouché dans le village de Lusigny, à l'annonce de la mort du président Mitterrand. A croire qu'il n'avait pas conservé que des amis là-bas.

tiennes. Il avait ses entrées, surtout dans la famille d'Hafez el-Assad, le chef d'État syrien dont l'avis compte, notamment en matière de terrorisme. Sur cette question si complexe, Hafez el-Assad avait fait savoir à l'Élysée que « le mieux serait, sans doute, d'aller en discuter avec son propre frère, Rifaat ». Celui-ci était assez souvent en France, au golf chic de Saint-Nom-La-Bretèche. Rifaat contrôlait, bon an, mal an, quatre des cinq principales branches de l'appareil de renseignement syrien.

Pierre Marion, dès son éviction du SDECE, s'est empressé d'écrire un livre où il présente les choses à son avantage[1]. Qu'il me soit permis de rectifier certains faits. Pierre Marion prétend qu'il s'est rendu seul, en voiture, dans la villa fortifiée de Rifaat el-Assad, puis qu'il a négocié fermement, au nom de la France, l'arrêt de toute action terroriste sur notre sol. Au moment du café, pour conclure, il aurait planté ses beaux yeux veloutés dans ceux du dur syrien, en lui disant : « Vous arrêtez avec vos bombes, sinon je me fâche ! » C'est une farce ! Cette version est grotesque ! La vérité est que Pierre Marion avait obtenu de François de Grossouvre la permission de l'accompagner à ce rendez-vous. Il lui servit de chauffeur pour la circonstance. Ensuite, il écouta François de Grossouvre s'entretenir respectueusement, au nom de l'État français, avec Rifaat el-Assad, frère du chef de l'État syrien. Voici la teneur des propos tenus par François de Grossouvre à Rifaat el-Assad :

– Excellence, vous voyagez beaucoup en avion, n'est-ce pas ? Les couloirs aériens sont si peu sûrs de nos jours. Tant d'aléas peuvent survenir en plein ciel. Même un avion performant comme le vôtre reste fragile et vulnérable. Il est difficile d'en assurer la totale sécurité en vol. Des efforts considérables sont faits par la France, uniquement pour vous être agréable. Par exemple, en vous accordant que votre sécurité personnelle, ainsi que celle de votre famille, soit assurée 24 heures sur 24 par quatre policiers de la DST. Et en vous délivrant quatre cents permis de séjour pour les quatre cents accompagnateurs composant votre suite. Certes, chacun d'eux vous est nécessaire, sans doute, pour occuper et

1. Pierre Marion, *Le Pouvoir sans visage*, Calmann-Lévy, 1990.

protéger vos nombreuses et somptueuses propriétés situées sur le sol français.

Ces efforts de la France vont-ils encore vous être longtemps maintenus ? Je l'espère...

Si Son Excellence nous offrait sa « haute bienveillance » pour mieux dissuader certains maniaques des explosifs, ceux friands de semtex ou du nitrate de méthyle par exemple, ces matières étant si instables, pour qu'ils fassent, de leur côté, moins d'imprudences sur le territoire français, la France y serait sensible et le président Mitterrand apprécierait beaucoup...

Dieu merci, on était entre hommes du monde, sur un terrain fertile en *gentlemen agreements*. Pierre Marion écouta François de Grossouvre en sirotant quelques tasses de thé à la menthe. Lorsqu'il prit la parole, il fut « à côté de la plaque ». Il continua dans les semaines qui suivirent, lorsqu'il rédigea ses Mémoires.

Aux Syriens, la France a livré du blé. Beaucoup de blé ! Pour ce motif, et pour vos contacts, Gilles Ménage vous mettra sur écoute, M. Omran Adham. L'Orient est si compliqué ! Personne ne peut se vanter de contrôler, sans être correctement payé d'avance et en espèces, les preneurs d'otages, les poseurs de bombes.

Pour atteindre son but, François de Grossouvre bénéficiait aussi de l'appui des principaux ennemis de la Syrie sur la scène libanaise : les « frères palestiniens » de l'OLP. Sur l'ordre du conseiller de l'Élysée, l'armée française avait sauvé Yasser Arafat et les siens lors de leur évacuation en catastrophe de Beyrouth. Les meilleurs commandos et tireurs d'élites du GIGN étaient sur place, face aux Israéliens qui désiraient absolument « la peau » du... futur prix Nobel de la paix ! Faisant feu de tout bois, François de Grossouvre ira jusqu'à faire jouer ses relations, parfois réputées très étroites, tissées avec les « maoïstes du Crise » et les « gauchistes de Radio K. », eux-mêmes liés à des « fractions palestiniennes ». Il appuya son message en le faisant transiter par plusieurs voies simultanément. Chef des services spéciaux de Yasser Arafat, Abou Iyad vint à Paris. Il s'installa à l'hôtel Hilton d'Orly, et fut reçu à dîner par François de Grossouvre, quai Branly. Les maîtres d'hôtel furent épaulés par une équipe de nageurs de combat de la base d'Aspretto. Ils avaient tous fière allure en smoking ! La rencontre avait été soigneusement préparée, avec le concours des amis tunisiens de François de Grossouvre, dont Ameur Ghedira, chef de la Garde nationale, Ahmed Bennour, secrétaire d'État à la sécurité du Premier ministre, Mohammed M'Zali, et Wassila Bourguiba. Abou Iyad aida François de Grossouvre à limiter les difficultés du côté de l'ASALA. Les deux parties coopérèrent contre Abou Nidal. C'était tout bénéfice.

La zone d'influence de François de Grossouvre ne se limitait pas au Proche-Orient mais allait bien plus vers l'Est. Avant l'élection présidentielle de 1981, à la mi-février 1981 exactement, il avait programmé une visite privée en Corée du Nord, avec son ami François Mitterrand, Danielle et Jean-Christophe. Ce fut un succès total et l'amitié naquit entre notre futur chef de l'État et Kim Il Sung. L'année 1982 se termine pour Grossouvre par un nouveau et important voyage en Corée. Cette fois, il s'agit d'un voyage officiel pour lequel il a préalablement convaincu le président Mitterrand des perspectives de réunification, à moyen terme, de la péninsule. Le nouvel État unifié sera appelé à devenir le principal « dragon industriel et commercial » de l'Asie du Sud-Est, apte à servir de « contrepoids » au Japon. La France doit jouer cette carte et être la première à le faire. Ce fut le cas et ce fut une réussite. Assez rapidement, les conditions furent remplies pour procéder à la conclusion d'un contrat d'importance, visant la construction par des entreprises françaises d'un immense complexe hôtelier, d'un montant global de 550 millions de francs : 900 chambres, 130 suites, 160 m de hauteur, une surface totale de 86 000 m². Les commissions qui en résultèrent furent captées, dans le dos de François de Grossouvre, par l'intrigant Roger-Patrice Pelat. Une « dîme » s'élevant à plus de 25 millions de francs, un chiffre que confirmera l'instruction du juge Thierry Jean-Pierre. Comme d'autres éléments, ce point est aujourd'hui annulé par la décision de la Cour de cassation qui, début février 1996, a cassé « l'auto-saisine » du juge.

En Corée, le principe de cette « commission occulte imposée », comme sa répétition dans d'autres pays – Inde, Gabon, Cameroun, par exemple – et l'importance des montants financiers ainsi générés mais surtout la passivité du président inquiétèrent François de Grossouvre. Plus tard, il franchit le Rubicon et, en 1993, se confia officiellement au juge Thierry Jean-Pierre, le guidant intelligemment vers les mécanismes de détournement de fonds, s'exprimant sur un procès-verbal à propos du financement de la maison de Gordes et des pistes en Suisse. François de Grossouvre a signé ainsi, j'en suis intimement persuadé, son « arrêt de mort ».

En janvier 1983, François de Grossouvre accompagne le président de la République au Maroc. Rien ne peut lui laisser imaginer que François Mitterrand joue « double jeu ». Il ne semble pas avoir retiré sa confiance à son vieil ami. Les deux hommes arrivent à la fastueuse Mamounia deux jours après « l'accident » mortel survenu à Ahmed Dlimi, le dernier rescapé de « l'affaire Ben Barka », chargé de lutter contre le Polisario. Ahmed Dlimi avait beaucoup aidé François de Grossouvre dans le rapprochement opéré avec les hommes de Yasser Arafat.

En février de la même année, François de Grossouvre part pour Beyrouth. Dans cette ville ravagée par la double occupation, israélienne d'abord, puis syrienne, la jeunesse musulmane des banlieues chiites, meurtrie et désespérée, se tourne vers de « nouveaux sauveurs » susceptibles de répondre à ses aspirations religieuses et d'indépendance. Ces sauveurs ont pour noms Hezbollah et Djihad islamique. Leur cible est l'Amérique « opulente, corrompue et juive », mais aussi la France, accusée de jouer « double jeu ». De fait, agissant dans la foulée de l'Amérique, les militaires français sont revenus au Liban pour y devenir la cible des « Fous de Dieu ». L'ayant parfaitement senti, François de Grossouvre entame, dès lors, une terrible partie visant à désamorcer la machine infernale du terrorisme. Pour lui, il faut agir sur le fond des problèmes : discuter avec les chefs religieux d'abord, avec les militaires ensuite, en poussant Paris à se démarquer de Washington. Il tente de convaincre le nouveau chef d'État libanais, Amine Gemayel, de prendre un peu plus d'autonomie vis-à-vis des États-Unis. C'est évidemment un pari à haut risque. Grossouvre m'expédie, en secret, sur place, pour convaincre le chef de l'État libanais. Protégé en permanence par une équipe du GIGN, François de Grossouvre joue sa vie avec un grand courage. Il échappe d'extrême justesse à un attentat meurtrier, un tir de mortier ciblé sur la vedette qui l'amenait de Larnaka à Beyrouth. Nos adversaires ne plaisantaient pas. Deux mois plus tard, le 18 avril 1983, une voiture bourrée de 300 kilos de TNT s'écrase en explosant contre l'ambassade américaine de Beyrouth au moment précis où s'y tenait une réunion de coordination régionale de la CIA. Bilan de cette action sanglante : soixante-neuf morts, dont tous les principaux responsables des services américains pour la Syrie, le Liban, Israël, la Jordanie, Chypre et la Turquie. Le 23 octobre 1983, le Djihad islamique récidive par un « coup double », faisant deux cent quarante-deux morts au QG des marines, et cinquante-neuf morts français dans l'explosion de l'immeuble « Drakkar ». Ils étaient nos meilleurs parachutistes.

La France touchée au cœur, il fallait réagir vite. Avec l'accord du président Mitterrand, l'Élysée, poussé par Jean-François Dubos, « le vice-ministre de la Défense » et le général Jean Heinrich, des « affaires réservées », riposte en expédiant, en catastrophe, de nuit, devant l'ambassade d'Iran, sérieusement soupçonnée d'avoir planifié l'attentat contre nos soldats, une Jeep de l'ERM (Établissement régional militaire) d'Orléans bourrée de 200 kilos d'explosifs couplés à deux retardateurs Lip à ressorts. Sous les ordres de « lord Blanchet », le capitaine X de la DGSE, originaire de Metz, responsable de la préparation militaire parachutiste et spécialiste en informatique, assisté de l'adjudant Y. de la caserne Mortier, spécialisé en ouvertures de coffres et serrures, tentent en vain, avec une persévérance rageuse, de faire exploser à distance la Jeep vengeresse. Les « petites merveilles de retardateurs », fabriquées par Lip, ne fonctionnent pas au moment décisif. Il n'est pas question de laisser cette Jeep intacte. Le fait qu'elle soit retrouvée avec son chargement de mort engagerait la responsabilité de la France, provoquant une véritable catastrophe opérationnelle et politique, une affaire Greenpeace puissance mille ! « La France commet des attentats d'État ! » L'équipe de couverture tente, elle aussi, de faire sauter la Jeep en ouvrant le feu au fusil à lunette FRF1, à une distance de 150 m. Le tir provoque un impact, puis un deuxième et un troisième, sans résultat sur les explosifs. Les ressorts de mise à feu restent obstinément bloqués. Les militaires vident chargeur sur chargeur. En vain. La Jeep fait l'objet d'un tir au lance-roquettes 89, effectué au plus près, en désespoir de cause. Toujours sans effet... Alors, avec un courage exemplaire, le commando chargé de « l'opération spéciale » s'approche, à découvert, risquant une mort certaine si l'énorme quantité d'explosifs saute. Finalement, suite au tir de roquette, la Jeep consent à prendre feu, mais très progressivement. Elle dégage une grosse fumée, mais toujours sans exploser ! Il faut savoir que notre « TNT militaire » se consume comme de la graisse animale.

Les personnels de l'ambassade d'Iran à Beyrouth identifient rapidement le véhicule calciné, « signature française » on ne peut plus claire. Dans la précipitation, en effet, le numéro de châssis n'a même pas été effacé ! L'action de notre commando devait, si elle avait réussi, provoquer un grand nombre de morts au sein de l'ambassade terroriste d'Iran. Cet échec inexplicable – le mot est faible – reste essentiellement dû au dysfonctionnement des retardateurs Lip. Mais, d'après François de Grossouvre, la malchance n'était peut-être pas la seule cause. A tel point qu'au sein de la DGSE, bien des interrogations demeurent aujourd'hui. La crise libanaise opposait alors, d'une façon d'abord sourde puis nette et manifeste, les partisans d'un alignement de Paris sur les positions de Washington, de Damas ou de Tel-Aviv, et les tenants de « l'exception française », thèse défendue par les néo-gaullistes ou ceux favorables à diverses formes de « politique arabe », appuyant les Palestiniens, les chrétiens du Liban, et même l'Irak.

A l'époque, j'étais à Beyrouth pour former des unités antiterroristes. J'allais en mission avec mes hommes, souvent de nuit, une cagoule sombre sur le visage, pour réaliser des opérations de recherches. C'est ainsi qu'un jour, au petit matin, nous regagnions notre base après une mission nocturne. Nous commencions à être dans la zone dite « sûre » de Beyrouth, près d'un cinéma qui avait été incendié. L'aube arrivait. J'ai relevé ma cagoule, en la remontant tout entière autour du haut de ma tête comme un couvre-chef. A plus de 300 m, un agent pro-israélien de la DGSE, bien planqué, s'est mis à me « tirer le portrait » au téléobjectif. Cela ne m'a pas fait mal, du moins pas sur le coup. Un cliché est rarement douloureux. Son utilisation, c'est différent. Ma photo, agrandie, est remise aux partisans du cheikh Fadlallah, du Hezbollah, dont les locaux venaient d'être atteints, quelques heures auparavant, par l'explosion d'une voiture piégée ayant fait de nombreux morts, des hommes, mais hélas aussi des femmes et des enfants. Trahissant leur pays et déshonorant leur uniforme français, certains membres des services secrets, dont je pense connaître les noms depuis longtemps, n'ont pas hésité à me « désigner » comme étant « le poseur de la bombe ». C'était faux, évidemment. En agissant ainsi, ils me condamnaient à une mort certaine. Qui avait donné de tels ordres ? Je n'ai jamais su, mais j'ai quelques « pistes ».

En février 1984, François de Grossouvre s'apprête à quitter le Liban. Il a dans ses cartons un projet de négociations secrètes dites de la dernière chance. Elles se dérouleront chez lui, dans son discret appartement du quai Branly. Pour l'instant, le conseiller spécial du président François Mitterrand est informé qu'à Paris Gilles Ménage vient de se voir confier tous les dossiers concernant « la sécurité ». Il a évincé Grossouvre en mettant à profit son absence. Gilles Ménage a bien joué. Il ne quitte plus le palais de l'Élysée, occupant le terrain en permanence. Il reste à portée de voix du président Mitterrand, fait apprécier ses notes, toujours très courtes, claires, impeccablement présentées comme par un premier de la classe. Immobile, patient, discret, Gilles Ménage se contente de tout apprendre, de tout savoir, de tout ficher et d'en rendre fidèlement compte, directement au chef de l'État. Peu à peu, ce dernier dépend de Gilles Ménage. Pour avoir sa dose quotidienne de renseignements et d'écoutes, il reçoit son directeur de cabinet plusieurs fois par jour, comme il le faisait pour Grossouvre en 1981. Ménage est le dernier à parler au président, il conclut la journée. Le destin est en marche.

Chapitre 7

Les pions de Ménage

« Tout vient à point à qui sait attendre. »
Proverbe

En octobre 1982 des inspecteurs de la PJ et de fins limiers des RG se tirent dessus, dans le XIXe arrondissement de Paris, au cours d'une opération ratée, visant, à l'origine, l'interpellation d'un modeste sympathisant d'Action directe, Éric Moreau. Devant cette bavure, la décision est prise en haut lieu d'écarter, pour un certain temps, la police de toute action antiterroriste. Officiellement, en ma qualité de commandant opérationnel du GIGN, je suis chargé d'un « traitement négocié du dossier Action directe ». Cette décision est prise, en bonne intelligence, par François de Grossouvre et par Gilles Ménage, qui n'était encore qu'un simple conseiller technique de la présidence de la République, et avec l'appui de Christian Prouteau.

En novembre 1982, Gilles Ménage parvient à imposer le choix d'Yves Bonnet à la direction de la DST, en remplacement de Marcel Chalet alors vieillissant. Yves Bonnet apprend sa nomination directement de Gilles Ménage. Il ne pourra, dès lors, plus rien lui refuser. Encore aujourd'hui. Surtout pas la tête du capitaine Barril.

De 1981 à 1982, les relations avec la DST passent en partie par le général Saulnier, chef d'état-major particulier du président de la République. Dès la nomination d'Yves Bonnet, le général Saulnier est progressivement mis sur la touche. Son éviction, préparée dans l'ombre par Gilles Ménage, devient effective début 1984. Entre-temps, Gilles Ménage a su profiter avec intelligence d'une soudaine colère de François Mitterrand. Les oreilles présidentielles ont été heurtées par des cris hostiles émanant de quelques milliers d'étudiants venus des facultés de droit et de médecine de Paris. Ils étaient parvenus à franchir les ponts enjambant la Seine. Progressant sur la rive droite, ils avançaient dangereusement en direction du palais présidentiel. Serviable, disponible, et partageant bien sûr l'indignation du président devant « l'incompétence », ou peut-être, suggéra-t-il avec le point d'interrogation d'usage, « la mauvaise volonté » des services de police réputés proches du RPR, Gilles Ménage obtient sans peine de se voir confier la responsabilité d'examiner et de contrôler désormais, personnellement, chaque manifestation avant qu'elle n'ait lieu. Ceci quel qu'en soit le « trajet autorisé ». A cette occasion, il est promu directeur-adjoint du cabinet du chef de l'État.

Le 3 juin 1983, une manifestation sauvage de policiers a lieu à Paris. Ces hommes, révoltés par le laxisme de Robert Badinter, ministre de la Justice, venaient de perdre trois de leurs collègues, rue Trudaine, sous les balles des « amnistiés d'Action directe ». Il s'en était suivi un grand émoi au sein de la police nationale. C'est pour Gilles Ménage une occasion rêvée. Il suggère, puis dirige une vaste purge dans la police. Pour accentuer son autorité, on lui confie le soin d'examiner toutes les demandes de mutations, sans exception. Il continue, ainsi, à avoir un rôle décisif dans la mise en place du nouvel organigramme de la préfecture de police. Il fait nommer un nouveau préfet de police, son ami Pierre Verbrugghe, qui deviendra l'un de ses plus solides appuis dans la police. Avec talent, je dois le reconnaître, Gilles Ménage applique à la perfection la théorie et la pratique des dominos : avancer sûrement, inexorablement.

Ce n'est pas tout. Il lui reste à avancer d'autres pions. Ayant des liens aussi solides que discrets avec des journalistes du *Monde* et du *Canard enchaîné*, il dispose des « écoutes » téléphoniques réalisées sous son égide par l'Élysée. Il met à profit l'année 1983 pour réaliser un magistral tour de passe-passe : récupérer à son seul profit la « cellule » antiterroriste, pour l'orienter vers des missions strictement privées et présidentielles. Sans état d'âme, il prend en main, en exploitant les absences de Christian Prouteau – stage de ski, course automobile, concerts... – les leviers essentiels. Il commande sans partage la « cellule » antiterroriste. Sous sa houlette, la « cellule » s'engage sur une nouvelle voie et donne naissance au « cabinet noir ».

Pour parvenir à ses fins, Gilles Ménage absorbe tous les chocs durant les deux années qui suivent, 1984 et 1985, chocs entraînés par l'arrivée au ministère de l'Intérieur de Pierre Joxe. Ce dernier a en effet toujours été hostile à une « cellule » à l'Élysée. Autoritaire et détestant partager, pour lui, les coups tordus et les renseignements ne doivent relever que de l'Intérieur. Surtout pas d'une « cellule » composée de gendarmes ! En fait, il veut le contrôle absolu sur toutes les activités de « police secrète ». Il se heurte donc à un Gilles Ménage déterminé et pugnace.

Tout commence par une série de trois articles parus dans *Le Monde* du 13 au 15 mars 1985. Sous son pseudonyme élégant d'« Aramis », le plus intelligent des « trois mousquetaires » d'Alexandre Dumas, le lieutenant-colonel Esquivié, piloté par Christian Prouteau, lui-même couvert par Gilles Ménage, rend public le fameux « manifeste », un véritable « programme commun de la cellule de l'Élysée ». En voici le texte :

Les mousquetaires « antiterrorisme » du président

L'arsenal juridico-policier propre à résoudre le problème de droit commun ne peut rien, dans les circonstances actuelles, contre le terrorisme. Il conviendrait donc de mettre en place un système antiterroriste « à la française », à partir d'une équipe de travail, nouvelle dans sa conception et composée d'hommes peu habitués, par tradition, à travailler ensemble, mais soudés par la conviction que la lutte contre le terrorisme est l'affaire de toute la nation...
Avec une dizaine de gendarmes et de policiers, dont un officier supérieur de gendarmerie et deux commissaires sous les ordres de M. Prouteau, l'équipe élyséenne a apporté, depuis trente mois, quelque chose de nouveau en faisant progresser toutes les affaires, même si ses collaborateurs, débarqués de leur planète, ont souvent intrigué, irrité, et agacé...
En investissant les professionnels recrutés par M. Prouteau d'une autorité exceptionnelle, celle de leur attache à l'exécutif, on exigeait

d'eux que cette autorité ait un but précis. Il est nécessaire de faire comprendre, à tous les échelons, que la volonté de l'exécutif ne se discute pas. Tout est dans la manière...

Pour justifier sa capacité d'intervention auprès des services, l'équipe élyséenne se devait de renseigner le président, au plus près et au plus juste.

L'équipe élyséenne a pu se placer dans des rouages internationaux essentiels et drainer hors liaisons policières, diplomatiques, ou hors services secrets, des informations capitales pour sa mission et pour le pays...

Copernic, Marbeuf, le Capitole, la rue des Rosiers étaient le résultat d'un enchaînement logique d'une puissance organisatrice qui avait décidé de frapper la France là où elle voulait. Cet enchaînement a été brisé...

La cellule élyséenne de lutte antiterroriste a permis de renseigner au mieux l'exécutif sur le fonctionnement de leurs services.

Cela fait trois ans, à l'Élysée, que chacun s'est habitué au fonctionnement de cette équipe, le plus gros cabinet du « château ». Cela fait trois ans que la mission de cette équipe reste la lutte antiterroriste, la sécurité de l'État et celle du président.

La disparition de la partie active de l'équipe[1] fut interprétée comme la fin de la mission Prouteau.

En fait, M. Prouteau réorientait alors toute l'action du groupe sur l'analyse du terrorisme, en vue d'être une aide à l'action des services traditionnels.

Cela permit, notamment, de s'attaquer à un vieux problème technique, que l'on avait beaucoup évoqué en 1982. À savoir, la saisie, le stockage et l'exploitation de l'information en matière de terrorisme.

Les études passent par l'informatique et ont abouti à la mise en place d'une petite informatique, à l'échelle d'une équipe de quinze à vingt personnes, avec accès à des concentrations d'informations à des niveaux très supérieurs. Le système, qui fonctionne en expérimentation, permet de traiter concomitamment information et analyse...

Dans le même temps, il convenait de consolider un certain nombre de points d'appui, pour alimenter les circuits d'information en amont, les circuits d'aide en aval, de la lutte antiterroriste.

Une très large collaboration fut entreprise au niveau des principaux responsables de l'État, de façon à couvrir des aspects très particuliers de l'analyse, comme celui de la politique et de la justice...

1. Allusion aux conséquences de l'affaire des Irlandais de Vincennes.

> Il est nécessaire, après trois années d'expérience, de conclure à l'aspect totalement positif de la présence d'un cabinet non politique auprès du président de la République. Aux États-Unis, ce cabinet existe. Il s'agit du National Security Council (NSC)...
> Ce conseil pourrait disposer d'une équipe « action » composée de policiers et de gendarmes, hommes de terrain choisis pour leur compétence. Au nombre d'une trentaine, ils seraient alors détachés auprès du Premier ministre, et recevraient un pouvoir d'enquête et de poursuite de l'investigation sur l'ensemble du territoire. Tout ceci ne serait mis en place qu'avec des mesures d'ordre judiciaire, lesquelles, sans reconstituer la Cour de Sûreté de l'État, définiraient le rôle du juge d'instruction en matière de terrorisme, et modifieraient le code dans le sens d'une meilleure définition du terrorisme.

A ce manifeste, Pierre Joxe, ministre de l'Intérieur, répondit par le même canal. Le 19 mars, *Le Monde* ouvre ses colonnes au communiqué suivant du ministère de l'Intérieur :

> Dans un anonymat plus transparent que réel [*sic*] des articles ou « interviews » viennent de paraître et d'aborder les problèmes de la lutte antiterroriste avec une naïveté suffisante pour établir que leurs auteurs n'y participent pas.
> Les missions de police, importantes pour le pays et dangereuses pour leurs agents, surtout dans ce domaine [re-*sic*], n'ont pas besoin de publicité mais pourraient pâtir d'affabulations irresponsables.
> La prétendue description de situations passées ou de structures depuis longtemps modifiées pouvant abuser un public non averti, je rappelle que la coordination de la lutte antiterroriste est exercée au ministère de l'Intérieur...

A l'évidence, commente *Le Monde*, « Aramis » ne s'est pas livré à ce plaidoyer public sans avoir reçu, à un niveau supérieur, un feu vert. Mais à l'évidence aussi, M. Joxe n'a pu mettre ainsi les points sur les *i* qu'en ayant l'accord de François Mitterrand.

A l'évidence, Gilles Ménage vient de gagner une bataille décisive. Pierre Joxe peut toujours crier, les magnétophones pilotés par l'Élysée tournent et enregistrent, presque au même moment, les conversations de Georges Marion, journaliste du *Canard enchaîné* (code « Bout »), Edwy Plenel, journaliste du *Monde* (code « Benet »), et Guy Perrimond, « l'homme à tout faire » de Pierre

Joxe, informateur ordinaire des journalistes Marion et Plenel et rédacteur habituel des communiqués du ministère de l'Intérieur. Bien entendu, ces quelques exemples ne rendent pas compte de la portée réelle des écoutes, puisque plus de cinq mille personnes en furent les victimes durant des années. En mars 1985, la voie semble donc royale pour Gilles Ménage, maître absolu du « cabinet noir » et des écoutes élyséennes. Réduit à défendre ses prérogatives par le canal humiliant de communiqués, le ministre de l'Intérieur, Pierre Joxe, n'était plus qu'un pauvre chien dépité, hurlant « à la mort » quand passe devant lui, majestueuse, la caravane présidentielle. Dans le sillage de Gilles Ménage, le coléreux ministre se défoule, tente de compenser ses frustrations en distillant aux journalistes quelques commentaires méprisants sur « le capitaine Barril, cet officier subalterne au tiers de solde ! ». Mon patriotisme insolent, à la gavroche, décoiffe quelque peu ce grand commis de l'État. Trop préoccupé par Gilles Ménage et attaché à lui glisser quelques peaux de banane, le ministre de l'Intérieur ne fait pas la différence entre les barbouzes de l'Élysée et un homme épris de justice, même s'il est un peu turbulent ! Je veux bien accepter l'adjectif « subalterne » puisque je ne suis qu'un simple capitaine. J'en suis fier. Quant au « tiers de solde », c'est vrai, j'étais alors en disponibilité et ne percevais que 3 500 F par mois, sans jamais avoir bénéficié d'aucun emploi fictif. Je préfère ma dignité d'officier et l'estime de mes hommes aux éloges que reçut le ministre de l'Intérieur lors de l'affaire Greenpeace, pour avoir « balancé » à des forces étrangères les noms de deux militaires français de la DGSE, en mission clandestine. Quel patriotisme, monsieur le ministre ! Jeter ainsi l'opprobre sur ceux qui servaient la France ! Gilles Ménage triompha donc de Pierre Joxe avec aisance.

Quant à François de Grossouvre, ayant perdu la partie, il se retirerait. C'est du moins ce que pensait le vainqueur apparent de ce duel mortel, à la lecture du décret publié le 1er juillet 1985, mettant fin, de la façon la plus officielle et la plus administrative qui soit, aux fonctions du conseiller de l'Élysée qui ne gardait, dans le nouvel organigramme, que les « chasses présidentielles ». François de Grossouvre avait décidé de se faire embaucher dans le secteur privé, chez Marcel Dassault. C'est à ce moment, précisément, que se manifeste la force indestructible de l'homme du quai Branly. Évincé, sur le papier, François de Grossouvre conserve, en fait, son bureau à l'Élysée, son appartement, son chauffeur, ses gardes du corps du GIGN, et même ses fidèles secrétaires. Il conserve également le budget nécessaire à cette structure. Il continue de travailler, comme par le passé, auprès de François Mitterrand, comme si le texte du *Journal officiel* n'avait aucune valeur. Situation bien étrange et témoignant, c'est vrai, d'une curieuse évolution de la République. François de Grossouvre n'a jamais vraiment cessé d'être présent à l'Élysée, il ne modifia en rien ses habitudes d'antan. Le jour, il travaille à l'Élysée, voit souvent le président et reçoit jusqu'à trente visiteurs. Il conserve sur François Mitterrand le pouvoir invisible d'un « maître des secrets ». Même pour les secrets les plus intimes. Le soir venu, à l'Élysée, la « cour » voit partir les deux vieux amis, bras dessus, bras dessous. Ils devisent en franchissant la Seine d'un même pas tranquille, parlent de leurs conquêtes passées et de celles à venir, des échecs de naguère aussi, sans oublier les joutes politiques futures. Ils pénètrent ensemble dans « l'annexe » de l'Alma, quai Branly, tels deux complices aux liens polis par les années, vont dîner ou continuer à travailler ensemble. Cela, pour la « façade ». Celle qui préserve la vie privée du président. Le manège dura douze ans. Derrière les murs épais de l'immeuble du quai Branly, il se passe tout autre chose. Mitterrand rejoint Anne Pingeot, tandis que Grossouvre regagne ses appartements. Un seul étage les sépare. Si « Dieu » le veut, s'il a décidé de ne pas terminer la nuit auprès de son amie, les gardes doivent réveiller le conseiller. Ils vont repartir ensemble, à pied ou en voiture en fonction du temps, et retraverser la Seine pour rejoindre les appartements du monarque, à l'Élysée. Quelquefois même, François de Grossouvre descend en pyjama, refermant à la hâte un digne imperméable et prêtant le bras à son ami pour l'aider à donner le change. Le pont de l'Alma résonne alors d'un seul pas, le conseiller du président glissant, lui, sans bruit, sur ses pantoufles, les cheveux ébouriffés, les yeux gonflés de sommeil.

Respectueux des fonctions de François Mitterrand, mais combatif et toujours méfiant vis-à-vis de Gilles Ménage, François de Grossouvre décide de *contrer* les manœuvres du petit homme au teint gris. Pour ce faire, il continue de recevoir de nombreux visiteurs importants à l'Élysée, tels l'Américain Robert MacFarlane, chef du National Security Council ; Walid Joumblatt, le Druze ; Uri Lubrani, l'Israélien qui organisa l'opération d'immigration des Falachas d'Éthiopie vers le Sinaï ; des émissaires de Rafiq Doust, l'Iranien ; des envoyés du roi Fahd d'Arabie Saoudite ; des proches de Benazir Bhutto, et j'en oublie. Il rencontre également en secret, à l'hôtel Crillon, place de la Concorde, et sous protection discrète, des chefs d'État du Golfe, d'Afrique ou d'Amérique latine. Il voyage aussi beaucoup, avec Barril parfois, à bord d'un Falcon 50. Bref, son influence est restée intacte. Et il n'hésite pas, en 1986, lors de la visite officielle à Paris du président Alan Garcia, du Pérou, à descendre les marches de l'hôtel Intercontinental en me tenant par le bras, devant un parterre de journalistes et de policiers médusés. La « guerre Barril-Élysée » faisait alors rage !

Toutes ces initiatives rendent Gilles Ménage fou furieux. Ses hommes épient Grossouvre jour et nuit et rédigent note sur note le concernant. L'une d'entre elles indique qu'en 1981, c'est « sur ordre de François de Grossouvre » que Frédéric Laurent, « son directeur de cabinet », et Gilles Kaehlin « participent à la création de RIS, Radio d'Information Stéréo », à Bussana di San Remo, en Italie. Cette radio est une « structure de soutien » de Radio K., « organe de propagande des Brigades rouges ». Frédéric Laurent « est un journaliste de désinformation, en contact permanent avec François de Grossouvre et Jean-Louis Baudet ». La note souligne aussi que Grossouvre est « l'ami de Bernard Pichon » dont le nom apparaît dans des dossiers concernant des transferts de technologies dans les pays de l'Est. François de Grossouvre et ses jeunes équipiers seraient également en relation « avec le général Heinrich, du bureau des affaires réservées du ministère de la Défense ». « En situation délicate, François de Grossouvre conserverait l'amitié du président Mitterrand. » Pratiquant « à haut niveau le trafic d'influence », il intervient, poursuit le rédacteur, pour le « déblocage d'accréditifs importants pour des marchés d'armements au Gabon, au Maroc, au Liban, dans les pays arabes » ; il « délivrerait des ports d'armes, malgré le veto de plusieurs services, à des personnalités plus que douteuses », toucherait « d'énormes commissions en Suisse ». « Un des ressorts du maintien de son influence serait, toujours selon cette note, à rapprocher des connaissances précises dont il dispose sur les conditions, très particulières, d'un emprunt réalisé par la France, en 1982-1983. Sous le nom de code d'opération "Joséphine", l'emprunt portait sur un montant supérieur à 25 milliards de dollars, destiné à soutenir le franc, en violant secrètement les règles du FMI. Il s'agit, officiellement, d'un "emprunt privé", dans les caisses de l'"Arab Fund", contrôlé par les Saoudiens. Or, une différence de 1,35 % entre le taux nominal de cet énorme emprunt clandestin, et son taux réel, aurait alimenté, sur des comptes en Suisse, une monstrueuse commission. Grossouvre, qui a voyagé de Paris à Londres, en mai 1983, en compagnie d'un mystérieux intermédiaire connu sous le nom de Don Kattan, serait très informé sur les détails de cette opération. Et ce secret, toujours selon la même note, constituerait sa meilleure protection. »

Menée sous l'égide de Jacques Delors, alors ministre des Finances, et avec la bénédiction de Michel Charasse, l'opération « Joséphine » fut réalisée avec le concours des discrets courtiers anglais Trust et Mertx Business Corporation. Toutes les garanties nécessaires furent fournies par cinq banques françaises : Crédit Agricole, Société Générale, Paribas, BNP, et l'incontournable Crédit Lyonnais. Les négociations commencèrent durant l'été 1982 et se traduisirent par un prêt délivré en juin 1983. Placée hors budget de l'État et n'entrant pas dans les chiffres comptabilisés par le FMI, l'opération transgressa bien des règles, bancaires notamment, mais assura aux signataires l'utilisation sans limite des fonds disponibles, ceci bien entendu sans aucun contrôle, tout en ayant impliqué la responsabilité de la France !

L'affaire fit grand bruit quand la presse diffusa la lettre du 20 décembre 1985 adressée au président Mitterrand, attestant la réalité des chiffres produits par deux avocats suisses, Peter Freudenreich et Gustav Lutz. Ces derniers se plaignaient des deux années d'attente infructueuse pour les intermédiaires de l'opération qui attendaient les commissions promises par la France. En date du 15 février 1985, une précédente requête, curieusement adressée à André Laignel, député socialiste et trésorier du PS lors des faits, n'avait pas davantage abouti, de même pour celles des 3 novembre et 3 décembre 1985, adressées cette fois à Pierre Bérégovoy, ministre de l'Économie et des Finances...

François de Grossouvre me parlait souvent de cette affaire sur laquelle il possédait un épais dossier. Selon lui, Jacques Delors, dont le nom avait été cité dans le dossier « Joséphine », ne pouvait plus prétendre devenir un jour le candidat du PS à l'élection présidentielle. Visionnaire, non ? Dans un de ses ouvrages[1], Jean Montaldo évoque, avec moult précautions, le dossier « Joséphine ». Il pense risquer sa peau, s'il en disait davantage. Je note que Jean Montaldo n'a pas, lui non plus, accordé le moindre crédit au « suicide » de François Durand de Grossouvre.

Au fil d'un véritable bombardement de « notes blanches », François de Grossouvre se voit encore « accusé d'utiliser un réseau de rabatteurs pour vendre des armes de collection à des prix prohibitifs, non sans y avoir fait graver, en toute illégitimité, les armoiries de sa famille ». Enfin, François de Grossouvre « est susceptible d'accroître le cercle de ses connaissances et de ses affaires, par l'intermédiaire de son fils Patrick, PDG de Seditec, France Industrie Technologie Diffusion et Conseil ». Patrick Durand de Grossouvre « a portes ouvertes à l'ambassade d'URSS à Paris, et se rend une fois par an à Moscou ».

J'ai obtenu ces documents de la main même de « l'accusé » ! Il se faisait en effet communiquer par son propre réseau interne à la DGSE le dossier quotidien des opérations de désinformation menées contre lui. Il s'en moquait et accumulait les éléments d'une contre-attaque qu'il espérait fulgurante et définitive.

Autour du président, dans l'entourage immédiat de Gilles Ménage, au sein de la « cellule », nous avions mis en place un réseau efficace d'informateurs, des « taupes », œuvrant pour François de Grossouvre et moi-même. Il s'agissait de femmes pour la plupart. Je tiens à les remercier, car je pense que je leur dois la vie.

En novembre 1993, François de Grossouvre me prouva que son

1. Jean Montaldo, *Rendez l'argent*, Albin Michel, 1995.

influence restait intacte auprès du chef de l'État, lorsqu'il provoqua une entrevue secrète dans son appartement du quai Branly. Le président François Mitterrand souhaitait faire passer un message au plus vite et discrètement, à un chef d'État du golfe Arabique. Il s'en était ouvert à François de Grossouvre qui m'avait fait venir d'urgence un soir. Sur place, j'eus la stupéfaction de me trouver en présence du président de la République, vêtu d'un pull, à demi-allongé sur le vieux canapé de cuir du salon, les yeux mi-clos, caressant d'une main molle Baltique, son labrador noir. Surpris, ne pouvant plus me dérober, je saluai l'inattendue présence : « Mes respects, monsieur le président... » Pour toute réponse, j'ai obtenu un dédaigneux : « Ah ! vous voilà, vous... » François de Grossouvre entra dans le vif du sujet :

– Mon petit Paul, le président de la République souhaite, au plus vite, que vous remettiez cette lettre en main propre à votre ami, le chef de l'État que nous avons vu ensemble le mois dernier [...]. Vous devez ramener une réponse écrite. C'est très urgent. J'ai assuré au président que l'on pouvait vous faire confiance. Cette mission est très importante pour la France.

– Oui, monsieur, vous pouvez compter sur moi.

– C'est tout, mon petit Paul. Merci d'être venu. Faites aussi vite que possible.

– Mes respects, monsieur le président... Au revoir monsieur.

Je suis immédiatement sorti de la pièce, à la fois surpris et furieux d'être pris pour un simple facteur. Portant le pli présidentiel placé dans une enveloppe de sécurité à toute épreuve, faite d'un triple film de polyéthylène épais de 95 microns, avec une fermeture spéciale composée d'un rabat transparent rapporté, avec colle colorée et impression détectrice d'effraction, aux micro-impressions à l'extérieur des soudures, je m'éclipse songeur. Bien entendu, ce type d'enveloppe est inviolable, impossible à photocopier et comporte une double numérotation de série sur l'enveloppe et sur une partie détachable servant de moyen de contrôle. Est-ce un manque de confiance ou un piège ? Je dévale quatre à quatre les escaliers avec un Baltique joyeux sur les talons. A vrai dire, l'attitude du président qui n'a même pas daigné m'adresser le moindre « au revoir » m'a irrité. Devant la porte de l'immeuble, Baltique tente de sortir dans la rue avec moi, pour l'en empêcher je lui botte l'arrière-train sous l'œil ébahi d'un garde en civil qui s'empressa de rapporter l'incident à ses supérieurs, lesquels en informèrent le président, qui me traita, d'après François de Grossouvre, de « voyou » !

François de Grossouvre, non content d'enquêter sur la corruption des « maîtres du sérail », recevait quotidiennement de nombreux journalistes. Chacun d'eux repartait convaincu qu'il était « le seul », et donc qu'il serait bientôt introduit au plus profond des secrets de la République. Ces impressions peuvent être dangereuses. Une rumeur pesante circula alors, selon laquelle François de Grossouvre écrivait ses Mémoires et que le manuscrit était prêt. En réalité, ses Mémoires ne portaient que sur une période précise de sa vie : sa jeunesse et la Résistance. Toutefois, ce livre de François de Grossouvre inquiétait beaucoup le président et ses proches. Peu de temps avant sa mort, Grossouvre m'avait dit quelques mots de ses Mémoires, à sa façon toujours codée et très gestuelle. Il m'avait appelé, et j'étais allé le voir immédiatement. Debout devant moi, il me dit : « Regarde, mon p'tit Paul, la forme que j'ai, à 76 ans ! » C'était vrai. Cravate dénouée, chemise enlevée, en maillot de corps, il s'allongea sur le dos pour réaliser une série de cinquante abdominaux, en une seule fois. Suivis par trente « pompes », parfaites. J'ai fait de même (comment faire autrement ?) sur le parquet, au même rythme que le sien... Abdominaux... Pompes... Il conservait une forme superbe ! Un peu inquiet tout de même, étant donné son âge – le cœur est à ménager à 76 ans – je m'en suis ouvert à lui : « Monsieur, vous n'êtes pas prudent. Faire des séries de cinquante abdominaux ! Vous devriez plutôt vous ménager en les faisant par série de dix. Puis une pause. Et recommencer une série de dix... Pour un homme de votre âge, ce serait plus raisonnable, pensez à votre cœur ! » Une fois relevé, à peine essoufflé, François de Grossouvre rit en se frappant le ventre d'un crochet sec, poing fermé. Il est musclé, sans graisse. Il commente : « François... Si tu le voyais, il est tout mou. Et aussi très malade tu sais. C'est une honte. Il se laisse aller depuis longtemps. Il est aux mains de véritables charlatans. Mon p'tit Paul, si tu savais... L'entourage du président monnaie tout, comme l'ex-KGB ses dossiers ! Ils ont tous peur de l'avenir. Je le sais ! Ils ne font que se gaver d'honneurs et d'avantages concrets. Honteux ! Plus aucun d'eux ne se préoccupe de la France. »

Ainsi était François Durand de Grossouvre : un corps dur de soldat, la passion de la France au cœur, une mémoire étonnante, et une incroyable capacité à encaisser, avec des vues à long terme. Tel un vieux samouraï en parfaite condition physique, il comptait aussi sur son arme, son 357 Magnum, un Manurhin MR 73 de 4 pouces, avec des éléments de visée réglés pour un tir précis à 25 m, dont il ne se séparait jamais. Je nettoyais et vérifiais régulièrement cette arme. Je remplaçais, tous les deux mois, chacune des six cartouches de type Norma à pointes creuses, par des projectiles d'un lot plus récent. François de Grossouvre est mort avec un projectile que j'ai eu dans les mains et que j'ai placé dans le barillet. Il n'était ni un saint ni un ange, seulement un combattant, un « garde du cardinal », mais d'un cardinal dont il avait compris, près de la fin, qu'il n'avait pas seulement péché par le choix de son entourage.

Le soir de son « suicide », François Durand de Grossouvre devait dîner, à 20 h 30 précisément, avec un diplomate africain de haut niveau, qui connaissait également Gilles Ménage. Ce diplomate a bien reçu le bouquet de fleurs que son invité lui adressa par porteur, à 19 heures, soit moins d'une heure avant son « suicide », accompagné d'une carte confirmant sa venue sur laquelle il avait écrit de sa main ces quelques mots : « Chers amis, Je me réjouis d'être avec vous ce soir, comme convenu. » A l'évidence, François de Grossouvre n'était pas « suicidaire » lorsqu'il écrivit ces mots sans trembler. Pourtant, il n'avait plus qu'une poignée de minutes à vivre... Tard dans la soirée, le téléphone a sonné chez notre ami commun, le diplomate africain, pour lui annoncer la mort de François, d'un coup de feu en pleine tête au sein du palais de l'Élysée. Dès le lendemain matin, M. R. et son épouse ont quitté d'urgence la France, par avion, la peur au ventre. Ils n'y sont pas revenus pendant de longs mois. Cette mort a en effet beaucoup marqué et troublé ce diplomate africain ami de la France.

D'autres éléments irréfutables confirment le fait que, durant sa dernière journée, François de Grossouvre fit montre d'une activité débordante, comme à son habitude. Ce qui contredit la thèse selon laquelle il n'exerçait plus de fonction à l'Élysée, qu'il était malade, diminué, fini, sénile, fou et suicidaire. Je ne prétends pas connaître, bien sûr, toutes les ficelles tirées par le « cabinet noir » qui conduisirent à l'élimination de mon ami. Dans ce monde sans règles, sans loi ni morale, même l'expert le plus fin en coups tordus peut se faire doubler par plus tortueux que lui. Tout est possible.

J'ai appris le décès de celui que je considérais comme le général en chef d'une nouvelle armée de l'ombre, apte à rétablir la France, sur une colline perdue au centre de l'Afrique, au moment où les officiers tutsis du Front patriotique rwandais (FPR), formés et conseillés par la CIA, préparaient les premiers mouvements de l'offensive qui devait leur assurer le pouvoir à Kigali, capitale du Rwanda, ainsi que le contrôle de toute la région des grands lacs. François Durand de Grossouvre est mort le 7 avril 1994, peu avant 20 heures. Exactement 24 heures avant, le 6 avril à la même heure, l'avion du président rwandais Habyarimana explosait en plein vol, au-dessus du palais présidentiel de Kigali, frappé traîtreusement par deux missiles soviétiques sol-air SAM 16. Leurs numéros de série indiquent qu'ils ont appartenu à l'armée irakienne. Peut-être ont-ils été récupérés par les soldats américains après la guerre du Golfe. Dans ce cas devrait-on y voir une manipulation de la CIA ? Mais pourquoi ? Ou plutôt, afin de ménager les intérêts de qui, à Kigali, et au Rwanda en général ?...

Quoi qu'il en soit, le simple bon sens commande de s'interroger sur la proximité de ces deux événements, les morts violentes de François de Grossouvre et du président Habyarimana. J'avais présenté personnellement Grossouvre au président du Rwanda en 1992, à l'hôtel Meurice. Ils étaient devenus amis. À la suite de l'attentat, un cycle de massacres aboutit à la mise en place de la dictature pro-américaine du Tutsi Paul Kagamé. Plus d'un million de personnes ont péri au Rwanda. Qui s'en soucie ? Lors de l'attentat contre l'avion présidentiel rwandais, deux chefs d'État sont morts, puisque le président du Burundi accompagnait son collègue rwandais. Qui s'en soucie ? Trois citoyens français sont également morts dans cet appareil : Jacques Heraud, Jean-

Pierre Minaberry et Jean-Michel Perrin, tous anciens militaires, salariés de la Satif, société privée de Charles-Armand Maurice de Rochet de La Baume de Depuy-Montbrun. Qui s'en soucie ? N'y a-t-il pas pourtant matière à diligenter plusieurs enquêtes officielles ? Et comment expliquer que les trois Français décédés aient été décorés de la Légion d'honneur, à titre posthume ? Motif officiel : morts au service de la France. Ne s'agissait-il pas de civils ? En résumé, pas d'enquête internationale, aucune procédure judiciaire, aucun magistrat instructeur désigné. Curieux.

En ma qualité de conseiller de la présidence rwandaise, je me suis rendu sur les lieux. J'ai récupéré environ 80 kilos de pièces calcinées de l'avion, des boîtiers électroniques, des enregistreurs de vol, des bandes magnétiques. Je me suis rendu, également, sous un tir intense de mortier de 120 mm du FPR, à l'aéroport de Kigali pour récupérer aussi les documents originaux : carnets de l'aéroport, rapports de la météo, fax, télex, ainsi que douze bobines d'enregistrement des vols du jour fatidique. Plus tard, avec l'aide de militaires fidèles, j'ai récupéré les lanceurs des deux missiles meurtriers, trouvés aux alentours d'une zone surveillée par l'armée belge. J'ai aussi réuni quatre-vingts témoignages, directs et précis, avec les enregistrements vidéo de personnes qui virent le départ des missiles et leurs impacts sur la carlingue de l'avion présidentiel. J'ai aussi les plans des lieux, avec l'emplacement présumé des tireurs. Avec l'aide de mes avocats, j'ai saisi le secrétaire général de l'Organisation des Nations Unies. Je lui ai demandé, par écrit, d'être immédiatement entendu. Au nom du secrétaire général, l'un de ses collaborateurs m'a renvoyé sur l'aviation civile, au Canada. Sitôt dit, sitôt fait. J'ai écrit. Aucune réponse. En France, les familles des pilotes ont du mal à se faire indemniser. Afin d'y parvenir à l'amiable, il leur a été « déconseillé » de déposer plainte. Pourquoi ? Laisser du temps au temps, pas d'enquête, pas de médias, pas d'ennuis, bref, la technique éprouvée de l'Élysée.

Autre fait troublant : la veuve du président rwandais, Mme Habyarimana, souhaitait déposer une plainte, afin que la lumière soit faite sur cet attentat. Ce lui fut déconseillé avec pour « argument » : « Il vous faudrait avoir la nationalité française. » De quoi donner la nausée. Pendant ce temps, la presse française, pour faire plaisir au président Mitterrand, ricanait sur les efforts du capitaine Barril. En revanche, j'attends toujours les éditoriaux demandant la saisie du juge Bruguière, les interpellations de l'Élysée. On cherche à cacher les conditions d'achat de l'avion, les fonds de la Satif, le double jeu de certains avec le FPR tutsi, grand bénéficiaire de cet attentat.

Tout comme pour le Falcon 50 de la présidence du Rwanda, le « suicide » de François de Grossouvre n'a entraîné aucune enquête digne de ce nom. J'ai rencontré, en secret, des policiers chevronnés et de haut rang, de vrais professionnels, intègres et expérimentés. Je leur ai donné mon avis, sans bluff, en professionnel, mais le cœur serré. Ma conviction est renforcée par l'accumulation de faits troublants, de nature à constituer un faisceau concordant d'éléments épars, mais tendant à discréditer la thèse officielle. Des éléments suffisants pour forger l'intime conviction d'un magistrat courageux. Aujourd'hui, il est bien tard pour avoir un espoir de remonter jusqu'à la vérité. Il aurait fallu, en premier lieu, faire venir un huissier de justice sur les lieux du décès. A l'heure des faits, c'est-à-dire juste avant le journal télévisé de 20 heures, beaucoup de monde circulait dans les couloirs de l'Élysée. Chaque jour, à cette heure, le palais présidentiel ressemble à une ruche bourdonnante. C'est une heure propice car les déplacements sont multiples. Pour pouvoir identifier qui était là et qui faisait quoi, il aurait fallu immédiatement placer des huissiers dans chaque pièce, dans les couloirs, y compris près des photocopieuses et télécopieurs, au-dessus et au-dessous de l'étage concerné, et jusque dans la petite cour et dans la rue où le garde républicain de service à l'heure du drame, juste sous la fenêtre non insonorisée, n'a « rien remarqué de particulier » ni rien entendu ! Aucune de ces mesures n'a été prise, ce qui constitue le premier manquement.

J'ajoute que, malgré le nombre de personnes présentes, aucun témoin ne s'est présenté. Est-ce suite à des pressions ou par lâcheté, par peur ? Aucune reconstitution n'a été réalisée afin de vérifier la portée de la détonation. Pourquoi ?

Il existe des moyens pour fracasser le crâne d'un homme à l'aide d'une balle de 357 Magnum sans qu'aucun bruit soit perçu, même sans utiliser un silencieux à baïonnette adaptable au canon d'un revolver 357 Magnum comme celui de François de Grossouvre. La méthode est la suivante : à l'aide d'un marteau à inertie, il est possible de préparer des projectiles spéciaux ; il suffit de séparer le projectile de sa douille afin d'en extraire une bonne partie de la poudre présente puis il faut réassembler les deux parties pour reformer ainsi une nouvelle cartouche. Simple à réaliser, l'opération a pour effet de réduire la puissance de feu du projectile. Cette cartouche sera moins puissante, à la fois dans sa force de pénétration et en portée, mais néanmoins mortelle si l'arme qui la tire est utilisée très près de la cible à atteindre. C'est ainsi que l'on peut réaliser une munition beaucoup moins bruyante, avec une vitesse initiale très lente, inférieure à 300 m/s, donc subsonique. Pour encore atténuer le bruit du tir, il suffit d'emballer l'arme dans un simple sac-poubelle de type 20 l, qui absorbera le bruit résiduel et la dilatation des gaz produits. Cette technique est bien connue de certains « services ». Elle expliquerait que personne n'ait entendu de coup de feu à l'Élysée, le soir du 7 avril 1994.

Du sang a été trouvé partout dans la pièce, sur les murs et jusqu'au plafond, sur le bureau également. François de Grossouvre avait, de plus, son arme personnelle en main. J'ose imaginer qu'il a été procédé au classique examen des fragments de poudre sur la main du présumé « suicidé ». Même dans l'affirmative, un test positif ne prouverait rien. Il aurait été possible, pour des spécialistes entraînés, de maîtriser cet homme de 76 ans, même en très bonne forme physique. Il s'agit d'une action facile et rapide à exécuter. Une à deux minutes suffisent. Dans la pratique, il suffit de bloquer sa main sur l'arme, puis de maintenir le sujet de force, sans le « marquer par des coups » ni par la moindre trace, en position assise face à son bureau, pour ensuite le « suicider » promptement, avec sa propre arme, d'une seule balle dans le crâne. Là encore, il s'agit d'une technique connue.

En parallèle à cette affaire, rappelons l'étrange « suicide » de René Lucet à Marseille, avec un record mondial : deux balles de 357 Magnum dans la tête et par le même orifice ! Le Parti socialiste en tremble encore. L'affaire remonte à 1982. Gaston

Defferre était maire de Marseille et ministre de l'Intérieur d'une gauche triomphante. Il ne fallait pas de vagues, pas de scandales. Or, René Lucet n'acceptait plus le racket organisé autour des professions de santé par le PC et la CGT. Directeur de la caisse d'assurances-maladie des Bouches-du-Rhône, Lucet, militant Force ouvrière et fonctionnaire incorruptible, devenait bavard et gênant. Trop. On connaît la suite...

Si, pour François de Grossouvre, l'action s'est déroulée comme je l'imagine, il ne restait plus aux assassins, leur forfait accompli, qu'à quitter l'Élysée sans précipitation, par exemple en se mêlant aux gens circulant dans les couloirs de l'Élysée. Il suffit de posséder un badge d'accréditation validé. Dans ce cas, le repli est programmé et l'évacuation du commando, composé de deux ou trois personnes maximum, immédiate. Fuir est impossible sans des complicités internes comme externes, en raison des protections et systèmes de contrôle du palais. Lorsque le corps sera retrouvé, même quelques minutes après, de vrais professionnels étaient déjà loin. Ce type d'exécution est un geste technique couramment enseigné dans certains « stages action ».

Bien sûr, on va rétorquer : « Barril divague, il est parano, il est devenu fou ! » Heureusement, le parquet a tranché. C'est un suicide. Un vrai. Sans témoin, sans lettre d'adieu, sans un mot pour ses proches, sans même un geste, ni le moindre signe de dépression, certes, mais un suicide on vous dit. Comme le « suicide », que rien ne laissait prévoir, de Pierre Bérégovoy. Comme le « suicide » du capitaine Guézou. Cela fait tout de même beaucoup de décès énigmatiques. Une presse libre dans une nation libre aurait fait entendre sa clameur d'un bout à l'autre de la planète. En France, aucune voix ne s'est élevée. Si des enquêteurs avaient sérieusement cherché à reconstituer les mouvements au sein du palais à l'heure de la mort de François de Grossouvre, ils n'auraient pas manqué d'éléments.

La sécurité à l'Élysée est quelque chose de sérieux. Lorsqu'un visiteur se présente, il doit échanger une pièce d'identité contre un badge d'accès de zone limitée. Le service de sécurité vérifie la validité de son rendez-vous. Ce n'est qu'ensuite qu'il pourra, ou non, être reçu par la personne avec laquelle un rendez-vous a été convenu préalablement. Un huissier est appelé. Son rôle consiste à conduire le visiteur jusqu'au bureau concerné. C'est le même huissier qui, à la fin de l'entretien, le raccompagne jusqu'à sa sortie effective du palais. Grâce à la mise en place, par Jean-Louis Esquivié, de la « petite informatique » à l'Élysée, des terminaux ont été installés dans de nombreux bureaux afin de contrôler les visites. Gilles Ménage avait le sien. Normal. Mais petit à petit, tous les rendez-vous quotidiens de l'Élysée, soit en moyenne plus de deux cents par jour, furent informatisés : nom du visiteur, adresse, interlocuteur concerné, durée et objet de la visite. Chaque soir, le directeur de cabinet du président de la République sortait le listing détaillé, l'étudiait, l'annotait et le transmettait au président. Cela permettait à celui-ci de savoir qui rencontrait qui.

C'est ainsi, par exemple, qu'en février 1994, un dialogue édifiant s'est déroulé entre François Mitterrand et François de Grossouvre. Il était 19 h 45, avant le journal télévisé.

– Vous avez reçu Barril hier plus d'une heure, observe le chef de l'État.

– Je vois qui je veux !

– Mais c'est un personnage dangereux. C'est un voyou, vous savez.

– Je vous le répète, je vois qui je veux. Je n'ai pas de compte à vous rendre.

A ce moment de l'entretien, François de Grossouvre s'approche de son vieil ami qui consulte la liste des visites, concoctée à son attention par Gilles Ménage, ainsi que la « note blanche » attirant l'attention du président sur ma venue. D'un geste brusque, François de Grossouvre arrache les feuillets de la main moite du président. Ce dernier, surpris par cette rébellion, sort sans un mot. Un mois plus tard, leurs rapports s'aigrissant, les deux hommes s'affrontent à nouveau.

– Monsieur le président, vous êtes entouré de bandits...

– Je vous interdis !

– Vous n'avez plus rien à m'interdire. Je sais tout !

François de Grossouvre pouvait se permettre de claquer la porte au nez de François Mitterrand. Il était le seul à pouvoir le faire. Il n'en abusait pas. Le lendemain, ils se revoyaient comme si rien ne s'était passé. Leur dispute la plus notable, celle qui me fait croire à une mort programmée, survint le jour où Mitterrand intima à son vieux compagnon l'ordre de remettre séance tenante ses archives à Michel Charasse, un fidèle parmi les fidèles. L'ordre visait toutes les archives personnelles de François de Grossouvre, celles se trouvant à l'appartement du quai Branly et au palais de l'Élysée, sans oublier ce qui était rangé à la campagne, à Lusigny, dans l'Allier, près de Moulins. Michel Charasse devait se charger de « tout classer, trier et ranger ». On pouvait lui faire confiance. Il serait un tombeau, à grand renfort de broyeurs faisant des confettis de l'histoire de France…

Confier l'exécution de cet ordre à Charasse, c'était lui offrir la jouissance d'une injuste revanche. Déjà en 1992, une fois Gilles Ménage promu président d'EDF, Michel Charasse lutta d'arrache-pied pour tenter d'obtenir la place tant convoitée de directeur de cabinet à l'Élysée. Finalement, François Mitterrand lui préféra Pierre Chassigneux, alors préfet de Gironde. Ce choix résultat des sages conseils de François de Grossouvre. Le sénateur Charasse lui vouera, dès lors, une haine tenace.

L'altercation fut très violente et ce fut la dernière. Jamais les archives ne furent remises de son vivant par François de Grossouvre. C'est un simple constat. Il est clair que Mitterrand y tenait pourtant énormément. Pourquoi autant d'intérêt de sa part pour des écrits, des photos, des actes notariés, 48 « vrais-faux » bulletins de santé, des souvenirs ? La peur d'une prochaine parution des Mémoires de François de Grossouvre ?

François de Grossouvre connaissait bien la région du Lyonnais pour y avoir vécu. Il avait accumulé des souvenirs sur les années de guerre, notamment qui a trahi et donc provoqué la mort de Jean Moulin et l'arrestation de Bertie Albrecht. Il disposait d'archives exceptionnelles. De preuves soigneusement conservées, de témoignages, ainsi que de nombreuses photos. On pouvait voir des noms et des signatures aujourd'hui célèbres, réunis comme pour symboliser les souffrances et les trahisons qui firent tant de victimes : la Milice, les maquis, tout était rangé, répertorié avec méticulosité. François Durand de Grossouvre préparait un livre sur ces sujets. Il m'avait dit détenir quelques « bombes » et il s'en amusait à l'avance.

– Mon petit Paul, si tu savais la peur qu'ils ont de mon bouquin ! Il est prêt et ils le savent, mais ce n'est pas ce qu'ils croient. J'évoque ma jeunesse et la guerre, les maquis, mes combats, la Résistance aussi. Je remue des souvenirs qui dérangent. François, oui, d'abord lui. Sa belle-famille et certains personnages de son entourage aussi. La vérité, ils n'aiment pas ! La honte menace l'Élysée. Depuis quelques semaines, certains essaient même de faire pression sur moi et d'autres m'évitent désormais. Ça bouge ! Tu parles, j'en ai vu d'autres, à mon âge, mais tu verras, quand tout cela va paraître, il y a de faux résistants qui feront moins les beaux après !

Pour l'anecdote, j'avais entendu cette même phrase dans la bouche de mon avocat, Me Vergès, lors d'un déjeuner en tête à tête. Il évoquait ses déboires dans l'affaire Barbie.

Puis, François de Grossouvre ajoute, la voix grave :

– Je suis écœuré de leurs magouilles. Trop c'est trop, quoi… Je sais que tu me comprends, je compte sur toi. Ta fidélité m'est très précieuse. J'ai confiance. Mes archives les intriguent. Quoi qu'il puisse m'arriver, il faut que la France sache ! C'est aussi la vocation de mon livre de souvenirs…

Le manuscrit a disparu. Il était dans une épaisse chemise grise réunissant un ensemble de feuillets écrits à l'encre bleue. Le 4 avril 1994, trois jours avant sa mort, François de Grossouvre a déjeuné avec son éditeur, près de la place Saint-Sulpice. Ils ont longuement parlé de son manuscrit. Une date a même été arrêtée pour sa remise officielle. Tout s'est évaporé après sa mort le soir du 7 avril. Le « livre interdit » n'est jamais paru. C'est plus radical qu'une simple saisie d'ouvrage !

A qui profite cette élimination d'un manuscrit ? Comme pour ses archives, intégralement disparues, j'ai demandé où avaient été entreposées les armes de collection de François de Grossouvre, après sa mort. A qui furent-elles remises ? Autant de questions restées sans réponse. Ces armes étaient au nombre de presque deux cents. C'était l'une des plus belles collections d'armes de chasse d'Europe, un choix rarissime effectué par un collectionneur avisé et disposé à mettre le prix. Celui d'une passion. Sa famille était désireuse de récupérer une partie au moins de ce trésor. La seule réponse que j'ai obtenue à force d'insister a été : « Les armes sont à ceux qui ont opéré le déménagement. Possession vaut titre ! »

Quelque temps avant sa mort, François de Grossouvre m'avait chargé de faire expertiser les plus belles pièces, une soixantaine, qu'il souhaitait vendre aux enchères chez Sotheby's. Il y en avait déjà pour 14 millions de francs. J'ai toujours en ma possession le dossier et les photos. Cela pourra servir. Comme tous les grands tireurs, François de Grossouvre avait quelques bourdonnements d'oreilles. Il prenait des gouttes avant chaque repas pour se soigner. En revanche, il possédait encore une excellente vue. C'était un fin chasseur, mais avec l'âge, il ne parvenait plus à déterminer la distance avec suffisamment d'exactitude, surtout dès la tombée du jour. Un projectile, tiré d'une carabine de chasse, infléchit progressivement sa trajectoire vers le sol, avec la distance. Pour les gros calibres la « flèche » peut atteindre 50 cm à 200 m, car la vitesse initiale diminue très vite. Pour sa part, le tir de grande chasse peut parfois s'effectuer à une grande distance, selon le poids de la balle, la pente, la météo et la nature du site. La différence peut donc avoir beaucoup d'importance sur la précision du tir.

J'avais pu acquérir, parmi les tout premiers, des jumelles d'observation, vraiment extraordinaires à l'usage, des « Geovid », de type Leica. Tropicalisées, elles sont équipées d'un télémètre à laser et d'une boussole intégrée. Il suffit de viser un homme, en situation de guerre par exemple, un objet ou un animal, en appuyant sur un bouton-poussoir sur la partie supérieure à gauche (c'est très simple) pour obtenir la distance exacte séparant le tireur de la cible. La distance s'affiche automatiquement dans l'optique, en chiffres lumineux de teinte rouge : 212 m, 213 m, etc. En appuyant sur le bouton de la partie de droite, la direction s'affiche en degré : 98°, par exemple. Ainsi équipé, il est parfaitement réalisable d'effectuer des tirs d'une grande efficacité, jusqu'à 1 500 m de distance, avec des fusils Sniper de calibre 12,7. C'est une performance technique. Dans le domaine militaire, comme en matière cynégétique, ces jumelles évoluées sont très utiles. Les miennes avaient un grossissement de type 7×42 BDA. Je les avais offertes à François de Grossouvre pour Noël. Il en était ravi. Ce fut, hélas, mon « cadeau d'adieu ».

Comme tant d'autres choses, ces jumelles ont disparu après sa mort. Cependant, j'en ai gardé le numéro de série. On ne sait jamais. Il n'y a que les montagnes qui ne peuvent jamais se rencontrer. Il me plairait de rencontrer le possesseur actuel de ces jumelles hors du commun.

Je critique la CIA parfois, mais pas leur devise : « Quand tu connaîtras la vérité, tu seras fort ! » Elle est gravée sur une plaque fixée à l'entrée du siège, à Langley, en Virginie. Elle fait face à la liste impressionnante des agents morts en mission. Tout combattant est un soldat, surtout un agent secret. Le renseignement et l'action font partie intégrante des missions quotidiennes. L'État américain sait honorer et reconnaître les mérites des hommes qui offrent leur vie pour la liberté et la bannière étoilée. En France, personne n'a construit de mausolée pour les combattants morts dans la guerre de l'ombre. Pourtant, ils sont nombreux à être ainsi tombés pour la France et notre drapeau tricolore, en soldats, avec honneur et fierté. Une plaque à leur mémoire grandirait la France. Que leurs noms s'inscrivent, en attendant, dans nos cœurs et dans nos mémoires. Et qu'en lettres de sang, celui de François Durand de Grossouvre s'y grave à jamais.

Chapitre 8

Hallier moins cher que Bani Sadr

« Plus les hommes seront éclairés,
plus ils seront libres. »
Voltaire

J'aime Jean-Edern Hallier, j'admire son intelligence, son éloquence, sa culture et son total sans-gêne. Je l'ai rencontré, début 1983, chez Marie-Madeleine Fourcade, la grande résistante du réseau « Alliance » où son nom de code était « Hérisson ». Son appartement du quai d'Orsay était le centre d'une nouvelle résistance, aux usurpateurs socialistes de l'Élysée cette fois. Mille complots étaient élaborés dans ce salon mondain où les responsables de l'hôtel-de-ville de Paris venaient prendre les consignes. Le général Lacaze, parmi d'autres, se mêlait à quelques officiers iraniens, opposants de l'ayatollah Khomeiny. Marie-Madeleine Fourcade a de l'affection pour moi et je la lui rends volontiers. Elle est ma marraine de « combat » depuis longtemps et m'a beaucoup appris sur l'histoire de mon pays et sur la période de la Résistance. Elle m'a ouvert de nombreuses portes et m'a laissé quelques passe-partout fort utiles. Devant deux témoins, un soir, dans le plus grand secret, elle me fit prêter serment de protéger envers et contre tout Jean-Edern, quoi qu'il fasse, quoi qu'il écrive. Sans réfléchir, flatté, j'ai juré. Quelle aventure !

Dans la vie du président François Mitterrand, une « part noire » existe. Les pseudo-révélations, tardives et provoquées, de Pierre

Péan, qui a eu accès aux archives de la DGSE grâce à Gilles Ménage[1], dissimulent l'essentiel. Dix ans plus tôt, l'écrivain Jean-Edern Hallier dénonçait déjà ces faits. Il avait fait une série de découvertes fondamentales sur le président Mitterrand, « Francisque Mitterrand » (le mot est de lui), ce « Machiavel de pissotière » (du même auteur).

Fils d'une longue lignée d'officiers supérieurs et d'hommes d'affaires du « lobby militaro-industriel », Jean-Edern vécut un drame dans son enfance qui le bouleversa à jamais. Au cours de la guerre, son père était colonel et attaché militaire à Budapest, mais dans la clandestinité il organisait des réseaux de résistance très efficaces. Jean-Edern, enfant courageux et turbulent, prit une balle perdue dans la tête et perdit un œil. Il voulait être soldat, un grand soldat, il rêvait de Saint-Cyr, de gloire, d'assaut, de défilés militaires et de décorations. Son monde d'enfant s'écroula. Il devint un soldat des lettres. Le meilleur de tous. Très informé sur d'anciens secrets, l'auteur flamboyant de *La Cause des peuples*, *Chagrin d'amour*, *Lettre ouverte au colin froid*, *Bréviaire pour une jeunesse déracinée* et autres ouvrages à succès, sème la panique à l'Élysée fin 1983. En riposte à un rappel d'impôts, il fait lire à quelques vieux amis du président, dont Maurice Faure, les bonnes feuilles d'un pamphlet vengeur qu'il prépare : *L'Honneur perdu de François Mitterrand*. Inconscient des risques, ce « dandy de grand chemin » a, dès cette époque, une grenade défensive dégoupillée entre les mains. Elle peut exploser à tout instant. Elle a bien failli lui péter à la figure ! Hallier, en effet, sait déjà tout et possède de nombreux documents originaux, dont des photos montrant François Mitterrand lors d'une importante manifestation antisémite de 1934. Avec les étudiants en droit et en médecine de Paris, il manifeste contre les « métèques », des étudiants juifs réfugiés d'Europe centrale qui, fuyant le nazisme, voulaient s'inscrire dans nos facultés pour y étudier en paix. Pour comprendre le contexte de l'époque, souvenons-nous qu'à Berlin, dans une indifférence générale, Adolf Hitler a instauré des lois discriminatoires contre les juifs, sur fond de nationalisme extrême. La suprématie aryenne devint la doctrine de l'État allemand, cette folie meurtrière

---

1. Pierre Péan, *Une jeunesse française*, Fayard, 1994.

amenant l'extermination des juifs, déportés massivement comme le furent les tziganes, les débiles mentaux, les handicapés lourds, les malades incurables, sans oublier un grand nombre d'opposants politiques, même ceux de nationalité allemande. En 1934, Vichy n'était encore qu'une ville thermale appréciée des curistes, et les pavés de Paris n'avaient pas encore été foulés par le pas de l'oie des soldats du IIIe Reich. Les « métèques » n'étaient ni des Arabes ni les « beurs » turbulents et chômeurs de nos banlieues, mais des fils de David. On en dénombrait peu au sein des facultés. L'accès à l'enseignement supérieur était réservé alors aux enfants de la bourgeoisie bien-pensante. François Mitterrand en faisait partie, partageant ces idées sans état d'âme. Cet antisémitisme primaire laissera, un peu plus tard, instaurer l'obligation du port de l'étoile jaune.

C'est en vain que le tandem Edwy Plenel-Pierre Péan s'efforce, en 1994, d'allumer un « contre-feu ». Ils ont l'audace d'affirmer que Mitterrand « grand ami d'Israël des années 1980, n'a en tout cas jamais été antisémite ». C'est une contrevérité comme de dire que les Croix de Feu du colonel de La Rocque n'étaient pas une organisation d'extrême droite, antirépublicaine et factieuse. Jean-Edern a relevé les « vingt-trois coïncidences » qui rendent risibles les efforts faits pour biaiser avec la réalité des compromissions de François Mitterrand dans les pires complots menés contre la République. J'ai vu Marie-Madeleine Fourcade et Jean-Edern, penchés sur un vieux cahier d'écolier où la liste des membres de la Cagoule était inscrite avec le pseudonyme de chacun. Ils étaient interloqués de découvrir que, pour se faire hospitaliser au Val-de-Grâce, le président Mitterrand avait utilisé comme nom d'emprunt « M. Blot », le pseudonyme déjà employé par un jeune cagoulard, proche d'Eugène Deloncle ! Au cours de son enquête, Hallier a croisé, dix ans avant Péan, le chemin de René Bousquet, l'organisateur zélé de la rafle du Vel' d'Hiv' en février 1943. Ce même Bousquet resta l'ami de Mitterrand durant plus de trente ans et l'un des bailleurs de fonds de ses campagnes. Mais comme l'a expliqué Danielle Mitterrand dans son dernier ouvrage[1], « il y a des amitiés que l'on ne peut renier ». Elle parlait de Roger-Patrice Pelat !

1. Danielle Mitterrand, *En toutes libertés*, Ramsay, 1996.

Enfin, presque par hasard, Jean-Edern Hallier croise un jour les pas de Mazarine, la fille naturelle de Mitterrand. La rage éclaire alors le regard de l'écrivain maudit, humilié par le prince. Il a compris. L'enfant niée, ce visage que seule la « cour » élyséenne connaît mais que le peuple ignore, n'est pas un caprice royal, la répétition du Masque de Fer, ni même la honte bourgeoise et provinciale d'une forme de polygamie à la française, banale de nos jours. Au-delà de la charmante jeune fille, le secret symbolisé par Mazarine cache quelque chose de plus : l'argent du président, l'argent privé s'entend, celui de la maison de Gordes, des filières de Pelat, l'argent en Suisse, Venise et les voyages secrets... Jean-Edern enquête, « engrange » les informations. Des personnes se confient, donnent des documents, citent d'autres témoins. Des amis oubliés livrent des détails inédits. Des amies délaissées parlent d'histoires très intimes. Dès lors, il est en danger.

Dix ans plus tard, certains beaux esprits riront quand le directeur de *L'Idiot international* révélera, dans le cadre de l'affaire des écoutes élyséennes, certains aspects du traitement particulier qui lui était réservé. C'est Maurice Faure qui parle le premier et crée la panique à l'Élysée. Hallier devient une « cible prioritaire ». Il est mis sur écoutes, chez lui. On « traite » aussi le téléphone de sa vieille cuisinière, la bonne Piédade Vasquaises, on écoute ses femmes, ses ex-femmes, ses valets de chambre... Même Christian Prouteau l'a reconnu devant le juge Valat. C'est dire ! On écoute aussi le restaurant de la rue de Birague où Hallier déjeune, on écoute le bar-tabac où il achète ses cigarettes et d'où, assez souvent, il téléphone. François Fresnel, responsable jusqu'à l'été 1984 du Bureau des affaires réservées – le bureau des affaires secrètes et très spéciales de la DGSE –, a reconnu devant le juge Valat qu'il s'était inquiété de cette « traque ». À la même époque, Gilles Ménage demande, en urgence, au ministre de la Défense, la mise sur écoutes de *La Closerie des Lilas,* le restaurant du boulevard Montparnasse où Jean-Edern Hallier a ses habitudes. Hernu l'accorde sans demander ni précision ni motif. Gilles Ménage et la « cellule » disposent de pouvoirs étendus et incontrôlés. Quand François Fresnel s'en ouvre à Charles Hernu, le ministre lui rétorque : « Cela ne vous regarde pas ! La "cellule" sait ce qu'elle a à faire ! » Les écoutes visent aussi l'atelier de photocomposition travaillant pour le journal d'Hallier mais également des hommes de lettres, des éditeurs célèbres, des imprimeurs, et enfin des amis de Jean-Edern, connus et inconnus. Jusqu'à 640 écoutes sur la seule période du 4 septembre 1985 au 19 mars 1986. Une sorte de record ! « Kid », « Kidnapping », « Débile », « Fabulateur », « Cape », l'écrivain collectionne les codes d'écoutes dans les disquettes décryptées depuis par le juge Valat. Des centaines d'heures d'enregistrements et de fichages détaillés, un travail titanesque ! La « cellule » va stocker dans l'ordinateur – de l'antiterrorisme ! – des synthèses de conversations sur l'art et la poésie, tenues entre Jean-Edern Hallier et d'illustres membres de l'Académie française. Que de précieux budgets ainsi engloutis à la rubrique de l'écoute inutile !

Ce n'est pas tout, il y a pire encore. Comme je l'avais juré à Marie-Madeleine Fourcade, j'ai sauvé Jean-Edern Hallier d'ennuis beaucoup plus graves, peut-être « définitifs ». « Si vous ne menaciez pas le chef de l'État, vous ne seriez pas emmerdé ! » a dit à l'écrivain le préfet-colonel Prouteau, au célèbre restaurant le *Vert-Galant*, à l'occasion d'un rendez-vous secret qui n'aura rien de tendre. Christian Prouteau reconnaîtra ses dires, dans un entretien avec le journaliste Roger Auque, l'ancien otage du Liban, paru le 16 mars 1995 dans l'hebdomadaire *VSD*. Menaces, contre-menaces, pour les « gros bras » de la « cellule », les recherches de l'écrivain sur le passé de François Mitterrand – participation aux manifestations antisémites, rapports avec la Cagoule, Francisque, « blessure de guerre » fictive, liens d'argent avec Bousquet, financement politique et privé, fille adultérine – reviennent à « menacer » le président de la République, à déstabiliser la politique intérieure et extérieure de la France. Pour certains, il était dès lors « normal » que Jean-Edern Hallier soit « traité » comme une « cible prioritaire » par la « cellule » antiterroriste de l'Élysée. Or, dans notre langage codé, cible signifie bien cible ! Ces aveux sont terribles et non moins terrible la naïveté de Prouteau qui l'avoue. Prouteau est l'incarnation du garde-à-vous-fait-homme devant son président. Si Ménage donne des directives, le président parle : il faut exécuter. Point final. On écoute, on obéit aveuglément, et après on ferme sa... bouche. Un peu comme disait Baudelaire : « Je te frapperai sans haine et sans colère, comme un boucher. »

Hallier dit vrai quand il affirme – et je ne vise pas là Prouteau – que des commandos furent envoyés pour faire de la casse à l'imprimerie de son journal. De menaçants graffitis rouge sang furent peinturlurés de nuit sur les murs de son immeuble, place des Vosges. Un « travail d'expert » sur les écrous de son scooter faillit l'envoyer à l'hôpital, pour le moins, ou l'expédier à la morgue, pour le pire.

Ces méthodes sont les fruits d'une politique consciente que l'on retrouve à l'œuvre avec les gardes présidentielles d'États africains. Les Français amoureux de l'Afrique les connaissent bien. Elles sont souvent « conseillées » par d'anciens militaires, ou d'anciens de la DST fournis par Paris. La prise en charge de la sécurité du chef de l'État commence avec celle de ses proches et de sa famille. C'est la première phase. Elle implique une accumulation de connaissances de tous ordres, publiques et privées, puis la prise de gages et d'assurances pour l'avenir. Vient ensuite la maîtrise de l'antiterrorisme, donc la gestion des menaces intérieures et extérieures. Cela passe par le chapeautage des services officiels, avec contournement des textes et procédures. On s'émancipe des lois et des règles ordinaires : actions spéciales, budgets spéciaux, mains libres. L'abondance des moyens, l'ivresse de tout savoir, les capacités d'actions illimitées créent une forme de griserie. Puis le pouvoir s'aigrit. Vient le temps, pour les gardes prétoriens, de passer du service de l'État à celui de son chef, de pourvoir à ses plaisirs et à son « bon plaisir », à la tranquillité de sa vie publique et de sa vie privée. Même le bon docteur Gubler l'affirmera, avec crainte : « Le GSPR était devenu un "État dans l'État". » Christian Prouteau, et surtout Gilles Ménage, le savent bien. Ils connaissent la ligne de pente de toute garde prétorienne personnalisée. C'est pourquoi, dès le début, ils ont « gonflé » la prétendue « menace Hallier », sachant d'avance que François Mitterrand les croirait sur parole. Une façon comme une autre, pour eux, d'étendre leur champ d'action, de capter la confiance du prince, de se rendre indispensables.

En 1984, les perspectives d'une action contre Jean-Edern Hallier, dans l'esprit violent du « contre-terrorisme », sont à tel point sérieuses que François de Grossouvre s'en inquiète. En contact direct avec l'écrivain, le conseiller du président – que Jean-Edern nommait avec ironie François de… « Gros Sous » – reçoit comme directive du chef de l'État, en janvier, de rompre ce contact et de laisser faire le directeur adjoint de cabinet, Gilles Ménage. J'avais commencé à gagner l'estime de François de Grossouvre mais nous nous connaissions encore peu, bien que devenant proches chaque jour davantage. Après mon départ de la « cellule », et à la suite de la publication de mon premier livre, je suis appelé par Pierre d'Alençon, grand et sympathique garçon qui deviendra ensuite préfet. Il s'agit du frère de Véronique, l'épouse d'Yves Mourousi, dont le célèbre « bonjour » prononcé d'une voix rauque est resté dans la mémoire des téléspectateurs. Pierre d'Alençon dirigeait alors le cabinet de François de Grossouvre. Il me dit : « Le conseiller du président désire vous voir, chez lui, quai Branly. » C'était la première fois. Grossouvre avait fait venir Christian Prouteau, sans me prévenir. Face à l'état de guerre qui s'instaurait entre nous, et comprenant que, de mon côté, le combat ne cesserait pas, il avait prié Grossouvre d'intervenir et de négocier une sorte de trêve. La rencontre fut brève, tendue et sans conséquence utile. Je n'avais rien à dire et j'étais furieux. Dans les heures qui suivent, je reçois un appel personnel de François Durand de Grossouvre. A mon comportement et aux réactions gênées de Christian Prouteau, il a senti « quelque chose » de grave. C'était un homme fin, capable de capter d'infimes détails de comportement et de les analyser sur-le-champ. Il souhaite me parler, mais cette fois en tête à tête. C'est lors de cette rencontre que naquit une amitié qui ne prit fin qu'à la mort du vieux soldat fidèle, encore que, pour moi, rien ne soit terminé.

Grossouvre avait senti d'instinct que le « cabinet noir », la « cellule » deuxième version, dirigée de 1983 à 1986 par le tandem Christian Prouteau-Gilles Ménage, préparait un « dossier d'objectif » contre Jean-Edern Hallier. Sans aller peut-être jusqu'à l'élimination physique de la « cible », il risquait néanmoins d'aller trop loin. Grossouvre n'avait pas envie que l'on retrouve, un soir, l'écrivain massacré par une bande de malfrats, ou mortellement blessé par un mystérieux chauffard en fuite, ou pris « en flag » avec un peu trop de « coke » dans ses poches… Connaissant mes relations avec Marie-Madeleine Fourcade et combien Jean-Edern m'apprécie, il me demanda d'intervenir en douceur.

Il était temps ! Deux jeunes gangsters asiatiques du Chinatown de Paris, quartier du XIIIe arrondissement, membres de l'une des « meilleures équipes de braqueurs de banques », le célèbre gang des « postiches », s'étaient vu proposer une somme de 300 000 F pour « fumer » Jean-Edern Hallier. Soyons honnête en disant que ce « contrat sans éditeur » ne venait pas directement des réseaux Ménage-Prouteau, mais d'une autre structure, sûrement aussi dangereuse, greffée sur la première, avec un accent corse prononcé. Le contrat avait été formulé par un « grand prince rose » au beau visage blême d'oiseau de proie jouisseur, sculpté par les voluptés du pouvoir, déjà grand amateur de jolies femmes – juives flamboyantes, Orientales opulentes – et de vins sirupeux. Son nom commence par la même lettre que celui de « l'intermédiaire », un homme de loi originaire d'une petite île proche de la Sardaigne. Il ne m'est pas possible d'aller plus loin. Ces hommes « sans visage » avaient fourni aux jeunes gens du gang l'adresse exacte, l'étage précis et les horaires d'Hallier, ainsi que les « assurances » nécessaires pour leur « besogne ». Les deux « flingueurs » entreprirent des filatures et préparèrent avec minutie l'opération. Dans leur domaine, ils étaient compétents. Parmi les plus capables. Parfois, le hasard fait bien les choses. Ce soir-là, l'air était doux aux abords de *La Closerie*. Ils eurent pitié de l'écrivain à abattre... à moins qu'ils n'aient été surpris d'une présence inattendue à ses côtés : la mienne ! La vue du capitaine Barril en ces lieux et en pareilles circonstances les déconcerta à un point tel qu'ils préférèrent renoncer. Plus tard, ils refuseront, avec un vrai bon sens, un autre « contrat », malgré un montant dix fois supérieur au premier. Il venait d'Iraniens qui leur offraient 3 millions de francs pour l'assassinat de Bani Sadr sur le sol français où l'ex-Premier ministre iranien s'était réfugié.

Hallier, impavide car inconscient du danger, poursuivait sa danse au bord du précipice. Il fallait en finir d'une façon ou d'une autre. Laisser pourrir la situation devenait périlleux, mieux valait avoir l'initiative et choisir un type d'action. C'est ainsi que, le 29 mars 1984, je me rends à la brasserie *Lipp*, stylo en main, pour un ultime face-à-face avec l'écrivain. Comme il le dit lui-

Photo dédicacée de Prouteau à Barril : «Pour Paul, mon ami, mon frère, avec lequel j'ai parcouru dans la sueur, le sang, la peine, la joie, dix ans qui ont marqué ma vie et l'histoire de la gendarmerie! En souvenir de sept ans ensemble... Dieu reconnaîtra les siens... Sincèrement. Christian.»

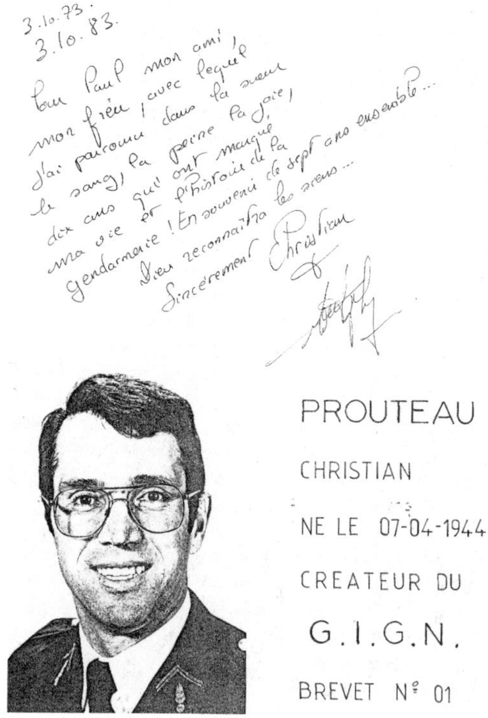

Ci-dessus : Jean-François Dubos, chargé de mission auprès de Charles Hernu, ministre de la Défense.

François de Grossouvre en avion avec François et Danielle Mitterrand.

(Ph. Diego Goldberg/ Sygma)

À Maisons-Alfort, présentation du GIGN à Charles Hernu, ministre de la Défense, par le commandant Christian Prouteau. À l'extrême gauche, le chargé de mission du ministre, Jean-François Dubos. *(Ph. E.C.P.A)*

Ci-contre, de gauche à droite : le commissaire Charles Pellegrini et le capitaine Barril dans le bureau de Christian Prouteau à l'Élysée.

Ci-contre, de gauche à droite : Jean-Louis Esquivié, spécialiste de l'informatique, et Pierre-Yves Gilleron, de la DST, tous deux membres de la «cellule» élyséenne.

Trois membres de la «cellule» pendant un déplacement en Mystère 20. *De gauche à droite* : Jean-Louis Esquivié, Paul Barril et Charles Pellegrini.

Gilles Ménage, directeur de cabinet de François Mitterrand, dans son bureau à l'Élysée. *(Ph. Bisson/Sygma)*

Ci-dessus : L'écrivain Jean-Edern Hallier rend ses armes au capitaine Barril. *(Ph. P. O Deschamps/ Vu)*

Ci-contre : Jean-Edern Hallier sous la protection du capitaine Barril.

Un sous-marin et un kayak utilisés par les plongeurs de combat.

Ci-contre : Le capitaine Barril, parrain d'une promotion du GIGN, remet les brevets.

Ci-dessous : Le capitaine Barril et son avocat, Me Jacques Vergès.
(Ph. Van der Stockt/ Gamma)

Ci-dessous : Le capitaine Barril et son fils dans leur boutique du boulevard Pereire à Paris.
(Ph. Geral/ Stills)

Sauf mention contraire, toutes les photographies proviennent de collections privées.

même, dans son style fleuri, c'était un peu « James Bond négociant avec Homère ». Hallier rédige sur un coin de la nappe en papier le texte d'un communiqué destiné à l'AFP :

> Bien qu'ayant achevé mon livre sur François Mitterrand, j'en dépose le manuscrit en lieu sûr afin que son existence ne soit pas mise en doute et je suspends *sine die* sa parution. En effet, elle me paraît inopportune à la veille des prochaines échéances électorales. Il y a beaucoup plus de courage aujourd'hui à soutenir le président de la République qu'à l'attaquer. Je ne veux pas faire profiter de la haute littérature à la basse politique. De plus, l'homme de gauche que je suis toujours ne voit pas pourquoi il ferait ce cadeau qu'elle ne mérite pas à la droite qui, même sans les nostalgiques de son retour au pouvoir, n'a pas su ni renouveler ses hommes ni tirer la leçon de son échec en reconstruisant une image d'espérance[1].

Soulagé, après m'avoir longuement serré dans ses bras, il me donne l'original de son manuscrit, constitué d'une quarantaine de feuillets écrits à l'encre bleue, portant de très nombreuses ratures et corrections, ainsi que deux cassettes où le livre était lu par Jean-Edern, avec des accents et une conviction qui ne pouvaient que faire pouffer de rire. Après de nombreuses vodkas, et sous mon amicale pression, de la cabine téléphonique de *Lipp*, au rez-de-chaussée, il dicte lui-même à l'Agence France Presse sa décision de ne pas publier, pour le moment du moins, son pamphlet vengeur *L'Honneur perdu de François Mitterrand*[2]. Ainsi qu'il aime à le dire aujourd'hui, mieux valait, à l'époque, « se renier trois fois avant le chant du coq, juste prudence sous les pressions et les chantages affectueux, ou les menaces de prendre les deniers de la corruption… tout en les empochant quand même au passage ». Le soir même, je remettais le manuscrit et les cassettes (après en avoir fait une copie) à François de Grossouvre qui me dit : « Merci mon petit Paul, la France n'a pas besoin de scandale pour le moment. Hallier aurait pu nous coûter les élections. »

1. Voir annexe n° 5.
2. Revenu sur sa décision, ainsi qu'il me l'avait promis, Hallier a publié son pamphlet en 1996 aux éditions Les Belles Lettres-Le Rocher.

Je n'attribue pas ce résultat à mon charisme ni à la subtile intelligence de Jean-Edern Hallier. Ce serait trop simple. Comme pour la Corse avec Orsoni, pour Action directe avec Rouillan, ou pour d'autres dossiers délicats, j'ai exécuté ma mission en étant préalablement mandaté, avec des directives officielles et une latitude dans leur adaptation et leur respect, compte tenu du caractère de ces négociations. Sans parler de chantage, disons que c'était « donnant-donnant ». Hallier sauvait sinon sa peau du moins sa tranquillité, et, en contrepartie, il obtenait l'abandon des poursuites judiciaires engagées contre lui, concernant son enlèvement douteux et la bombe, on ne peut plus réelle elle, qui avait ravagé le domicile parisien de Régis Debray, sans toutefois le blesser. J'avais aussi offert à Jean-Edern Hallier la protection d'un avocat pugnace et intelligent, Francis Szpiner, et la perspective d'un séjour tranquille à la Villa Médicis, à Rome, ainsi que d'autres petits arrangements de détail. Au passage, j'avais aussi réglé en douceur la question des armes. Hallier possédait deux « outils de gros calibre », un revolver et un pistolet automatique de calibre 11,43. Il s'en servait de temps en temps, place des Vosges, depuis le balcon de son appartement, pour tirer des pigeons à qui de petites vieilles jetaient des grains de maïs. C'était très imprudent, pas pour les pigeons ni pour les mamies, mais parce que Hallier, déjà presque aveugle tremblait, sa main comme le reste. Le vrai danger était pour Jean-Edern Hallier lui-même ! En outre, jouer avec des armes, quand on est devenu soi-même une « cible prioritaire », c'est chercher à se brûler les doigts. Dans son cas, ces armes et leur bruyant usage risquaient de donner des idées aux gens du « cabinet Ménage » chargés d'analyser « l'environnement de l'objectif » pour y découvrir des failles et « régler le problème » en les exploitant. Classique. La presse aurait parlé d'un « accident », d'une « bavure », d'un cas de « légitime défense », d'une énième « provocation » de l'écrivain qui aurait mal tourné, ou d'une « défonce » de trop. Du déjà-vu. Heureusement, face à Jean-Edern Hallier, j'ai trouvé les mots justes, ceux qui lui firent rendre les armes, au propre comme au figuré. Mais dans l'honneur et la tradition militaire de sa famille, c'est-à-dire avec panache et élégance. J'ai pu (mais le sait-il ?) conserver une photo[1] de cette « aventure », pour mes archives. Pardon, Jean-Edern, mais c'est aussi de l'histoire de France !

Bien sûr, à l'époque, les « esprits forts » de Paris ne croyaient pas à ces fariboles. Dans *Le Monde* du 24 mars 1984, Edwy Plenel s'était moqué de Jean-Edern Hallier et avait ironisé sur les « fantasmes » de l'écrivain : « Depuis qu'il annonce la parution *[de son pamphlet]*, il ne peut être que sous écoutes, sous haute surveillance... » Toujours aussi lucide et méprisant, M. « Benet » ! Son article, hautain et persifleur, a toutefois le mérite de reconnaître, outre l'existence des écoutes en 1984, le fait que Jacques Genthial, le patron de la « crim' », celui qui avait poursuivi, jadis, de sa vindicte, le « factieux capitaine Barril » doit son éviction de la brigade criminelle aux rebondissements du dossier Hallier. Il avait averti l'écrivain qu'il allait être écouté, ignorant que les oreilles de la « cellule » étaient déjà déployées. Une interception téléphonique de « Kid » a démontré la trop grande proximité du policier avec l'écrivain maudit et il est immédiatement écarté. Dès lors, le malheureux est terrorisé par tout ce qui s'apparente à Jean-Edern Hallier, aussi, lorsque ce dernier l'appelle pour l'inviter à prendre un verre, ayant « des choses à lui dire », Jacques Genthial décline l'invitation et ne téléphonera jamais plus à l'écrivain.

Edwy Plenel évoque aussi l'hypothèse selon laquelle le capitaine Barril, qui a offert à Hallier, pour son anniversaire, un gant de boxe bleu, avec son autographe sur lequel on peut aussi lire la mention « pour une bonne droite », aurait « profité des circonstances » pour régler un vieux compte avec le commissaire Genthial. Ainsi *Le Monde* discréditait Hallier pour le compte de l'Élysée. Les pressions étaient alors nombreuses. Le premier à avertir Jean-Edern du danger mortel qu'il encourait fut l'ex-patron de la FNAC, son vieil ami Max Théret, camarade de 68 et ancien trotskiste qui finança son journal, *L'Idiot international*. Peu après, en 1985, mandaté par Pierre Joxe, le milliardaire rouge Doumeng rencontra lui aussi Jean-Edern Hallier, au *Plaza Athénée*, à Paris, où ils prirent un petit déjeuner ensemble. A cette occasion, il lui proposa une aide de 50 000 F, susceptible d'apai-

1. Voir le cahier des illustrations.

ser une partie de ses problèmes financiers. Dans la conversation, il lui glissa tout de même un message clair, mais très inquiétant : « Jean-Edern, fichez le camp, sinon vous allez vous faire flinguer ! » C'est ce qu'il fit, en fuyant pour la Corse peu de temps après... D'autres proches du président s'acharnèrent aussi sur l'« écrivain maudit », dont les membres du « gang de Solutré », MM. Dumas, Kiejman, Fabius, Lang, Charasse, Bergé, Prouteau, Ménage, et même Régis Debray, tous s'étaient ligués contre lui, stigmatisant les effets de la campagne menée par le journal *Le Monde.*

Le monde des gens sérieux, je veux parler de celui des « services », préfère travailler avec rigueur sur les lièvres soulevés par l'écrivain. L'affaire Hallier initie l'affaire « Mitterrand résistant de dernière heure ». Numéro deux de la DGSE, le préfet Parant donne des ordres pour rechercher des éléments sur le passé du président. D'abord sur la ou les « blessures » du 16 juin 1940, puis sur la francisque décernée le 16 août 1943, enfin sur « sa résistance ». Début 1943, François Mitterrand n'était pas résistant et ne s'appelait pas encore « Morland ». Il était, comme le confirme la DGSE, un des membres du secrétariat d'État aux Prisonniers de guerre à Vichy. Il avait même été contacté en avril 1943, en vain semble-t-il, par Marcel Kahn, représentant du MNPGD, créé en 1942 au Stalag XIB de Fallingbostel. En 1943, la France est, rappelons-le, entièrement occupée par l'armée allemande. La bataille de Stalingrad va sonner l'heure de la défaite des nazis. C'est seulement en fin d'année, au mois de novembre, le 15 exactement, que le futur président décolle, près d'Angers, dans un petit Lysander, pour Londres.

Je tiens à la disposition des (vrais) historiens, l'intégralité des documents[1]. Les notes manuscrites émanent du colonel Fournier (pseudo « Joseph »), de la DGSE, à l'attention de François de Grossouvre. Elles sont expertisables par un graphologue. Ces notes font apparaître que la DGSE, en suivant la piste Hallier, ne s'est pas contentée de rouvrir les vieux dossiers poussiéreux de la Cagoule. La mort de Bertie Albrecht, qui appartenait au mouvement Combat, intéressa également les services. Les circonstances

1. Voir annexe n° 6.

de l'arrestation de cette résistante, qui louait une maison aux parents de Danielle Gouze-Mitterrand, à Cluny, aussi. Le groupe de presse Castel publia, dans la foulée, des articles jugés « trop agressifs envers le passé du chef de l'État ». Une enquête fut aussi diligentée sur les intérêts africains de la famille Castel, ses liens (réels ou supposés) dans les milieux des mercenaires, et enfin, ses rapports avec différents réseaux politiques suspects d'intentions déstabilisatrices. L'enquête fut très complète. Elle s'étendit jusqu'aux îles Sao Tome et Principe, et même jusque dans les débris des maquis de Roberto Holden, du FNLA de l'Angola...

J'ai revu souvent Jean-Edern Hallier. Nous sommes restés amis. J'ai tenu mon serment : à chaque menace, à chaque appel de détresse, j'accours. Lorsqu'un huissier terrorisé, portant un gilet pare-balles, accompagné de deux policiers en uniforme, armés de pistolets-mitrailleurs, veulent saisir l'appartement de l'écrivain, avenue de la Grande-Armée à Paris, je suis à ses côtés pour refouler ces intrus sous les quolibets d'une foule de sympathisants et de journalistes protecteurs. Je l'ai encore soutenu quand il a, le premier et avec quel courage, croisé le fer avec Bernard Tapie, le dernier des poulains poussés par la gauche socialiste et hissés jusqu'au sommet par le bon vouloir du président François Mitterrand. Pour avoir publié le vrai casier judiciaire de Bernard Tapie, Jean-Edern Hallier, en tant que « patron de presse », s'est vu saisir jusqu'au dernier de ses biens, ou à peu près... Sans oublier les « gros bras » venus le menacer de mort jusque dans son hôtel de Marseille. Une plainte est toujours à l'instruction. Il en fallait davantage pour faire reculer Jean-Edern. Quel courage, quelle persévérance ! Je me souviens avec émotion de la conférence de presse qu'il a organisée sur le port de Marseille, pour soutenir Teura, la veuve du grand navigateur Alain Colas, et ses deux fils. Ils étaient venus expliquer, la gorge serrée, leur déception d'avoir fait « affaire » avec Bernard Tapie. Contrainte à vendre le *Phocéa*, le prestigieux voilier de son mari alors disparu, pour subvenir à l'éducation de ses deux jeunes enfants, Teura a découvert la véritable nature du fossoyeur d'usines et d'entreprises. Il lui a joué la comédie du cœur qui saigne, celle du « sauveur », du « second mari » qui va s'occuper de tout, et surtout des enfants… alors qu'il se contentait de récupérer le bateau convoité.

Aujourd'hui, Jean-Edern Hallier est non seulement réhabilité, mais après le décès du président Mitterrand, il lui a enfin été loisible de publier *L'Honneur perdu de François Mitterrand*, best-seller de 1996. Un succès immédiat et mérité. Jean-Edern a frôlé la mort et surtout la folie. Il est presque totalement aveugle, mais il revit. Il est heureux, il rayonne. Depuis l'élection de Jacques Chirac, Jean-Edern a désormais autant de succès que le nouveau président auprès des invités de la traditionnelle garden-party du 14 juillet, à l'Élysée. On s'arrache ses autographes, de très jolies filles succombent volontiers à l'écrivain de génie, de vieux messieurs l'applaudissent et lui disent merci d'avoir pu, seul, ébranler l'Élysée avec des mots d'écrivain. Il ne lui manque que la consécration suprême : l'Académie française !

Mars 1996, nouveau rebondissement !

Jean-Edern Hallier est protégé par deux gardes du corps de la police nationale à la suite de nouvelles menaces de mort à son encontre. Le 7 mars 1996, il m'adresse, par porteur spécial, une lettre dans laquelle il me demande, une fois encore, de respecter ma parole et de le protéger.

> Cher Paul,
>
> C'est énervant d'être sans nouvelle de toi, sinon par l'intermédiaire de ceux que tu appelles. Tu peux me rencontrer discrètement. Il suffit que tu sonnes à la maison. Je serai à Paris jusqu'à demain, au milieu de la journée. Après, je descendrai me reposer au Normandy, à Deauville, escorté par la garde que le ministère de l'Intérieur a mise à ma disposition pour me protéger.
>
> Je suis en contact permanent avec Jacques-Marie Bourget, Jean-Paul Cruse avec qui je déjeune aujourd'hui, et Jacques Vergès qui me conseille dans cette affaire. Puisqu'elle est au bord d'éclater, faisons-le sans attendre, je t'en supplie. *Paris-Match* et *Le Point* sont prêts à faire les gros titres, si tu parles – ou si tu donnes suffisamment de « biscuits » pour que tout soit possible. Aide-moi, j'en ai besoin. Comme *L'Honneur perdu de François Mitterrand* vient de sortir enfin, c'est la meilleure manière d'assurer mon triomphe définitif, après treize ans de souffrance et de persécutions. Après tout, je l'ai bien mérité. Finalement, c'était plus dur que Victor Hugo, ce duel avec le

prince… Que vaut-il mieux du bâillon ou de l'exil ? En plus, le bâillon étouffe et j'ai besoin de respirer une fois pour toutes le grand air pur de la vérité.
Je viens d'avoir soixante ans. Fais-moi ce cadeau d'anniversaire. Je te le revaudrai – et en plus, je peux te dire que Chirac est plus que complice ! Dans l'attente de tes nouvelles, je t'embrasse.

Jean-Edern Hallier.

Oui vraiment, on pourra dire que François Mitterrand a été président de la République sous Jean-Edern Hallier !

Chapitre 9

Les écoutes téléphoniques

« À celui qui écoute des conversations
qui ne lui sont pas destinées,
il sera versé du plomb fondu dans les oreilles. »

Youssef Qaradhawi,
Le Licite et l'Illicite en Islam

J'aime les journalistes, les purs, les idéalistes, à leur manière, ils sont un peu artistes, un peu rêveurs, soldats perdus dans la tourmente de divers idéaux, guérilleros de l'information, s'orientant dans la guerre des mots contre les maux de notre société. Ils sont indispensables à l'équilibre de la démocratie. Je respecte les hommes à la plume-revolver, qui se comportent en esprits libres, en chasseurs d'informations, en tueurs de mythes, en flingueurs de scandales. En revanche, j'exècre ceux qui agissent en valets, l'échine souple et servile, ou en petits truands, en escrocs, en faux facturiers...

Agent secret et journaliste ont des points communs. Le dernier est toutefois plus exposé que l'homme de l'ombre car il doit publier le résultat de ses enquêtes[1]. Les rapports de l'agent secret finissent, eux, neuf fois sur dix, dans un tiroir-tombeau. De ce fait,

1. Vivant, désormais, à la charnière de ces mondes, je conjugue l'activité du pro de la sécurité internationale et celle de patron de presse puisque je publie chaque mois le seul support français spécialisé, *Haute Protection*.

l'agent de renseignement travaille souvent pour rien, prend des risques pour faire des découvertes rarement utilisées, ou récupérées par ses supérieurs qui se font mousser avec le travail d'autrui. L'autre point commun entre le journaliste et l'agent secret, c'est le travail qu'ils effectuent sous une fausse identité, « identités fictives » dans notre jargon. Certains journalistes ont même leur carte de presse et leur passeport établis sous un faux nom : pratique autorisée par la loi ! Georges Marion, du *Monde*, s'appelle, par exemple, Simon Baruch. Que cherche-t-il à dissimuler ? Je l'ai ennuyé, un jour, en lui disant que des « officiels russes » de très haut rang, des militaires pour certains, étaient venus porter en terre son défunt père, dans un coin perdu de la Bretagne profonde et avaient, à cette occasion, été filmés par les services. J'étais présent. La presse serait plus transparente, je crois, mais aussi plus libre et honnête, sans utilisation de pseudonymes. Ils diluent la responsabilité. J'ai du mal à croire à la sincérité d'une démarche menée par des gens qui se dissimulent sous de faux noms. Les barbouzes courent des risques. C'est leur métier. Les faux papiers représentent pour eux une certaine sécurité. Que craignent les journalistes ? Bas les masques !

Malgré leur talent, même les plus performants des enquêteurs de la presse française n'ont pas pris, je le crains, la véritable mesure de l'affaire des écoutes de l'Élysée. La partie de l'iceberg informatique qui émerge ne donne qu'une petite idée de l'immensité du mensonge. Même le livre bien documenté de Jean-Marie Pontaut et Jérôme Dupuis[1] n'ose pas engager la responsabilité du chef de l'État ni souligner que les écoutes ont continué jusqu'à la fin du deuxième septennat. De nouvelles révélations du *Journal du dimanche* du 10 mars 1996 le prouvent. Aucun journaliste professionnel, à ce jour, n'a forcé la porte de Gilles Ménage pour l'obliger à s'expliquer, à dire la vérité tout simplement. J'ai la chance de mieux pouvoir décrypter, puisque j'ai été l'une des victimes, quelques ressorts cachés de la « bombe logique », à explosion lente, qu'est le dossier des écoutes élyséennes.

Début 1983, quand je sollicite une des deux seules écoutes

1. Jean-Marie Pontaut, Jérôme Dupuis, *Les Oreilles du président*, Fayard, 1996.

dont j'apparais comme demandeur sur le fichier de l'Élysée, l'écoute « Gyroscope », nous sommes dans l'univers infernal de l'antiterrorisme, mais c'est déjà la fin d'un cycle moralement encore propre. « Gyroscope » est le nom de code donné à une jeune Palestinienne habitant à Paris où elle jouit d'attaches libanaises et sert de point de contact à des secteurs entiers de l'OLP. S'occupant, parmi beaucoup d'autres choses, de cinéma et de trafic de drogue, le captage de ses conversations me permettra de savoir qu'elle dissimule des paquets d'héroïne, retenus par un fil, à l'intérieur du vide-ordures de son appartement. Je décide de la laisser faire et de ne pas saisir la brigade des stups. Sa ligne téléphonique est trop riche en informations sur le Liban pour que je prenne le risque de la couper. C'est une grave affaire d'antiterrorisme et ma démarche est saine. Je le pense encore aujourd'hui. Jusqu'en 1986, seul un petit nombre d'écoutes relève de la logique antiterroriste et de recherches portant sur des activités pouvant poser des problèmes de Défense. Par exemple, le commerce international des armes. Très au fait de ces réalités, le baron Jean-Édouard Empain ne m'en voudra certainement pas si je classe les écoutes « Inca », réalisées sur ses lignes personnelles ou professionnelles, dans la catégorie « travail normal ». Ses bureaux parisiens seront détruits, plus tard, par une bombe de grande puissance. Pourquoi cette explosion ? Mystère.

Le dérapage, ou plus précisément le changement de nature du travail des ficheurs d'écoutes de l'Élysée, commence exactement le 28 mars 1983, date à laquelle Gilles Ménage *réoriente* les écoutes comme en témoigne une « note », sur laquelle nous reviendrons (voir page 267). Me Antoine Comte, qui en fut la ou l'une des premières victimes, estime que « ce document montre bien à quelles dérives pousse la raison d'État [...]. Cette note apporte la preuve d'une violation gravissime de la Constitution, commise par des fonctionnaires chargés de l'appliquer », conclut-il.

Gilles Ménage s'enfonce lui-même quand il prétend : « Il s'agissait de voir si Me Comte n'allait pas au-delà de ses fonctions d'avocat, à l'occasion de ses voyages "humanitaires" à Beyrouth, au Liban, ou à Damas, en Syrie, ou encore, lors de contacts militants entrepris avec des dirigeants terroristes de l'INLA, comme James

Brown. » En réalité les motivations de la cellule et de son inspirateur ne correspondent pas à une curiosité paranoïaque ni à une manie de tout voir et de tout savoir – « une obsession panoptique », comme aurait dit le regretté Michel Foucault. Le but poursuivi est de contrôler certaines activités, c'est-à-dire vérifier que certaines personnes s'orientent bien « dans la direction attendue » par l'Élysée et que « les fuites » volontairement organisées par le palais, l'hôtel Matignon, les ministères de l'Intérieur et ou de la Défense ont déjà contribué à cadrer.

On ne s'en prend pas, par vice antidémocratique, à tous les avocats en tant qu'avocats ni à tous les journalistes en tant que journalistes, même si ces catégories professionnelles, et tout ce qui gravite autour de l'information, constituent l'essentiel de l'activité des ordinateurs de la « cellule ». Par exemple, Edwy Plenel et Georges Marion, du *Monde* et du *Canard enchaîné*, ont été convaincus par leurs « sources » du ministère de l'Intérieur, de la direction centrale des Renseignements généraux, ou du syndicat socialiste de la police, la FASP, qu'ils ne sont pas sur écoutes, ou plutôt qu'ils ne sont écoutés – lorsqu'ils le sont – que par des « oreilles amies ». Non seulement nos Dupond et Dupont de l'investigation ont cru à ces fables, mais encore ils se disent sûrs de détenir la liste des autres écoutés. De sorte qu'ils les préviennent... par téléphone bien sûr ! A lire leurs interventions, sur les comptes rendus d'interceptions émanant de la « cellule », la suffisance dont ils témoignent est d'un comique certain. Et pendant ce temps, tournent et tournent les magnétophones du GIC tandis que nos bavards s'épanchent sans retenue, d'une ligne téléphonique à l'autre. Ils disent tout sur les progrès de leur travail journalistique, sur les difficultés rencontrées, sur leurs petites disputes, leurs sautes de moral, mais aussi sur ce qu'ils vont publier le jour même ou ce qu'ils ont l'intention de publier le lendemain. Leur tactique, leurs calculs politiques, y compris leurs perspectives de carrière, tout est enregistré. Comme, en outre, ils citent abondamment leurs sources, elles sont aussitôt fichées, classées, enregistrées et nomenclaturées par les espions de Gilles Ménage. On retrouve, sans surprise, la kyrielle des « ex » de la Ligue communiste révolutionnaire, le groupuscule trotskiste dirigé par Alain Krivine. Ces taupes rouges ou roses sont l'entourage de Laurent Fabius, avec Henri Weber, Jacques Tarnero, Martine Storti et Jean-Paul Besset.

L'information sur l'information est la nouvelle clé du pouvoir. C'est la seule véritable innovation du règne Mitterrand. Par cette méthode, les fameux investigateurs du *Monde* suivent les pas glissants de leur ami « l'indic Jégat » que la providence, « éclairée » par le 2 et le 14, rue de l'Élysée, leur a miraculeusement propulsé dans les pattes pour mieux relancer, au détriment du capitaine Paul Barril, l'affaire des Irlandais de Vincennes. Bernard Jégat tente de faire croire, trois ans après les faits, que j'ai truqué une perquisition dans un appartement de terroristes, en y déposant des armes. Il est écouté par sécurité, les traitants de la « cellule » voulant vérifier le « travail » de celui qui m'accuse. Et Jégat – dont le pseudonyme est Bernard Pilou à la télévision belge, puisqu'il fallait bien lui trouver un revenu –, parle. Il est même intarissable, ne dissimulant pas, pour la vraisemblance, ses propres turpitudes. Jégat le fragile, le manipulé, s'épanche. Il se sent « abandonné par tous, à l'exception de Pierre-Yves ». Pierre-Yves Gilleron, le commissaire de la DST, évidemment. Ce dernier est, en effet, bien loin de « l'abandonner », puisque c'est lui qui traite et enregistre, le 14 mars 1986 à 17 h 22 précisément, dans l'ordinateur IBM de la cellule, ce beau témoignage de confiance !

Pierre-Yves Gilleron a toutefois du mérite. Il subit des retours de bâton. Un jour, Esquivié, dont c'est le tour d'écouter et de traiter les fiches, s'étonne d'un épanchement de Jégat, enregistré à la date du 19 février 1986. « Laon », nom de code attribué à Bernard Jégat, s'adresse à Alain Padirac, inspecteur de la DST : « Tu sais qu'il se passe des choses très graves contre Pierre-Yves. On lui reproche qu'on a baisé ensemble ! »

Enquêteurs écoutés, écouteurs s'écoutant, journalistes manipulés, hommes politiques épiés, c'est dans ce climat surnaturel que s'est effectuée la gestion de l'affaire Greenpeace. Les écoutes sont édifiantes. La tâche assignée aux « grands investigateurs » du *Monde,* sous contrôle, apparaît clairement : sauver politiquement le Premier ministre Laurent Fabius. Même s'il faut, pour atteindre ce but, « assassiner » le brave Charles Hernu, un ministre de la Défense coupable, selon des journalistes du *Monde* piégés au téléphone, de « préférer l'armée à ses convictions socialistes ». Le terme « assassiner » est également tombé de leurs bouches. Ainsi surgit la révélation de la « troisième équipe » des saboteurs de Greenpeace, qui permit de couler Charles Hernu, en laissant aux faux époux Turenge un radeau de sauvetage moral, et en offrant au Premier ministre Laurent Fabius, ainsi qu'au président François Mitterrand, une planche de salut politique. Cette mystérieuse troisième équipe ne pouvait surgir à un meilleur moment pour le pouvoir socialiste car elle permettait au gouvernement de s'abriter derrière une pseudo-enquête journalistique pour admettre enfin la responsabilité de la DGSE qu'il niait farouchement, et rejeter toute l'affaire sur les services. En réalité, François Mitterrand n'ignorait rien de l'opération menée contre le *Rainbow Warrior* comme le prouve la note classée « secret défense » que, le 16 avril 1986, l'amiral Lacoste adresse à André Giraud, ministre de la Défense :

> C'est le 19 mars 1985 que M. Careil, directeur de cabinet de M. Charles Hernu, m'a explicitement demandé de mettre en œuvre les moyens de la DGSE pour interdire au mouvement Greenpeace de réaliser ses projets d'intervention contre les campagnes des essais nucléaires français à Mururoa, à l'été 1985, le ministre étant fermement décidé à s'y opposer.
>
> J'avais déjà été alerté à ce sujet, et je n'ignorais pas que la DIRCEN[1] de l'état-major des Armées se préoccupait des intentions de Greenpeace. Au cabinet du ministre et à l'état-major particulier du président de la République, le sujet était à l'ordre du jour et la volonté d'empêcher qu'on nous nuise s'y exprimait sans détours.
>
> Le 20 mars, j'ai prévenu le général Emin que nous étions sollicités. Il a répercuté cette demande sur le chef du Service Action. Seul ce service était en mesure d'étudier la question dès lors que ni le service de recherche ni le contre-espionnage ne disposaient de moyens de renseignement dans la région du Pacifique. Aucune autre autorité de la DGSE n'était mise au courant.
>
> Le 22 mars, en mon absence (j'étais au Maroc), le général Emin était reçu par M. Careil. A mon retour, le 25 mars, il m'a rendu compte

1. Direction centrale des expérimentations nucléaires.

de cette entrevue et m'a dit qu'il avait été obligé d'inciter le directeur de cabinet à la prudence. M. Careil lui avait signifié que le ministre estimait le service trop peu agressif et que nous ne proposions pas suffisamment d'actions à entreprendre à l'extérieur (on nous reprochait notamment de ne pas être capables d'intervenir contre des intégristes dans la médina de Tunis !). Le général Emin avait dû rappeler les conditions et les règles d'emploi du service, notamment l'obligation absolue de ne rien entreprendre dans ces domaines sans en avoir reçu l'ordre formel du ministre et du président de la République.

Les jours suivants, le colonel Lesquer, chef du Service Action, faisait procéder à l'étude du problème par ses adjoints directs et prenait contact à cet effet avec l'état-major de la DIRCEN pour obtenir les renseignements que cette direction connaissait.

Le 27 mars, il me proposait le schéma d'une opération préliminaire de recherche de renseignements sur l'organisation Greenpeace, comportant l'envoi de personnels du Service Action en Europe et dans le Pacifique.

Je ne me serais pas lancé dans une telle opération sans l'autorisation personnelle du président de la République. C'est pourquoi, avant de procéder aux mises en place nécessaires, je lui ai demandé son accord à l'occasion de l'audience qu'il m'a accordée le 15 mai, à 18 heures.

Sans entrer dans les détails, je me suis référé aux intentions de M. Hernu et le président m'a confirmé l'importance qu'il attachait à la poursuite des essais nucléaires.

J'ai eu à plusieurs reprises l'occasion de parler de l'affaire au général Saulnier [...]. Je l'ai évoquée aussi auprès du général Lacaze [...]. Ni le général Saulnier ni le général Lacaze, pas plus que M. Hernu et ses conseillers directs, ne m'ont mis en garde contre les risques d'une opération en Nouvelle-Zélande. Je m'en suis d'autant plus étonné, par la suite, que j'ai appris, de la bouche du général de Marolles, que le Service Action avait écarté cette idée dans les années 70 en considérant qu'elle était trop dangereuse. Personne ne me l'avait rappelé, pas même le général Lacaze.

Je prends, en ce qui me concerne, la responsabilité de mon erreur de jugement.

Après l'explosion meurtrière du *Rainbow Warrior,* le 10 juillet 1985, dans le port d'Auckland, action qui fit un mort, *Le Monde,* relayé par *Libération,* dénonce « la piste de l'extrême droite calédonienne ». Selon ces quotidiens chéris du pouvoir, la gauche n'est évidemment pour rien dans cet « attentat terroriste » dirigé contre de sympathiques écolo-pacifistes. Seuls des militaires félons, des officiers des services secrets poussés par de noirs desseins, ont pu monter une provocation contre le pouvoir rose, avec l'aide de mercenaires. Cette thèse complaisante et particulièrement stupide n'est évidemment étayée par aucune preuve ; rien n'est vérifié. Ces affabulations pseudo-journalistiques valent au quotidien du soir une de ses innombrables condamnations pour diffamation, sur plainte du colonel Charrier, frère de l'un des anciens maris de Brigitte Bardot, qui s'est vu dénoncé comme « factieux ». Ce montage lamentable s'écroule dès le 8 août 1985, jour où les enquêteurs sérieux de deux hebdomadaires, *VSD* et *L'Événement du jeudi,* révèlent que c'est bien la DGSE qui, agissant sur ordre du pouvoir politique, a coulé le navire écologiste. L'Élysée est dès lors impliqué clairement, ce que n'hésite pas à affirmer un article de *VSD,* signé par Jacques-Marie Bourget, en date du 13 août 1985.

La machine politique s'emballe.

Le 16 août 1985 à 16 h 46 exactement, Edwy Plenel, du *Monde,* décroche son téléphone. Il appelle un « expert », Claude Angeli, du *Canard enchaîné.*

– Claude, excuse-moi de te déranger... Je crois qu'on va passer au problème politique, une fois qu'il semble établi de A à Z que c'est un truc de la DGSE.
– Je ne vois pas Mitterrand donner le feu vert pour un truc comme ça.
– Actuellement, le niveau sur lequel on est avec Jacques, c'est de dire... Hernu, et le cabinet d'Hernu. J'ai eu des gens de l'Intérieur. Au début de la semaine, quand je leur disais : « Quelle est la tendance ? », ils me disaient : « On ne te dit rien, mais n'oublie jamais que le pire n'est jamais sûr, mais qu'il est souvent certain. » Et puis là, aujourd'hui : « Oui, oui, c'est plutôt ça, oui ! »

A 21 h 20, le même jour, Edwy Plenel appelle son camarade Claude Naville :

Demain, nous dînons à Matignon. On a un bon copain qui est là-bas, et c'est son anniversaire.

Le 29 août, 17 h 48. Un correspondant, non identifié par l'agent traitant de service à la « cellule » de l'Élysée, appelle Edwy Plenel. La fiche d'écoute résume leur conversation sous forme de synthèse :

> Sujets traités :
> Plenel évoque l'interview qu'il a obtenue de Tricot; son ami Jean-Paul[1] lui a communiqué en avant-première le rapport Tricot.
> Marion veut entrer au journal *Le Monde*...
> Plenel mobilise ses amis pour soutenir la candidature de Marion...
> Plenel pense obtenir des informations qui vont faire rebondir l'affaire Greenpeace, avant le 4 novembre...
> Plenel va à Poitiers pour l'université d'été de la FASP[2]...
> Plenel et Marion vont s'allier pour avancer plus vite.

Le 2 septembre à 20 h 05. Edwy Plenel téléphone à Georges Marion :

> Marion, Fabius a réussi à verrouiller de façon que ça pète à la gueule d'autres, et *pas* à la sienne ! A la gueule de Mitterrand, seulement là, Hernu, il y passe !

Le 7 septembre, l'Élysée commence à distiller des « fuites organisées ». L'idée qui prévaut est alors la suivante : « Comme le *Rainbow Warrior* a été coulé par des militaires, il faut couler Charles Hernu. Il est le ministre de la Défense en charge de la DGSE. » C'est alors que la nouvelle thèse officielle est injectée à l'opinion : « Les agents français arrêtés en Nouvelle-Zélande, les faux époux Turenge, n'ont pas coulé le *Rainbow Warrior,* mais c'est bien la DGSE qui a frappé le navire. Une troisième équipe de nageurs de combat s'est chargée de l'opération. Seul le ministre de la Défense, Charles Hernu, est responsable. »

---

1. Il s'agit de Jean-Paul Besset, alors membre du cabinet Fabius à Matignon, et lié, comme Plenel et Marion, à la Ligue communiste révolutionnaire dirigée par Alain Krivine.

2. Fédération autonome des syndicats de police.

Le 7 septembre à 19 h 41, la ligne d'Edwy Plenel est écoutée.

> Sujets traités :
> Greenpeace : maillon politique et réalisation pratique, avec possibilité d'une troisième équipe dévoilée à Angeli par un proche de Mitterrand. « Benet »[1] possède une information identique…
> Résumé :
> Mitterrand, en tant que tel, et le gouvernement ne sont pas impliqués. En revanche, toute la haute hiérarchie militaire l'est, et, par incidence, Hernu aussi, avec Lacoste, Lacaze, Saulnier.
> Le seul rejaillissement sur l'Élysée est le feu vert à l'opération, donné par Saulnier.

Le général Saulnier, chef d'état-major particulier du président Mitterrand, a signé le texte permettant de débloquer les fonds secrets utilisés pour l'exécution de l'opération contre le *Rainbow Warrior*. En clair, il a obtenu l'argent qui a servi à réaliser un attentat d'État.

Le 14 septembre à 23 h 57. Edwy Plenel téléphone à Bertrand Legendre, du *Monde* lui aussi :

> Résumé :
> Ils s'entretiennent de l'article qu'ils vont faire paraître et dont le titre serait « Enquête sur un mensonge d'État », après la découverte qu'une troisième équipe de nageurs français aurait pu couler le bateau de Greenpeace… Ils veulent la tête de Charles Hernu…
> Leur ami de Matignon leur a fourni beaucoup d'informations…
> Joxe estime que cette affaire sent très mauvais et refuserait de suivre le président Mitterrand dans le Pacifique…

L'article est effectivement publié le 17 septembre 1985, mais avec des informations sans preuves et plus d'un mois de retard sur les révélations des hebdomadaires diffusés au mois d'août. Jamais pris au dépourvu – c'est le rôle de la « cellule » de Gilles Ménage –, le pouvoir socialiste exploite habilement cet article,

1. Benet : rappelons que c'est l'un des noms de code attribués par les « grandes oreilles » à Edwy Plenel.

relayé par un formidable tapage médiatique. Il permet de liquider l'affaire, en liquidant… Charles Hernu qui donne sa démission le 20 septembre.

Le 21 septembre à 20 h 25. Legendre appelle Plenel :

J'ai repéré un agent de la DGSE au journal. Qui ? Pas un mot.

Le 22 septembre à 21 h 03, Plenel téléphone à Legendre :

Résumé : Pour penser à la suite, Jean-Paul, c'est lui qui doit nous dire si Fabius est prêt à marcher pour le…, pour son portrait…

En enfonçant le clou qui détruit Hernu mais sauve Fabius, les deux journalistes préparent en outre un papier-fleuve à la gloire du Premier ministre !

Le 23 septembre à 17 h 18. X (non identifié) appelle Plenel :

Sujets traités :
Greenpeace. Renseignements exploitables.
Résumé :
Oui, on continue. On est sur la question : *qui* a donné l'ordre…
On ne va pas remonter…
On va démontrer, justement, qu'il ne faut pas trop remonter.

L'objectif est clair : il ne faut pas mettre en cause le pouvoir politique, surtout pas aux plus hauts niveaux. Le fusible est donc Charles Hernu, c'est confirmé.

Le président François Mitterrand reste protégé, ainsi que le Premier ministre Laurent Fabius.

Le 24 septembre à 0 h 32. Compte rendu de l'écoute Edwy Plenel – Jean-Paul Besset, membre du cabinet Fabius à Matignon :

Résumé :
Plenel a peur d'avoir fait prendre un risque à Besset de Matignon…
Il faut qu'il [*Plenel*] ait la tendance, parce qu'il a une conviction sur Hernu.

Ils vont le planter. Enfin, je pense qu'ils ont de quoi... Mais ils y vont...
Jean-Paul n'est pas sûr qu'ils aient de quoi...
Pour Plenel, Hernu, c'est lui la cible maintenant...
La seule façon de faire passer la pilule aux militaires, c'est de dire : « Oui, il y a eu un ordre. Mais cet ordre, il avait eu l'aval du ministre qui, lui-même, a caché la vérité au Premier ministre et au président de la République. »
Selon Jean-Paul, le problème, c'est que Hernu dise : « Oui, j'ai menti et j'en ai parlé ni à Mitterrand ni à Fabius. »
Plenel ajoute : « On n'obtiendra jamais que Hernu confirme, mais on peut obtenir qu'il soit silencieux. »
Pour Jean-Paul, ma conviction – c'est pas une info directe, parce que je n'ai pas vu Fabius, mais toute la tonalité de Schweitzer et de Fabius, aujourd'hui, est à demi-mots couverts – c'est : « Comment charger Hernu pour sortir de cette affaire-là... »
Plenel commente : « Et là, tout le problème, c'est que le président Mitterrand puisse convaincre Hernu de "porter le chapeau". » Est-ce que Mitterrand marche dans un coup comme ça ?

Le traitant du GIC poursuit son compte rendu d'écoute des propos de Plenel à Besset :

Jean-Paul ne le sait pas et il croit que, peut-être, ça se déplacerait du côté de l'Élysée, ou que Mitterrand prendrait lui-même l'initiative de parler...
Plenel souhaite que Jean-Paul puisse lui faire des petits recoupements, au moins sur cette « tendance », dans la matinée de demain.
Jean-Paul l'appellera pour lui confirmer.
Si ça ne tourne pas comme ça, Fabius est obligé de démissionner.

Suite de l'écoute du 24 septembre à 0 h 50. Plenel informe Marion des éléments suivants :

Soit Fabius obtient de Mitterrand de le laisser jouer le fusible Hernu jusqu'au bout, soit Fabius démissionne...
Plenel parlera de ça et laissera à Marion [*alors toujours pigiste au Canard enchaîné*] « le soin de parler du voyage de Deiber à Aspretto »...
Paul Quilès a filé des chiffres, très précis, sur le coût de l'opération (1 927 000 F), avec des détails et tout.
Quilès a filé ça à Brimo.

Nicolas Brimo est un journaliste du *Canard enchaîné*, très lié aux époux Mitterrand, et qui a commencé sa carrière au sein des publications du PS.

Le 24 septembre encore, Plenel téléphone à Legendre :

Hernu joue encore l'armée, hier et aujourd'hui, plutôt que ses convictions socialistes. Il faut l'accabler là-dessus. Il y a une façon de le faire, c'est d'aller beaucoup plus dur sur Hernu, de le dégommer politiquement, l'assassiner politiquement.

Le 24 septembre toujours, résumé d'une écoute d'un interlocuteur non identifié téléphonant à Edwy Plenel. Le journaliste s'inquiète :

« On est sur le fil du rasoir, du fait que Hernu ne veut pas porter le chapeau jusqu'au bout... Et il fait écran à toutes les démarches de Fabius ! » Plenel voudrait « faire comprendre à Matignon ce qui se passe », et leur donner l'information suivante : « L'on sait que c'était en route avant... Que les autres continuent, parce que Quilès n'a aucun autre moyen de contrôler. Il n'a pas de cabinet... Le seul endroit auquel il faut faire pression, tu le connais, et tu sais qui ! »

Le 28 septembre, à 12 h 54, s'adressant à Legendre, Plenel précise :

Ils vont se rendre compte que nous ne voyons que des hauts membres de l'État PS... On ne voit que des socialistes... On m'a fait parvenir des messages, hier, sur le thème : « Le dernier papier était de trop. Est-ce que toi tu vas continuer ? On comprenait, jusque-là, où tu voulais en venir. Mais là, on ne voit plus très bien ! » Alors j'ai fait parvenir, comme réponse, « Fin d'enquête »... J'étais très en colère, parce qu'eux faisaient filtrer les milieux proches de l'Élysée, notamment dans *Libé*, plus une certaine partie de la hiérarchie militaire, contre Fabius... Je n'ai pas spécialement d'atomes crochus avec Fabius, mais... on applaudit Hernu, et puis, on prend avec des pincettes Fabius... Donc, c'était aussi un « message là-dessus » en disant : arrêter. D'ailleurs, il a été entendu par *Libé* qui titre aujourd'hui : « Matignon pas du tout en cause ». C'est donc une façon de dire ça. Vous vous amusez à encore « cibler un fusible » alors qu'il n'y a plus besoin, alors que je vous dis, moi, je le sais... Et c'était aussi une façon de leur dire qu'ils ont très mal réussi « la sortie », de leur dire j'arrête là... Mais bon, je ne suis pas dupe ! Alors, j'ai fait transmettre cette réponse. Et j'ai également fait transmettre, moi, qu'en « termes d'investigations » je m'arrêtais, mais qu'en « termes de commentaires », je ne m'arrêterai pas si certains continuaient à régler des comptes internes aux socialistes. Et surtout, à viser Fabius... J'ai fait savoir que moi, Plenel, je remonte au créneau, s'ils laissent alimenter, même en jouant les cons, des campagnes débiles où on mettrait sur la friteuse le « fusible Matignon ». Autrement, je n'ai aucune raison de continuer. Je passe au budget de la police... Je vais mettre en route, là, notre ami Fafa... Enfin, c'est pas notre ami... Mais le portrait... On a à peine un mois... Mais il faut aller vite.

L'éminent journaliste Edwy Plenel poursuit sa conversation avec Legendre :

Tu montes la petite bombe à retardement qu'il y a... Je veux dire, en clair : écris noir sur blanc qu'il y a peut-être... d'autres menteurs, l'un à la tête des armées, et l'autre à la tête de l'État... Tu vois, quoi ! Un truc comme ça... Tu vois, c'est tout le problème de la Ve République : le problème de la concentration des pouvoirs à l'Élysée.

Nous, les nageurs de combat, nous avions désormais, en face de nous, des menteurs de combat. Le premier d'entre eux, le plus rusé aussi, était à la tête de l'État.

Le 11 octobre. Plenel dialogue avec Legendre.

Renseignements exploitables :
J'ai avancé de mon côté. J'ai avancé sur l'idée du couple Fabius, et de tout le fonctionnement là-bas, à Matignon. Il n'y a pas de couple équivalent ! Elle était poperéniste[1] dans le temps. Elle, aussi extravertie que lui est réservé. Elle a un vrai parcours militant, à elle... Tu sais qu'elle est juive-gréco-turque, née au Mexique, naturalisée française ? D'où tout son intérêt pour ce qui touche à l'émigration...

---

1. Il s'agit de Françoise Castro, épouse de Laurent Fabius, et qui a milité, au sein du PS, dans une tendance animée par Jean Poperen, ancien communiste reconverti.

Le 22 octobre à 9 h 41. Nouvelle écoute d'Edwy Plenel.

Résumé :
Plenel déclare que le portrait à publier sur Laurent Fabius s'appellera « L'Énigme Laurent Fabius » et sortira vraisemblablement jeudi, juste avant le face-à-face avec Jacques Chirac, à la télévision.
Tarnero a reçu quelques réactions de Mme Fabius qui avait reçu Plenel.
Puis, Plenel porte à la connaissance de Jacques Tarnero [*qui travaille pour Fabius*] que « pour la TV, Chirac prépare des trucs sur Greenpeace. C'est l'écho que j'ai [...]. C'est un écho. Tu peux le transmettre ? »

Le 24 octobre, à 21 h 30. Propos enregistrés entre Pierre Trey, du *Monde,* et Edwy Plenel. La rédaction en chef du quotidien juge son portrait de Laurent Fabius vraiment trop complaisant.

– Ce mec, on en parle et on a l'impression qu'il n'a jamais été Premier ministre, tu vois ?
– C'est un portrait familial.
– C'est vous qui avez choisi de faire ça et le lecteur va se dire : « Tiens, il tire la chasse sur tout ce qui pourrait permettre de cerner un peu plus Fabius Premier ministre. » Oui, je le sais bien que vous avez fait le choix du portrait de famille. Mais est-ce que ce choix est intelligible ?... Salle[1] m'a dit : « Ce n'est pas assez carnassier ! » Les grandes crises qu'il a dû régler, ça n'apparaît pas. Pourquoi est-ce qu'ils l'ont fait ?... Est-ce qu'ils sont gênés ?...
Ce n'est pas possible de publier ça comme ça. Tout le monde va rigoler. Salle voudrait qu'il y ait du « carnassier »... C'est à vous de voir.
– Même si je suis assez d'accord avec cette façon de voir, sur l'enquête, on ne transige pas. Ça présente un Fabius, en effet, qui n'est pas le Fabius qu'en général on a l'habitude de voir...
– C'est comme si on voulait évacuer le Fabius Premier ministre...

Le 26 octobre à 10 h 25. Bernard Deleplace, alors patron de la Fédération autonome des syndicats de policiers (FASP), appelle Edwy Plenel.

1. A l'époque, rédacteur en chef du *Monde,* Claude Sales est devenu, en 1990, PDG de *Télérama.*

– J'ai lu l'article. Pas mal. Mais il faut être courageux pour aller jusqu'au bout.
– Ça le rend sympathique, non ?
– C'est plutôt l'interrogation… Ce monsieur…
– J'ai été sur place. J'ai été la voir, elle…
– Tu lui diras qu'elle a les amitiés de Deleplace.
– D'accord. Tu me diras tout, un jour, sur elle ?
– Je n'ai pas de secret !
– Bon, il y a des choses que je ne peux pas te dire au téléphone.
– Je pars de la Fédération lundi matin, mais si tu n'as rien fait avant lundi matin, je suis dans le lac.
– Mais non, je n'ai pas rien fait.
– Pour refaire le cadre de ce qu'il y a à faire… Pour mon droit de réponse au journal de Marseille… Je ne voudrais pas trop traîner !

Ainsi donc, le journaliste du *Monde* rend de menus services « techniques » au syndicaliste. Le 28 octobre à 20 heures, Edwy Plenel appelle Bernard Deleplace. Résumé établi par le traitant du GIC :

Plenel souhaiterait rencontrer Deleplace avec Michel et « faire le point », parce qu'il est très inquiet, « politiquement très inquiet »… Selon Plenel, « le fusible ne joue pas le jeu » et il est très inquiet…
« Il faut qu'il crache le morceau… [*Charles Hernu, sur Greenpeace*]
S'il crache le morceau, publiquement, ça monte à Fabius… »
Deleplace a tenté de les joindre samedi et dimanche.
Le contact a été pris. Plenel a dit : « On devait me rappeler. On ne m'a jamais rappelé… »
Ils conviennent de se rencontrer le lendemain matin et de prendre le petit déjeuner ensemble.

Le 28 octobre à 20 h 22, Edwy Plenel appelle Martine Storti, proche de Jacques Tarnero et de la LCR de Krivine. Ancienne journaliste de *Libération*, elle rédige maintenant les discours de Laurent Fabius devenu Premier ministre. Elle a succédé dans cette fonction à un autre trotskiste du réseau LCR, Lionel Zinzou, un ancien de *Libération* lui aussi où il se cachait sous le pseudonyme de Pierre Mars. Plenel tient à remercier Martine Storti car Jacques (Tarnero) lui a confié que c'est elle qui a fait « ce petit boulot que nous avons utilisé ». Martine Storti trouve le « papier »

– le portrait de Fabius réalisé grâce à la collaboration des employé(e)s du Premier ministre – « très bien, très intéressant ».

– Ce n'est pas un papier qui est antipathique pour le bonhomme.
– C'est aussi la réaction au *Monde*, où on a eu quelques « petits problèmes ». Au fond, le petit monde journalistique est assez médiocre. Nous, on a tout fait pour défendre « notre truc » en disant « ça n'a rien de complaisant, c'est une enquête ». Notre genre, c'est de faire des portraits non politiques d'hommes politiques. C'est-à-dire, au sens où on a volontairement « évacué »... Mais je ne sais pas du tout comment lui peut le ressentir !
– Ce type n'a pas de passé politique, au sens où on peut l'entendre nous. Sur le fond, on ne sait toujours pas qui il est !
– Il a de vraies convictions.
– Ça lui donne une espèce d'épaisseur. Qu'il a, ou qu'il n'a pas, mais qu'il ne donne pas à voir. Alors, Jacques m'avait dit que tu nous citais. Je ne savais pas si c'était bien, d'ailleurs, ou pas bien de nous citer. Encore que, maintenant, il n'y a plus de clandestinité. Maintenant, quand les gens me demandent ce que je fais, je réponds très clairement, vu que ça a été divulgué à partir du moment où on participait à des réunions. Et puis, j'en ai eu un peu assez de lire dans toute la presse que c'est M. Lionel Zinzou qui écrit les discours du Premier ministre, alors que ça fait un an qu'on se tape 75 % des discours !
– Je vais en parler à Jarreau[1], qui va maintenant faire Matignon. La cellule animée par Becle, vous, par ailleurs... Je vais en parler à Jarreau pour qu'il revienne là-dessus.

Le 29 octobre à 11 h 05, Henri Weber appelle Edwy Plenel. Henri Weber, ancien dirigeant de la LCR trotskiste d'Alain Krivine, est l'un des principaux conseillers de Laurent Fabius, ainsi qu'un de ses compagnons de « fête ». Weber donne à Plenel des échos du sérail :

– Françoise Castro était assez contente du portrait de son jules. Lui, il a un peu tiqué. Parce qu'il trouve que « toutes ces histoires de fric »... Bon, à la fois, il comprend que c'était nécessaire... Elle apparaît comme immensément riche, car elle est astreinte à l'impôt sur les grandes fortunes... A partir d'un portefeuille d'actions

1. Journaliste au service politique du *Monde*.

qu'elle gère elle-même, donc, ça apparaît comme de la fortune personnelle.
– Mais c'est 300 millions, l'impôt sur les grandes fortunes !
– Vous avez raison, et manifestement, c'est encore... C'est Fabius, qui vous a... donné le tuyau, j'imagine ?
– Oui, oui. Absolument !
– Donc, là, ça fait un peu tiquer. Sinon, dans l'ensemble, ils sont très, très contents. Un truc qui a beaucoup choqué, parmi leurs copains, c'est l'expression : les enfants du personnel sont autorisés à jouer avec...
– Il y a de petits désaccords. C'est inévitable.
– Tu vois, il y a des gens qui disent « ça, ils auraient pu s'en dispenser »... Parce que ça fait un peu douairière. Mais eux, ils sont plutôt contents. Et surtout elle. Ce qui est quand même décisif.
– Sur la philosophie générale, ils ont compris quand même ?
– Ils trouvent ça très bien. Alors il y a un critère absolument clair. C'est que, si j'ai bien compris, tu as le feu vert pour faire le bouquin. Si tu veux... Et le film !
– Pourquoi ? Ils en ont parlé explicitement ?
– Non, les mecs me poursuivaient, là, les journalistes qui veulent faire un bouquin sur Laurent Fabius. Il y a Daniel Molo[1] sur le coup... Oui, mais sans l'agrément de la « maison »... Garde-le pour toi ! Mais Laurent, il trouve que... Enfin, Daniel Molo, il ne lui fait pas confiance.

Le 29 octobre à 11 h 16. Françoise Castro, Mme Fabius, appelle Edwy Plenel.

– Moi, il y a juste un truc qui m'a un peu énervée. C'est le coup des enfants du personnel.
– A partir du moment où on fait pas un truc qui n'est pas complaisant, qui n'est pas cire-pompes, c'est inévitable qu'il y ait un « petit détail » qui gêne !
– Tu vois, ça fait vraiment le « seigneur » dans son château, qui permet aux enfants, à ses nobliaux, de jouer avec les serfs !
– Je suis embêté, car je ne l'ai pas écrit dans cet esprit-là, bien sûr.
– Sinon, c'est très bien, car ça brise un peu l'image en question.
– Au journal, on a tenu bon, hier matin : « Il est très glacial, vous ne montrez pas son côté carnassier »... Ne t'inquiète pas. On a tenu bon !

1. Il s'agit de la journaliste Danièle Molho.

– Laurent a lu le portrait dans la voiture. Je lui ai dit : « Alors ? Comment tu trouves ? » Il m'a dit : « Il parle trop d'argent » [*rire de Françoise Castro au téléphone*]. Il a relu, ce matin, et il m'a dit : « Bon, ce n'est pas mal fait. Ce n'est quand même pas mal... »
– Mais... Je crois que c'est honnête, quoi !
– C'est honnête... Par contre, tu me fais passer pour une...
– Mais oui, mais c'est parce que les gens ne savent pas l'IGF... L'IGF, c'est 3 millions de francs... Ce n'est pas rien ! Je veux dire qu'il suffit de payer deux appart' pour avoir l'IGF... Ce n'est pas moi qui ai voté ça !
– Il faut avoir un appartement qui vaille... Un petit deux-pièces à Ecquevilly...
– A part ces problèmes de formulation, on ne s'est pas trompés ? Sur rien ?
– Non. Je n'ai remarqué rien de faux ! Allez, bon... Je te remercie, Edwy.

Durant le même entretien, Françoise Castro laisse entendre à Edwy Plenel qu'elle est « d'accord pour le film. A voir avec Fabienne », c'est-à-dire avec Fabienne Servan-Schreiber, la femme d'Henri Weber. Un monde vraiment tout petit...

Le 29 octobre à 18 h 10, Edwy Plenel appelle Jacques Tarnero et lui fait un compte rendu de ses conversations avec Henri Weber et Françoise Castro.

– Pour l'avenir politique de Laurent Fabius, je trouve que c'est un bon papier.
– Oui, c'est un portrait qui exclut, volontairement, le... bilan politique.
– Le point positif, c'est qu'il est plus compliqué que prévu ! Mais en même temps, il apparaît que c'est un homme qui a beaucoup de chance dans l'existence.
– Pas vraiment. Je ne trouve pas. Par exemple, en politique. Il apparaît que ce n'est pas Mitterrand qui est la clé, c'est tout autant la circonscription qu'il s'est trouvé... Lui-même... Et la femme qu'il s'est trouvée. Et puis, il y a l'idée, quand même, que c'est un vrai caractère !
– Ce mode de fonctionnement, à la fois sympathique, et parfois exaspérant, de la répartition des rôles entre lui et elle... Elle fait des « coups », elle ratisse large, elle fait beaucoup dans la « frime »... cela

ne veut pas dire qu'elle n'ait pas une dimension réelle de générosité, d'altruisme, qui est le fondement d'une... femme de gauche ! Mais en termes de « bilan relationnel », je crois qu'il est plus agréable de travailler avec lui, plutôt qu'avec elle. Je trouve que c'est globalement un bon papier. On dirait que vous avez été séduits par un a priori de sympathie !
– Il y a des gens qui ont surtout retenu qu'il est « insaisissable », c'est-à-dire son côté mosaïque.
– Nous, on les connaît fort peu, mais je peux te répéter une phrase que m'avait dite Élisabeth Badinter : « S'il y a une chose dont je suis bien convaincue, c'est que je ne sais pas de quoi Laurent est convaincu ! » Que je suis plus convaincu que Laurent Fabius a plus de convictions que sa femme peut en avoir.
– Ça, c'était un peu exclu qu'on en parle... On ne peut parler de la femme que par... rapport à l'homme !

Le 10 novembre, Jean-Paul Besset appelle Edwy Plenel pour lui dire :

J'ai des consignes pour toi, que je viens de ramener de Montpellier.

Le 11 novembre à 20 h 39. Edwy Plenel appelle Bernard Deleplace. Le traitant note qu'il en résulte :

Plenel invite Jean-Paul Besset à dîner chez lui, afin de lui présenter Bernard Deleplace.
Besset est le copain qui a aidé pour le journal et il quitte Matignon.
Plenel a aussi vu le journal de Deleplace : c'est très bien.

Le 13 novembre à 19 h 46, Alain Krivine appelle Edwy Plenel pour « la bouffe » de dimanche avec Besset. Il pourra venir.

Contrôle et orientation des « fuites », vérification des « filières », grappillage de bribes et de détails nouveaux... la méthode Gilles Ménage n'a rien de dérisoire. C'est bien ce qui fait peur. Il s'agit d'une belle machine, d'un outil glacial mais fabuleux d'efficacité, unique au monde, je pense, à ce degré de perfection. La « cellule » a réalisé un progrès considérable, si on compare ses techniques raffinées de manipulation de l'information aux rustiques pressions de naguère.

Les écoutes font apparaître, entre Plenel et son réseau d'une part, Bernard Deleplace d'autre part, des services rendus réciproques. Le corpulent brigadier de police, devenu « apparatchik syndical », a servi de « conseiller » à plusieurs ministres de l'Intérieur socialistes. Il a régné, place Beauvau, sur les rouages internes du ministère, notamment sous Pierre Joxe. Avant la montée en puissance de Gilles Ménage et de son équipe, il a rempli, un temps, la fonction de « plaque tournante » et de « tour de contrôle » d'une certaine forme d'« investigation journalistique » aux ordres du pouvoir. Pour juger de l'influence de Bernard Deleplace sur les journalistes, « l'affaire Erhel-Brocard » est révélatrice. Catherine Erhel, journaliste assez pugnace, caracolait sur le terrain de sa consœur de *Libération*, la belle Véronique Brocard, qui convenait parfaitement aux desseins de Deleplace car il la savait « traitée », à l'Intérieur, par Frédéric Thiriez, un membre du cabinet. Catherine Erhel était, en revanche, plus difficile à manier en dépit de ses liens étroits avec l'équipe de Me Kiejman. Un jour, profitant d'un cocktail à l'Élysée, le patron de la FASP approche un notable de *Libé* qui souffre de la dure concurrence du *Monde*, sur le terrain des affaires médiatiques. En faisant l'important, il lui dit :

– Vous savez, je peux très bien vous aider... Les dossiers passent par moi. J'ai tout ! Mais...

– Mais quoi ?

C'est simple : Erhel ne plaît pas à Deleplace. Elle ne l'a pas compris. A ses yeux, elle ne joue pas le « jeu » escompté. Aussi le brigadier insiste-t-il sur le « passé gauchiste » de la journaliste rétive, en rappelant que tout n'était pas encore prescrit, ou amnistié... Serge July, en quête de soutiens dans les milieux de la banque et des affaires, est très sensible – Deleplace ne l'ignore pas – au parfum, pourtant ranci, de « terrorisme » qui flotte encore aux basques de son journal et qui risque de dissuader les investisseurs. En ces temps-là, la rose s'épanouissait et *Libération* frimait encore. L'interlocuteur de Deleplace fit une réponse-pirouette sur le thème : « On ne mange pas de ce pain-là, nous autres, à *Libération !* » C'était vrai. Plus tard, bien plus tard, Catherine eut de sérieux ennuis. Elle ne sauva sa tête que grâce à l'intervention courageuse de Lionel Duroy, son chef de service et un militant

CFDT pur et dur. Le syndicat CGT de *Libé* s'en mêla, menaçant de jeter toute l'histoire en pâture à l'opinion. Catherine Erhel s'en sortit avec quelques années de « placard », l'abandon des incursions dans la rubrique « police », et une gestion des eaux calmes de la rubrique « famille ». Quant à Lionel Duroy, il préféra choisir, peu après, une « reconversion » dans un hebdomadaire. La rédaction en chef de *Libération* lui chercha des noises soudainement, en lui chipotant le calcul de ses congés sans solde. L'argent à gauche ? Un poème !

Dans toutes les rédactions, le brigadier de police Deleplace a ainsi ses têtes, parfois de Turcs. Il pousse celui-ci, joue avec celui-là. Parfois, les liens ne sont pas seulement militants. Ils peuvent devenir financiers.

Le 2 août 1985, Edwy Plenel raconte au téléphone, à sa femme, Nicole B.L., sa rencontre dans un train avec « le patron de la PAF à Roissy », la police de l'air et des frontières. Ce policier lui signale qu'une « petite note des RG » a signalé *sa* présence « à un stage trotskar[1] dans le Midi ».

Le 4 août, Plenel téléphone à Daniel Bensaïd, « pour l'avertir ». Ce dernier est l'un des dirigeants du groupe mené par Alain Krivine. Il anime une sorte de club de militants, anciens ou actuels, dont une centaine ont suivi des filières d'infiltration dans la presse parisienne, toutes tendances politiques et rédactionnelles confondues.

Le 29 août, Plenel appelle Deleplace. Le traitant de l'écoute a noté en résumé : « Plenel va bosser pour Deleplace, mais lui demande des informations sur "Protecval", car la PJ fait une enquête sur cette société de sécurité privée... »

Le 9 septembre à 21 h 11, Deleplace appelle « Benet », nom de code d'Edwy Plenel dans le fichier de la « cellule ».

1. Pour trotskiste. Référence à la Ligue communiste révolutionnaire d'Alain Krivine.

– Deleplace informe « Benet » que la FASP offrira 10 de ses livres [*de Plenel*] à la FEN afin d'en obtenir une critique signée de Pomateau [*secrétaire de la FEN, la puissante Fédération de l'Éducation nationale*[1]].
– Marion, « Benet » et Cabu [*le célèbre dessinateur humoristique*], s'il l'accepte, préparent le numéro du journal de la FASP. Ils semblent heureux des résultats de l'université d'été de la FASP et de leurs traductions dans les journaux.

Le 10 septembre 1985, communication téléphonique de Plenel avec Anne G.

Personnes citées : Jacques Pomateau, Bernard Deleplace.
Organisations citées : FEN et FASP.
Sujets traités : livraison par les éditions Payot de 10 livres de « Benet » à la FEN.
Renseignements exploitables : la facture sera payée par la FASP.

Le livre sur lequel Plenel tente, grâce au « lobbying policier » et amical, de faire rédiger des articles est un pavé aux traits appuyés sur les problèmes de l'Éducation nationale. Il s'est d'ailleurs mal vendu. Un autre enquêteur du *Monde* avait tissé des liens avec un certain Michel Garretta, et lors de l'affaire du sang contaminé, ses pairs affirmèrent que, pour regrettables qu'elles fussent, ces pratiques n'avaient pas altéré le contenu des articles publiés. Si volontiers donneurs de leçons, les journalistes du *Monde* font montre, pour eux-mêmes, d'une remarquable clémence. Bel exemple d'honnêteté intellectuelle et d'équilibre moral régissant ce milieu journalistique indépendant et objectif...

Grandeur et décadence : l'imposant Deleplace a plutôt mal fini. Pudiques, ses ex-excellents amis du *Monde* ne se sont pas trop attardés sur ses malheurs.

Un journaliste de TF1, Philippe Madelin, a consacré des pages[2] à raconter l'effondrement de l'empire syndical et policier de la FASP. « Bernard, tu dois partir ! Ta place n'est plus ici. Ou tu démissionnes, ou on t'offre un billet... pour la prison de la Santé ! » Nous sommes le 13 septembre 1990, rue du Départe-

1. Il s'agit de *L'État et l'école en France*, Payot, 1985.
2. Philippe Madelin, *La France mafieuse*, Le Rocher, 1994.

ment dans le XVIIIe arrondissement de Paris, non loin du périmètre malfamé de la rue d'Aubervilliers. Les inspecteurs de la brigade financière ont supplanté, une fois n'est pas coutume, la brigade des stups. Ils cherchent à savoir ce qui se passe dans les étages d'un bel immeuble de verre, tout neuf, où sont implantés les bureaux de la FASP. Sur place, le comité syndical de la FASP « liquide » un Bernard Deleplace devenu gênant. Accusé de « pots-de-vin et de notes de frais somptuaires » et d'avoir mené une politique syndicale trop ouvertement favorable au régime socialiste de Mitterrand, Deleplace craque, face à ses détracteurs : « Qu'est-ce que vous voulez, à la fin ? Le pouvoir ? Eh bien vous l'avez ! Je donne ma démission. » Il part en effet, et la FASP ne sera plus jamais la même. Elle passera moins de temps à « informer les journalistes amis » et en consacrera davantage à fuir ceux qui veulent en savoir plus sur les secrets de la maison.

Enregistrée comme « amie de Deleplace » dans le fichier informatisé de Jean-Louis Esquivié, à l'Élysée, et comme « personne susceptible de l'héberger », Barbara Boistel est la patronne de l'important département relation et communication sociale (DRCS) du syndicat de la police nationale. Elle gère la luxueuse revue de la FASP où « pigent », en toute « indépendance », des journalistes de plusieurs quotidiens. Ce jour-là, elle est aussi sur la sellette. Son associé de la DRCS, Sydney Lellouche, courtier en publicité, a « retourné sa veste ». Il en sait beaucoup sur le milieu trouble du courtage en publicité. Plusieurs affaires ont défrayé la chronique : escroquerie, abus de confiance, usurpation d'identité et de qualité (en prétendant être des policiers, notamment). La revue de la FASP a gagné de l'argent. Cet argent est-il net ? La question plane sur les débats menés ce jour-là. Deleplace se voit notamment reprocher *sa* R 25[1]. Cette voiture de fonction appartient, en fait, au GSR, l'une des sociétés de la galaxie Urba, la

1. Il faut se souvenir de la R 25 blindée en service à l'Élysée, offerte au président Mitterrand lors du sommet franco-africain de Bujumbura, au Burundi par... Yves Chalier, chef du cabinet du ministre de la Coopération, Christian Nucci, grâce aux fonds du Carrefour du développement. Le président de la République ordonnera, en dernier recours, aux services comptables de la présidence, de régulariser la facture avant que le véhicule ne soit saisi par la justice !

nébuleuse financière du PS. Urba a été dirigée par Gérard Monate, brigadier de police lui aussi, et, comme par hasard, prédécesseur de Bernard Deleplace à la tête de la FASP. Qu'il était beau, le syndicat rose des brigadiers de police de l'époque où Pierre Joxe était ministre de l'Intérieur ! Si la R 25 de Deleplace devient un enjeu c'est parce que, en date du 21 juillet 1989, la carte grise de ce véhicule a été modifiée pour passer au nom personnel de Bernard Deleplace sans qu'il débourse un seul centime. Le brigadier régularisa en catastrophe. Mais les reproches ne s'arrêtent pas là, et Deleplace s'entend aussi critiquer sur un abus de gueuletons aux frais du syndicat. Les invités sont souvent les mêmes : Plenel et Marion, l'ascétique Angeli du *Canard enchaîné*, jusqu'au préfet de police Pierre Verbrugghe ! Du beau monde.

Police socialiste, mœurs de presse, Bernard Deleplace en faisait trop. Une fois fragilisé, nombreux sont ceux qui s'appliquèrent à le faire tomber[1].

La force de Gilles Ménage est d'avoir compris, très tôt, qu'il fallait en finir avec ce bricolage artisanal et que le suivi des informations sensibles devait passer par des méthodes plus discrètes. Il a donc mis au point le triptyque : contrôle des fuites, écoutes des journalistes, informatique puissante. Deux sortes de journalistes jouent un rôle dans ce système : les journalistes roses, ex-gauchistes, néo-gauchistes, crypto-gauchistes, rocardo-maoïstes, libéraux-libertaires, anarcho-reaganiens, trotsko-jospinistes ou franco-fabiusiens et j'en passe... bref, des quadras fringants qui ont infiltré en quelques années les rédactions des « q de q » – dans leur langage, les « quotidiens de qualité » –, d'une part ; des journalistes marqués du sceau de l'extrême droite, d'autre part. Ce

1. Né dans une brigade de gendarmerie, j'ai vu mon père blanchir sous le harnais de la loi avec rigueur et sens du service public. Je dois constater, non sans fierté, que de telles pratiques sont impossibles dans la gendarmerie nationale. Corruption, manipulations, fonds secrets, tout cela n'y a pas cours. Pourquoi cette différence avec la police ? Nous sommes d'abord des militaires au service de la loi et des institutions républicaines. A mon sens, ces valeurs remplacent avantageusement tout syndicalisme.

sont les écoutes « Bar » (Xavier Rauffer), « Lannion » (Gilbert Le Cavelier), « Sosie » (Nicolas Tandler), etc. Faut-il s'en étonner ? Gilbert Le Cavelier, pigiste multicartes, ancien soixante-huitard du SAC avec Charly Lascorz, apparaît comme l'un des fournisseurs attitrés d'informations de Claude Angeli, du *Canard enchaîné,* tout en travaillant, en même temps, pour *Minute, VSD* et *La Vie française*... et en trouvant le temps d'animer, semble-t-il, une sorte d'ANPE spécialisée dans le reclassement discret des « chiens de guerre » et autres « soldats perdus » en quête d'une mission. Disposant d'un impressionnant panel de numéros de téléphone, Le Cavelier « pige » dans tous les sens, et les ordinateurs de la « cellule » élyséenne enregistrent, consciencieusement. Avec l'excellent Le Cavelier, Ménage, Prouteau, Gilleron et Esquivié disposent d'une source inépuisable d'informations « branchées », au carrefour stratégique du mercenariat « des armes » et de celui « des lettres », de la « prostitution de l'écriture » à la « prostituée du corps », sans parler des « vendeurs d'âmes ». Bien malgré lui, il devient le plus riche informateur des « grandes oreilles » de l'Élysée – après le tandem Plenel-Marion, tout de même...

Je me demande toutefois s'il n'a pas joué, certains jours, au jeu de l'intoxication des maniaques de l'écoute. La technique de la contre-manipulation, à l'intérieur des manipulations, peut provoquer d'énormes ravages.

Les écoutes d'autres journalistes, classés à droite ou à l'extrême droite, ne sont pas entièrement inutiles. Elles portent surtout sur d'obscurs financements d'élections cantonales, ou sur la mise à jour – certes importante – de la liste des responsables du service d'ordre du Parti communiste.

Si les écoutes permettent à la « cellule » de surveiller le fonctionnement des diverses manipulations effectuées depuis l'Élysée ou le ministère de l'Intérieur, leur lecture, aujourd'hui, aide à reconstituer les mécanismes et montre comment d'éminents « journalistes d'investigation » travaillent. Au moment de l'affaire Greenpeace, de manière délibérée et concertée, ils s'étaient employés à sauver la mise du Premier ministre Laurent Fabius. De même, les écoutes révèlent, pour qui sait les lire, comment le duo Plenel-Marion s'est efforcé de m'abattre en cherchant, plusieurs années après les événements, à m'accuser d'avoir déposé des armes, après coup, dans l'appartement qu'occupaient les Irlandais de Vincennes. Marion s'arrange pour faire rencontrer Bernard Jégat à Plenel, lequel embraye aussitôt sur la version que lui donne un homme entièrement manipulé par la DST.

La manœuvre se profile dès le 28 octobre 1985 lorsque, à 23 h 33, Edwy Plenel appelle son collègue du *Monde* Bertrand Legendre pour lui parler de Bernard Jégat dont, après bien d'autres journalistes, il a recueilli les « confidences ». Dans sa description d'un agent manipulé par la DST, « Benet » se révèle conforme au pseudonyme que la « cellule » lui a attribué.

– C'est compliqué moralement... Il faudrait voir le personnage. Ça paraît très intéressant pour nourrir un roman policier ou un film. Je respecte tout à fait. On s'est bien entendus, on a eu le contact... Ce n'est pas du tout un fou, c'est un type qui marche, c'est un pur. Je crois qu'il est très naïf au fond, qu'il est très fragile. Il est plus âgé que moi.
– Comment il a pénétré ce milieu ?
– Par idéal. Il dit : « Moi, je suis pur, vous faites ce que vous voulez, il n'y a pas de problème, je respecte votre travail. Moi je ne fais rien, c'est-à-dire que si on vient me chercher j'irai ; de moi-même, je ne fais rien. » On ne s'est pas vus. Le contact est gardé. L'autre personne qui était là[1] va dans le même sens que moi. Mais moi, je suis renvoyé à ma responsabilité, ce qui n'empêchera pas que les confrères, qui sont au courant de cette affaire, diront : « C'est criminel ce qu'il a fait, c'est dangereux, c'est scandaleux. » Tu vois, je suis très embêté ce soir. Je suis convaincu que je n'ai pas tort, même si ça ne sort pas demain ou après-demain dans *VSD*, même si ça ne sort pas. A partir du moment où c'est dehors, où lui-même a eu un comportement tellement paradoxal, a alerté tellement de trucs différents, ça va sortir tôt ou tard.

---

1. Il s'agit d'Andrew Orr, qui travaillait pour Gamma TV. Il est actuellement administrateur de Nova production, la société qui a coproduit avec France 2 le document sur les Irlandais de Vincennes réalisé par Pierre Péan et Christophe Nick.

– Il a tiré beaucoup de sonnettes et pourquoi a-t-il fait ça ?
– C'est compliqué à t'expliquer. C'est une sorte de chevalier pur, qui, après avoir guerroyé pour une belle cause internationale, guerroie par fidélité à un homme, celui du 10 mai, contre les tueurs froids du terrorisme. C'est vraiment comme ça. Il est un peu tout seul. Je suis convaincu que j'ai raison, que c'est la meilleure façon de le faire sortir de ça. C'est ce que ses proches me disent. Mais il n'accompagne pas... Mon problème, c'est d'assumer le fait qu'on dise... parce qu'il est toujours chez lui.
– Les dangereux sont où ?
– Ils sont des deux côtés. Tintin[1] l'a déjà menacé de mort plusieurs fois. Son vieux pote, que j'ai vu, me pousse totalement. L'autre ne m'a jamais dit : ne sortez pas... C'est du genre la corde au cou.

Une fois « Benet » amorcé par les « informations » de Jégat, le duo *Le Monde-Le Canard enchaîné* se met en marche comme à la parade. A preuve, le coup de fil que Georges Marion passe, dès le lendemain 29 octobre, à son patron du *Canard,* Claude Angeli :

– *Le Monde* va vraisemblablement sortir demain l'affaire des Irlandais.
– Comment ? la véritable histoire ?
– Mais oui, le fait nouveau c'est que ça traîne dans tout Paris. J'ai vu une série de gens ce soir...
– Mais il va tout sortir, Plenel ?
– Oui... D'accord, tu fais ce que tu veux mais ça va faire comme pour le *Rainbow Warrior,* ça va faire suffisamment de bruit pour que je voie mal *Le Canard* ne pas être dans cette affaire d'une manière ou d'une autre.
– Oui, mais quel papier ? Qu'est-ce qu'on va pouvoir dire de plus que Plenel qui va tout raconter... Il va dire qu'il y en a un des trois qui était soupçonnable... un des trois Irlandais ?
– Sûrement. D'après ce qu'il m'a dit, il connaît toute l'histoire.
– Une histoire un peu foireuse de terrorisme international.
– Non, mais ils vont dire qu'il y avait une balance qui avait apporté l'affaire... et Barril dépose les armes... S'il sort, comme pour Greenpeace, tout à 13 heures, Europe 1 va ouvrir là-dessus.
– C'est une histoire depuis un an maintenant. Si tu veux, pour des raisons qui ne sont pas personnelles, je n'ai jamais pu la sortir [...].

---

1. Surnom donné au capitaine Barril.

Essaie d'avoir la morasse [1] demain matin, comme ça on pourra savoir ce qu'il sort.
– Tu ne crois pas qu'il faille préparer un papier ce soir ? Je t'ai dit un jour que je savais ce que tu savais... Je ne peux pas tout raconter, je ne peux pas raconter comment l'indicateur est arrivé à Barril.
– Ça non, ce n'est pas la peine. Tu veux parler des passages par les journalistes ? Ça n'est pas la peine, moi ce qui me paraît important... c'est de dire que les armes et les explosifs ont été apportés par...
– Mais où elles ont été trouvées les armes ?
– Chez les Irlandais d'abord.
– Oui, d'un mec à l'autre.
– Et ils ont été découverts chez un Irlandais. Il faut raconter la vérité.
– Ce n'était pas un Irlandais.
– Mais je veux dire, bon, c'est un Irlandais qui l'a apporté à Barril. Je crains que ce soit la même chose... ça serait emmerdant.
– Le problème est le même... que pour le *Rainbow Warrior*, c'est qu'on ne peut pas se permettre de ne pas y être.
– D'accord, mais si on écrit la même chose encore que l'autre fois sur la troisième équipe, on a l'air un peu con [...]. Prépare un papier et puis passe demain matin tôt et demande à Edwy si la décision de paraître est prise et demande-lui une morasse... demande-lui au moins à 9 heures... Tu me parles sur un ton complètement désespéré.
– Je ne suis pas désespéré, je suis fatigué parce que j'ai vu plein de gens tout à l'heure. Cette affaire, je ne sais plus quoi en penser.
– Ce qu'on peut en penser, c'est qu'on s'est fait tous enfler.
– Par qui ? Tu veux dire dans l'affaire irlandaise ? Mais non, enfin oui et non... On ne s'est pas fait enfler, on aurait pu être plus retenus sur la qualification.
– On a cru que c'étaient des pseudo-terroristes.
– Non, sur la qualification il n'y a aucun élément précis qui dise que... on n'a jamais douté... enfin, moi je n'ai jamais douté que c'étaient des militants irlandais, c'est-à-dire que les Irlandais, en général, ils font de l'action armée. Là où il y a un problème, c'est effectivement leur relation avec les Palestiniens... mais là-dessus il n'y a aucun élément à ma connaissance... L'indicateur, là-dessus, il dit, il dit pas. C'est flou [...].
– Prépare un papier et puis surtout téléphone à Plenel demain matin tôt... et demande-lui à quelle heure on peut avoir une morasse parce que c'est quand même ça qui nous guidera.

1. Dernière épreuve faite à l'imprimerie avant le tirage.

– Je propose que s'ils ne sortent pas, on ne sorte pas non plus.
– Moi je ne sors pas de toute façon. Je ne suis pas autorisé à le sortir... Je suis désolé, j'ai un truc moi... là, je suis obligé de passer outre à un engagement, alors à peine j'aurai raccroché que je vais téléphoner... Moi, ça ne me gêne absolument pas que Plenel le sorte, mais moi, la sécurité de ce mec, ça me fait chier que *Le Canard* soit mêlé là-dedans.

Le lendemain 30 octobre, *Le Monde,* relayé par les radios, publie l'article me mettant en cause. Les premières réactions captées par les oreilles indiscrètes sont significatives. A un correspondant qui l'alerte le jour même sur « cette salade avec notre ami, là... Paul... », et qui s'inquiète – « Ça veut dire à mon avis qu'ils vont le rechercher pour le coller au trou » –, un homme aussi averti des pratiques de ce milieu que Le Cavelier réplique aussitôt : « Ça, je vois d'où ça vient : Ménage et toute la clique. »

De son côté, Legendre rend compte à Plenel de ce qui se passe du côté de la justice :

– Jégat a été entendu de 8 h 30 à 15 heures par le juge d'instruction... Le juge a fait savoir dans les couloirs du palais de justice, rapporté par l'AFP... Perault[1] me l'avait dit dès hier soir au téléphone... que les déclarations lui paraissent très sérieuses. Les confrères globalement, Béatrice Valleys[2] dit que la DST conteste ça ou se demande si Jégat ne raconte pas des histoires. C'est la ligne de défense de Barril, semble-t-il, avec un couplet à la fin sur les exploits du GIGN... Des déclarations directement à Marion, du petit Szpiner, très violentes... Il dit qu'il va porter plainte [...].
– Si l'autre a été entendu de 8 h 30 à 15 heures et si ce juge dit dans les couloirs que c'est important, Barril va être entendu, si ce n'est fait.
– Je le pense, alors il y a un petit problème qu'a soulevé Perault, c'est que non seulement Jégat aurait parlé de l'affaire des Irlandais, mais d'autres affaires. Perault a eu un bon réflexe. Il a dit : « Je me demande si dans le cas des informations ouvertes, en tout cas la deuxième, Verleene[3] peut immédiatement entendre Barril ; est-ce qu'il ne va pas devoir en référer au parquet pour savoir dans quel cadre juridique ? »

1. Il s'agit du journaliste Maurice Peyrot, du *Monde.*
2. Il s'agit de Béatrice Vallaeys.
3. Le juge d'instruction.

Est-ce qu'il faut un supplétif d'instruction ?... Donc ça va retarder un peu l'audition de Barril.

Le 31 octobre, Andrew Orr téléphone à Plenel car il vient d'avoir Bernard Jégat au téléphone. Jégat est inquiet parce qu'il apparaît trop clairement comme étant la source du journaliste. Orr transmet une demande de rectificatif :

On laisse entendre que c'est des propos qu'il t'aurait tenus directement... c'est un rectificatif, si possible signé de ta part, en disant que ce n'est pas une...
– Je ne ferai pas de rectificatif mais je mettrai une formule, oui, bien sûr... si tu veux, il y a un truc partout de discrédit sur lui.
– Ce qui est emmerdant... tout le monde présente ça comme si on savait ça depuis dix-huit mois ou plus.
– Et puis sur ce thème, bon, c'est le discours, c'est pas fiable... mais ça ne va pas tenir, ça.

Un nouvel entretien téléphonique entre Orr et Plenel se déroule le 1er novembre à 16 h 55. Orr indique que des choses vont se passer demain « ... mais apparemment ce serait délicat que tu y participes. Ils vont se voir dans la soirée ». A 19 h 59, le même jour, Plenel est plus explicite durant sa conversation avec son collègue Legendre :

– Il y a une petite interview qui se prépare des trois Irlandais. Le leader, c'est Gamma TV qui a suggéré... pour qu'il y ait aussi comme presse écrite nous... L'avocat[1] a réservé la primeur, dans sa conception stalinienne de la presse où il n'aime que les journalistes qui écrivent ce qu'il a envie d'écrire, il a réservé la primeur à Béatrice Vallaeys. Il y a un autre truc, c'est qu'entre le désir des Irlandais qui comprennent, à notre avis, et le désir des gens qui les ont rencontrés, et le désir de l'avocat, l'avocat a une position débile. Il ne comprend pas que la position de force, c'est de conforter Jégat. Et non, en ne confortant pas Jégat, de conforter Barril et ceux qui disent que ce sont de vrais terroristes internationaux...
– Mais les Irlandais, tout le monde peut les rencontrer ? Qu'est-ce qu'ils ont à dire ?... Tout le monde sait qu'on a raison.

1. Antoine Comte.

– Moi, mon problème n'est pas journalistique. Tout le monde sait dans l'appareil d'État. Mais là encore, cette nana, qui à mon avis était un poisson-pilote, Christine Lalo, de TF1, qui vient me voir en me disant : « Je travaille là-dessus pour TF1. » Elle me dit : « Comment, vous ne croyez pas que ce n'est pas un mythomane ce type ? Et il y a des rumeurs sur vous, la manipulation... Dites-moi, Jégat, vous l'avez rencontré ? » En clair, le discours de la presse qui s'est fait doubler et tout, et dans laquelle Barril a ses copains, c'est de dire : « C'est un mythomane. » Celui qui peut – mais ça l'oblige à reconnaître des choses – conforter tout à fait le discours de Jégat, c'est Plunkett, tout bêtement. Et l'enjeu intellectuel est là et, d'après ce que je crois comprendre, les intéressés ont compris ça. Mais en revanche, leur avocat, qui depuis le début a ce comportement incohérent, risque de leur donner de mauvais conseils. Suivant les conseils, soit ils discréditent Jégat et renforcent Barril et en fait ils n'arrangent pas du tout leurs affaires, soit ils confortent Jégat et ils n'arrangent pas tout à fait leurs affaires, mais ils sont, à mon avis, dans une position morale plus forte [...]. C'est tout l'enjeu. Suivant leur démarche et la façon dont ils reconnaissent les choses, ça peut couvrir la détention. Je vais en finir... l'idée est toute bête : comme l'autre [*Antoine Comte*] a sonné Vallaeys, j'ai dit à la personne [*Orr*] de ne pas insister pour *Le Monde* dans ça... Ça sera probablement en boîte dans la journée de demain. Ça va être proposé aux télévisions et, vu les accords, ils vont en balancer des extraits sur l'AFP, dimanche. Parce que c'est prévu pour lundi matin dans *Libé* et ça cassera le coup de *Libé*. Et moi j'aurai, parce que je pense que ce sera mieux fait que dans *Libé*, j'aurai le texte intégral et on ne parlera pas de celui de *Libé*... Je sais bien que cette affaire ne t'intéresse plus, mais comprends bien qu'il y a un enjeu qui est de savoir si le capitaine va se trouver inculpé et au trou...

– Non, ne dis pas ça... Je crois que politiquement il n'y a pas d'intérêt à s'acharner...

On ne peut raisonner plus ouvertement en termes de calculs politiques et de manipulation. Et la cible est cette fois-ci nommée : le capitaine Barril !

Le 3 novembre à 12 h 53, Andrew Orr informe Edwy Plenel :

Ça passe à 13 heures sur Antenne 2 et ce soir également... J'ai gardé l'exclusivité pour nous, y compris pour la suite, c'est-à-dire que *Libé* n'est plus sur le coup. Donc, en fait, tu sortiras la première version intégrale demain. Je leur ai demandé... Ce sont eux [*les Irlandais*] qui ont décidé. Ils veulent que ce soit moi qui le fasse. C'est assez détaillé... aussi loin qu'ils pouvaient aller, mais dans ce sens-là...

Un sens, à l'évidence, qui ne pouvait m'être favorable ! Et c'est sans surprise, en effet, que, lorsque Plenel appelle, à 19 h 12, Bertrand Legendre, il exprime à nouveau son obsession me concernant :

– Il [*Orr*] a carrément réussi à empêcher *Libération.* Il y a eu des extraits à Antenne 2 ce midi, il y en aura de plus longs ce soir... C'est le plus loin où il puisse aller mais ça conforte Jégat. Il reconnaît qu'il l'a connu, il [*Plunkett*] ne dit pas : « Je lui ai remis des armes à tel moment », mais il a des formules qui sont claires quand on les analyse... et surtout la nomination d'un autre juge, il y a un vrai problème (il faut vérifier l'information)... Est-ce qu'on monte au créneau, comment ?
– Oui.
– A mon avis, c'est extravagant... ça vient de chez Comte et non de lui-même... je viens de l'apprendre, j'ai été à Gamma [...]. Il y a le trafic d'armes, mais ça, il le file à Bruguière, et puis une information sur Barril et ça, il la file à Verleene... Pour le trafic d'armes, j'en ai discuté avec Marion, c'est trois ans la prescription.

Le soir, à 20 h 38, les deux compères du *Monde,* Legendre et Plenel, font le point sur leur opération. Legendre parle des déclarations des Irlandais et s'étonne :

– A aucun moment il nie que c'étaient des armes qui lui appartenaient.
– Non, bien sûr. Pour tout le monde, c'est très clair, il confirme, dans la limite de ce qu'il peut dire, dans la mesure où il a une épée de Damoclès sur la tête...
– J'ai eu l'avocat de Plunkett il y a quelques minutes ; il a fait l'imbécile, il n'a entendu parler de rien. Alors, soit il ment, ou ton tuyau est crevé...
– Il ment car mon tuyau vient de ses gars, du mec qui a interviewé ses clients [...]. Il a été très bien le gars [*Orr*]. Il a dit aux Irlandais : « Nous avons des accords privilégiés avec *Le Monde* et puis... je ne sais

pas si tu te souviens, Mike[1], de l'attitude de *Libé* dans cette affaire. Ce sont eux qui ont donné une interview de trois pages à Barril. »

Cet acharnement contre moi n'est pas sans inquiéter même les responsables du *Monde.* L'avocat du journal, Yves Baudelot, appelle Plenel le 17 novembre à 12 h 54 et l'interroge :

– Il n'y a pas de nouveau dans Barril ?
– Non, non. Écoute notre pronostic ; si tu veux, tout ce qui est dans le papier est totalement ce que, ce qu'a – je crois même en moins détaillé –, ce qu'a dit Jégat aussi bien au juge d'instruction qu'au parquet. On en a discuté avec Bertrand, mon pronostic est que, de toute façon, Szpiner a encore dit, il y a quelques jours, qu'il nous poursuivrait. Mais ils ont trois mois. A mon avis, ils attendent surtout de savoir ce que va faire le juge concernant Barril ! Je crois que c'est ça qui va déterminer leur attitude. Si d'aventure ils déposaient une plainte, on citera tout le monde [...]. En plus, on a un allié de taille maintenant. Kahn[2] qui a rencontré Jégat à plusieurs reprises il y a longtemps, qui, en plus, à l'époque, avait eu des contacts avec Prouteau, il y a également des contacts avec Szpiner et Barril quand les Irlandais de Vincennes lui avaient fait un procès, et qui, depuis qu'on a fait ce papier, est très correct avec nous, ne tarit pas d'éloges, nous rend des hommages. C'est un exemple de type qu'on pourrait citer [...]. Je crois qu'il faudra faire citer Jégat, mais de toute façon, je pense qu'il risque... Enfin moi je ne sais pas du tout, c'est toi le spécialiste. Mais dans tous les cas de figure, je fais le pronostic que Barril sera peu ou prou, enfin je veux dire d'une manière ou d'une autre et je ne sais pas quand, inculpé dans l'affaire des armes. On demande un sursis à statuer.
– On n'a pas de documents écrits actuellement ?
– Cette histoire, moi je la connaissais depuis plusieurs mois. J'avais pu vérifier auprès des flics, auprès de pas mal de gens, que ça tenait et que c'était très cohérent parce que le type était pris en main par la DST. En fait, ce qui s'est passé, on a su que l'histoire était sortie partout à cause du fait que le type, là, avait été voir un député, qui lui-même l'avait mis dans les pattes d'un substitut, Marceau[3]... qui est au RPR [...]. En fait, on s'est assuré que le type avait vraiment la

1. Michael Plunkett.
2. Jean-François Kahn, de *L'Événement du jeudi.*
3. Il s'agit d'Alain Marsaud.

volonté d'aller voir la justice, et que c'était en route, ce qui était le cas... Donc, si tu veux, il n'y a pas de documents écrits. Les documents écrits, c'est ce que raconte Jégat... dans le PV de la DST, au début de l'année, ce qu'il raconte au juge d'instruction et ce qu'il raconte au parquet [...]. On fait citer Plunkett, on fait citer Jégat... On fait le procès que le pouvoir ne veut pas faire, puisqu'ils essaient d'écraser cette histoire.

Une fois de plus, les préoccupations politiques de « Benet » prennent le pas sur toute autre considération. Et une fois de plus, comme dans l'affaire Greenpeace, il se fait, sans même en avoir conscience, le supplétif du pouvoir puisqu'il ambitionne de régler, pour lui, le sort du capitaine Barril. Seulement, cet « investigateur » d'exception semble ignorer que son informateur Bernard Jégat (code « Laon » dans les écoutes) tient régulièrement informé Jean Lucas, son officier traitant de la DST, des actions qu'il engage auprès de la presse.

Le 21 novembre « Laon » (Jégat) appelle Lucas à 10 h 44 car, inquiet du bruit fait autour de lui et des conséquences qu'il risque d'en subir, il veut connaître la classification qui protège son dossier à la DST. Lucas lui répond : « secret défense ». Puis Jégat, horrifié, s'épanche :

C'est invraisemblable qu'un cabinet noir, avec l'aval du ministre de l'Intérieur, puisse organiser des fuites sur un secret... J'ai un ami journaliste qui... enquête, cherche, écoute. Il y a des informations tout à fait précises qui circulent et qui ont trait au travail qu'on a fait ensemble, à la cible générale Action directe... Ça fonctionne au niveau de l'organisation, donc de la lecture du PV en totalité ou en résumé, à partir du cabinet du ministre, sur Plenel... avec plusieurs motifs, un motif politique lié à la campagne électorale de mars et, ce que je pense maintenant, c'est qu'il y a un motif idéologique [...]. Il s'agirait de dénoncer un agent, un traître, un volontaire antiterroriste... Il y a eu volonté de sabordage sur le plan politique, mais aussi... pour me court-circuiter, pour me couper les pattes à moi... Il y a une volonté de me détruire, d'anéantir le dossier qui était en cours..., une brèche, une approche sur un cercle concentrique d'Action directe.

Jean Lucas demande d'où filtreraient ces informations. Jégat répond du *Monde* et ajoute que s'intercale la Ligue communiste révolutionnaire (LCR) dont l'intérêt serait de le jeter sur la place publique pour le « carboniser ». Il conclut :

> Je ne me laisserai pas faire... Ils ont utilisé un porte-plume pour me poignarder dans le dos, qu'ils m'envoient un porte-flingue maintenant.

Le malheureux Jégat n'imagine pas encore à quel point il est utilisé. Andrew Orr se charge de lui ouvrir un peu les yeux, le 25 novembre, à 10 h 25, en lui apprenant que c'est Georges Marion, du *Canard*, qui a suggéré à Orr d'organiser la rencontre entre Jégat et Plenel, car lui-même ne pouvait écrire sur ce sujet ! Il rassure en outre Jégat sur les conséquences de l'article du *Monde* en précisant qu'il a rencontré le chef du groupe des Irlandais, Michael Plunkett : « Il n'y a rien, à mon avis, il n'y a absolument rien à craindre pour toi de ce côté-là. » Quelque peu bravache, Jégat réplique qu'il ne redoute aucun tueur, viendrait-il « de l'entourage de Michael ou de Joxe[1] ».

Ce même 25 novembre, à 21 h 01, Bernard Jégat explique à Hervé Brusini, d'Antenne 2, qu'il se sent menacé par les Irlandais, en précisant que « dans un premier temps, leur cible était Barril », mais qu'ils se sont retournés contre lui. Il se dit prêt à accorder un entretien en profondeur au journaliste et à lui communiquer une photocopie des notes qu'il a remises à la DST.

A 21 h 25, Jégat appelle un de ses protecteurs, Pierre Péan, qui lui promet de régler ses problèmes dès le lendemain. Jégat s'inquiète de l'attitude de Plunkett qu'il juge extrêmement agressive depuis que les Irlandais ont compris ce qui s'était mis en place à partir de l'article du *Monde*.

Le 29 novembre, Péan appelle Jégat à propos du choix de l'avocat dont son interlocuteur se montre très heureux.

Le 19 décembre à 17 h 51, Jégat, qui commence à sérieusement s'affoler, est rappelé par un de ses correspondants, à la DST, Alain, qu'il avait cherché à joindre. Bernard Jégat annonce qu'il

1. Michael Plunkett et Pierre Joxe, ministre de l'Intérieur.

a l'intention de déposer trois ou quatre plaintes contre le ministère de l'Intérieur, une pour divulgation de documents confidentiels, une autre pour divulgation d'informations confidentielles provenant d'un dossier classé « secret défense » – selon Alain cette plainte ne tiendra pas –, une troisième pour non-assistance à personne en danger – celle-là il y tient beaucoup – et une quatrième pour faire valoir sa situation afin d'essayer de trouver un biais pour faire reconnaître « sa prestation de service » à un officier de gendarmerie à partir d'août 1982. Il était collaborateur occasionnel... jusqu'en octobre 1985, date à laquelle la DST a donné l'ordre d'interrompre.

A l'évidence, Jégat commence à paniquer et Pierre Péan s'en rend compte. Le 21 décembre, à 14 h 39, il avoue à son ami Bernard être dépassé par la situation. Jégat lui conseille de se désengager ; Péan rétorque que c'est déjà fait car il ne suit plus, intellectuellement, une démarche trop sophistiquée pour lui. Aux yeux de Péan, tout devait éclater sur une chaîne de télévision mais, à présent, c'est la justice qui médiatise Jégat. Or, rappelle-t-il à son interlocuteur, l'appareil d'État n'a pas de réaction humaine et Jégat ne gagnera jamais contre une machine qui échappe aux individus et possède sa logique propre.

Le 6 janvier 1986 à 19 h 18, Jégat téléphone à Christian Lambert du GIGN (Satory), car il recherche des témoins qui m'étaient liés au moment de l'arrestation des Irlandais.

> Paul va très mal car il fait front tout seul, abandonné qu'il est par tous, politiques, militaires et civils, ajoute-t-il. Et puis tu sais, Paul je l'aime encore, j'écoute ce qu'il dit. C'est horrible, parce que je l'aime encore.

Le 23 janvier à 9 h 44, l'avocat José Navarro appelle Jégat et lui annonce qu'il envisage de faire citer le commandant Beau « qui... donne l'impression d'avoir envie de vider son sac ». La réaction de Bernard Jégat en dit alors plus que toutes les démonstrations :

> Je ne voudrais pas rentrer dans un mécanisme de règlement de comptes... parce que Beau, je ne sais pas... ce qui s'est passé ou ne

s'est pas passé... moi j'ai eu une conversation avec Prouteau, à ce moment-là, qui est contradictoire avec ce que Beau dit.

Tiens, tiens, si même Jégat a des doutes ! Seulement, si l'informateur du *Monde* ne tient pas son rôle jusqu'au bout, les brillants enquêteurs Marion et Plenel ont du souci à se faire. Et ils s'en font, le 30 janvier à 22 h 30, quand Plenel court aux renseignements chez Marion :

– Dis-moi, tu es au courant de l'excitation d'un nommé Bernard ?
– Oui, il a déposé plainte déjà une fois.
– Mais il est fou ! Il est carrément en dehors de ses pompes ! Son ami[1] n'a pas l'air de comprendre. Il est à la fois fou et à nouveau manipulé par d'autres, à mon avis. Mais je crois qu'il est vraiment fou ! Il voulait pousser l'ami à témoigner d'une conversation avec moi. Je vais voir l'ami demain, mais je vais lui dire... Écoute, en plus il nous avait écrit pour absolument dire... enfin j'avais modifié... tu te rappelles le truc qu'on a passé ? C'est un type dangereux.
– Il est malade, c'est un truc où en général les gens sont fragiles.
– Oui, mais l'ami n'a pas l'air de bien voir qu'il est malade.
– Oui, parce que c'est son ami. Il a les jetons, il a peur d'être entraîné dans une affaire...
– Oui, il faut qu'il s'en garde à mon avis. La meilleure façon, c'est que lui il n'a jamais vu l'autre avec moi et qu'il n'a jamais assisté à rien.
– Ça n'ira pas très loin. Il peut toujours déposer plainte. Qu'est-ce qu'il veut dire de plus ? Et là, il a déposé plainte. Ils veulent le faire sur Europe 1. Il a fait saisir les bandes, des trucs comme ça.
– Là, c'est contre Joxe, je ne sais pas ce qu'il peut raconter. Moi, je n'ai rien à me reprocher, j'ai été le plus gentil avec lui, je vais finir par le regretter.
– Non, il te reproche aussi...
– Oui, mais il n'envisage pas de plainte ?
– Non, l'idée, en gros, ça s'est passé en deux temps : tu as été, enfin la presse a été le véhicule qu'il reproche à Joxe.

La crainte de Plenel c'est que soit révélé que son seul informateur est Jégat, alors qu'officiellement il affirme ne pas l'avoir rencontré.

1. Andrew Orr.

Décidément, Marion (« Bout ») et Plenel (« Benet ») ne sont pas assez prudents au téléphone. Ainsi, après avoir joué la partition de Fabius dans l'affaire Greenpeace, ils interprétaient sur ce dossier des Irlandais de Vincennes un morceau composé par Pierre Joxe.

Le nom du ministre de l'Intérieur revient de plus en plus souvent dans la combine. Le 6 février à 18 h 39, Bernard Jégat reparle en effet de Pierre Joxe à Andrew Orr dans des termes et un contexte qui puent, là encore, la manipulation.

– Je suis assez soucieux de renvoyer l'ascenseur à Plenel, explique Jégat. Je vais faire une déclaration imminente.
– Ah bon ! tu vas le faire comment ?
– Là-bas en direct. J'aurais aimé le prévenir avant...

Andrew Orr indique à Jégat qu'il a vu « ton Irlandais » qui est très anxieux et veut déjeuner avec Claude et Mary[1]. Jégat accepte de déjeuner avec l'Irlandais s'il y a quelqu'un pour l'introduction. Orr est d'accord. Puis « Laon » interroge : « Est-ce que tu penses que Plenel risque de nier les deux ou trois actes que j'avais relevés dans la conversation ? »

Orr pense qu'il va nier. Et il nie avoir vu Joxe le vendredi, car il dit ne l'avoir vu, la dernière fois, qu'avant l'affaire Greenpeace. Jégat, qui raisonne par rapport à la campagne des élections législatives de mars, ajoute :

– Je ne risque rien, Verleene[2] m'a simplement dit, encore aujourd'hui, que ça l'embarrassait, qu'il préférerait pour des raisons de crédibilité... On a fait le point sur les deux procédures ouvertes contre moi, contre Barril... Il est très embarrassé car c'est tellement saucissonné... ça a été fait pour protéger Paul, selon ses propres dires... La distribution des cartes actuelles ferait que s'il instruit l'information ouverte contre moi ça engage automatiquement mon inculpation et celle de Michel[3]. Tous les deux, nous prendrons trois ou quatre ans, avec ou sans sursis. Donc il ne veut pas de ça ; et Paul passe au travers... encore une fois, dit Verleene.

1. Claude Lévy, compagne de Bernard Jégat, et Mary Reid.
2. Juge d'instruction.
3. Michael Plunkett.

Le 12 février à 14 h 18, Bernard Jégat contacte son avocat et l'interroge avant son passage, le soir même, au journal de 20 heures sur France 2 :

– Est-ce que je peux dire, sans prêter le flanc à une contre-attaque en diffamation de la part de Paul, que je lui ai remis une ou des armes ? Est-ce que c'est de la diffamation si je dis que Barril a posé une arme ou quelque chose d'autre... ? Le fait de dire je lui ai confié des armes, ce n'est pas diffamatoire ?
– Non, pas du tout, lui répond son conseil, ce qu'il faut éviter c'est de l'injurier ou de laisser entendre qu'il est malhonnête. Si tu te contentes de faire une affirmation, il n'y a pas de problèmes. De toute manière, à partir du moment où ça fait l'objet de déclarations qui sont parues dans la presse depuis très longtemps, il n'y a pas de difficultés.

Et voilà comment l'informateur des médias peut demander des garanties juridiques avant de réitérer ses propos et... trouver sa protection dans les articles qu'il a lui-même inspirés !

Décidément la version Jégat-Marion-Plenel des turpitudes de l'affreux capitaine Barril a du plomb dans l'aile. Les écoutes de plusieurs autres journalistes, dont Berti d'Europe 1, montrent que le doute hante la plupart des rédactions parisiennes. La plus significative de ces confessions émane pourtant de Georges Marion lui-même. Dans une conversation, sa consœur Béatrice Vallaeys, le 23 février à 18 h 55, lui raconte qu'elle a interviewé Jégat durant trois heures et demie et qu'elle a le sentiment d'avoir eu affaire à un fou. « Il a dit des folies au juge d'instruction », précise-t-elle. Comment réagit l'homme qui a branché Plenel sur Jégat, l'homme qui est au départ de toute l'opération ? Il se dit persuadé que Jégat a effectivement dit n'importe quoi au juge, mais ajoute : « Il donne suffisamment d'éléments matériels, alors c'est ça... »

Bravo pour le professionnalisme !

Le 4 mars 1986 à 16 h 45, Jégat avoue à Brusini, de France 2, qu'à la lecture des journaux il « a honte de lui-même ». Le matin même, il s'est déclaré effondré par le comportement de la presse française lors d'un entretien avec son traitant de la DST, Jean Lucas.

Lucas lui confirme que la DST est partagée en deux : ceux qui veulent poursuivre avec Jégat, et les prudents... Lucas n'est pas intéressé par les différentes péripéties de ce règlement de compte et veut se tenir à l'écart de ce marais nauséabond. On ne peut mieux dire à Bernard Jégat qu'après usage, la DST le laisse tomber.

Le 14 mars 1986 à 12 heures, Bernard Jégat, à l'évidence écœuré de la manière dont il a été utilisé, dicte un télégramme significatif à l'attention de Jacques Attali, à l'Élysée :

> Sacrifié par Barril, Prouteau, Joxe, je remercie tous les « Ponce Pilate » courageusement embusqués derrière une lâcheté et un laxisme déshonorants qui ont tissé au fil des mois et des années, depuis août 1982, l'anéantissement de ma vie. Le Président lui-même était-il solidaire de cet abandon-destruction implacable et cynique ? Qui aura le courage de me répondre avec franchise ? Je ne renierai jamais l'ardente fidélité que je lui ai vouée, au péril de ma vie. J'attends sereinement mon « exécution », abandonné de tous à l'exception de PYG[1] (cellule du fantomatique M. Prouteau) que j'aime comme un frère.

Pauvre marionnette utilisée dans une opération qui visait un autre.

Ainsi, jour après jour, Gilles Ménage pouvait suivre la progression de tous les ragots mis en circulation et piloter leurs retombées.

Pour se dégager, il va botter en touche. Il remet le 21 décembre 1995, au juge Jean-Paul Valat, un mémoire de trente et une pages dans lequel il critique « les méthodes » du magistrat instructeur.

Gilles Ménage joue sur des détails, voire sur des mots, pour mieux tenter d'occulter l'essentiel : « Je n'ai en rien participé à la création ni à la mise en œuvre de la cellule, c'est-à-dire au choix

1. Pierre-Yves Gilleron.

des personnes qui y ont travaillé, à la mise en place des moyens et à la définition de son domaine d'activité. Cette situation ne signifie pas pour autant que j'ignorais complètement ce que faisait la cellule. Mais n'en étant pas le responsable hiérarchique, je n'avais pas la charge de tout en connaître. » Se contredisant, il affirme néanmoins, au sujet des « surveillances téléphoniques » exercées par la « cellule » : « Ce que j'ai lu me semble pouvoir pleinement justifier que les personnes concernées aient pu être placées sous surveillance [...]. Le contenu de ces documents [...] est édifiant quant à la nature des activités auxquelles se livraient les personnes concernées. » Fermez le ban ! Et merci, pour « les personnes concernées » : en particulier « Benet », Edwy Plenel, du *Monde,* et « Bout », Georges Marion, du *Canard enchaîné.*

Entendu le 16 février 1996 par le juge Valat, Gilles Ménage a rompu avec son mutisme antérieur et le recours à la notion de « secret défense », pour charger Christian Prouteau : « Les demandes d'écoutes ne passaient absolument pas par moi, mais c'est Christian Prouteau qui adressait directement ses demandes au bureau réservé. » Gilles Ménage suggère que d'autres services, animés par des policiers et des militaires, peuvent avoir participé à cet espionnage d'État. Et, comme par hasard, cette réalité est confirmée par plusieurs journalistes qui révèlent l'installation de différentes écoutes attribuées à la DGSE, à la DST et aux RG. Gilles Ménage fait tout pour diluer ses responsabilités et continue de trouver de l'aide auprès de ceux que l'Élysée a si longtemps contribué à alimenter en « informations » pour mieux les manipuler.

Chapitre 10

Les nageurs de combat n'oublieront pas

« Connaître son ennemi
pour mieux le combattre. »

Faire voler en éclats le service action, fleuron de la DGSE ; liquider Aspretto, la base secrète corse des nageurs de combat, l'unité de pointe du dispositif français d'opérations clandestines, disloquer les équipes, disperser les nageurs, après avoir « donné » aux policiers d'un pays étranger les noms, adresses et états civils réels d'officiers de l'armée française engagés sur le terrain de la guerre secrète, et faisant leur devoir, au service de leur pays ; obtenir, pour cette félonie, l'aval du chef de l'État, chef supérieur des armées, tel est le bilan lamentable du fiasco de l'attentat contre le navire de Greenpeace. La « cellule » élyséenne, en mettant la main sur l'appareil clandestin des services spéciaux de la République, a montré très vite sa malfaisance. L'esprit et la pugnacité des nageurs de combat, élite de notre élite, survivent et survivront à ce désastre. « Nageur » moi-même, formé en partie à Aspretto et à Saint-Mandrier aux dures disciplines du combat dans l'eau glauque, au plus noir de la nuit, sous les coques écrasantes des pétroliers ou des péniches et dans les tourbillons mortels d'hélices hautes comme des immeubles de quatre étages, j'ai initié et entraîné des générations de nageurs de combat[1] un peu partout,

1. Surtout hors de nos frontières, dans des pays amis et alliés de la France, souvent en guerre.

jusque dans les marais du sud irakien, dans des atolls lointains, dans d'immenses lacs africains et même, pour des « missions secrètes », en plein Paris sous les ponts de la Seine. Pour ces hommes qui furent utilisés, abandonnés et humiliés, j'entends témoigner.

Un matin du printemps 1985, en convalescence, j'ai été contacté par le général Audran, du ministère de la Défense. Nous avons déjeuné au Concorde-Lafayette et il m'a fait la proposition suivante : « Mon capitaine, en France vous êtes totalement grillé. Vous êtes haï par le chef de l'État, votre vie est en danger. Je connais bien les Irakiens. Ce sont des alliés de la France. Ils aiment Jacques Chirac. Nous les soutenons à fond dans leur guerre contre l'Iran de Khomeiny. À Bagdad, j'ai des amis, des militaires très haut placés qui ont besoin d'un homme comme vous. Ils vous connaissent et vous estiment depuis votre intervention à La Mecque. Il faut les aider à "tanner" les Iraniens. Ils n'ont pas de nageurs de combat, il faut leur en former, pour les marais et surtout pour attaquer le terminal pétrolier de Kharg... en Iran. Vous avez carte blanche ! Mais en cas de pépins, on ne vous connaît pas ! C'est la règle. Bonne chance ! » Ma première équipe est partie, la semaine suivante, de l'aéroport militaire de Châteaudun, à bord d'avions de l'armée de l'air irakienne, des Iliouchine. Les avions cargos transportaient des obus de 155. Mes hommes étaient assis sur des caisses de missiles Exocet en partance, elles aussi, pour Bagdad. J'ai créé une tête de pont qui resta en place durant pratiquement deux ans en Irak. Nous avons remplacé une équipe défaillante de la DGSE, commandée par le capitaine Marcotte. Ils n'ont pas laissé un souvenir marquant aux Irakiens, qui les jugeaient peu pugnaces. Lors de leur départ précipité, ils ont même oublié une partie de leurs archives... que nous avons dû détruire. J'ai donc formé des nageurs de combat, mais également des tireurs d'élite et des commandos spéciaux qui participaient à des actions dans les marais avec les troupes irakiennes, dans le nord aussi, dans la région troublée du Kurdistan, à Dokan, au nord de Suleymania. Pour tarir les sources financières iraniennes, j'ai monté des opérations de grande envergure, combinées avec les services spéciaux irakiens, afin de faire sauter les pipe-lines, et même des pétroliers à Kharg. C'était la guerre, en direct, pas celle de la télé ! Il y a eu, hélas, beaucoup de pertes humaines, mais j'ai vécu, là-bas, le meilleur moment de ma vie militaire, fort de la confiance totale des Irakiens, menant des équipées sauvages en Range Rover, des replis en catastrophe lors de percées iraniennes dangereuses. Des moments extraordinaires, inoubliables... Je garde à jamais au fond de mon cœur la plus grande amitié pour ce peuple de paysans, simple, fier et courageux, aimant tellement notre pays. Pauvres Irakiens qui souffrent terriblement aujourd'hui et n'arrivent pas, malgré le temps qui passe, à comprendre notre politique à leur égard ! Moi non plus, d'ailleurs ! Claude Angeli, dans son livre contre l'Irak intitulé *Saddam notre ami*, parle un peu des actions menées en Irak par un certain capitaine Barril. Une partie du grand roman secret de la France s'est écrite là-bas, avec des instructeurs français qui, au risque de leur vie, ont peiné, la faim au ventre, dans une guerre rude et âpre, avec la mort omniprésente. Ils ont risqué mille fois le pire. Ils font partie de la grande cohorte des héros anonymes qui ne travaillaient ni pour un service, ni pour de l'argent, ni pour la gloire, mais simplement pour la France. Sans aucun espoir de reconnaissance ni de décoration !

J'ai vécu là-bas ce qui me plaît : une aventure d'homme où le courage, la persévérance, l'intelligence, la liberté d'action peuvent s'exprimer. Dans de telles situations le vrai soldat peut imprimer son empreinte aux événements. Je conserve de cette période des amitiés indéfectibles. Plus tard, j'ai également créé des groupes de nageurs de combat dans d'autres pays arabes, au Maroc et ailleurs. J'ai plongé dans le monde entier, à Beyrouth, dans les atolls, à Tahiti, et même à Hao, bien avant que les agents Mafart et Prieur, les faux époux Turenge de l'affaire Greenpeace, y soient condamnés à un exil doré ! Comme mon imagination a toujours été débordante, j'ai inventé des méthodes particulières d'entraînement pour les nageurs de combat du GIGN, même en plein Paris dans les eaux glauques de la Seine. La Seine est particulièrement sale, très sombre, avec beaucoup de courant. J'emmenais mes nageurs, par 6 m de fond à peine, l'exercice consistant à s'aplatir dans la vase, en attendant le passage d'une péniche. On l'entendait de très loin, avec sa lourde charge qui l'enfonçait presque à toucher le fond avec ses hélices. Deux par deux, sanglés en binôme, sans aucune visibilité, bras et jambes écartés agrippés tant bien que mal à la vase, la péniche passait juste au-dessus de nous, dans un bruit d'enfer mécanique. L'eau transmet en intégralité le son et les vibrations. Ce sont des moments gratuits, non imposés, mais d'une telle intensité et d'une telle concentration, que l'on est presque au seuil d'un autre monde. On sent la mort arriver. Tout doucement, elle vous enveloppe avant de repartir au rythme de l'éloignement des sons de la péniche, dans un brassage de vase et de remous. Ces épreuves permettent d'acquérir une totale maîtrise de soi, faculté que l'on conserve pour le reste de sa vie. Ces émotions répétées m'ont doté d'une totale indifférence vis-à-vis du risque physique et de la mort, me permettant de garder la tête froide, pour mieux pouvoir réagir en situation de danger quel que soit le péril du moment. Tout cela demeure le résultat d'un entraînement, un vrai, et non de l'exercice pour l'exercice, avec double ou triple assurance, sans en connaître les conséquences. Je parle de maîtriser la technique, tout en maîtrisant d'abord son propre corps.

Avec mon équipier Jacky, j'ai notamment rôdé sous la coque de *Justine*, une péniche amarrée près de la gare d'Austerlitz et très fréquentée, à l'époque, par des terroristes italiens. J'ai envisagé sérieusement de la couler, mais gentiment, sans histoire.

En France, nous disposons, hélas ! d'une dizaine de services secrets, tous concurrents, souvent trop occupés à se savonner mutuellement la planche. Ils se nomment DGSE, DST, DPSD, RG, SGDN, DRM[1], etc. Dans les méandres d'« affaires » franco-françaises, la politique, les hommes d'argent, les franc-maçonneries diverses, les amicales secrètes – dont les « Introuvables[2] », par exemple – jouent un rôle qui ne devrait pas être. L'action secrète à l'extérieur est du domaine de la DGSE (l'ancien SDECE, lui-même ex-BCRA) dont le service action n'est, en principe, habi-

1. Direction générale de la sécurité extérieure, Direction de la sûreté du territoire, Direction de la protection, de la sécurité et de la défense (Sécurité militaire), Renseignements généraux, Secrétariat général à la Défense nationale, Direction du renseignement militaire.

2. Association des anciens des services secrets. Leur symbole est une toile d'araignée. Plusieurs socialistes adeptes des fausses factures en sont membres.

lité qu'à des opérations hors des frontières : opérations « obs » (préparations de dossiers), opérations « homo » (tuer), opérations « arma » (destructions de matériels). Dans ce cadre, le fin du fin est le recours aux nageurs de combat.

La préparation d'un militaire à des actions de guerre secrète sous la surface de la mer peut durer une vie, et ce pour de très rares actions à accomplir. Une ou deux, peut-être. Quand vient le moment d'agir, la mission est très dure et le danger énorme. La technique doit être parfaite : pas de bruit, pas de traces. Le nageur de combat est polyvalent. Il doit courir vite, sauter en parachute, être expert en informatique et en transmission, connaître la navigation par satellite, la chimie des substances explosives, les langues étrangères, la conduite de toutes sortes d'engins terrestres, aquatiques ou sous-marins. Il doit savoir tout faire et posséder une condition physique hors du commun. Parachutiste avant tout, malgré sa dénomination, le nageur de combat est un « poisson volant » qui utilise beaucoup la voie des airs. Il saute, de jour comme de nuit, avec son Zodiac arrimé sur une plate-forme spéciale, équipé avec jerricans de carburant, matériel et armes pour la mission. Largués à partir d'un avion à basse ou moyenne altitude, de nuit de préférence, à 300 ou 600 m en général, les nageurs sautent avec les palmes aux pieds qui, pour ne pas être perdues, doivent être attachées avec la plus grande minutie, comme tout le matériel. Le nageur de combat dispose aussi d'une formation « top niveau » en tir, à toutes armes, en sports de combat les plus violents et les plus efficaces... Il peut agir partout et de toutes les façons. Il représente le summum de l'agent action, une confrérie au sein de la confrérie.

Voilà ce que des « salopards » ont mis en péril avec l'affaire Greenpeace. Dans quel but ? S'agissait-il, en fin de compte, d'aller au bout de la logique des 110 propositions du candidat François Mitterrand qui, avant 1981, prévoyaient la dissolution des unités spéciales ? Après l'élection présidentielle, le chef de l'État n'a-t-il pas exigé de passer en revue, au salon du Bourget, nos avions de chasse sans leurs armes ?

Aspretto, dans la baie d'Ajaccio, à « Port-Doumé » exactement, est une base marine agréable et fort bien outillée, protégée jour et nuit par un bataillon d'appelés. Située au bord de l'eau, avec ses bateaux et vedettes rapides, ses petits sous-marins indétectables, ne pouvant descendre à de grandes profondeurs mais permettant de longues pénétrations de nageurs avec matériels, dans le secret le plus total, elle a servi à la formation des nageurs. Tout avion en vol est pris par un radar, seul le nageur de combat peut franchir les frontières d'un pays dans une clandestinité absolue. Un sous-marin de la marine nationale l'amène à 2 ou 3 km du rivage et le nageur sort directement par le tube lance-torpilles. Comme les gendarmes, les nageurs vont par deux. Le tandem s'appelle un « binôme ». Les deux hommes s'installent dans le tube, tête-bêche. Les sous-mariniers font monter l'eau doucement, comme autour d'une torpille. Chaque nageur est équipé de son « oxygers », appareil de respiration en circuit fermé. Lorsque le tube est plein, le « binôme » est chassé vers l'extérieur du tube, sous une pression d'air comprimé. Le « binôme » communique avec l'équipage du sous-marin par un code de coups frappés sur la coque, à l'aide de la lampe de plongée. Depuis 1982, une autre possibilité technique existe. Elle consiste à sortir par le sas central du sous-marin, en position assise, ce qui est plus confortable. Les nageurs disposent de housses étanches renfermant leurs armes, vêtements civils, nourriture et faux papiers. Invisibles, à 5 ou 6 m de profondeur, ils gagnent la côte, de nuit, silencieusement et sans bulles, à un endroit repéré à l'avance. Sur place, les nageurs sortent le « matos » des housses, se déshabillent, mettent des vêtements civils, rangent les combinaisons de plongée dans des sacs adaptés, et enterrent le tout. Dès lors, ils sont opérationnels. Au retour, ils se rééquipent, puis rejoignent le sous-marin guidés par un système de « bips » avec écouteurs aux oreilles, le système Homing. Ils frappent des coups précis sur la coque, pour leur identification, puis entrent dans le sous-marin par le tube lance-torpilles, ou par le sas central.

Pour devenir nageur de combat, il faut franchir la barrière des tests médicaux, puis celle des tests physiques, très durs et impitoyables. Le candidat doit déjà être parachutiste et un commando confirmé. Ensuite, vient le temps de la formation à l'école de Saint-Mandrier, près de Toulon. Le stage dure huit mois et la sélection des hommes est terrible. Il est nécessaire d'avoir une résistance physique hors du commun. L'eau est un milieu très difficile. Ceux qui traversent victorieusement cette épreuve finissent par se sentir « pousser des écailles » ! Il faut une volonté de fer, une obstination exceptionnelle. Un seul but : s'accrocher, tenir, résister... Mon souvenir le plus fort reste la progression sans visibilité, une main en avant pour essayer de deviner ce que l'on va éventuellement rencontrer comme obstacle – filets de pêcheurs, barbelés, câbles, clous rouillés, cadavre d'animal, mine, épave, n'importe quoi – dans ce milieu glauque, suffocant même pour ceux qui ne sont ni fragiles ni sujets à la claustrophobie. C'est vraiment une expérience redoutable, une école de caractère qui forme aux pires situations et marque pour la vie.

Il existe deux sortes de plongeurs : à l'air ou à l'oxygène. Personnellement, j'ai la double qualification. J'étais plongeur gendarmerie, moniteur d'État « à l'air ». Il s'agit de la plongée classique, avec des bouteilles d'air comprimé sur le dos, ce que l'on appelle un circuit ouvert. C'est donc de la plongée traditionnelle, verticale, du haut vers le bas. Être un bon plongeur, pour un moniteur un peu kamikaze, c'est effleurer la barre fatidique des 100 m, de temps en temps, pour voir et se faire peur. La moyenne raisonnable est située à 30, 40 m. Cette plongée se fait en général par groupe de trois ou quatre, en respectant une vitesse de descente, et surtout les paliers de remontée. Il faut plusieurs années d'études et de pratique pour atteindre le monitorat. La faiblesse opérationnelle de ce mode de plongée, ce sont les bulles qui viennent crever la surface de l'eau avec un bruit caractéristique. Il a pour résultat de faire repérer les plongeurs facilement, surtout dans un port, à l'eau calme ou dans un lac. En ville, dans une rivière ou un canal, les bulles sont trop visibles et sonores. Le nageur de combat dispose donc d'un appareil particulier, l'« oxygers 57 », qui fonctionne en circuit fermé. Il se compose d'une petite bouteille d'oxygène pur (et non pas d'air comprimé), à laquelle s'adapte un dispositif particulier, à base de chaux sodée. À chaque expiration, le gaz carbonique est absorbé ainsi que la vapeur d'eau. Il n'y a pas la moindre bulle à la surface. Cet appareil, qui se porte sur la poitrine, est lui-même amagnétique, c'est-à-dire qu'il ne peut être détecté. Dans son équipement, il n'existe aucune masse métallique. La plongée n'est pas verticale, c'est une translation horizontale pour se déplacer d'un point à un autre, une nage s'effectuant à quelques mètres sous la surface mais qui peut durer de trois à quatre heures, correspondant à la capacité de la bouteille d'oxygène, soit de 1,5 à 2 l. La distance parcourue peut atteindre plusieurs kilomètres. Il est interdit de descendre en profondeur. En dessous de 7 m, le risque d'accident mortel est permanent. C'est l'hyperoxie, une sorte de crise d'épilepsie sans aucun signe précurseur, sans alerte, effrayante, et qui aboutit en général à la noyade. Pour limiter ce risque, une sangle d'environ 2 m relie le poignet de chaque plongeur à celui de son équipier, formant ainsi un « binôme » indissociable jusqu'à la mort. L'expérience montre que la crise d'hyperoxie ne survient jamais au même moment pour deux organismes différents. L'un des deux nageurs pourra donc, ainsi, tenter de sauver l'autre. Dans un « binôme opérationnel », chacun emmène sa charge d'explosifs. C'est le « binôme classique » qui permet de saboter un bateau, comme on l'a vu avec le *Rainbow Warrior.* Il a d'ailleurs parfaitement réussi sa mission, n'ayant pas été intercepté durant l'exécution, pourtant réalisée sous le nez des Néo-Zélandais. Ces deux héros d'une opération dont le véritable nom de code était « Satanic » ont pu regagner la France, seuls, sans l'appui logistique du service. Il s'agit donc du capitaine J.-L. K.[1], ayant pour pseudonyme « Alain Tonel », et de l'adjudant C., pseudonyme « J. Camurier », qui fut major de stage à Saint-Mandrier, devant les nageurs du commando Hubert. Leur Zodiac était barré par le lieutenant Royal, pseudonyme « Pierre le Marin », le propre frère de Ségolène Royal, la jolie groupie du président Mitterrand. Amusant.

Tandis que le « binôme » réalise l'attaque, d'autres hommes ont préparé l'opération, avec la mise en place d'équipes d'observation, de support, de couverture et de transport. Le chef du « binôme » est le responsable de la navigation et de l'orientation. Se diriger sous l'eau, au compas, sur plusieurs kilomètres, pour toucher le but sans dévier d'un mètre, requiert une très haute qualification professionnelle.

1. Il sera chargé, en septembre 1995, à Moroni, aux Comores, de négocier la dernière reddition en douceur de Bob Denard et de ses hommes.

Au centre d'instruction des nageurs de combat, l'entraînement se décomposait en plusieurs sections. D'abord, le kayak. Cinq jours sur sept, lever à 7 h 30, sport, footing, volley-ball, casse-croûte frugal, ceci de 8 h 30 à 9 heures. À 9 h 30, exercice d'attaque avec entre une heure et deux heures et demie de navigation à l'oxygène. Ensuite, à 12 h 30, repas commun. À 13 h 30, à nouveau kayak jusqu'aux îles Sanguinaires, ou vers le Capo di Moro, dans le golfe de Valinco, quatre à six heures de pagaie, puis retour sur l'*Amarante*, le navire de la base. Ce n'est pas tout : trois fois par semaine, exercices d'attaque de nuit, soit une heure et demie à deux heures et demie de navigation à l'oxygène, avec, auparavant, approche en kayak, dans le port d'Ajaccio. Dure journée. Le kayak, c'est vraiment le top. Amagnétique bien sûr, indétectable au radar lui aussi, il permet d'embarquer pas mal de matériel indispensable aux opérations à mener. Approche de l'objectif, mise à l'eau, attaque… C'est un instrument de combat redoutable, mais il a un point faible. Il est aisé d'identifier un kayakiste, grâce à l'épaisse couche de cal qui finit par se former dans la paume des mains.

La deuxième section : les Zodiac. Même entraînement de base, le matin, jusqu'à 9 h 30. Puis, de 9 h 30 à 12 h 30, conditionnement, préparation-entretien du matériel, collage-réparation du Zodiac. A 14 heures, départ pour un raid de navigation de trois à quatre heures de durée, dans le golfe d'Ajaccio, ou plus loin encore, du côté de Bonifacio. Une fois par semaine, raid avec attaque de nuit, emploi de matériel spécial GPS, valise satellite cryptée, jumelles de vision nocturne. En général, cela se fait sur les ports de la côte Ouest, où Propriano et Bonifacio servent de cibles. A signaler, aussi, les BOM, Balisages opérationnels maritimes, de nuit dans les calanques. Le BOA, Balisage opérationnel aérien, se fait, lui, avec les moyens propres à la DGSE, dans toute la France et… le monde entier !

La section trois : les propulseurs, les sous-marins de la « maison ». Entraînement de base, le matin. A 9 h 30, entretien, préparation, réparation des engins, navigation dans le port d'Ajaccio. A 12 heures, sortie plus longue, avec navigation vers les îles Sanguinaires et retour, ensuite, très rapide. Une fois par semaine, exercice d'attaque dans le port d'Ajaccio et d'autres ports de la côte corse, pose de charges explosives réelles, etc.

Enfin, toutes sections confondues, une fois par semaine également, exercice de sortie par le sas de sous-marins de type Agosta de 800 t, largages de Zodiac en mer, sauts en couplé PMT (palmes-masque-tuba) à partir de Puma 330, sauts à terre en parachute, et en mer, deux fois par mois, dans le golfe d'Ajaccio... PMT équipés complets dans le Rhône, 20 km de descente. Puis, à partir de Valence ou de Vienne, kayak jusqu'à Port-Saint-Louis-du-Rhône, avec de nombreux passages d'écluses, ponctués d'exercices d'attaque, souvent sous le souffle d'un mistral terrible, jusqu'au niveau d'Avignon. En fin de parcours, attaques de super-tankers à Fos-sur-Mer où j'ai subi moi-même un grave accident, nécessitant un passage en caisson de décompression. De plus, tous les nageurs de combat suivent des stages d'actions clandestines à Cercottes, dans la base du service action de la DGSE, quinze jours par an. Il s'agit d'une sorte de recyclage technique, avec études des derniers matériels et trouvailles plus ou moins diaboliques ; tir aux armes étrangères, leurs études ensuite, comme pour les nouveaux modèles en armes collectives, ou en armes de poing ; échanges d'idées, d'expériences et de techniques, etc. Leur matériel est d'abord composé d'une électronique sophistiquée : téléphone-satellite avec cryptage intégré, radar portable, et GPS, matériel de navigation perfectionné, ordinateurs portables avec fax-modem et logiciels de cryptage...

Une fois sous l'eau, le nageur de combat n'a que deux craintes sérieuses. La première ce sont les filets. Ceux des pêcheurs, qu'ils traînent sur de longues distances, qu'ils abandonnent ou perdent parfois. Ou ceux des professionnels conçus pour piéger les hommes. En bas, c'est la mort lente assurée. Empêtré, emmêlé, chaque mouvement aggrave les choses pour le nageur piégé. Il faut se calmer, éviter de bouger et faire fonctionner son cerveau pour tenter de s'en sortir vivant. Ce qui est rare. Il n'existe qu'une parade : nager une main en avant et, dès que le contact avec le filet est perçu, reculer doucement, sans se débattre et sans paniquer. Le second danger, c'est le grenadage. Dès que les guetteurs ennemis estiment qu'il y a des nageurs de combats aux alentours, la consigne est de jeter des grenades explosives, dites « anti-nageur », autour de la zone suspecte. Ou encore, des explosifs de très forte puissance et des filets de pêche qui flottent entre deux courants tout en portant des milliers d'hameçons acérés. L'eau est incompressible. L'onde de choc causée par une explosion se transmet instantanément sur une grande distance, jusqu'à 4 ou 5 km. Elle se répercute dans tout l'organisme du plongeur. Les braconniers, en mer comme en rivière, le savent bien, qui pêchent à la grenade ou à l'explosif. Ils récupèrent ainsi des quantités importantes de poissons, atteints par l'onde de choc mortelle. Les grenades ou l'explosif ont le même effet sur le nageur de combat. En mission dans un pays arabe, au cours d'une attaque le long d'un port, mon « binôme » avait laissé fuir, sans le vouloir, une petite bouffée d'oxygène. Elle remonta en perles fines pour crever la surface, dans un nuage de bulles multicolores et sonores. Le grenadage a immédiatement commencé. D'abord assez loin, puis en se rapprochant de notre position. J'ai encore en mémoire cette sensation de panique, quand le cœur s'emballe, à 7 ou 8 m de profondeur, plaqué au fond de la vase pour tenter de diminuer l'impact des ondes de choc, tenant la main crispée de mon coéquipier. À une dizaine de mètres, nous percevons un « plouf » caractéristique. Tétanisé, je vois la grenade descendre, en ligne droite, ondulant à peine. Angoisse, attente interminable, vision de mort. Crispation, explosion. Je l'ai ressentie dans la poitrine, dans tout le corps, comme un coup d'arc électrique puissant. Les poissons autour de moi furent soudain figés par une source de mort invisible, se retournant doucement, un à un, le ventre en l'air, puis remontant à la surface, très lentement, comme dans un film projeté au ralenti.

Sur l'homme, le grenadage laisse des séquelles physiques aux conséquences profondes, notamment sur le plan nerveux. À Saint-Mandrier, comme à Ajaccio, des nageurs de combat sont ressortis fous ou débiles de tels exercices. D'ailleurs, si on en croit certaines rumeurs, je serais moi-même un peu ébranlé, suite à un grenadage foireux ! C'est ce que racontent parfois des adversaires qui cherchent à me discréditer.

Les nageurs de combat sont un peu comme les hommes du GIGN : n'en font partie et n'y restent que les militaires les plus aptes, médicalement et moralement. Les anciens forment ensuite les jeunes. Pour moi, ce sont deux unités presque aussi belles l'une que l'autre. Aux nageurs du Centre d'instruction des nageurs de combat (CINC) d'Aspretto, il manquait peut-être une certaine cohésion, une idée de punch, de l'intérieur, avec davantage de volonté pour sortir du cadre classique, pour aller en découdre, même au niveau local. A l'époque de la « cellule » antiterroriste de l'Élysée, j'ai pensé que la présence des nageurs de combat, dans la région d'Ajaccio où ils habitaient tous et connaissaient « tout » des réalités locales, pourrait être utilisée, contre le FLNC notamment. Les uns et les autres jouaient au football dans les équipes de villages, connaissaient du monde, certains militaires avaient même épousé de belles Corses, de quoi s'intégrer avec plus de facilité que d'autres. Ils n'ont même pas fait un peu de renseignement, d'infiltration ou de manipulation. Rien ! C'était pourtant l'occasion d'une réelle formation pour eux. Et puis, la lutte antiterroriste devrait concerner tout le monde, surtout les commandos issus du moule formateur d'Aspretto ! La hiérarchie militaire parisienne n'a jamais voulu en entendre parler. Sujet tabou. Charles Hernu reprochait sans cesse au directeur de la DGSE de ne pas être assez agressif, de manquer d'imagination et de pugnacité pour effectuer des opérations spéciales. Le commandement militaire a commis une autre faute en laissant, petit à petit, les cadres du CINC acquérir des maisons en Corse, établir leurs familles, y goûter une retraite tranquille. D'où la crainte, ensuite, d'éventuelles représailles. Cela revenait, dans l'esprit de certains, à mettre le feu à son propre nid. Il y avait une sorte de « deal » secret, occulte, épais et lourd comme un blindage servant à protéger les clandestins corses. Lesquels, pourtant, n'ont pas hésité à attaquer la Légion étrangère et la base aérienne de Solenzara. Mais, c'est vrai, jamais Aspretto ! Équilibre de la terreur ? Estime réciproque ? Ou simple statu quo ? Quoi qu'il en soit, cet état de fait arrangeait les hommes politiques, la DGSE, et tous les directeurs successifs de la base.

En janvier 1996, le FLNC n'hésite plus à tenir une conférence de presse nocturne en rassemblant 600 hommes cagoulés et puissamment armés. Cette démonstration de force caractérise la dérive corse due au laxisme politique.

Les nageurs ont vu que les politiques commençaient à trahir quand deux des leurs, partis en mission à Auckland afin de garantir la sûreté et la sécurité de nos essais nucléaires dans le Pacifique, ont été abandonnés par le gouvernement. J'ai alors assisté, dans ce milieu rude et discipliné, au début d'une véritable jacquerie. J'ai volontairement choisi de m'y joindre. Mafart et Prieur, les équipes de support, les gens de l'action, du recueil aussi, je les connais presque tous. Nous avons été formés dans le même moule, nous sommes issus du même creuset : Aspretto et Saint-Mandrier. La « guerre » qui m'opposait au clan Pierre Joxe-Gilles Ménage et à leurs amis était connue. La haine que me vouait le ministre Pierre Joxe, alors lancé dans sa « chasse aux nageurs de combat », a donc poussé les plongeurs d'Aspretto à me contacter. Soupçonné d'avoir participé à des fuites en direction de la presse, j'ai été inculpé par le juge d'instruction Janin, avant d'obtenir un non-lieu, au bout de quatre mois. Je n'ai pas été le seul. Le capitaine Borras, d'Aspretto, a lui aussi subi le même sort, ainsi que le colonel Fournier, de la DGSE, dont le seul « crime » était de défendre son pays et ses camarades. Il a été sanctionné, ce qui est une honte, par soixante jours de forteresse. Lui aussi a obtenu un non-lieu.

Les responsables de cette pantalonnade doivent payer. Ils sont connus et identifiés. La cohésion des nageurs et de tous les anciens nageurs de combat contre le gouvernement a été réelle, formidable car totale. Elle a pris les dimensions d'une action de défense des intérêts collectifs de la nation, et d'une rébellion grave. Nous souhaitions que le ministre de l'Intérieur, Pierre Joxe, soit traduit en haute cour. En effet, révéler, alors même qu'ils sont recherchés, les véritables identités d'officiers et de sous-officiers en mission pour le compte du gouvernement français, communiquer ces informations classées « secret défense » est un crime de forfaiture et de haute trahison. Voilà ce que nous avons pensé à l'époque. Nombre d'entre nous continuent à le penser. Quand on ajoute qu'une secrétaire d'origine néo-zélandaise, mais disposant de la double nationalité, travaillait à l'époque au palais de l'Élysée, dans l'entourage immédiat du président François Mitterrand, sans qu'une enquête de sécurité ait été effectuée, il y a de quoi rêver. Ou plutôt, de quoi se poser des questions. Le ministre de l'Intérieur, Pierre Joxe, a collaboré à l'enquête contre nos agents secrets ! Comment justifier un tel lâchage d'un ministre d'État ?

Comme dans d'autres affaires où j'ai joué le rôle de bouc émissaire, j'ai finalement été mis hors de cause, ainsi que tous les officiers accusés de façon injustifiée et injustifiable. Ces sinistres mascarades ont toutefois abouti à la fermeture de la base d'Aspretto, officiellement « transférée » à la pointe de la Bretagne. Les officiers et sous-officiers du service secret des nageurs de combat ont été éparpillés dans des conditions rendant impossible tout travail sérieux. Nombreux sont ceux qui ont quitté l'armée pour gagner leur vie dans la sécurité privée. Je connais des hommes de grande valeur qui sont désormais agents de sécurité dans des grandes surfaces commerciales. Quel gâchis ! La DGSE ne s'en est toujours pas remise. Ce démantèlement constitue une perte considérable pour la France. Que de travail pour le président Jacques Chirac : rebâtir ce que d'autres n'ont eu de cesse de démolir pendant quatorze ans ! Je sais que le nouveau président de la République veut rattraper le temps perdu. Il l'a prouvé en planifiant sagement une armée de vrais professionnels pour la France.

Ce ne sont pas les hommes de terrain qui ont « foiré » l'opération Greenpeace, mais leurs dirigeants, notamment politiques, et peut-être aussi quelques entraînements hors réalité. Aujourd'hui, même de petits truands débutants, lorsqu'ils préparent un hold-up, utilisent des véhicules de location dont ils changent les plaques d'immatriculation au cours du repérage des lieux, comme le jour de l'exécution. Les numéros choisis correspondent évidemment à des numéros réels, appartenant à des véhicules en circulation, similaires et de même marque. Cet aspect visuel est important pour la réussite de la phase de préparation et d'exécution. C'est le principe de la « doublette » d'immatriculation, méthode qui brouille les cartes car le véhicule ainsi « copié » n'est évidemment pas signalé volé et n'est pas davantage recherché. Même chose pour les faux papiers. En utilisant comme IF (identité fictive) le nom et le prénom d'une personne physiquement existante, habitant réellement à l'adresse indiquée sur les documents, il est possible de gagner quinze jours précieux en cas de pépin. Dans l'affaire Greenpeace, la règle numéro un a été bafouée, celle visant à ce qu'aucun lien ne puisse être établi entre les exécutants et le matériel utilisé. Les erreurs commises à ce niveau, dans la préparation de l'action d'Auckland, sont de la responsabilité des « patrons » des services techniques. Les hommes de terrain sont obligés de faire avec ce qu'on leur procure. En haut lieu, les responsables sont trop occupés à penser au déroulement de leur carrière pour se concentrer sur la sauvegarde des personnels et leur formation pour l'action. « La victoire a beaucoup de parrains, mais la défaite est toujours orpheline. »

Il faut savoir tirer les leçons des erreurs commises. Pourquoi avoir mis deux charges explosives, de 5 et de 15 kilos, dans le port d'un pays ami de la France ? Pour neutraliser un navire comme le *Rainbow Warrior*, c'est un moyen inapproprié. Une grosse poignée de sable versée dans l'huile des moteurs était suffisante. Comme l'accès à bord était possible, un incendie électrique, judicieusement placé dans la salle des machines, aurait été également suffisant. Pourquoi ne pas avoir choisi ce type de solution si le but recherché était, comme ce semble avoir été le cas, de faire « spectaculaire » ? Enfin, pourquoi avoir choisi un double système de mise à feu ? Pourquoi avoir placé deux charges importantes et à explosions différées, au risque de tuer quelqu'un, comme cela s'est d'ailleurs produit par accident ? Il ne s'agissait pas d'un bâtiment de guerre mais juste d'un petit navire d'écologistes.

Les moyens choisis ont donc été trop compliqués et imparfaits par rapport à la cible et à ses spécificités. Une simple petite charge perforante de 50 g suffisait pour neutraliser le *Rainbow Warrior* et l'empêcher de prendre le large, sans avoir de victime à déplorer.

La préparation a peut-être souffert de la vie agitée du Centre d'instruction des nageurs de combat (CINC) d'Aspretto. En 1981, le colonel Grillot, aujourd'hui général, avait peut-être agi avec un peu de précipitation en lançant comme mot d'ordre : « Attention ! Les Rouges arrivent ! Détruisez les archives ! » La vie du centre s'en est trouvée compliquée et l'entraînement perturbé. La valeur opérationnelle a donc diminué. Ensuite, le nouveau pouvoir socialiste s'est penché sur les nageurs de combat, et là ce fut une catastrophe. Néophytes, les responsables politiques se sont laissé bluffer par les hommes d'action. Ils en sont tombés amoureux ! Même Pierre Marion, l'éphémère patron du SDECE. Du coup, à l'intérieur du CINC, un clan de petits cadres a flairé l'aubaine. Ils ont fini par prendre les politiques sous contrôle, manipulant jusqu'au président Mitterrand par la filière Christian Prouteau.

Pour comprendre l'opération « Satanic » et son échec, il faut prendre en compte cette dimension. Réussie et spectaculaire, elle serait devenue un faire-valoir important pour le colonel Jean Lesquer[1], le chef du service action, et pour Alain Mafart, tous deux patrons de l'opération. Un réseau de copains pensaient à leur carrière, aux honneurs, aux décorations. A la tête de l'État, non seulement Charles Hernu, alors ministre de la Défense, mais également le président François Mitterrand, ainsi que son Premier ministre étaient évidemment au courant. En Corse, les nageurs contestaient, majoritairement, la méthode de copinage mise en œuvre par Alain Mafart. C'est un bon officier certes, et même un très bon organisateur de missions. Il l'a démontré, par exemple, en Guyane, en 1983. C'est un grand sportif aussi, qui a réalisé un raid exceptionnel, en kayak, avec l'adjudant Andriès, durant 62 heures d'affilée, pour relier la Corse au continent. Il a également à son actif une mission en solo au Groenland, pendant huit mois consécutifs. Ces titres n'empêchent pas qu'il jouait trop « perso », n'accordant sa confiance que chichement et ne s'appuyant pas sur les conseils des anciens, même les plus expérimentés. Un certain dédain pour les sous-officiers – mis à part quelques exceptions, comme l'adjudant C., qui a composé la « troisième équipe » d'Auckland, l'adjudant-chef V., l'adjudant B. et l'adjudant A., ceux du bateau *L'Ouvéa*, tous trois amis d'Alain Mafart – a joué également. L'erreur a donc été d'écarter systématiquement des hommes qualifiés ayant sans doute plus d'expérience. Alain Mafart, très imbu de sa personne, ne fréquentait que son noyau de potes, son clan habituel, qu'il a construit en pensant à sa carrière personnelle. Il rêvait de rejoindre Christian Prouteau à l'Élysée. Quand l'échec est venu, puis la trahison, tout son projet a volé en éclats.

Plusieurs nageurs de combat de cette époque ont choisi de partir dans le civil. De 1983 à 1985, jusqu'à l'affaire Greenpeace,

1. Aujourd'hui à la retraite, il fut responsable de GIAT Industries pour l'Arabie Saoudite, chargé notamment de la vente des chars Leclerc.

l'ambiance n'a cessé de se dégrader au CINC d'Aspretto. Climat de doute, de suspicion. La sinistrose régnait, la veille de l'opération « Satanic », le 10 juillet 1985. Il était donc difficile d'éviter un échec. Heureusement, la plupart des sous-officiers ont continué à se serrer les coudes et à travailler dans la bonne humeur, même quand les conditions sont devenues mauvaises sous l'effet des divisions politiques qui s'insinuaient à l'intérieur de l'unité.

La plongée à l'oxygène fatigue beaucoup l'organisme humain. Les cheveux blancs apparaissent plus tôt chez les nageurs de combat, et avec les « fils d'argent » vient le temps de la sagesse, de la réflexion sur l'aventure de la vie et l'action menée. Je pense qu'il faudrait que le ministre de la Défense nationale, en accord avec le patron de nos services secrets, remette vite sur pied un service action digne de ce nom, renforcé d'un corps de nageurs de combat ayant des bases solides. J'espère que ce jour est proche, surtout face à l'omniprésence des États-Unis et de ses agences de renseignement. La formation est essentielle. En arts martiaux, à Aspretto, le niveau n'était pas excessivement élevé. A Cercottes, il est vrai, durant le stage de « clandestinité », l'entraînement est intensif : une heure tous les matins, des techniques réelles, poussées. Mais il n'y avait pas même de maître permanent en arts martiaux, à cette époque, pas de maître ès castagne. C'était un point faible. En 1984, à Aspretto, le pas de tir n'était qu'en construction alors qu'au GIGN nous brûlions déjà 200 cartouches de 357 Magnum par jour et par personne. Les nageurs de combat doivent être très performants dans toutes les disciplines de tir : pistolet, revolver sur cible fixe, cible mobile, tir de vitesse, tir de précision, tir au fusil, tir aux armes étrangères également... Il leur faut aussi une formation de haut niveau en langues étrangères. Dans ce domaine, la motivation pour apprendre était insuffisante, malgré une belle salle bien équipée. L'adjudant qui a acheté le Zodiac, à Londres, pour l'opération « Satanic » se serait moins fait remarquer avec une meilleure connaissance de l'anglais. De plus, il faut étudier de façon approfondie les pays où les hommes sont susceptibles d'intervenir un jour ou l'autre, leur faire suivre des stages à l'étranger. L'art d'apprendre à vivre en clandestin, à l'étranger, se construit pas à pas.

Il s'enseigne. Il faut connaître sur le bout des doigts le système policier adverse, ainsi que les méthodes des juges d'instruction locaux. A l'instar de la prudence des truands, les agents ne doivent jamais laisser le moindre indice, même dans la poubelle d'une chambre d'hôtel. Il est tout autant nécessaire, pour accroître l'efficacité des missions, de connaître l'électronique de pointe et les dernières innovations techniques en matière photographique, ainsi que les appareils de plongée utilisés par les marines du monde entier. Chacun de ces points contribue à la réussite escomptée. Le CINC devrait être en liaison permanente avec ses homologues européens, car il convient de mener des échanges avec les autres unités spéciales, dans le monde entier.

Ces points visent le concept même de ce qu'il faut instaurer, revoir ou mettre au point et affiner. J'ajoute que, personnellement, je pense qu'il est préférable de s'abstenir de boire de l'alcool et de fumer, conformément à l'éthique devant animer tout vrai professionnel, pour être toujours en condition, prêt à agir et surtout à réagir. Ne pas subir. A Aspretto, la hiérarchie ne donnait pas le bon exemple. 40 % des nageurs fumaient et 40 % buvaient, sans être alcooliques pour autant, mais ils buvaient volontiers.

Je dois beaucoup aux enseignements que j'ai reçus à Saint-Mandrier puis à Aspretto, au CINC. Dans ma carrière de gendarme, j'ai participé à quelques succès en tant qu'officier du GIGN, mais surtout en tant qu'officier polyvalent. Je reste un tireur passionné, aux armes d'épaules et de poing, un tireur respecté au revolver avec même quelques records établis, au 44 Magnum. Aujourd'hui encore, je m'astreins à un entraînement intensif, ce qui me permet, à l'occasion, de rafler des coupes, avec mon fils le lieutenant Patrick Barril, dans les meilleurs clubs de tir de Paris. Tout cela, je le dois en partie à la formation que j'ai reçue auprès des nageurs de combat. Notamment aux anciens qui m'ont encouragé et formé, conseillé et soutenu. Merci encore au commandant Georges. Par ces réflexions, pour la réhabilitation de leur honneur, leur histoire et l'avenir, j'honore un peu ma dette.

Chapitre 11

Les disquettes de la « dame brune »

> Les autorités publiques peuvent, à titre exceptionnel, procéder à des interceptions de sécurité pour cinq motifs graves :
> Atteinte à la sécurité nationale.
> Protection des éléments essentiels du potentiel scientifique et économique de la France.
> Prévention du terrorisme.
> Prévention de la criminalité et de la délinquance organisées.
> Prévention de la reconstitution ou du maintien de groupements dissous.
> Dans les correspondances interceptées, seuls les renseignements en relation avec l'un des cinq objectifs énumérés peuvent faire l'objet d'une transcription.
>
> Loi du 10 juillet 1991,
> relative au secret des correspondances
> émises par la voie des télécommunications

En France, entre 1983 et 1986 et même au-delà, dans l'illégalité la plus flagrante, plus de cinquante mille personnes ont été écoutées, espionnées, enregistrées et fichées par une police politique travaillant secrètement à l'intérieur même du palais de l'Élysée ! Ces écoutes, ordonnées et couvertes par le chef de l'État, violent toutes les dispositions institutionnelles destinées à protéger les libertés individuelles. Aucun rouage officiel n'a entravé ces pratiques et fait respecter le code pénal ! Ainsi va la démocratie française. Ainsi ont gouverné les socialistes. Les responsables de cette géante entreprise d'espionnage s'efforcent aujourd'hui d'escamoter la réalité. L'affaire du Watergate américain n'est, en comparaison, qu'une plaisanterie d'écolier. Et pourtant, le Watergate coûta son poste de président des États-Unis à Richard Nixon. François Mitterrand, lui, a achevé ses deux mandats avant de se retirer avec un quitus puis d'être littéralement canonisé lors de son décès. Comment ne pas opposer cette situation au départ de Nixon, fait sans précédent certes mais qui a renforcé l'image des États-Unis et la force de leurs institutions ? En France, la norme établie par certains ministres socialistes est : « Responsable mais pas coupable » !

La presse a raconté en détail l'histoire romanesque d'une enveloppe de papier kraft, contenant cinq disquettes informatiques, qu'une belle femme brune, élégante, maquillée et plutôt grande, a remise le 12 janvier 1995 au juge d'instruction parisien, Jean-Paul Valat. L'identité de cette femme reste un mystère, même si des journalistes et certains avocats de personnes mises en examen se sont précipités pour la présenter comme étant « une collaboratrice ou une ancienne collaboratrice du capitaine Barril ». Ma secrétaire, Corinne, et l'assistante d'un célèbre avocat et ami furent donc présentées en « coupables désignées » au juge Jean-Paul Valat, qui les convoqua au palais de justice de Paris afin de les confronter au chef Lionel Billard, de la garde républicaine, de service le jour où la jeune femme brune a déposé son enveloppe. Déception : ni l'une ni l'autre n'étaient la « belle jeune femme brune » espérée. En conséquence, mises hors de cause par des témoins de poids, il est apparu, une fois de plus, que les « corbeaux » avaient menti en voulant m'impliquer. Évidemment, cette vérité n'a pas eu le moindre écho dans *Le Monde* ou *Libération*, journaux spécialisés dans la seule publication de supposés « éléments à charge » me concernant et faisant fi de la notion de présomption d'innocence.

Je ne sais pas qui est la « dame brune » ; l'important n'est pas de connaître la « messagère » mais de s'intéresser aux pièces qu'elle a communiquées à la justice. Cette citoyenne courageuse a certes servi son pays, la justice et la démocratie et, à mes yeux, elle mérite de recevoir la Légion d'honneur bien plus que certains récipiendaires décorés, entre deux tournées de champagne offertes dans le salon d'honneur de l'Élysée, par le président Mitterrand en personne. Dans l'enveloppe, les disquettes contiennent plus de 4 350 000 caractères informatiques. Disséquées, analysées et expertisées par des spécialistes désignés par le magistrat instructeur, dont Jean-Pierre Augendre, expert agréé auprès de la cour d'appel de Paris, les cinq disquettes, intitulées Backup-I, s'avèrent authentiques à 100 %. Nul ne peut plus le contester aujourd'hui sauf Christian Prouteau dans une interview à *VSD* d'ailleurs retenue à charge contre lui, et désormais versée au dossier instruit par le juge Valat ! Ces disquettes sont une copie partielle du disque dur renfermant la mémoire complète de l'ordinateur IBM de la cellule élyséenne. Elles révèlent une liste de 106 lignes téléphoniques écoutées entre 1983 et 1986, lignes qui ne constituent qu'un infime « échantillon » de l'énorme activité d'écoute exécutée, durant cette période, par le « cabinet noir » dirigé par Gilles Ménage. Ces disquettes contiennent également les comptes rendus d'écoutes réalisées sur seulement 20 des 106 lignes concernées, soit moins d'un cinquième. Le nombre de personnes dont les noms apparaissent – en tant qu'interlocuteurs des « cibles » visées par les écoutes, soit en les appelant ou ayant été appelées par chacune d'elles – s'élève tout de même à 1 348 ! Toutes leurs conversations sont classées, répertoriées par thème et sujet d'intérêt. Chaque « cible » est enregistrée sous un nom de code précis. Un « annuaire téléphonique inversé » a été établi par les astucieux « écouteurs », qui permet de retrouver rapidement des noms à partir de leurs numéros et non l'inverse.

Le magistrat instructeur a méthodiquement procédé à l'interrogatoire de chacune des « cibles », les entendant individuellement et patiemment. Toutes les victimes de cette entreprise industrielle de viol de la vie privée ont reconnu, indubitablement, l'absolue réalité des conversations enregistrées et retranscrites, ainsi que la fidélité du fichage réalisé, jusque dans les détails les plus intimes de leur vie privée. Je figure, avec dix de mes proches, sur la liste des personnes écoutées. M'étant constitué partie civile en tant que victime, j'ai déposé une plainte à ce sujet. Cela m'a permis, conformément à la loi, d'accéder au dossier d'instruction.

La gravité de cette affaire ne réside pas uniquement dans les écoutes, mais aussi dans le fichage de données sur la vie privée des citoyens. Les possibilités modernes de « mise en mémoire informatique » multiplient les capacités de stockage jusqu'à l'infini, pour ainsi dire. De même, les utilisations sélectives des données enregistrées constituent un danger redoutable car elles permettent des manipulations sans contrôle et dans la totale opacité voulue par Gilles Ménage. Ces éléments informatisés ne sont ni des résumés secs ni des synthèses abstraites réduites à l'essentiel, mais représentent un travail minutieux relatant les moindres détails de conversations privées, souvent intimes, émanant de simple particuliers mais aussi d'avocats, de magistrats – dont les juges Verleene et Bruguière –, de journalistes, d'hommes politiques – même Charles Pasqua à son domicile privé de Neuilly, ainsi que Françoise Castro, l'épouse de Laurent Fabius, alors Premier ministre en exercice ! –, tous introduits dans la mémoire du système informatique de l'Élysée selon une logique stricte, afin de pouvoir s'en servir à tout moment. Car le but de toute écoute, réalisée par une police politique, est de pouvoir être utilisée comme moyen de pression. J'insiste sur le fait qu'au-delà des écoutes elles-mêmes, les conversations restent archivées, ce qui est un summum dans l'illégalité.

Parce qu'il est soupçonné de « trafic d'armes », d'après sa fiche, François Froment-Meurice, code « Frite », secrétaire général-adjoint du Centre des démocrates sociaux, ami depuis plus de trente ans de Pierre Méhaignerie, ancien garde des Sceaux, et spécialiste des financements de campagnes électorales, est, par exemple, « écouté » par l'Élysée. En vérité, c'est sa signature au bas d'une pétition en faveur des chrétiens du Liban qui a attiré l'attention. Il n'en faut pas davantage pour que des écoutes soient ordonnées.

L'instruction menée par le juge Valat n'est pas, en revanche, à même d'établir les motifs pour lesquels la ravissante actrice Carole Bouquet, code « Bûche », fut elle aussi écoutée par l'Élysée. S'il faut en croire sa demande d'écoute, signée par Christian Prouteau, elle serait susceptible de « porter atteinte à la sécurité de personnalités de la Défense ». A mon humble avis, la seule arme dont elle dispose est sa flamboyante féminité. Pas de quoi, j'espère, mettre des hommes en danger, même des personnalités de la Défense ! On nous explique que la ligne téléphonique de l'actrice aurait été souvent utilisée par un ami, le producteur de cinéma Jean-Pierre Rassam, lui-même proche de Jean-Edern Hallier. Il pouvait donc être un mécène de *L'Idiot international*. Selon d'autres collaborateurs de Gilles Ménage, c'est pourtant bien le physique de l'actrice qui semblait susceptible de « porter atteinte » à la sérénité de l'un des « Tonton-m'écoute » de l'Élysée !

Les premières révélations sur cette affaire émanèrent de deux journaux, *National Hebdo,* organe du Front national, et *Libération*, le support presse de Serge July. On doit à la vérité de reconnaître que ce fut d'abord le journal de Jean-Marie Le Pen qui publia, le 19 novembre 1992, les informations décisives. Le journaliste Éric Lafitte avait pu se procurer une note manuscrite de Gilles Ménage, en date du 28 mars 1983, adressée à Christian Prouteau :

> Commandant Prouteau, il faut que nous parlions de cette campagne de presse au sujet des Irlandais de Vincennes qu'il ne faut pas laisser se développer. 1. Qui est la journaliste qui a écrit l'article, Béatrice Vallaeys ? 2. Il faut essayer de calmer la LICRA[1]: je vais m'en occuper avec Jean-Claude Colliard[2]. 3. Il faut monter un dossier sur ce que vous savez des activités de ces trois « agneaux »[3]. 4. Il faut que l'on s'occupe sérieusement de l'avocat Me Comte[4]... Merci de me parler de tous ces points. G.M.

Cette note est la preuve formelle que la « cellule » avait déjà, à cette date, Gilles Ménage pour chef et Christian Prouteau comme adjoint. Avec une sorte de candeur, Gilles Ménage a reconnu, devant le juge Valat, la paternité de ce document confidentiel sur lequel figure le code 46, mentionné de manière manuscrite, juste en face du nom d'Antoine Comte. Dans le jargon habituel des

1. Ligue internationale contre le racisme et l'antisémitisme.
2. À l'époque, directeur du cabinet de François Mitterrand.
3. Il s'agit des trois Irlandais de Vincennes.
4. Avocat de la Ligue communiste révolutionnaire et des Irlandais de Vincennes à l'époque, et aujourd'hui du terroriste Carlos.

spécialistes de la police et des RG, ce code 46 signifie « écoute téléphonique à demander au Groupement interministériel de contrôle ». Christian Prouteau niera d'abord avoir écrit de sa main le code 46, donc il sera contraint de se soumettre à l'épreuve humiliante d'une dictée de chiffres, devant le juge. L'analyse graphologique a été confiée à un expert agréé. En outre, le juge Valat a ordonné une expertise du compte bancaire de Christian Prouteau afin de comparer l'écriture réalisée durant la dictée et celle portée naturellement sur les chèques bancaires. L'expertise vise tout particulièrement les chiffres 4 et 6. De son côté, Gilles Ménage a, d'entrée de jeu, « balancé » Christian Prouteau au juge. « Le code 46 est bien écrit de la main de Prouteau. Il s'agit effectivement d'une écoute. »

En mars 1993, *Libération* fonce dans la brèche ouverte par *National Hebdo.* Alain Léauthier sort l'un des rares scoops authentiques du journal de la bourgeoisie rose : le compte rendu intégral d'une écoute réalisée au détriment d'Edwy Plenel, le mythique investigateur du *Monde.* Il y apparaît plutôt bavard, et même imprudent. Plus tard, il authentifiera cette conversation. Très gêné, *Le Monde* publie un encadré pour expliquer que le code « Benet », attribué à Edwy Plenel, ne doit surtout pas faire l'objet d'une « erreur d'interprétation ». Le code, affirme le quotidien du soir, étant « Bene » et non « Benet », un t aurait malencontreusement sauté à l'informatique ! Une théorie plaisante mais que l'analyse des disquettes de la « dame brune » met en pièces. Dans le langage codé des espions de l'Élysée, Edwy Plenel est bien référencé sous le code « Benet », avec un t. Un journaliste ainsi qualifié est donc perçu comme un homme facile à piéger et à manipuler. Je ne blâmerai certes pas nos « grandes oreilles » pour l'attribution de ce si doux surnom... Dans l'écoute, authentifiée par la « cible » elle-même, un curieux déjeuner est évoqué par Edwy Plenel et son camarade Georges Marion alors « pigiste » au *Canard enchaîné.* « Bout » (Georges Marion) est en froid avec Claude Angeli, rédacteur en chef de l'hebdomadaire satirique. Il cherche à se faire embaucher par *Le Monde.* Edwy Plenel l'y aide mais *Le Monde* résiste. « Bout » partage alors un repas avec le général Imbot, patron des services secrets, dans le but avoué de « discuter de ça ». C'est-à-dire de son embauche. Bizarrement, Georges Marion a refusé de porter plainte sur la base de cette écoute et d'aider ainsi la justice à établir la vérité. *Le Monde*, sans contester la réalité de la conversation enregistrée, croit pouvoir affirmer qu'il s'agit – là, encore ! – d'une « erreur de transcription des techniciens du GIC ». Il s'agirait de « Beau », commandant de gendarmerie impliqué dans l'affaire des Irlandais de Vincennes, par ailleurs ancien membre des services spéciaux du 89e bataillon spécial, et non du général Imbot. Faible défense. Le commandant Beau n'a évidemment rien à faire dans cet épisode. En revanche, le général Imbot a dû sa nomination à la tête de la DGSE, pour succéder à l'amiral Lacoste, aux révélations du *Monde* sur la « troisième équipe » de l'affaire Greenpeace. Les joyeux lurons de la « IVe Internationale » lui demandent, apparemment, de « renvoyer l'ascenseur ». Un bien étrange « mélange des genres ».

La contre-attaque de l'Élysée est lancée par *Globe*, le défunt journal de Pierre Bergé, dirigé par Georges-Marc Benamou, l'un des derniers confidents de François Mitterrand. Chaque samedi, il était de ceux qui avaient le privilège de partager le repas du chef à Paris, chez *Lulu*, dans le XIVe arrondissement, ou chez *le Duc*, quelquefois aussi chez Paul Minchelli. Georges-Marc Benamou n'était pourtant pas de gauche en 1981. Journaliste au *Quotidien de Paris*, il a succombé au charme du président et aux avantages du système. Son journal était financé grâce à de fausses factures d'Urba-Gracco, la célèbre « pompe à finances » du Parti socialiste[1]. Faute de pouvoir nier qu'il s'agissait d'écoutes authentiques, les hommes de François Mitterrand avancent la thèse d'écoutes sauvages, réalisées par des individus incontrôlables en marge des activités du « cabinet noir » de Gilles Ménage. Des « déviants » en quelque sorte, qui ne peuvent représenter l'institution. Hypothèse indéfendable. En effet, pour une pareille besogne, comment auraient-ils pu utiliser les 20 lignes du GIC, c'est-à-dire le potentiel d'écoute de la DGSE, « prêté » effectivement, jour et nuit, pour la bonne cause, aux hommes de Christian Prouteau et de Gilles Ménage ?

Entre alors en scène Paul Bouchet. Ce militant de gauche, que

1. Voir Jean Montaldo, *Mitterrand et les 40 voleurs*, Albin Michel, 1994.

ses convictions politiques hissèrent du barreau de Lyon au Conseil d'État, est d'abord proche de Georgina Dufoix, l'ancienne ministre de la Santé mise en cause dans l'affaire du sang contaminé, avant de prendre en charge la Commission nationale de contrôle des interceptions de sécurité, la CNCIS. En 1981, les socialistes avaient promis d'en finir avec les écoutes téléphoniques illégales. Noble intention. Une commission avait été désignée. Son rapport, le rapport Schmelck, couvert par le « secret défense », est resté dix ans dans un tiroir. On l'exhuma, en 1991, à l'occasion d'un nouveau scandale, l'affaire de l'assassinat du pasteur Doucé. Un inspecteur des RG, Jean-Marc Dufourg, fut, à tort, mis en cause. Il affirma qu'une écoute téléphonique illégale, visant la librairie du pasteur, démontrait son innocence. Cette écoute fut retrouvée au GIC. L'inspecteur Dufourg, condamné d'avance par les « spécialistes » de *Libération* et du *Monde*, ne fut pas même inculpé. En revanche, Pierre Verbrugghe, préfet de police de Paris et ami de Gilles Ménage et de Claude Bardon, le patron des RG parisiens, sont poursuivis pour écoutes illégales. C'est dans ce contexte que fut créée la CNCIS qui se chargea d'expertiser les écoutes dont celle de Plenel publiée par *Libération.*

Paul Bouchet rédige un rapport, évidemment couvert par le « secret défense », mais qui est aussitôt révélé par Patricia Tourancheau, une journaliste inconnue, d'ordinaire spécialisée en faits divers anodins à Lyon, au sein du journal *Libération.* Elle était déjà en poste à Lyon, à l'époque où Paul Bouchet s'agitait au sein de la bourgeoisie locale pour essayer d'assurer le financement d'un coûteux supplément lyonnais au journal de Serge July[1].

La conclusion du rapport de Paul Bouchet est que les écoutes publiées ont bien été effectuées au GIC mais qu'un tampon comportant la mention « source secrète » non conforme a été apposé, a posteriori, sur un seul des documents publiés. Il conclut aussitôt à une manipulation globale. Patricia Tourancheau, première lectrice des œuvres complètes de Paul Bouchet, attribue

1. Paul Bouchet fut actionnaire de la SA Société des lecteurs de Lyon *Libération* de mars 1988 à 1994. Il y avait investi 10 000 F.

la manœuvre supposée à qui, selon vous ? Au diabolique capitaine Barril, évidemment ! Je ne connais pas cette journaliste. Bien qu'ayant rédigé une bonne dizaine d'articles sur ma modeste personne, dont un « portrait », elle n'a jamais daigné me rencontrer ! Mes « droits de réponse » affligés n'ont pas été publiés par son journal. Or, l'écoute incriminée, celle d'Edwy Plenel que je me vois accusé d'avoir livrée à son confrère Alain Léauthier, de *Libé* lui aussi, date de 1986. J'avais déjà quitté la cellule de l'Élysée depuis trois ans. En conséquence, comment aurais-je pu commander cet enregistrement, en prendre connaissance, copier la disquette informatique dans des locaux de l'Élysée dont l'accès, difficile s'il en est, m'était totalement interdit depuis 1983 ? Non seulement *Libération* ne répond pas mais le journal m'accuse une nouvelle fois, un an plus tard, d'être à l'origine des révélations qu'ils ont publiées sous la plume d'Alain Léauthier, en 1993. Une accusation confondante. C'est la première fois qu'un journal dénonce une de ses sources – supposées – au mépris des règles déontologiques et lui reproche d'avoir fourni des informations sur un scandale ! Imaginons la tête des lecteurs du *Washington Post* si Woodward et Bernstein, les courageux investigateurs du Watergate, avaient publié un article de trois pages, avec appel à la une, pour dénoncer à la vindicte populaire « gorge profonde », l'informateur anonyme qui les nourrissait d'informations confidentielles lors de rendez-vous nocturnes dans un parking. Cette extravagante démarche, en France, *Libération* l'a faite ! Le quotidien s'appuie, pour cette « délation », sur la transcription d'une autre écoute téléphonique ! Enfin, une hypothétique écoute téléphonique puisque personne ne l'a vue celle-là, et que personne ne peut l'écouter puisqu'elle est classée « secret défense ». Elle figure en annexe du rapport de Paul Bouchet, couvert par ce fameux secret défense à géométrie variable ! Même le juge Valat s'est vu refuser la communication de cette pièce. A l'inverse, Patricia Tourancheau a obtenu le document. Quelle efficacité ! Une journaliste de province réussit à se procurer ce qui est refusé à un magistrat instructeur. Étranges pratiques, avouons-le, qui permettent toutes les manipulations. D'autant que le contenu de cette preuve est des plus élastiques. Dans une première version, publiée par *Libé* du

25 janvier 1994, il est précisé que j'appelle du palais de justice de Paris, en tutoyant mes collaborateurs : « Dis à Corinne que Frank aille chercher les documents confidentiels sur Plenel, qu'on distribuera. » En revanche, dans une seconde version, certainement aussi authentique que la précédente, toujours classée « secret défense » et toujours publiée par *Libé,* mais en 1995 cette fois, je suis subitement devenu poli en vouvoyant Corinne, ma secrétaire, à qui je m'adresse directement en disant : « Corinne, dites à Frank qu'il me remette le dossier sur Plenel à l'entrée du palais de justice. »

Détail : entre la première et la seconde version, entre le « tu » et le « vous », j'ai déposé plainte contre *Libération.* J'ai été longuement entendu par le juge Valat et je lui ai précisé que je ne tutoie jamais mes collaborateurs. Le magistrat a enregistré ma déclaration qui est consignée au dossier. Mes dires ont été vérifiés auprès de mon personnel qui les a confirmés. *Libération,* en dépit d'une plainte de ma part, refuse de communiquer la pièce litigieuse à mes défenseurs en arguant... de la protection des sources ! C'est subtil, mais ça frise le comique.

Notons, pour en finir avec cet échantillon consternant de la corruption qui ronge la pratique journalistique, que le capitaine Paul Barril qui demande, dans cette supposée écoute, qu'on lui remette « des documents sur Plenel », avait, ce jour-là, au palais de justice de Paris, un procès contre le sieur Edwy Plenel, c'est-à-dire une audience où peuvent circuler officiellement des « documents » dont rien ne prouve qu'il puisse s'agir d'« écoutes ». Il est d'ailleurs dit « documents » dans le texte publié par *Libé* et non pas « écoutes ».

Le lecteur amateur de détails aura remarqué que Paul Bouchet attribue les écoutes de journalistes, effectuées au GIC par les hommes de Christian Prouteau, à des « dysfonctionnements » de la « cellule » élyséenne. Comment le sait-il ? Sur quoi se fonde-t-il pour arrêter son jugement ? Comment peut-il prétendre distinguer entre un fonctionnement normal et un fonctionnement anormal ? Sur quels critères ? En effet, il n'a été chargé d'aucun audit sur le « cabinet noir » de Gilles Ménage dont les pratiques n'ont été soumises à aucun contrôle. Le rapport de Paul Bouchet porte sur les écoutes téléphoniques en général, il concerne donc celles qui résultent du fonctionnement ordinaire du Groupement interministériel de contrôle, le GIC, situé aux Invalides. Point à la ligne. Prêter à la « cellule » antiterroriste quelques coupables « dysfonctionnements », c'est, pour Paul Bouchet, sortir du champ de ses compétences et dédouaner, a priori, les responsables.

Homme de droit mais de gauche, Paul Bouchet prétend avoir découvert en moi celui qui a révélé les écoutes illégales effectuées par l'Élysée et, sans crainte du paradoxe, il me pense aussi responsable, en 1986, des dysfonctionnements d'un organisme que j'ai quitté avec fracas trois ans plus tôt ! Et puisqu'il croit, il dit. Tout cela n'est que spéculation, affabulation pure et simple. Avant de m'accuser, cet avocat, soucieux donc des droits de la défense, aurait dû, au minimum, me rencontrer, m'interroger, entendre ma version. Il ne l'a jamais fait. Pourquoi ? Depuis, il se dérobe à mes demandes de confrontation et de discussion, ne répond pas à mes courriers. Pourquoi ? De quoi ou de qui a-t-il peur ? Je ne crains pas de dire, simplement et sincèrement, que je ne crois pas en l'honnêteté intellectuelle de Paul Bouchet. Qu'on en juge.

Après la parution dans *Libération* du 25 janvier 1994 de la « vraie-fausse » écoute « Rillon I » me concernant et attribuée à la DGSE, je lui ai adressé, en recommandé, la lettre suivante :

Monsieur le Président,
Suite à l'écoute téléphonique réalisée par la DGSE (cf. l'article paru dans *Libération* du 25 janvier 1994) et conformément à la loi, je vous saisis en tant que président de la CNCIS.
Je vous serais très obligé de bien vouloir me faire connaître :
– qui a ordonné cette écoute,
– pour quel(s) motif(s),
– à quelle date elle a été mise en place,
– à quelle date elle s'est terminée (si elle a pris fin),
– qui en a été le bénéficiaire, hors naturellement le journal *Libération.*
Je vous serais très obligé de bien vouloir m'expliquer pourquoi, dans votre rapport, en annexe 3, vous avez placé une de ces prétendues écoutes, en date du 25 février 1993. Et je vous saurais gré de bien vouloir m'en faire parvenir un exemplaire, car je constate que ce qui est révélé dans *Libération* est *volontairement déformé.* Je dispose de

témoignages pour réfuter ces allégations. Je vous demande également de *bien vouloir faire réaliser une vérification de ma ligne personnelle n° […] à […].* En effet, il y a quinze jours, le chef de secteur de France Télécom, M. Libois, n° de tél. […], a constaté qu'une ligne spécialisée avait été mise en dérivation sur ma ligne privée. Cette ligne était d'une couleur différente de toutes les autres, elle perturbait mes communications téléphoniques et j'étais la seule personne à bénéficie d'un tel traitement de faveur sur 1 200 abonnés.

Je vous demande donc de bien vouloir prendre en compte mes demandes, conformément aux missions qui vous sont dévolues dans le cadre de la commission que vous présidez. En outre, je vous serais également très obligé de bien vouloir me faire part des raisons qui ont motivé les propos que vous avez tenus à mon égard, ainsi que les dates de vos rencontres avec Mme Patricia Tourancheau, M. Pierre Péan, et M. Guy Perrimond.

Je constate également que pour l'élaboration du rapport qui vous avait été demandé par M. le Premier ministre Pierre Bérégovoy, vous avez omis volontairement de m'entendre. Du fait de cet « oubli », vous me placez *de facto* dans une situation difficile.

Dans cette attente, je vous prie de bien vouloir agréer, Monsieur le Président, l'expression de mes sentiments distingués.

Paul Barril.

En date du 9 février 1994, j'ai reçu cette courageuse réponse :

Vous avez saisi la Commission nationale de contrôle des interceptions de sécurité d'une demande tendant à ce que cette Commission procède aux vérifications prévues par la loi n° 91-646 du 10 juillet 1991. J'ai l'honneur de vous indiquer, conformément à l'article 17 de la loi susvisée, que la Commission a procédé auprès des services intéressés aux vérifications demandées. Je vous prie de croire, Monsieur, à l'assurance de ma considération distinguée.

Paul Bouchet.

En février 1995, je tentai d'infléchir le Premier ministre Edouard Balladur pour obtenir des éclaircissements sur la passivité de Paul Bouchet. Voici la réponse de son chef de cabinet, le préfet Pierre Mongin :

Par lettre du 24 février 1995, vous avez indiqué au Premier ministre que la Commission nationale des interceptions de sécurité, présidée par M. Bouchet, n'a pas donné suite à la demande d'investigation dont vous l'aviez saisie, sur des écoutes dont vous auriez été l'objet en février 1993. Vous souhaitez en conséquence que le Premier ministre demande à la Commission de faire toute lumière sur ces écoutes. J'ai l'honneur de vous faire connaître que la loi n° 91-647 du 10 juillet 1991 fixe le régime des réclamations dont la Commission est saisie par des particuliers. Le Premier ministre ne dispose d'aucun pouvoir sur la Commission qui est, comme vous le savez, une autorité administrative indépendante. Je vous prie d'agréer, Monsieur, l'expression de ma considération distinguée.

Pierre Mongin.

En mars 1996, *Le Journal du dimanche*, bien informé par Christophe Nick, lié à Pierre Péan, révèle une nouvelle cascade de vraies-fausses écoutes attribuées à la DST, et surtout à la DGSE. La plupart me concernent. Mon bureau et ses trois lignes étaient écoutés, mais aussi, bien évidemment, mon domicile avec ses deux lignes. Il s'agit des écoutes « Rillon », « Rillon I », « Rillon II », etc. Ces révélations prouvent que les écoutes continuent à alimenter la presse, et que j'en suis victime depuis quatorze ans ! Et c'est moi qui serais la source ? Le président de la CNCIS, qui protège décidément bien médiocrement ses dossiers, n'a su empêcher Nathalie Prévost, du *Journal du dimanche*, de publier tranquillement, le 10 mars 1996, une photocopie du rapport Bouchet, pourtant classé « secret défense » ! Dans ce texte, je suis à nouveau accusé d'être à l'origine de la divulgation des écoutes puisque, sans plus de précaution, Paul Bouchet écrit :

En ce qui concerne l'origine des documents publiés, l'hypothèse la plus probable, au terme des investigations effectuées, est qu'ils proviennent de la société SECRETS dirigée par M. Paul Barril. Selon toute vraisemblance, ils ont été communiqués par un employé de cette société au journal *Libération*, à l'occasion d'une audience tenue le 25 février 1993 au palais de justice de Paris, date à laquelle était appelée devant la 11e chambre de la cour d'appel, une affaire de diffamation relative à l'affaire dite des Irlandais de Vincennes, opposant l'ex-capitaine Barril au journal *Le Monde* et à M. Edwy Plenel. Cette concomitance de dates conforte l'hypothèse selon laquelle M. Barril, qui avait été débouté en première instance de la plainte contre le journal *Le Monde* et M. Plenel, a tenté une opération de diversion jugée utile à la défense de ses intérêts.

Paul Bouchet parviendra également, en mai 1996, à faire lever par le Premier ministre Alain Juppé le « secret défense » de l'écoute publiée à plusieurs reprises par *Libération* et à la transmettre officiellement au juge Valat.

En juin 1995, la révélation d'écoutes téléphoniques en Espagne, entre 1989 et 1991, réalisées par le CESID, le Centre supérieur d'information de la défense (services secrets), mérite de retenir notre attention. Une centaine de personnes, utilisant uniquement des téléphones portables, virent leurs échanges captés à leur insu par les techniciens des interceptions radioélectriques. L'Espagne fut indignée. Parmi les écoutés figurait Adolfo Suarez, l'ancien président du gouvernement, mais aussi des diplomates, des banquiers, des avocats, des hommes d'affaires, et des journalistes ! C'était « un pur hasard », plaidèrent les services espagnols, qui prétendirent que « jamais les informations recueillies n'auraient été utilisées », bien qu'elles fussent toutes soigneusement « archivées ». Cette affaire entraîna la démission, sur-le-champ, de Narcis Serra, vice-président du gouvernement, de Julian Garcia Vargas, ministre de la Défense, sans oublier le limogeage du général qui dirigeait les services secrets espagnols. Voilà comment fonctionne une démocratie.

En France, aucun responsable politique n'a encore été sanctionné et, bien sûr, aucun n'a imaginé avoir à donner sa démission. Bien plus, certains médias à la docilité éprouvée s'appliquent à entretenir un contre-feu destiné à dédouaner la « cellule » nichée au cœur du palais présidentiel pour crier haro sur un homme seul qui, par on ne sait trop par quel tour de passe-passe, serait le véritable responsable de l'espionnage mené par la police politique de François Mitterrand. Convoqués par le juge Valat, les responsables de la « cellule » ont tenté de se dérober en se cachant, misérablement, à l'abri d'un supposé « secret défense » qui ne saurait s'appliquer à des actions de basse police. Interrogé par le juge d'instruction Valat, le Premier ministre

Edouard Balladur contrait, le 21 février 1994, cette ligne de défense en ces termes :

> Vous m'avez demandé de vous indiquer si le refus opposé par Monsieur Gilles Ménage m'apparaissait légitime étant observé par vous qu'il n'est pas demandé à Monsieur Gilles Ménage de produire des documents ayant pu être classés, mais seulement de déposer comme témoin et qu'il ne semble pas appartenir ou avoir appartenu à un service dont l'organisation et le fonctionnement sont couverts par le « secret défense ».
>
> Il ne m'apparaît pas possible de vous apporter les éclaircissements souhaités.
>
> En effet, s'il est de ma responsabilité de définir les critères et les modalités de la protection des informations très « secret défense » et, pour les services placés sous ma responsabilité directe, des informations « secret défense » comme de décider de la levée de cette protection, je ne puis que constater que le service considéré n'a jamais été placé sous l'autorité du Premier ministre et qu'aucune disposition réglementaire particulière n'a conféré au chef du gouvernement une quelconque responsabilité dans son fonctionnement et dans la protection du secret de ses activités. D'autre part, Monsieur Gilles Ménage a été entendu sur des faits qui auraient été commis alors que, d'aucune manière, ce fonctionnaire ne relevait du Premier ministre.
>
> Toutefois, je vous confirme que les questions relatives aux procédures, personnels et missions du Groupement Interministériel de Contrôle, dont il aurait été appelé à connaître, restent couvertes par le « secret défense ».

Une première ligne de protection est tombée. Gilles Ménage a donc commencé à parler, contrairement à Christian Prouteau qui refusa, dans un premier temps, de révéler ne serait-ce que les noms des membres de la « cellule ». Il donne les noms : Mangin, Gilleron, Llitjos, Orluc, Tissier, Telliez, Esquivié... Commence alors le grand jeu de la « défausse » pour chacun des protagonistes. « Oui, révèlent, en substance, les “suspects”, nous avons bénéficié, au GIC, d'un total de 20 lignes téléphoniques, ceci sur le propre quota de la DGSE, disponibles pour nous, nuit et jour, en permanence. » Tout est là : c'est bien dans le cadre du fonctionnement courant de la « cellule », et non par l'effet d'initiatives individuelles, qu'étaient espionnées les conversations téléphoniques. Un officier de gendarmerie, agissant sur ordre, le capitaine Guézou, se rendait « automatiquement tous les jours » dans les locaux du GIC et en ramenait son contingent de « pelures » qu'il déposait « sur le bureau du chef » Christian Prouteau. Ce stock quotidien de paroles volées, de confidences journalistiques ou juridiques, de secrets politiques, d'affaires de bourse, de presse, de mœurs, de cœur, d'argent, de déchirements de couples et de secrets d'alcôve, était ensuite trié et archivé. Il n'y a jamais eu, n'en déplaise au président Paul Bouchet, de dysfonctionnements individuels ou d'actes incontrôlés d'individus supportant mal la discipline. Chaque demande d'écoute, pour illégale qu'elle fût, suivait une procédure stricte et devait être signée pour aval du ministre de la Défense, avec l'accord du Premier ministre.

A une question du juge Valat : « Comment faisaient-ils pour obtenir ces signatures ? », il fallait « en parler à Prouteau », répond Jean-Louis Esquivié, qui ajoute : « Je ne sais pas quelle procédure Prouteau suivait alors, mais je suppose que c'est lui qui signait la demande. » « Quand nous avions besoin de faire poser une écoute, nous nous adressions à Gilles Ménage », précise pour sa part Prouteau. « Vrai, reconnaît Ménage. L'équipe de Prouteau n'aurait pas eu le pouvoir de réaliser elle-même les interceptions téléphoniques. Elle ne pouvait que les demander. » Sous-entendu, « me » les demander. Il n'y avait pas de délai d'attente et pas le moindre suspense : « La réponse était oui. C'était la règle. »

Insensible aux pressions, le juge Jean-Paul Valat convoque Louis Schweitzer, à l'époque directeur de cabinet du Premier ministre Laurent Fabius. Louis Schweitzer parle de manière claire :

« Oui, il y avait des écoutes. »

« Oui, la procédure passait par le canal régulier du GIC. »

« Gilles Ménage m'a indiqué que le bureau réservé du ministère de la Défense remplissait les fonctions de service demandeur, en ce qui concerne la cellule de l'Élysée. »

« Oui, les demandes étaient signées. »

Par qui ? demande le juge Valat.

« Honnêtement je ne me souviens pas. Pour moi, c'était Gilles

Ménage le responsable qui avait la confiance », et Louis Schweitzer ajoute, sur un ton cassant : « Je n'exclus toutefois pas avoir vu la signature de Christian Prouteau. »

« La personne qui avait la confiance » pour garantir le bien-fondé d'une interception de communication illégale, c'était bien Gilles Ménage ! Accablant témoignage.

Main sur le cœur, le vertueux Schweitzer, aujourd'hui mis en examen sur ce dossier lui aussi, comme il l'avait déjà été dans l'affaire du sang contaminé, affirme que, sur un point au moins, les consignes « formelles » étaient : pas d'écoutes d'avocats, ni d'hommes politiques ou de journalistes. Homme de conscience, il ne l'aurait pas toléré ! C'est beau comme de l'antique. Et le cas de Jean-Edern Hallier ? Oui, c'est vrai, des écoutes le concernant ont été posées. Pourtant, Jean-Edern Hallier est journaliste et écrivain, bien plus, il est directeur de *L'Idiot international*. Seulement pour Louis Schweitzer, il existe deux races de journalistes : les bien-pensants comme Serge July, Alain Duhamel, Christine Ockrent, Franz-Olivier Giesbert ou Jean-Marie Colombani, et les dissidents, les rebelles, comme Hallier... Il existe deux poids et deux mesures : cocktails, échanges de tuyaux et de services, voyages et décorations pour les uns ; écoutes illégales pour les autres. Ainsi devait aller la République pour les grands commis de l'État mitterrandien, « l'État voyou » selon le si juste mot de Jean-Edern Hallier.

Le 6 décembre 1994, le juge Jean-Paul Valat signifie par écrit à MM. Ménage, Prouteau et Esquivié leur mise en examen pour « atteinte à la vie privée ». Le juge qui poursuit ses investigations dans le cadre de l'information judiciaire ouverte pour « attentat à la Constitution, attentat à la liberté et forfaiture », signifie la même mesure à l'ex-commissaire Gilleron et au capitaine Jean-Yves Guézou que l'on retrouvera pendu dans le cabanon de son jardin, un peu plus tard. Le capitaine Guézou a refusé, dès le début de l'instruction, de s'abriter sous le parapluie du « secret défense ». Il savait tout. Il est mort trop tôt. Mais il avait raconté devant plusieurs témoins, des gendarmes comme lui, qu'il possédait certaines disquettes des écoutes élyséennes. Il avait aussi évoqué des projets, ourdis à l'Élysée, dont celui d'excités parlant d'aller bricoler quelques fils électriques dans la salle de bains du domicile de Jean-Edern Hallier.

Le capitaine Guézou s'est illustré lors de la révolte chez les gendarmes, durant l'été 1989. Une sournoise campagne de lettres anonymes inonde les salles de rédaction, posant les problèmes internes, réels, propres à ce corps d'élite. Le gouvernement panique, et surtout l'Élysée. Le président Mitterrand reçoit plusieurs fois en tête à tête son conseiller élyséen « Gaël », nom de code du capitaine Guézou. Il tonne et se fait menaçant : « Cette affaire est particulièrement honteuse. Les meneurs doivent être identifiés et châtiés ! » Au même moment, la direction de la gendarmerie, avec l'accord du directeur Régis Mourier, me demande d'intervenir à la télévision, à la radio et dans la presse, pour tenter de calmer le jeu et d'apaiser les passions. Plus avisé que d'autres, et tellement plus réaliste, François de Grossouvre me décide en trouvant les mots justes : « Mon petit Paul, vous seul pouvez faire quelque chose dans cette affaire qui est mal engagée. Il faut raisonner ces sous-officiers. Ce sont des soldats, tout comme vous ! Ils respectent en vous le militaire compétent. Vous devez les convaincre ! Faites-le, pour la France. » Mon bureau de l'avenue de la Grande-Armée devient une annexe de la direction générale de la gendarmerie. En temps réel, j'obtiens les informations concernant la grogne de chaque région militaire. J'ai la synthèse des revendications des sous-officiers frondeurs et je suggère les réponses pour calmer l'incendie. Je suis invité par Jean-Claude Bourret au journal télévisé de La Cinq, pour un débat contradictoire avec le responsable du syndicat des policiers. Je trouve les mots justes. Le calme revient petit à petit.

Avec « Benet », du *Monde*, je suggère dans un article la création d'un secrétariat d'État à la Gendarmerie nationale, placé sous tutelle d'un grand ministère de la Sécurité intérieure qui regrouperait la police, la gendarmerie nationale et la sécurité civile. Plusieurs invitations au ministère de la Défense me sont alors adressées et mes thèses semblent accueillies favorablement, dans leurs grandes lignes. Le secrétaire d'État à la Défense, Gérard Renon, organise plusieurs réunions de travail, envisage même, si la grogne persiste, de me nommer à ses côtés comme « conseiller », idée poussée par François de Grossouvre. Mon rôle consiste à dépassionner le débat. Tout rentre dans l'ordre. Cette bonne action méritait une récompense. Elle aurait dû m'être remise le 27 mai 1994, lors du vingtième anniversaire de la création du GIGN. Les unités antiterroristes, venues du monde entier, devaient être présentes, ainsi que François Léotard, alors ministre de la Défense. Une interdiction formelle du directeur de la gendarmerie et certaines menaces me firent me tenir en dehors de cette manifestation. Non sans regret. J'ai adressé à mon ministre de tutelle, le 9 mai 1994, la lettre suivante :

> Monsieur le Ministre,
> Le 27 mai 1994, le GIGN célébrera son vingtième anniversaire à Jouy-en-Josas, dans les locaux d'HEC.
> Officier de cette unité de la gendarmerie nationale pendant plus de dix ans, titulaire du brevet GIGN n° 2, de la médaille de la Gendarmerie, de l'ordre national du Mérite, de la médaille pénitentiaire et de diverses citations, j'ai été invité, ainsi que ma famille, mon père, retraité de la gendarmerie, mon fils officier de réserve, à cette manifestation, par les membres de l'association du XXe Anniversaire du groupe.
> Particulièrement heureux de revoir mon ancienne unité, j'ai été surpris et choqué d'apprendre par des officiers organisateurs que vous aviez interdit formellement l'accès des lieux au capitaine Barril, car vous redoutiez d'être sur une photographie où le capitaine Barril pourrait se trouver.
> Monsieur le Ministre, je ne comprends pas un tel affront, j'attends avec sérénité une explication de votre part. Je tiens à vous rappeler que malgré la publicité faite parfois à mon nom, je ne fais l'objet à mon encontre d'aucune procédure judiciaire. Dans le dossier dit « les écoutes de l'Élysée », je suis victime et partie civile.
> Actuellement chef d'entreprise avec plus de 150 salariés, j'estime que vos directives portent gravement atteinte à mon honneur d'officier ainsi qu'à ma réputation.
> Je vous prie de croire, Monsieur le Ministre, en l'expression de ma considération.
> Capitaine Paul Barril C.R.

Il n'y aura pas de réponse.

Attendu sur place par les délégations étrangères, le courageux ministre de la Défense François Léotard ne viendra pas ; il ne s'est ni décommandé ni excusé. Le lendemain, son directeur de cabinet a appelé le commandant Favier, patron du GIGN, pour expliquer que l'absence du ministre Léotard résultait... d'une « erreur de planning » ! Peut-être avait-il préféré partir en « Terre promise », à l'improviste, comme il le fit durant trois ans en accomplissant plus de cent voyages en Israël. Comme lot de consolation, François Léotard faisait savoir qu'il « viendrait prochainement rendre visite au groupe », promettant même de « faire un footing avec le personnel ». En août 1996, le GIGN l'attend encore...

Jusqu'au départ de François Mitterrand, l'activité de sa police politique s'est poursuivie à l'Élysée. La continuité de l'action a été assurée par Michel Charasse, qui jouait de son influence sur le président Mitterrand affaibli, malade. L'Élysée était virtuellement entre les mains d'hommes d'influence. Cette « régence de fait » a bénéficié au premier cercle des fidèles, et d'abord au sénateur Charasse.

Le 7 février 1996, dans un entretien accordé à *France-Soir*, ce dernier n'hésite pas à dire, en substance, à propos des écoutes téléphoniques ordonnées par l'Élysée, que si on veut être efficace en matière de maintien de l'ordre, il faut tirer d'abord et discuter ensuite. Il y a beaucoup plus de gens qu'on n'écoutait pas et qui sont furieux de ne pas figurer sur la liste, que de personnalités écoutées et moroses de l'avoir été, ose même ironiser, arrogant comme à son habitude, un homme dont le pouvoir occulte s'accroissait chaque jour davantage : Michel Charasse.

Les disquettes de la « dame brune » n'ont donc pas fini de déranger. Certains ont cru pouvoir identifier cette mystérieuse messagère comme une amie du capitaine Guézou. En effet, son apparition coïncide avec la mort du capitaine, un mois après, jour pour jour. La date est certes troublante, comme un message dans le message. D'autres pensent que les fuites proviennent du clan des héritiers moraux de François Durand de Grossouvre qui effeuilleraient, page à page, un testament à rebondissements : celui du mort de l'Élysée.

Chapitre 12

SECRETS

« Toute révélation d'un secret
est la faute de celui qui l'a confié ! »

La Bruyère

Au moment où je mets la dernière main à cet ouvrage, une dépêche tombe sur mon fax quelque part dans les émirats. Il s'agit d'un article de plus destiné à m'assassiner. « Barril et les Saoudiens », écrit par Simon Malley, directeur politique de *Nouvel Afrique-Asie* est paru dans le numéro 78 de mars 1996. On peut y lire : « L'intrusion de Barril dans les monarchies du Golfe est due principalement aux dirigeants saoudiens qui veulent maintenir leur emprise sur leurs voisins. En fait, la Sarl SECRETS est devenue, entre autres, un organisme au service de l'Arabie Saoudite, dont elle dépend financièrement, matériellement et logistiquement. C'est le prince Soltan, dit-on, qui aurait conclu l'accord original, assorti d'une rémunération de plusieurs millions de dollars. S'il est vrai que les services français avaient été à l'origine des contacts entre Riyad et le duo Prouteau-Barril, c'est à partir de la signature de cet accord que le rôle du capitaine commence à diviser les dirigeants français et américains... » Il y avait longtemps ! Barril et les pétrodollars, Barril et les milliards ! J'imagine déjà la mine de mes détracteurs français et celle, jalouse, de mes faux-vrais amis ou anciens camarades, me croyant au volant d'une Ferrari ou à bord de mon jet privé ! Je ne peux nier mon attachement à certains princes saoudiens, et surtout à ce pays qui évoque pour moi mille souvenirs. Il faut cependant remettre les pendules à l'heure.

Blessé, matraqué, menacé de mort, traîné dans la boue et parfois pire à partir de 1983, j'ai répondu d'abord par l'écriture, ce qui m'ouvrit de nombreuses portes, dans tous les milieux, me créant un nouveau carnet d'adresses. J'ai, grâce à ce premier ouvrage, bénéficié de l'indépendance financière et d'une nouvelle image. Dans le même temps, les journaux qui m'ont sali mendiaient des milliards d'argent frais pour compenser la persistante médiocrité de leurs ventes. L'audience de mon livre a changé beaucoup de choses. Du côté de l'Élysée, on a tenté, en vain, d'acheter le manuscrit pour un million de francs par l'intermédiaire d'un avocat. Une affectation m'a été proposée : un poste d'état-major, prestigieux certes, mais sans aucune dimension opérationnelle. J'ai refusé. Sur ordre, la direction de la gendarmerie nationale m'a alors imposé un appartement de fonction. Ils voulaient m'obliger à y vivre, afin de mieux pouvoir me surveiller. J'ai accepté, flairant le piège, mais sans y résider. Des micros étaient installés dans chaque pièce, la ligne téléphonique était écoutée par la DGSE. Je l'ai su lorsqu'ils se sont plaints : « Barril, vous n'êtes jamais là-bas ! » J'ai demandé ma mise en disponibilité, ce qui correspond, dans la gendarmerie, à une sorte de préretraite. Elle m'a été refusée trois fois de suite. La « cellule » était terrorisée à l'idée de me laisser partir dans la nature.

J'ai investi mes revenus d'écrivain dans une nouvelle vie. J'ai commencé une carrière de chef d'entreprise spécialisé dans la sécurité, un secteur où mon professionnalisme n'a jamais été mis en doute. Ainsi sont nées SECRETS, Société d'études, de conception et de réalisation d'équipements techniques et de sécurité, et les 4 autres sociétés du Groupe Barril Sécurité. Au total, 200 salariés, 200 emplois créés sans aucune subvention et sans l'aide du Crédit Lyonnais ! SECRETS, c'est la logistique, l'étude de risques et l'audit, ainsi qu'une branche, Barril investigation, pour la recherche et la documentation. Pour l'anecdote, François de Grossouvre a longtemps utilisé un chauffeur, salarié de cette société. PCS, Protection conseil sécurité, s'occupe de surveillance et de gardiennage. SAS, Services et activités sécuritaires, assure la télésurveillance et l'intervention 24 heures sur 24, avec un PC équipé en électronique et informatique, implanté sur le port d'Antibes mais rayonnant dans toute la France et l'Europe. GPB, Groupe Privé Barril, se charge de la protection rapprochée. Il existe aussi Security Action Store, notre boutique de matériel, animée par mon fils Patrick, officier de réserve. De nombreux chefs d'État étrangers, de passage à Paris et inquiets pour leur sécurité, viennent y faire leur shopping : derniers gilets pare-balles, téléphones-satellites cryptés, équipements de radiotélécommunication à longue distance, lunettes de vision nocturne, voitures blindées, réalisations spéciales, systèmes d'alarme adaptés à chaque situation...[1]. En outre, nous fabriquons et commercialisons notre propre matériel, de détection d'écoute par exemple, mais pas de micros ni d'interceptions surtout !

Quiétude propose des formations à la sécurité de haut niveau, se charge d'organiser recrutements spécialisés, stages, séminaires techniques. Cette structure est apte à former et à mettre en place des chefs de la police municipale, des responsables de la sécurité interne d'entreprises. Nous aidons ainsi au reclassement d'anciens gendarmes, de militaires et de policiers. *Haute Protection*, enfin, est le seul support de presse français s'adressant à des centaines d'abonnés. Ils reçoivent « la lettre confidentielle mensuelle du capitaine Barril ».

Malgré la haine des socialistes, les blocages du ministre de l'Intérieur Pierre Joxe[2] et du préfet de police Pierre Verbrugghe, en dépit des attaques incessantes des médias en général et de *Libération* en particulier, j'ai planté mon drapeau de chef d'entreprise(s) en installant le siège de mon groupe avenue de la Grande-Armée à Paris, dont je n'ai plus bougé depuis 1984.

Autour de moi, je vois se créer des sociétés de sécurité, ou prétendues telles, qui changent de gérants et d'adresses de façon bien singulière. Ces spécialistes-là ne pensent qu'à faire de l'ar-

1. Security Action Store, 207 boulevard Pereire, 75017 Paris.

2. Les services de Pierre Joxe ont toujours multiplié les tracasseries administratives contre les sociétés de sécurité que je créais. Ainsi, j'ai dû attendre plus de huit années pour simplement obtenir un agrément en matière de sécurité rapprochée, qui est d'ordinaire attribué en huit jours.

gent rapide. Il existe près de 600 sociétés concurrentes dans l'agglomération parisienne, dont au moins 100 déposent leurs bilans chaque année. Une déontologie et des règles strictes régissent les métiers de la sécurité. Elles sont indispensables. Il faut les appliquer en France, afin d'éradiquer certaines dérives inquiétantes.

Pour ma part, j'ai développé un concept moderne, non pas « sécuritaire », terme à la mode, mais « en toute sécurité », ce qui est parfaitement complémentaire du travail réalisé par la police et la gendarmerie nationale. La sécurité privée a sa place. Les réalités de ce marché sont là, chiffres à l'appui. La sécurité privée c'est plus de 10 milliards de francs de chiffre d'affaires et 90 000 hommes : autant que la gendarmerie mais bien plus que les polices municipales, qui ne totalisent que 10 000 personnes. Il y a tellement de « petits délits » de droit commun que les 220 000 policiers et gendarmes ne suffisent plus.

En France, plus d'un million de caméras sont en fonctionnement dans les centres urbains, dont 5 000 dans le métro parisien et 200 reliées directement aux commissariats de police. Personne n'en sera surpris, j'ai accumulé une expérience unique dans le domaine des... écoutes téléphoniques ! Plus exactement, dans la détection de ces écoutes, car je refuse d'en poser, bien que certains aient prétendu le contraire. Avec le temps et l'expérience, j'ai mis au point une méthode de détection s'appliquant à tous les types d'écoutes. Dans ce secteur, le marché est vaste. Selon le rapport de la Commission nationale de contrôle des interceptions de sécurité, le nombre d'écoutes sauvages est supérieur à 100 000 par an, total auquel s'ajoutent les 1 180 écoutes administratives (bases 1994) et les 11 299 écoutes judiciaires (source 1995). Selon les spécialistes les plus sérieux, l'estimation raisonnable est de 200 000.

Au sein de mon groupe, l'équipe technique chargée de la détection des écoutes téléphoniques est particulièrement étoffée. J'ai moi-même formé l'un des techniciens, dont les journées de travail sont consacrées aux détections d'écoutes. J'aime participer à ce genre d'action avec mes hommes. Une fois arrivés sur un site, chacune de nos interventions commence par l'installation de notre matériel électronique « maison », hautement sophistiqué et très onéreux : de la technologie de pointe couplée à de puissants ordinateurs. Alors commence, sur place, la radioscopie de l'installation téléphonique suspecte, en contrôlant la ou les lignes ainsi que les combinés et postes utilisés, jusqu'aux centraux et terminaux par où sont acheminées les communications. Une équipe légère travaille en parallèle, à l'extérieur, gardant une liaison radio avec le technicien placé à l'intérieur du site. Le rôle de cette équipe est d'effectuer la recherche physique jusqu'au central téléphonique géré par France Telecom, en suivant et testant les fils, un par un, en vérifiant les boîtiers de raccordement, les connections et les multiples relais, tant à l'intérieur qu'à l'extérieur du ou des bâtiments. Le but est de trouver l'éventuel magnétophone caché, le micro-réémetteur, ou le câble dérivé, la « bidouille » technique, qui permet de détourner les lignes. Enfin, la mission comporte le repérage et l'identification des éventuels véhicules techniques banalisés pouvant être stationnés non loin du site écouté, et dans lesquels des magnétophones pirates enregistrent, reliés aux scanners intercepteurs.

Une autre équipe démonte les appareils susceptibles de servir à espionner, ou à recevoir un micro. Attention, le téléphone n'est pas seul en cause, le courant porteur aussi. Un micro ou même un téléphone peuvent parfaitement être branchés à partir de n'importe quelle prise électrique. Dès lors, il faut chercher « les grandes oreilles » partout où elles peuvent être reliées; sur le système de l'interphone, par exemple, équipement si pratique et anodin. Il faut traquer partout les magnétophones, les bugs, les dispositifs filaires ou infrarouges. L'équipe technique commence par envoyer des signaux sonores sur la ligne à tester, pour étudier s'ils sont déviés vers des magnétophones ou d'autres récepteurs. Ensuite, la détection sur les courants porteurs sera faite, ainsi que la détection visant toutes les formes possibles d'intrusions techniques: micros, magnétophones, canons à sons, canons laser, infrarouges qui passent même au travers des volets, émissions informatiques également. Dans ce dernier domaine, c'est l'imagination qui est au pouvoir. Les entreprises protègent leurs ordinateurs sensibles avec des logiciels de cryptage et des mots de passe successifs qui en codent l'accès. Néanmoins, un matériel élémentaire, une simple antenne de télévision à peine bricolée par des mains malveillantes, peut suffire à installer un écran-récepteur pirate, même placé à 100 m de distance. Une fois l'écran opérationnel, il suffit d'attendre qu'une secrétaire vienne sur le site surveillé, et alors en direct, au moment même où elle exécute les gestes habituels de son travail, tout est visionné par les pilleurs d'images. Tout : le code d'entrée dans l'ordinateur, même personnel à chaque employé, les courriers confidentiels réalisés en frappe, les contrats en cours, les mots de passe pour accéder aux fichiers clients... Il importe donc de créer des parades techniques. Elles existent, heureusement. L'équipe « physique » placée en extérieur pousse ses recherches jusqu'aux différents boîtiers des immeubles, au niveau des raccordements téléphoniques, sur les poteaux près des villas.

Un rapport d'une quarantaine de pages est ensuite remis à chaque client, accompagné de nombreuses photos et de plus de 50 mesures techniques différentes. Un vrai bilan de santé téléphonique, le « check-up » des transmissions de l'entreprise cliente. Sans oublier les « conseils du chef » que je prodigue directement au client concerné, pour qu'il puisse désormais parler, téléphoner et faxer en toute sécurité.

Il faut savoir que l'envoi d'un fax, par exemple, transite par les lignes téléphoniques ou par des lignes spécialisées livrées par France Telecom. Un simple magnétophone suffit pour un branchement pirate, ou un émetteur qui répercute sur un récepteur doté d'un enregistreur. Il suffit à un malfaisant de disposer du même modèle de télécopieur que celui faisant l'objet de « l'écoute », pour pouvoir en capter chaque message, qu'il soit envoyé ou reçu. Pour écouter illégalement une ligne de fax, des « privés » étrangers, spécialisés, demandent 250 000 F par mois : un marché en plein essor. J'ai formé des techniciens capables de détecter le piratage, et surtout aptes à en rassembler les preuves techniques. De même pour les détections d'écoutes téléphoniques, car les réseaux d'ordinateurs communiquent entre eux via les circuits de France Telecom et autres lignes spécialisées. Nous préparons le dossier du client avec documents administratifs ou judiciaires, lettre au directeur de cabinet du ministre des PTT, lettre à la CNCIS, demande de vérification de la ligne à France Telecom. Une fois saisie, la CNCIS est obligée de se livrer à des investigations pour vérifier si l'écoute est légale ou illégale. Une réponse écrite est de règle.

Dans mes multiples activités concernant la sécurité, il ne se passe pas une journée sans que l'on vienne me proposer des dossiers sensibles : hommes d'affaires confrontés à des associés indélicats, récupération d'enfants retenus à l'étranger contre leur gré, vol de bijoux, menaces terroristes ou émanant d'un racketteur, d'un maître chanteur, d'un escroc... Le travail ne manque pas ! La plupart du temps, je dois être, tout à la fois, psychiatre, psychologue, un peu médecin et un peu conseiller juridique. Souvent des entreprises me demandent de participer à des sessions de motivation de leurs cadres. C'est, d'ailleurs, l'une de mes fiertés professionnelles.

Avant d'en arriver à ce résultat, les choses n'ont guère été faciles. Comme je suis devenu un symbole, des gendarmes du GSPR dégoûtés, des journalistes censurés, des militaires et des policiers révoltés se sont tournés vers moi. Des hommes se sont rencontrés et se sont donné mutuellement la main. Des réseaux se sont formés. Mes proches et mes sociétés ont été mis sur écoutes élyséennes : écoutes « administratives », écoutes « sauvages » aussi, j'en ai dénombré dix rien que dans les disquettes de « la dame brune », qui ne représentent, je le rappelle, qu'une infime partie du travail effectué par la « garde noire » de François Mitterrand.

Les hommes de l'Élysée ne se sont pas bornés à me pister. Ils ont contacté indirectement mes interlocuteurs afin de les inciter à ne pas travailler avec moi. Des « amis sûrs », collègues d'autres sociétés de sécurité, m'amènent un jour quelques marchés commerciaux dans les pays arabes et en Espagne. En 1983, je rencontre un des frères du roi d'Arabie Saoudite, le prince Nawaf Ben Abdulaziz, dans le but de créer un corps militaire d'élite, calqué sur le GIGN français. Après plusieurs voyages à Riyad, un important contrat devait être signé entre l'Arabie Saoudite et la société SECRETS, grâce aux contacts initialement établis par un ami du prince, Étienne Mezo, proche du futur Premier ministre libanais, Rafik Hariri. Homme d'affaires vivant en Suisse, parlant huit langues et doté d'une intelligence exceptionnelle, Étienne Mezo était devenu mon ami et fut placé, par conséquent, sur écoutes. Nos voyages en Arabie Saoudite étaient épiés par Gilles

Après de longues tractations et malgré l'avancée du projet, tout fut bloqué par l'Élysée. Le projet n'aboutira pas.

La ravissante épouse italienne d'Étienne Mezo étant une amie d'enfance de la femme de Rajiv Gandhi, tout fut organisé pour que je puisse rencontrer le chef de l'État indien, un peu plus tard, à Londres, en vue de créer une unité de sécurité ayant une double mission : assurer la protection rapprochée de Rajiv Gandhi et de ses proches, ainsi que la sécurité du célèbre temple d'Amritsar, très visité. Étienne Mezo rencontre Roland Dumas au Quai d'Orsay, en septembre 1985. Le ministre manifeste clairement son hostilité à la présence de Barril en Inde. Mon éviction devient son objectif. Quelques jours plus tard, la Rolls-Royce d'Étienne Mezo est mystérieusement incendiée devant chez lui. Le message est clair ! Le contrat avec l'Inde n'aboutira jamais. Rajiv Gandhi serait peut-être encore en vie si j'avais pu mettre en place, auprès de lui, l'unité de sécurité initialement prévue, incluant sa protection rapprochée.

Ces deux exemples démontrent la puissance des pressions que j'ai subies.

La plupart de mes futurs clients ont reçu la visite d'une « personne bien intentionnée » venue les dissuader, ou bien des partenaires se sont dérobés. Certains parlent : ils ont subi des pressions « d'en haut », des menaces de contrôle fiscal, ils préfèrent attendre. Plus tard, ils sauront, c'est vrai, me renvoyer l'ascenseur. Mais tant que les socialistes ont occupé le pouvoir, ils ont préféré attendre et s'abstenir. Par peur, peur de l'Élysée, peur du pouvoir occulte de Gilles Ménage, peur des représailles. Entre 1984 et 1994, pendant dix années consécutives, toutes mes visites à des autorités étrangères, à des chefs d'État, notamment en Afrique ou dans les pays du Golfe, furent précédées par des interventions discrètes, appuyées par des « notes » explicites. J'en ai conservé quelques-unes : Barril est dangereux... Barril est fou... Barril va vous espionner... Barril va vous tuer... Barril... Barril... Si vous traitez avec lui, la France vous refusera son aide officielle... Le FMI vous lâchera... Et ce n'est pas tout. Mon chalet de montagne, situé dans les Hautes-Alpes, a été cambriolé par un groupe d'hommes venus en camion de Paris. Ils ont tout emporté, même les meubles ! Sans parler de ma résidence parisienne, plusieurs fois visitée, mais sans succès. Et je ne compte plus, hélas, les vols de voitures dont j'ai été victime.

Il fallait réagir. Dans plusieurs entreprises dont les PDG me signalent avoir reçu des visites de dissuasion ou d'intimidation visant à les « convaincre » de ne pas travailler avec moi, des mesures de surveillance ont été mises en place. Elles se révèlent efficaces. J'identifie l'un de ces « visiteurs du soir ». Il dit s'appeler Pierre Nicole. Bon. Il dit aussi travailler pour la DST. Ce policier est proche de Raymond Dematteis, patron des VO après avoir dirigé la Police de l'air et des frontières de Roissy. Dematteis, socialiste convaincu, se trouve être un grand ami de Gilles Ménage. Dans un livre[1], il fait un portrait dithyrambique du patron de la « cellule » : « L'homme est fascinant, impressionnant, éminence grise du président, simple, intelligent, solide, allant immédiatement à l'essentiel, sans cesse au travail, traitant un nombre incalculable de dossiers, redoutable négociateur, patron d'une grande autorité morale vis-à-vis de ses interlocuteurs, il est cependant agréable dans le travail. » Fermez le ban !

Convaincu que Dematteis fait partie du réseau mobilisé contre moi, son livre m'apportait la preuve de ses relations avec Gilles Ménage. Son action, au demeurant, ne soulevait guère l'enthousiasme de ses subordonnés. Dans *La Truffe,* le jour du lancement de ce journal, Christian Ferrand, un journaliste communiste mais honnête, brosse, le 28 septembre 1991, un portrait de Raymond Dematteis à propos d'un mouvement de fronde déclenché contre lui par des policiers des VO. Un fait unique en France. Ces policiers contestaient ses méthodes de gestion, notamment vis-à-vis de la « ventilation des frais ». Quelque 300 policiers, sur un total de 550 que compte le service des VO, signèrent une pétition contre leur chef, demandant sa mise à la retraite et une commission d'enquête. L'intéressé, lui, voulait à tout prix être nommé préfet. Gilles Ménage le lui avait promis.

Raymond Dematteis dut se résoudre à partir travailler dans le privé, dans une société de sécurité qui fit faillite peu de temps après.

1. En collaboration avec Michel Leblanc, *op. cit.*

Devant l'échec de leurs manœuvres d'intimidation, il fallait, c'est d'une logique imparable, glisser un traître au cœur de ma citadelle. Dans la *Chanson de Roland*, il s'appelle Ganelon. Le mien se nomme Gilleron, Pierre-Yves. Dans un premier temps, j'avoue m'être laissé prendre au piège. C'était dans les années de la première cohabitation gouvernementale. J'avais gardé quelques amitiés gendarmiques. Certains de mes contacts correspondaient, je le comprends maintenant, à un petit calcul du « chef » de la « cellule » qui cherchait des « accès indirects » dans mon entourage, selon la méthode éprouvée des services. La guerre est une forme de contact. La communication en est une autre. Sans le hard, pas de soft. Sans le soft, pas de hard. Le soft, c'était Jean-Louis, le colonel Esquivié, « Aramis » ou « Xavier Mueller » en IF. Il connaissait bien mon épouse et mon fils, dont d'ailleurs il a été le parrain, à Saint-Cyr, pour sa remise d'épaulette d'officier. Il vivait une situation personnelle difficile. Pris entre deux feux, il n'hésitait pas à me donner quelques renseignements, de temps à autre, puis le temps de la manipulation arriva : « La cohabitation, c'est compliqué. Tout va mal. On veut tous quitter la cellule maintenant. On veut faire comme toi ! Tiens, Gilleron, Pierre-Yves... Tu sais, il va partir. Je crois que ce serait un bon soldat pour toi. » Je me suis laissé apitoyer. En fait, Esquivié-Gilleron agissaient en tandem et, à cette époque, leur entente était parfaite. Je n'ai pas marché, j'ai couru quand il a ajouté : « Gilleron va quitter, tu as besoin d'un mec sûr et solide ! » Oui, c'est vrai, j'ai « plongé » comme un benêt, avec un t !

J'ai donc embauché Pierre-Yves Gilleron, un peu comme mon second. Je lui ai dit : « Ici, on ne fait que la sécurité privée. Je vais te laisser la responsabilité de nous monter les audits. » Avec un salaire de 30 000 F par mois et, en cadeau, 50 % des parts de PCS, une Sarl que je créais à ce moment-là, je pensais l'avoir traité correctement. Il sortait peu de son bureau et travaillait beaucoup... Mais en fait contre moi. J'ai mis du temps à m'en rendre compte. Alors, j'ai réagi. Vite et fort. Il était temps ! La mission de Gilleron consistait à faire imploser mes sociétés et à me neutraliser définitivement.

J'avais un beau contrat dans la région de Compiègne : la protection de l'usine Yves Saint Laurent, victime de vols, de parfums notamment. Des camions entiers disparaissaient. J'avais une bonne équipe, commandée par un ancien gradé de la gendarmerie. Un jour, le directeur de la sécurité de Saint Laurent m'appelle. Il s'agit de Jean-Louis Faure, ancien du SDECE, qui a connu quelques déboires à Bombay. De retour à Paris, il travaille à la Section de recherche industrielle (SRI) de la DGSE, avant d'aller pantoufler chez Yves Saint Laurent, à côté de Pierre Bergé. Jean-Louis Faure me convoque. Il vient de lire un article de *Libération* dans lequel je suis dénoncé comme utilisant, en Afrique noire, certains de mes personnels. Selon lui, c'est très grave, c'est un motif de rupture de contrat. Pierre Bergé, le patron de Saint Laurent, protecteur des arts et des lettres, badine avec tout ce qu'on veut, peut-être, mais avec la morale non, jamais ! C'est un puriste. Du moins à en croire Jean-Louis Faure. Encore que Pierre Bergé se soit laissé aller à confier un jour[1] : « Je suis un mafieux et je ne crois qu'à ça. Je ne crois qu'aux amis dont on est sûr, qu'on s'est choisis, et c'est fini, c'est pour toujours. Et on les défend bien sûr. » Tout était faux dans l'article de *Libé,* mais j'ai néanmoins perdu ce contrat. Cet article avait été écrit par Pierre Péan, un autre ami de Gilles Ménage et de Pierre-Yves Gilleron.

Son travail de sape partiellement accompli, Pierre-Yves Gilleron a quitté PCS, en compagnie de ma secrétaire de l'époque, et de l'un de mes « soldats », Pierre Massé. Il a créé sa propre société, Iris Conseil. Et devinez qui s'est présenté à Compiègne pour reprendre le contrat avec Yves Saint Laurent ? Iris Conseil, bien sûr. Cet épisode a d'ailleurs été évoqué devant le tribunal correctionnel de Paris au mois d'avril 1995, à l'occasion d'une audience où Jean-Louis Faure, entre autres, a été condamné à une peine de prison avec sursis pour avoir payé un « plombier », un privé, chargé de réaliser des écoutes sauvages sur un concurrent de Saint Laurent. Pierre Péan s'est exprimé lors de cette audience, à la barre des témoins. Il a tenté, en vain et maladroitement, de transformer cette affaire, où je n'étais ni directement ni indirectement concerné, en un énième procès du capitaine Barril. Après s'être excusé, de façon amusante, car il passe mal à l'oral, il a expliqué que Paul Barril était, à son avis, même sans le

1. Dans *Le Cercle des intimes*, La Sirène, 1996, p. 117.

moindre soupçon de preuve, à l'origine des écoutes installées sur sa ligne. Responsable et coupable toujours, mais sans avoir été, dans cette affaire comme dans tant d'autres, ni inculpé ni condamné ! Ces calomnies ne coûtent pas très cher à leurs auteurs.

Ensuite, les affaires de Pierre-Yves Gilleron n'ont guère prospéré. Il n'a pas eu de chance avec ses employés, notamment. Trois d'entre eux, des Libanais, se sont fait bêtement interpeller, à Paris, un triste soir de novembre. Ils convoyaient une dizaine de kilos d'héroïne. Une affaire qui, comme c'est compréhensible, est tout à fait indépendante de leur qualité de « professionnels de sécurité » de la société Iris Conseil, mais qui peut néanmoins inquiéter car ces hommes avaient la confiance de leur patron. Ce dossier est à l'instruction, entre les mains d'un ancien officier de gendarmerie, brillant juge d'instruction à Paris.

Par la suite, Pierre-Yves Gilleron et Jean-Louis Faure ont fait parler d'eux, sans l'avoir aucunement souhaité, à propos de l'affaire Doucé, le bon pasteur des homosexuels, enlevé et retrouvé étranglé en 1990. *L'Idiot international,* le journal de Jean-Edern Hallier, a révélé, sans jamais être démenti ni attaqué, que des photos osées avaient été volées, sans effraction, dans un coffre-fort de Pierre Bergé[1], rue de Babylone à Paris. A la suite de ce vol de photos, toujours selon *L'Idiot international,* un maître chanteur se faisant appeler « Emmanuel Bertin » aurait proposé une négociation. Il aurait appelé, pour cela, Pierre Bergé personnellement. Les photos devaient être récupérées en poste restante, à Vieux-Condé, non loin de Compiègne. C'est là que les duettistes Pierre-Yves Gilleron, dans le rôle de la DST, et Jean-Louis Faure, dans celui de la DGSE, auraient été chargés de les récupérer. Un gendarme parisien, proche de Gilleron, l'adjudant Cette, de la brigade de recherche de Paris-Minimes, qui a témoigné contre moi dans l'affaire des Irlandais de Vincennes et ne peut donc être suspecté de parti pris anti-élyséen, a confirmé au journaliste

1. Pierre Bergé déjeunait tous les jeudis avec François Mitterrand à l'Élysée. François de Grossouvre, qui était un peu « vieille France » et quelquefois très injuste, m'a dit un jour : « Mon petit Paul, est-ce pour être sûr que ses petites amies ne lui soient pas volées que François s'entoure d'homosexuels ? »

Bernard Violet[1] cet épisode dans lequel il a joué un rôle indirect. Il a signalé l'affaire aux gendarmes de la brigade de Vieux-Condé, afin qu'ils surveillent la poste restante. La suite, en revanche, est peu connue. De nombreuses écoutes téléphoniques et des notes confidentielles arrivèrent certainement sur le bureau de Gilles Ménage. Claude Bardon, le patron des RG, et Pierre Verbrugghe, le préfet de police, ont été mis en examen, sans bruit ni tapage médiatiques, pour avoir ordonné ou camouflé ces interceptions téléphoniques. Ils n'ont pas été jugés. Gilles Ménage, compte tenu des éléments dont il fut le destinataire, doit savoir si, dans l'entourage de Pierre Bergé ou de l'Élysée, on a souhaité négocier avec le pasteur Doucé. Il existe sans doute quelques fiches, quelques « pelures » d'écoutes, ou un reste de disquette informatique qui devrait pouvoir en témoigner.

Par la suite, Gilleron part au Congo, sous les ordres des conseillers israéliens du président Lissouba, afin d'y monter, me dit-on, une sorte de « cellule » version locale ! Elle risque fort de ne grandir ni l'image ni la réputation, sur le continent africain et ailleurs, du président Lissouba, surtout aux yeux de Jacques Chirac. Partir là-bas, avec ses archives, est, pour Gilleron et sa petite famille, un choix risqué. Les milices de l'opposition se canardent pour un oui ou un non. Enfin, il y a un avantage. Pierre-Yves Gilleron bénéficie ainsi d'un passeport diplomatique de la République populaire du Congo. En cas d'ennuis en France – on ne sait jamais, avec tous ces petits juges fouineurs et farfouilleurs – c'est plus prudent !

En Afrique, Gilleron a d'abord fait des imprudences en s'associant avec un Zaïrois. Ami de Pascal Parisot, le chef de la division renseignement de l'église de scientologie – qui disposait, sous le nom de « F10 » d'un contact de premier ordre à l'Élysée (hélas, non identifié... pour l'instant) –, il a eu ensuite un problème avec le Rwanda. Une histoire d'avion. Un pays qui ne lui porte pas chance d'ailleurs, puisqu'il s'est fait interpeller à Francfort, par la police criminelle allemande. Un opposant rwandais l'accusait d'être venu de France pour l'enlever, ou le tuer, sur ordre du pouvoir rwandais.

1. Bernard Violet, *Mort d'un pasteur*, Fayard, 1994.

Je ne peux terminer le survol des actions du réseau de l'Élysée contre mes sociétés et mes activités professionnelles sans mentionner un dernier épisode. Au début de la guerre du Golfe, *Libération,* qui désarçonnait le dernier carré de ses lecteurs par ses éditoriaux contradictoires, à la fois contre et pour l'engagement de la France dans cette guerre américaine, est visé par un attentat. Une petite bombe placée contre la façade de verre provoque quelques menus dégâts. L'attentat est revendiqué par un groupe anarchiste et par des opposants libyens. Le coupable est désigné. Ce ne peut être, évidemment, que le capitaine Barril ! Incroyable mais vrai. L'auteur de cette « révélation » est un ancien de *Libération,* Jean-Michel Caradech. Il donne les détails dans *L'Express* : nature de l'explosif, nombre de grammes, le tout provenant d'un stock du GIGN, dont un sous-officier, un de mes proches, Yannick Lambert, a été interrogé par la DPSD[1]. Après un procès contre *L'Express,* les 250 cadres et salariés du journal reçurent en fin d'année une carte de vœux que j'avais spécialement fait éditer : au recto, la photocopie du chèque de 50 000 F que me versa leur journal à titre de dommages ; au verso, un message de remerciements de ma part : « Bonne année à tous et revenez-y quand vous voulez ! » Depuis, Caradech a quitté *L'Express.* Je l'ai rencontré un soir, dans un bar. Il aime les bars. Il crevait de peur et m'a dit avoir été totalement manipulé. Je le crois volontiers, car il n'a pu se lancer seul dans cette énième dénonciation des crimes-du-capitaine-Barril. Qui a guidé sa plume ? Sincèrement, je ne sais pas. Il est lié à Philippe Legorjus, un lieutenant du GIGN que j'ai personnellement recruté et formé. Il a fait ses classes, avec quelques difficultés, sous mes ordres, avant de prendre, d'une manière détournée et politique, le commandement du GIGN.

Philippe Legorjus s'est fait capturer bêtement en 1988 par les Canaques, devant la grotte d'Ouvéa, en Nouvelle-Calédonie, et il ne m'aime pas beaucoup car je conteste sa version de l'affaire,

1. Direction de la protection, de la sécurité et de la défense : Sécurité militaire.

telle qu'il l'a racontée dans un livre publié, comme par hasard, avec... Jean-Michel Caradech.

Que s'est-il passé en réalité ? Des gendarmes ont été massacrés par des indépendantistes canaques. D'autres militaires ont été pris en otages, emmenés dans un endroit reculé de l'île d'Ouvéa, où règne une végétation dense et serrée. Le sol est truffé de grottes profondes. Philippe Legorjus, qui dit avoir de fortes convictions socialistes et qui vient de succéder au capitaine Masselin, arrive dans l'île et commence le ratissage. Devant la grotte, le substitut Jean Bianconi fait son devoir de magistrat. Il s'avance, seul et sans arme, et entreprend, avec tact et intelligence, une négociation. Legorjus est derrière, avec des hommes du GIGN. Il a pour mission de couvrir le substitut et surtout de ne rien tenter pour ne pas envenimer la situation. Pour Jean Bianconi, les choses se déroulent plutôt bien, malgré une certaine tension. Le dialogue est engagé, la libération des otages semble possible. C'est alors que Philippe Legorjus quitte ses hommes, fonce sans motif sérieux vers les terroristes et le magistrat qui dialoguent.

A ce stade du récit, il ne faut pas oublier que le 12 janvier 1983, le GIGN, sous les ordres du lieutenant Picon et dans des conditions difficiles, avait neutralisé Éloi Machoro, le Guevara des indépendantistes canaques. Or, cet officier accompagne Legorjus. Les Canaques se souviennent de lui, évidemment. Sa tête est mise à prix. Ils laissent s'approcher Legorjus, puis le ceinturent promptement, comme un néophyte. Sous la menace, Philippe Legorjus s'adresse à ses hommes, après avoir levé les mains au ciel : « Rendez-vous ! Mettez vos armes à terre, il ne vous arrivera rien ! » Sur dix hommes, quatre se jettent à la renverse, dans la brousse touffue, et s'y enfoncent promptement avec leur armement. Les autres, restés sur place, baissent leurs armes et les Canaques font six prisonniers du GIGN, tout équipés. Une situation de cette nature ne s'était jamais produite dans l'histoire du groupe, depuis sa création en 1974. Avec Christian Prouteau, nous avons passé une dizaine d'années à libérer des otages, mais Philippe Legorjus a réussi ce que nous avions toujours su éviter : faire prendre des gendarmes en otages. Dont le capitaine Picon, en danger de mort dès lors. Ce n'est pas tout ! Les ravisseurs disposent, après cette capture, du matériel ultramoderne qu'ils ont saisi sur les hommes du GIGN : lunettes de vision nocturne, fusils FRF1 de tireurs d'élite, revolvers MR 73... Les hommes du GIGN sont entravés, tabassés, puis jetés sans ménagement au fond de la grotte. Fiers de leur victoire militaire plutôt facile, les Canaques trinquent à la santé du gouvernement français, du GIGN, et de François Mitterrand.

Que fait le commandant Legorjus ? Il parle avec le chef des terroristes et lui dit : « Je suis en contact direct avec l'Élysée. Je suis le bras droit du commandant Prouteau, qui est très écouté par le président Mitterrand. Je vais vous aider à négocier. L'indépendance, vous l'aurez ! Mais il faut que je puisse sortir d'ici pour aller leur expliquer la situation et plaider l'arrangement. »

Le terroriste répond : « D'accord ! Tu peux partir pour aller leur parler. Mais si tu ne reviens pas, on flingue les autres. »

Legorjus se rend auprès du ministre des Dom-Tom Bernard Pons. Nous sommes en pleine cohabitation politique, Jacques Chirac est Premier ministre. Jacques Attali confirme, dans *Verbatim II*[1], qu'existait à l'époque un circuit d'informations parallèles au profit de l'Élysée. « Ménage nous tiendra informés, ainsi que Jean-François Dubos », dit-il au président Mitterrand. Qui informait Ménage et Dubos ? Christian Prouteau. Et qui informait Prouteau ? Legorjus. Tandis que se déroule la prise d'otages d'Ouvéa, la campagne électorale fait rage en métropole. François Mitterrand brigue son second mandat. Bernard Pons, vieux soldat de la République et médecin d'une droiture extrême, est un homme d'État d'une grande honnêteté. Il écoute attentivement Philippe Legorjus lui expliquer l'affaire et conclure : « Monsieur le ministre, si je retourne là-bas, ils vont me tuer ! » Bernard Pons le rassure : « Commandant, restez ici, je vous l'ordonne ! » Legorjus préférera dans son livre[2] se donner le beau rôle et affirmer avoir passé armes et clés des menottes aux gendarmes pris en otages. En réalité, celui qui a passé les armes à la barbe des Canaques, au péril de sa vie, ainsi que les clés – par deux fois, d'ailleurs, la première ne concernant pas le bon jeu – c'est le substitut Jean Bianconi qui a été décoré, pour cela, de la Légion d'honneur par Bernard Pons

1. Jacques Attali, *Verbatim II*, Fayard, 1995.
2. Philippe Legorjus, *La Morale et l'action*, Fixot, 1990.

et le général Vidal, lors d'une émouvante cérémonie à Nice, en 1994. Et ce, en l'absence de Legorjus.

Ce dernier n'a pas davantage participé à l'assaut final, en tête des troupes. Il est resté à l'arrière, trop loin de la ligne de feu pour imposer son autorité après la fin de la fusillade, quand les Canaques survivants se sont rendus. Dès lors, mal encadrés et surexcités, les combattants des unités spéciales, ceux qui avaient eu plusieurs camarades morts ou blessés dans leurs rangs, se sont laissé aller à des gestes inadmissibles. Dans une ambiance de règlement de comptes, il y a eu des exécutions, des choses terribles... Par la suite, Philippe Legorjus, dans son rapport final d'opération, classé « secret défense » mais aussitôt publié par *Le Monde,* essaiera de faire porter la responsabilité des exactions au ministre Bernard Pons. Jacques Attali, dans *Verbatim III*[1], à la date du lundi 9 mai 1988, confirme le double jeu de Legorjus, qui est, pour moi, le seul responsable des bavures commises. Le conseiller spécial de François Mitterrand écrit en effet : « Le rapport que nous remet Philippe Legorjus, de retour de Nouvelle-Calédonie, est accablant, notamment pour ce qui est des circonstances de la mort des trois Mélanésiens, dont Alphonse Dianou, chef des preneurs d'otages, après l'assaut de la grotte d'Ouvéa : ils auraient été abattus après s'être rendus. Sur ordre de Bernard Pons ? »

Sans commentaire !

Si Legorjus avait dirigé l'assaut en tête, comme il se doit en tant que patron du GIGN, les hommes de toutes les unités auraient respecté ses ordres. Il n'y aurait eu ni débordements ni exactions. Philippe Legorjus a dû quitter le GIGN peu après. Il croyait être nommé préfet et recevoir la Légion d'honneur des mains de François Mitterrand. C'était prévu. Il n'a eu ni l'un ni l'autre. Il s'est reconverti dans le privé en créant la société de sécurité Éric SA, « Éric » étant le pseudonyme de son associé, le colonel Chanas, de la DGSE, un homme de la « cellule ». Il s'est également recyclé comme consultant en sûreté auprès d'Air France. Qui dirige Air France ? Christian Blanc, un préfet socialiste. Où était-il antérieurement ? En Nouvelle-Calédonie. Avec Legorjus. A toi, à moi. C'est sans doute ce que les socialistes appellent l'auto-

1. Jacques Attali, *Verbatim III, op. cit.*

gestion. Christian Blanc avait fait, auparavant, un passage par la RATP. Legorjus s'occupait de la sécurité du métro.

Dans le club des obsédés de la chasse au Barril, je serais injuste de ne pas faire la place qu'il mérite au journaliste Pierre Péan. L'un de ses livres est dédié à Bernard Jégat, aujourd'hui décédé, militant actif des réseaux terroristes européens devenu le dénonciateur de ses camarades irlandais. Les écoutes révélées par la « dame brune » font d'ailleurs apparaître l'étroitesse des liens qui unissaient ces deux hommes. J'ai rencontré Pierre Péan par deux fois, à sa demande, quand il essayait de m'extirper des renseignements sur les réseaux africains de Jacques Foccart. Il préparait un livre sur ce dernier, où il insiste beaucoup sur des détails scabreux et incertains visant la vie de sa famille. Depuis, Péan s'acharne contre moi. Je le retrouve, au fil d'une décennie, dans la quasi-totalité des campagnes de presse que j'ai eu à subir. Début 1996, avec cette fois la complicité de France 2, il me consacre un téléfilm sous prétexte de raconter l'affaire des Irlandais de Vincennes. Le traitement de son sujet et les commentaires qui l'accompagnent m'accusent, 60 minutes durant, et sans même me rencontrer, sans me demander la moindre explication. Comme dans les régimes totalitaires. Ma seule défense possible aura été un « droit de réponse[1] » adressé le 3 janvier 1996 à Jean-Pierre Elkabbach, président de France Télévision.

Conseiller du trouble Bernard Jégat début 85, Pierre Péan est un de ces Français que l'Afrique fascine. Ce quinquagénaire corpulent, équipé de moustaches conquérantes, style politicien radical-socialiste de la IIIe République, est né dans la Sarthe en 1938. Il vient de consacrer une complaisante biographie[2] à François Genoud, le banquier suisse ami des nazis avant de financer Carlos. Très vite, ses centres d'intérêt éloignent Pierre Péan de la bucolique région du Mans, où il a rencontré sa femme, une mili-

1. Voir annexe n° 7.
2. Pierre Péan, *L'Extrémiste : François Genoud, de Hitler à Carlos*, Fayard, 1996.

tante socialiste. Il travaille en Afrique, au titre de la coopération. Pierre Péan est un moralisateur. Ses livres dénoncent l'affairisme politique, mais lui-même se lie, au cours des années 70, au « clan des Gabonais » de la direction d'Elf, notamment à André Tarallo. Ces gens puissants, engagés dans de dures batailles internes pour maîtriser l'or noir, lui fournissent de bons dossiers. Au Gabon, il devient bientôt, selon ses propres déclarations, « un peu plus qu'un journaliste ». Il travaille en faveur du leader de l'ethnie fang, dont la poussée menace ce petit « émirat à l'africaine » de déchirements « à la yougoslave ». Seulement, l'abbé M'ba Abessole est battu à la régulière par le président Bongo. Pourfendeur d'Omar Bongo et de la politique française à l'égard de ce pays, Pierre Péan a toutefois surpris ses amis en se réconciliant spectaculairement, en 1993, avec celui qu'il présentait, depuis plus de dix ans, comme un dictateur. Au point de déclencher, comme il le dit lui-même avec amertume, « des flots de rumeurs » sur les récompenses que cet apparent retournement de veste lui aurait values, rumeurs dont il s'est vivement défendu.

Durant sa période gabonaise, Pierre Péan a mené campagne dans *Libération,* contre les « Barril boys », des mercenaires que j'aurais envoyés en guise de secours au chef de l'État du Gabon à l'occasion d'émeutes.

Puis il s'est intéressé au Congo voisin, un autre pays pétrolier où Elf a quelques problèmes avec les compagnies américaines. Là encore, de manière aussi erronée qu'au Gabon, il a cru découvrir des « Barril boys ». Une série de « rectificatifs » embarrassés suivra. En revanche, quand son ami Pierre-Yves Gilleron vient « barbouzer » auprès de la présidence congolaise, pas de « Ménage boys » aux yeux du brave Péan. Un oubli, sans doute.

Pierre Péan porte ensuite son effort sur la Libye. Encore un pays producteur de pétrole ! Son axe de travail est différent[1]. Il cherche à dédouaner les services secrets de ce pays de la responsabilité de l'attentat contre le DC 10 d'UTA, alors que les investigations précises et concordantes menées par le juge Jean-Louis Bruguière indiquent l'inverse. Le publicitaire Claude Marty, l'homme des « plans médias » de Michel Rocard, défend lui aussi

1. Pierre Péan, *Vol UTA 772,* Stock, 1992.

bruyamment ses nouveaux clients libyens. Il prétend détenir des « preuves » de leur innocence ! Pendant ce temps, le juge Bruguière, méticuleusement, cherche à confondre les auteurs de l'un des plus odieux attentats terroristes de ces vingt dernières années, qui a coûté la vie à 170 passagers.

Il est encore question de Pierre Péan dans le livre[1] du général roumain Ion Pacepa, chef des services secrets de Nicolae Ceausescu. Passé à l'Ouest, il a raconté une histoire africaine que l'on peut juger distrayante. Nicolae Ceausescu s'intéressait, on ne peut l'en blâmer, aux mines de diamants de la République centrafricaine. La DIE roumaine (la Stasi locale) met dans le lit de Jean-Bedel Bokassa, lors de son passage à Bucarest, sa meilleure « agente secrète », une ravissante danseuse ayant pour prénom Gabriela. L'empereur, conquis, la ramène dans ses bagages. Les méthodes de travail de la belle étant concluantes, les Roumains deviennent actionnaires des mines de diamants. Deux ans plus tard, la belle Roumaine en a assez et souhaite partir. La République centrafricaine la lasse, et Bokassa la fatigue vraiment. Elle file, mais à la roumaine, en emportant une valise pleine de diamants. De quoi refaire sa vie, à Paris de préférence.

Pour protéger leur vaillant et dévoué agent d'une éventuelle vengeance des sbires de Bokassa, les services secrets roumains organisent dans la presse internationale une campagne de « désinformation ». C'est le terme exact utilisé par Pacepa. Il s'agissait de faire croire que la danseuse-espionne avait regagné les rives du Danube, et de raconter l'histoire détaillée, en prenant soin cependant de dissimuler l'appartenance de la jeune femme à la DIE roumaine. *Le Canard enchaîné* et Pierre Péan jouent dans cette opération, explique encore Pacepa, leur partition.

François Durand de Grossouvre connaissait bien Pierre Péan. En 1983, son livre *Affaires africaines* avait gravement nui aux relations entre la France et le Gabon. Les Américains, qui lorgnaient le pétrole de ce pays, n'attendent que « l'occasion » pour usurper notre place. Empêcher la parution du livre de Péan ? Il était un peu tard pour l'envisager, ou simplement étudier les moyens de le faire. Restait à limiter la casse, en suggérant à l'auteur de ne

1. Ion Pacepa, *Horizons rouges*, Presses de la Cité, 1988.

pas trop en faire, notamment sur les chaînes de radio et à la télévision. Les deux hommes se sont revus à l'occasion de l'affaire Jean-Edern Hallier. Le conseiller du président avait eu la surprise de constater que Pierre Péan essayait de récupérer le manuscrit sacrilège de l'écrivain, pour le compte de Gilles Ménage.

A partir de 1990, Pierre Péan a tenté de convaincre François de Grossouvre de ne pas rédiger son livre sur la Résistance, du moins tant qu'il resterait à l'Élysée. Jusqu'à cette date, ils se voyaient quai Branly, tous les quinze jours à peu près. Grossouvre jouait son jeu habituel avec les journalistes, promettant d'importantes révélations, des dossiers de feu et de sang, sans rien lâcher. En revanche, il recueillait ainsi une foule de micro-renseignements toujours utiles pour effectuer une synthèse pointue. Les journalistes sont souvent si bavards, si aisément victimes de leur vanité.

Ménage, Gilleron, Prouteau et Perrimond, le collaborateur de Pierre Joxe, l'homme du « traitement » des journalistes au ministère de l'Intérieur, avaient enregistré Péan sous un nom de code : « Pierrefitte ».

Face aux attaques répétées de l'auteur complaisant d'*Une jeunesse française,* j'ai encore dégainé avec dextérité mon code pénal... type 44 Magnum.

Le 29 janvier 1996, à la suite d'une plainte contre X que j'avais déposée, Pierre Péan était mis en examen au palais de justice de Paris pour recel de vol, après la transmission à l'ambassade du Qatar d'un procès-verbal d'audition destiné à me nuire auprès des dirigeants de cet État. J'avais, en effet, été entendu comme témoin à propos d'une série d'attentats qui, entre 1985 et 1988, avaient visé, sur la Côte d'Azur, des locaux du PCF, de la CGT et de la Sonacotra.

Aucun écho n'est paru dans la presse.

Chapitre 13

D'une guerre secrète à l'autre

« L'art suprême de la guerre,
c'est soumettre l'ennemi sans combat. »

Sun-tzu

Mai 1995. Le moment est venu pour moi de déposer les armes. En France, ma « guerre » est terminée. Du moins, j'ose l'espérer. En portant Jacques Chirac au poste suprême, une solide majorité de Français a voté, comme je l'ai fait, la relance du pays. Pour ceux qui ont combattu dans l'ombre comme pour ceux qui ont lutté dans la lumière, vient le moment de faire le point, de parler du futur sans oublier les méfaits commis au nom de l'État.

Fondateurs et acteurs du GIGN, en presque un quart de siècle de travail acharné nous avons hissé la France aux premiers rangs mondiaux pour les méthodes de la guerre moderne, et ceci dès 1973. Entre 1981 et 1983, l'essentiel de ce travail s'est trouvé ruiné : structures cassées, hommes dispersés, calomnies, division, destruction...

Dans la gendarmerie, la police, l'armée elle-même, la discipline, l'abnégation, le patriotisme, le goût de vaincre et de servir ont été rongés par le doute et la déprime. Des cadres ont été découragés, des hommes brisés. Tout est à reprendre. Tout !

En réaction aux attentats de 1995, le président Jacques Chirac a déclaré la guerre aux intégristes, reconnaissant ainsi l'impact politique de leurs actions. Cette situation résulte des errances de la politique passée, attentiste et complaisante. Les hommes au pouvoir étaient davantage occupés à faire fortune, en écartant ou en supprimant les gêneurs qui pouvaient compromettre leur ascension, qu'à réfléchir aux menaces contre le pays et à réagir. Je parle de supprimer les gêneurs ? Oui, et ce n'est pas qu'une image. Les années Mitterrand ont un trop lourd lot de décès providentiels, de « suicidés » opportunément silencieux. Chaque décès cadre avec un scandale, accompagne un dossier d'instruction menaçant une personne tapie dans l'ombre du pouvoir élyséen, au plus haut dans la hiérarchie de l'État. Rythmées par les médias, ces « disparitions miraculeuses » ont bénéficié directement à ceux qui étaient ciblés par les enquêtes des magistrats instructeurs. Enquêtes désormais enterrées ! Le but fixé est donc atteint. Bérégovoy, Grossouvre, Guézou, suicidés. Roger-Patrice Pelat, mort lui aussi. Le « vice-président », l'âme damnée de Mitterrand, l'humble ouvrier devenu multimilliardaire par la grâce du nouveau « Dieu » des portefeuilles à gauche, qui piégeait les naïfs, en leur « prêtant » sans intérêts financiers, l'argent de leur installation personnelle dans les appartements bourgeois des beaux quartiers, une crise cardiaque l'a retiré *in extremis* des griffes du courageux juge Thierry Jean-Pierre, lancé sur les pistes roses de l'argent noir, celui de la corruption et des compromissions. Ce juge s'intéressait à l'argent privé du prince. Les pistes qu'il a remontées sont jalonnées de décès, éliminant un à un chaque inculpé en puissance. Systématiquement. Quatre morts douteuses.

Continuons d'avancer dans cette voie. La liste contient des morts moins médiatiques. Celle du trouble Harris Puisais, conseiller de l'Élysée présent dans les coulisses de l'affaire des initiés du scandale Pechiney, et grand ami des Soviétiques. Celle du général Audran, qui s'opposait à la livraison d'armes à l'Iran par notre propre ministère de la Défense. Celle du courageux colonel Nut, de la DGSE, retrouvé « suicidé » dans la neige des Alpes, en 1983. Celle de Michel Baroin, l'ancien commissaire des RG, franc-maçon devenu le grand patron d'un empire de mutuelles d'État. Proche du président Chirac comme de François Mitterrand, il était l'un des rares à tutoyer ce dernier. Son avion s'est écrasé sans explication, sur les flancs chauds du mont Cameroun. Ce n'est pas un suicide. Sa mort brutale intervint alors qu'il préparait sa candidature surprise à l'élection présidentielle. Le juge Sengelin, de Mulhouse, possède un dossier particulièrement fourni sur ce décès, opportun pour certains, et sur des pistes financières helvétiques, avec un autre cadavre. Celui de Pierre Wild, conseiller financier à Mulhouse, mystérieusement assassiné en février 1987, huit jours après la mort de son ami Michel Baroin avec lequel il suivait, sur l'île de Saint-Martin, une opération immobilière visant la construction d'un immense complexe hôtelier. Bilan : une perte de 300 millions de dollars, 3 millions de mutualistes de la GMF lésés, et plusieurs incarcérations décidées par Mireille Filippini, juge d'instruction. Durant plusieurs années, le gouvernement de Pierre Bérégovoy s'est fermement opposé à tout droit de regard du ministère du Budget dans ce dossier où la GMF investissait sans compter.

Et je ne veux pas oublier la mort de René Lucet, directeur de la caisse d'assurance-maladie des Bouches-du-Rhône. Il faut encore citer l'accumulation d'actes de « désespoir » imprévisibles et un nombre suspect d'« accidents » mortels. Dans le « dossier Traeger », qui défie les statistiques, cela commence avec la mort d'Yves Laurent, maire socialiste de Saint-Sébastien-sur-Loire, près de Nantes, spécialiste des problèmes de l'enfance, retrouvé mort, carbonisé, à l'intérieur de sa voiture, ceinture de sécurité bouclée. Un suicide compliqué.

Énumérons aussi les morts noyés sous des flots d'encre et des torrents de mots, dans l'unique but de cacher l'essentiel.

Une autre affaire sulfureuse, celle du pasteur homosexuel Joseph Doucé, qui savait tout des plaisirs pervers de personnalités du tout-Paris, et qui a disparu le 19 juillet 1990, accompagné de deux faux policiers, alors qu'il était convoqué au « château », n'a toujours pas abouti, malgré quatre années d'investigations. Pour la première fois de son histoire, le bulldozer de la brigade criminelle s'est ensablé dans la forêt de Rambouillet où fut retrouvé le cadavre décomposé de Joseph Doucé, le 17 octobre 1990, tandis que des journalistes aux ordres du pouvoir, muets sur les secrets du pasteur et sur sa vie, s'étranglent de dépit sur les fausses pistes qu'ils ont tracées eux-mêmes ! Cette affaire est née d'une écoute, branchée entre le 12 et le 27 juillet 1990, sur la librairie « Autres Cultures » du pasteur « Bonpland » (son pseudo chez les « grandes oreilles »). Des soupçons pesaient sur cette boutique, pouvant servir à couvrir des activités de pédophilie. Depuis le 18 mars 1996, l'illégalité de cette action a entraîné devant le tribunal correctionnel l'ex-patron des RG, le commissaire Claude Bardon, pour « complicité d'atteinte à la vie privée », ainsi que l'ami de Gilles Ménage, l'ex-préfet de police de Paris, Pierre Verbrugghe, pour « conservation de documents obtenus par écoute téléphonique illicite de paroles prononcées à titre privé ou confidentiel ».

Parmi les disparitions opportunes, il faut encore rappeler le meurtre du sieur Bousquet René, la face Vichy rose de l'« ambivalent » Mitterrand si résistant... aux rumeurs. Un « dérangé » manipulé, un « fou » tombé du ciel, mais miraculeusement renseigné sur les habitudes de sa victime, est venu la soustraire, au dernier moment, à la curiosité des juges. Frustrant, après plus de trois décennies d'attente...

Enfin, d'un septennat à l'autre, de 1981 à 1995, on dénombre pas moins de quatre chefs d'État ou de gouvernement, tous amis et protégés de la France, qui sont néanmoins morts de mort violente, à l'étranger. Au Rwanda, au Burundi deux fois, aux Comores également. Honnêtement, c'est trop ! Tous ces décès ont en commun l'absence de pistes, d'enquêtes, donc de coupables. Il faut rouvrir tous ces dossiers, car il faut que la vérité jaillisse. Il faut dresser un bilan, celui des faits, d'abord, mais à la liste des morts il faudrait aussi ajouter le tableau intégral des tentatives de neutralisation ou de destruction d'un grand nombre de « gêneurs ».

J'ai été amené, concernant ma modeste personne, à faire les comptes : vingt-trois affaires différentes ont entraîné ma comparution devant vingt-trois juges d'instruction différents, à partir d'« affaires » diligentées par des campagnes de presse alimentées par l'Élysée. Résultats chiffrés : Inculpations : cinq. Perquisitions : trois. Non-lieux : cinq. Condamnations : aucune. Alors ? Et pourtant ce n'est pas encore terminé. On continue, en 1996, avec « Barril mercenaire au Qatar ». Le cercle des journalistes spécialisés dans ces campagnes haineuses et calomnieuses est très étroit. Ils se connaissent tous, se copient, s'alimentent aux mêmes sources de désinformation. Leurs articles ont les mêmes effets sur l'opinion publique : la manipulation.

Complémentaire de l'enquête nécessaire sur les actes délictueux imputables à la « garde noire » élyséenne, un livre blanc de la corruption journalistique en France est désormais indispensable. Réalisé par les professionnels eux-mêmes, avec l'aide des familles ou des proches des victimes, il pourrait judicieusement compléter les travaux d'une commission d'enquête parlementaire sur les polices parallèles de François Mitterrand. François d'Aubert ferait un rapporteur avisé ! Ce serait un livre à succès, sans aucun doute.

En 1981, « l'ombre a laissé la place à la lumière » pour reprendre l'inénarrable expression de l'étincelant Jack Lang, et les vertueux procureurs de gauche, tremblants d'excitation, se sont partagé les prébendes. Je porte, dans ce livre, de graves accusations. Acculés, certains ne manqueront pas d'accabler mon témoignage, l'ensevelissant sous un tombereau d'articles journalistiques haineux, accompagnés, sans doute, d'un « papier bleu » annonciateur de procès, d'attaques, de menaces, de représailles encore ! Je sais les risques personnels pris en parlant haut et fort pour nommer les responsables, sans en ménager aucun, afin que la vérité éclate enfin ! Je suis prêt à m'effacer, mais devant un tribunal des justes, pour un duel public, au « finish », comme pour une épreuve du feu, une ordalie. Que ceux qui contestent mes dires, et ceux qui les approuvent, relèvent avec moi ce défi : je demande l'ouverture d'une enquête parlementaire sur le « cabinet noir » élyséen comme la gauche en avait créé une à propos du SAC. Qu'elle fasse son travail, entende les témoins et passe au crible les preuves qui existent et sont toutes accessibles.

Mao Tsé-toung l'a très bien dit : « Celui qui n'a pas fait d'enquête, il n'a pas droit à la parole ! » Gendarme, j'ai fait la mienne. Je n'ai pris la parole qu'après enquête. Que d'autres fassent la leur et qu'ils parlent ensuite. Que le Parlement s'en empare, c'est son rôle, démocratique et équitable. C'est justice pour réhabiliter la grandeur de la France. C'est un devoir. Aux élus je confie ces éléments de réquisitoire pour le dossier qui me tient le plus à cœur, celui à partir duquel je suis parti à la recherche de la vérité : la mort, à l'Élysée, de François Durand de Grossouvre.

Premier élément à charge : un coup de feu, d'une arme puissante, mais que personne n'entend, dans le silence du palais le plus sécurisé de France. Pas de témoin !

Deuxième élément à charge : des calomnies infondées sur le mort, des mensonges officiels, diffusés instantanément à partir de l'Élysée même, par les plus hauts personnages de l'État. Pas de reconstitution. Absence d'autopsie. Disparition des archives personnelles. Appel sur les lieux d'une ambulance militaire du Val-de-Grâce, aux fins d'exfiltrer le cadavre encombrant.

Troisième élément à charge : François Durand de Grossouvre était attendu pour dîner, chez un vice-Premier ministre du Gabon, son ami R. Il venait de lui envoyer des fleurs, en les accompagnant d'un petit mot qui confirmait sa venue pour 20 h 30. Il se serait suicidé sans laisser aucune lettre, aucun message, aucun signe précurseur. Comme par hasard, il aurait choisi, pour se donner la mort, le moment où son garde du corps personnel, un homme du GIGN ayant toute sa confiance, s'était éloigné pour une course ordonnée par d'autres.

Quatrième élément à charge : lancé sur les pistes dangereuses de la corruption présumée du président François Mitterrand, François de Grossouvre s'intéressait aussi aux proches et surtout aux amis du président. Celui qui fut durant trente-cinq ans l'ami du prince, son confident, le « ministre de la vie privée », son homme de sécurité aussi, son spécialiste des affaires clandestines, avait commencé de déposer, comme simple témoin, devant un magistrat instructeur qu'il trouvait sympathique, sur la corruption du « premier cercle » élyséen, s'attirant aussitôt la fureur de toute la « cour ».

Cinquième élément à charge : au fait des secrets les plus intimes et des affaires d'État, François de Grossouvre était haï par Michel Charasse, mais davantage encore par Gilles Ménage. Un bras de fer sans merci les opposait depuis douze ans.

Sixième élément à charge : du Congo au Rwanda, François de

Grossouvre avait mis les pieds dans le plat des « affaires africaines ». Il dérangeait, en touchant au plus sensible.

Septième élément à charge : la « cellule » antiterroriste, créée initialement sur une idée de François de Grossouvre, dirigée à l'origine par Christian Prouteau, avait dérapé en une super-police secrète, spécialisée dans les actions tordues et l'espionnage de la vie privée des journalistes, des magistrats, des intellectuels et de toute personne jugée dangereuse pour le régime politique socialiste en place. François de Grossouvre avait pris conscience de cette dérive. Il avait entrepris d'organiser son propre réseau, pour résister.

Huitième élément à charge : François Durand de Grossouvre avait terminé la rédaction de ses Mémoires et promettait, sur la période de la guerre, celle de la Résistance et de la collaboration vichyste, des révélations définitives et fracassantes pour des proches de François Mitterrand. Peu de temps avant sa mort, le président Mitterrand avait exigé de lui, avec force, qu'il se désaisisse de toutes ses archives, au profit exclusif de Michel Charasse. François de Grossouvre avait refusé. Les documents si convoités ont disparu. Le manuscrit écrit pour son livre en cours s'est également volatilisé. D'autres précieux documents se sont aussi envolés par la même occasion, notamment des actes notariés concernant la vie privée du président François Mitterrand. François de Grossouvre conservait ces pièces officielles parmi ses nombreuses archives.

Je me garde de conclure. Je n'irai pas plus loin dans cet ouvrage. Du moins, je n'irai pas seul, en dépit de mon intime conviction. Je n'ai pas de preuve absolue et je respecte, bien entendu, la présomption d'innocence. J'ai simplement enquêté et requis. Mon rôle n'est pas de juger. Que d'autres s'en chargent en faisant leur métier.

Au-delà de cet indispensable travail de deuil et de mémoire, qui permet d'y voir clair et d'assainir l'atmosphère, il faut que la France repense l'ensemble de son appareil de sécurité. Elle doit se doter d'outils de renseignement de haut niveau, disposer de vrais moyens en hommes et en structures, mais rien ne peut se faire sans une vision claire de la situation d'ensemble, avec identification de la menace, définition et hiérarchisation des cibles, objectifs à court et à long terme, organisation et action.

Depuis la chute du mur de Berlin, les États-Unis dominent le monde. Une nouvelle guerre de l'ombre a commencé : la guerre géo-économique. Les Américains ont cessé, brusquement, d'orienter leurs services secrets vers les affaires politiques. Aujourd'hui, l'espionnage est avant tout économique. Les pays qui prennent de l'avance sont ceux qui investissent, massivement et audacieusement, l'action de leurs services secrets dans l'intelligence économique. Depuis la guerre contre l'Irak, plus de 200 milliards de dollars de contrats ont été signés avec les pays du Golfe, le Koweit et l'Arabie Saoudite. Les Américains ont tout raflé. La France en a récupéré à peine 2 %, soit environ 4 milliards de dollars. Non sans mal, avec des conditions draconiennes, comme l'obligation d'investir une grande partie du contrat sur place, dans le pays contractant. Ainsi aux Émirats, à Abou Dhabi, où la commande à GIAT Industries portant sur 436 chars Leclerc[1], la Rolls mondiale des blindés de combat, d'un montant de 3,6 milliards de dollars, ne génère pratiquement aucun bénéfice ! Or, GIAT est au bord du dépôt de bilan. L'État soutient ce géant de l'armement avec grande difficulté. La masse salariale annuelle du groupe est colossale : près de 3 milliards de francs. Les salaires les plus élevés vont accroître les belles retraites de généraux, d'officiers supérieurs ou d'anciens dirigeants de la DGSE qui savent pantoufler tranquillement, loin des sables du désert, dans de beaux bureaux parisiens, sans faire de bruit. Ne pas s'adapter aux nouvelles donnes américaines, c'est être dépassés et supplantés par d'autres pays avec lesquels la France est en concurrence.

La force de frappe d'un pays se situe dans sa puissance économique, dans la force et la crédibilité de sa monnaie également.

1. Pratiquement indestructible, le char Leclerc pèse 50 t. Sa vitesse est de 60 km/h avec 600 km d'autonomie. Son blindage en composite lui confère des qualités inégalées. Il est équipé d'un canon de 120 mm lui permettant de tirer en roulant et d'atteindre des cibles jusqu'à 3 000 m. Fleuron de l'industrie française de l'armement, sa technicité illustre notre avancée en matière d'équipement militaire.

Sans force de dissuasion monétaire, la dissuasion nucléaire n'est rien, ou bien peu. Les contrats gagnés ou perdus sont autant de centaines de milliers de chômeurs en moins, ou en plus. Cette bataille des marchés à l'étranger doit être gagnée. C'est la seule possibilité pour résorber la dette publique de notre pays. En 1996, la France totalise 3 500 milliards de francs de dette publique, pour un budget annuel de 1 642 milliards. Ces chiffres s'accompagnent d'un déficit prévisionnel d'environ 290 milliards, rien que pour l'année en cours, sans oublier les intérêts dus ! Bonjour les dégâts ! La banqueroute nous guette, après quatorze ans de gestion socialiste.

Contrairement à une entreprise, un État ne peut pas déposer son bilan et mettre la clé sous la porte. C'est l'indépendance de la France qui est donc en jeu. L'expansionnisme américain nous menace. En 1996, les États-Unis ont retrouvé leur esprit de « pionniers ». Leurs exportations sont en hausse, le moral est revenu avec une croissance en flèche et un taux de chômage de seulement 5,7 % de la population active. Bill Clinton a tenu sa promesse électorale, en créant 7,8 millions d'emplois. Cette guerre est une vraie guerre. L'effort des services secrets américains est multiforme. Une société de détectives privés comme Kroll, spécialisée en investigations en tous genres, a été mandatée, pendant la guerre du Golfe, par le gouvernement américain pour localiser les avoirs financiers de Saddam Hussein dans le monde, mais aussi les participations des Irakiens dans des sociétés françaises, dont Matra-Hachette, ce qui provoqua une chute instantanée de ce titre en Bourse.

Les Américains ont le quasi-monopole des cabinets internationaux d'audit. Ils accèdent ainsi facilement aux informations sensibles des entreprises qui sont leurs clientes. Le monde est couvert d'une toile d'araignée de sociétés privées effectuant de l'intelligence économique pour le compte de l'État américain. Leur but est de récupérer des contrats. Ce sont des fuites orientées par des sociétés d'investigation américaines qui ont entraîné les ennuis de Didier Pineau-Valencienne. Le groupe Schneider gênait les Américains sur leurs marchés fétiches. De même, Alcatel, Thomson, Elf sont devenues des cibles dans ce « grand jeu » de la guerre économique. Les services secrets français doivent s'unir et réorganiser leurs activités. Assez de compétition entre organismes voisins ! Ne confondons plus l'essentiel et l'accessoire ! Nos services doivent être recentrés sur la bataille économique, sur la recherche de contrats et d'informations commerciales à ramener aux compagnies françaises. Nos grandes sociétés nationales s'affrontent sur les mêmes marchés, au lieu de s'unir pour les conquérir. Si les compagnies françaises avaient signé 50 % des 200 milliards de dollars de contrats nés de l'après-guerre du Golfe, le résultat aurait été la résorption d'un million de chômeurs en France !

Le Rafale, par exemple, est l'avion français du siècle. Il est cher, mais il représente la technologie de l'avenir. Les Américains cherchent à le sabrer par tous les moyens. Rappelons-nous le Concorde, il y a vingt ans ! Ce ne sont plus aux clients potentiels d'acheter français, comme jadis, mais bien à la France, désormais, de savoir vendre ses produits, sa griffe, son label porteur de devises et d'emplois. Là encore, les « bien-pensants » se sont moqués des expulsions fracassantes d'espions de la CIA, réclamées avec insistance, et à juste titre selon moi, par Charles Pasqua. Le ministre de l'Intérieur avait raison. Quand les Américains expulsent nos agents, personne ne réagit. Et pourtant, pour assurer leur suprématie, les Américains ne se contentent pas d'envoyer de piquantes quinquagénaires dans les pattes de nos jeunes attachés de cabinet, ni de manipuler la presse française qui, à quelques exceptions près, s'avère d'une consternante docilité, et plutôt bon marché. Le directeur de la CIA, John Deutch, n'hésite pas à reconnaître qu'il se sert de « couvertures » journalistiques pour pénétrer les « réseaux d'affaires ». Même l'ancien otage du Liban, le journaliste Terry Anderson, d'Associated Press, reconnaît que la plupart des journalistes américains à l'étranger travaillent pour la CIA. Les ressources financières des différentes structures constituant l'ensemble des services secrets américains cumulent un budget annuel de 78 milliards de francs en 1996, pour 85 000 personnes officiellement salariées, à travers la CIA, le NRO, gérant les réseaux satellitaires de renseignements, la DIA, service d'espionnage militaire, et la NSA.

Par le biais de cette dernière agence, les États-Unis disposent, sur le sol français, d'un espionnage électronique dont on parle très peu. La National Security Agency (NSA), dont les antennes se déploient pourtant sur les toits de l'ambassade américaine à Paris, avenue Gabriel, à deux pas du palais de l'Élysée et du ministère de l'Intérieur, écoute évidemment les officiels français grâce à ses installations performantes. Les moyens dont dispose la NSA défient l'imagination. Les « grandes oreilles » des États-Unis espionnent tous les pays de la planète. Ce système mondial d'écoutes aboutit au centre de Fort Mead, à côté de Washington. Jusqu'à 90 % des renseignements obtenus par l'ensemble des services secrets américains proviennent de cette structure. La NSA est le service le plus secret du monde, beaucoup plus discret que la CIA, avec ses scandales à répétition. Son budget annuel est de 20 milliards de francs. Le nombre officiel de ses fonctionnaires est de 40 000, mais ce sont en fait 200 000 personnes qui travaillent quotidiennement dans ses 1 000 stations d'écoutes, éparpillées dans le monde entier. Un formidable quadrillage où sont placés sous surveillance électronique continue les émissions de radio, les téléphones, les télex, les fax, les téléphones GSM, les communications des services de police, de gendarmerie, Interpol, les ordinateurs, les téléphones-satellites, etc. Tout est mémorisé et enregistré dans le plus grand et le plus puissant ensemble informatique de la planète. La NSA peut ainsi identifier, par un système de « reconnaissance vocale », plus de 100 000 voix simultanées de terroristes, d'industriels et de chefs d'État. Dès que la voix d'une personne signalée parle sur une ligne de téléphone, où qu'elle soit située géographiquement, le système d'enregistrement automatique se met en marche. Les voix sont identifiées, calibrées, le lieu d'où s'exprime la personne est localisé, avec ses longitude et latitude, la vitesse à laquelle elle se déplace est évaluée si elle téléphone d'un avion, d'un bateau, d'un train, ou autre. La conversation est décryptée, puis informatisée. Des déclenchements se font aussi par la prononciation de certains mots clés : Bosnie, contrats, Saoudien, pétrole, came, Thomson, drogue, Pechiney, commissions, chars, missiles, armes... et Barril, mais pour la DGSE et la DST seulement ! Je plaisante, bien sûr.

Depuis quelques mois, les grandes sociétés américaines de téléphonie et de télécommunications inondent la presse européenne de leur publicité en faveur du « système call-back ». Ce procédé ingénieux, à base de fibres optiques, permet d'utiliser, depuis la France par exemple, des centraux téléphoniques aux États-Unis pour téléphoner sur de longues distances, en Arabie Saoudite ou en Chine. Ceci pour un coût inférieur à celui d'une communication directe : jusqu'à 60 % de réduction par rapport à France Telecom. Cette technique est valable également pour l'usage des télécopieurs et des échanges informatiques. En fait, ce système est téléguidé par la NSA. Il rend chaque interception plus facile sur le territoire américain, tout en attirant le gibier privilégié des hommes d'affaires et des industriels. Chaque jour sur ces « canaux », se trouvent concentrés et écoutés les éléments les plus intéressants de leurs affaires. Ce n'est pas tout ! Si l'importance du dossier le justifie, si une décision urgente est à prendre, en moins de cinq minutes l'enregistrement d'une conversation téléphonique saisie et interceptée par la NSA est dactylographié, puis un document complet parvient à la Maison Blanche, grâce à un module de synthèse qui comprend 20 lignes de texte avec présentation et commentaires.

Avec leurs moyens financiers, leurs armes de renseignement et leur suprématie militaire, le tout au service de leur économie, les États-Unis sont à la fois les gendarmes de la planète et les maîtres du monde par l'information. Leur empire est total. La France doit refuser la prétention au leadership, à la direction des affaires du monde, d'une seule puissance étrangère. Que les États-Unis cessent de donner des leçons de morale. Ils ne sont pas un bon modèle, si on se penche sur leur situation intérieure.

Pour 250 millions d'individus, on compte plus d'un million de personnes détenues aux États-Unis. Plus de 3 000 condamnés à mort attendent leur exécution, souvent durant des années, dans les terribles couloirs de la mort. La France, avec 60 millions d'habitants, a seulement 57 000 détenus.

En proportion, les États-Unis ont donc un taux de délinquance cinq fois supérieur au nôtre, alors que chez nous la peine de mort est abolie !

Sur leurs maux internes, les Américains sont peu prolixes alors qu'ils adorent jouer les redresseurs de torts hors de leurs frontières. D'où, par exemple, leur passion pour l'internationale écologiste Greenpeace. Ou plutôt, pour la « multinationale verte » compte tenu de l'ampleur des fonds qu'elle brasse. Organisée comme un véritable service de renseignement, Greenpeace vient d'être reprise en main par Thilo Bode. Toujours perspicace, *Le Monde* a salué, le 23 juin 1995, les mérites du nouveau « grand chef », un homme d'affaires gratifié d'un succès dans l'affaire de la plate-forme Shell. La Shell ? Une des rares multinationales de l'or noir qui ne soit pas américaine. Elle avait perdu près de 50 % de son chiffre d'affaires en Allemagne, pendant plusieurs semaines, à la suite d'une campagne de Greenpeace contre un danger de pollution de la mer du Nord, causé par son projet de destruction d'une plate-forme d'extraction pétrolière. Une campagne qui s'est révélée fondée sur des informations erronées. Greenpeace a dû présenter des excuses publiques pour ce spectaculaire « bidonnage » médiatique, après que Shell eut cédé à ses exigences et à son boycott. Une gifle retentissante pour Greenpeace. Une de plus. Ce qui n'a pas empêché les grandes consciences du *Monde,* dans un article-fleuve, de faire la promotion des « champions du civisme planétaire [*sic*] » que seraient, selon l'auteur de cette « enquête » annoncée en première page, Greenpeace et d'autres « associations cosmopolites par vocation, mais souvent anglo-saxonnes de culture [...] qui dessinent les contours d'une société civile internationale ». Cette ode aux partisans d'un « humanisme radical » est signée par une nouvelle plume de ce journal, Jean-Paul Besset. Une vieille connaissance. Le même homme apparaît, dans les écoutes de l'Élysée, puisqu'il s'agit d'un des principaux informateurs du couple Edwy Plenel-Georges Marion à l'occasion de la première « affaire Greenpeace », en Nouvelle-Zélande en 1985 ! C'est le même Jean-Paul Besset qui a travaillé quelque temps à *Libération* en étant, parallèlement, conseiller du Premier ministre Laurent Fabius ! Que le monde est petit.

Ce sont les États-Unis qui ont imposé les représentants de la « secte verte » Greenpeace à l'ONU où ils siègent désormais à titre consultatif. Les Américains savent distinguer l'important de l'anecdotique. A ce jour, aucun ancien directeur général de nos services n'a même été nommé secrétaire d'État, alors que George Bush, ancien patron de la CIA, est devenu président des États-Unis, et que l'un des anciens responsables du KGB, Mikhaïl Gorbatchev, a été président de la puissante ex-URSS. Il est vrai que l'on peut s'interroger sur le choix de certains responsables de la DGSE. Actuel conseiller-maître à la Cour des comptes, le préfet Claude Silberzahn s'est associé au journaliste Jean Guisnel, spécialiste des questions de défense à *Libération,* pour publier un ouvrage[1] acerbe, s'en prenant aux militaires mais trahissant surtout l'impuissance de son auteur. Il se trouve que Claude Silberzahn est aussi, sans doute par un pur hasard, un ami de Pierre Péan, Christophe Nick et Patricia Tourancheau. Les membres du « club »[2].

Comme Pierre Marion, son dernier prédécesseur civil à la tête de la DGSE, Claude Silberzahn commence par un aveu piteux : il ne sait pas pourquoi il a été viré en juin 1993. Pour un « grand chef du renseignement », cela fait un peu désordre ! Silberzahn s'étend ensuite, longuement, sur les misères que lui ont faites, en Camargue, 75 écologistes d'une honnête association de défense des flamants roses au moment d'installer dans cette magnifique région une station d'écoutes ultraperfectionnée, indispensable à notre sécurité en Méditerranée. Des millions de francs d'investissements sont partis en fumée. Le projet a été littéralement coulé, tel un *Rainbow Warrior.* Or, Silberzahn avoue qu'il n'a pas même songé à se renseigner sur d'aussi redoutables adversaires pour chercher un point faible, ou jeter les bases d'une négociation raisonnable. Et il n'a pas « fait appel » d'une décision de justice, à ses yeux pourtant discutable, parce qu'il n'en a reçu ni l'autorisation ni l'ordre ! Cette incurie entraîne quatre ans de retard sur les interceptions envisagées. Une perte stratégique considérable, en même temps qu'un gouffre financier. De ce

1. Claude Silberzahn, *Au cœur du secret,* Fayard, 1995.

2. La rubrique « défense » de son journal lui laissant, semble-t-il, des loisirs, Jean Guisnel publie beaucoup. Dans un petit livre, mis en vente en octobre 1995, intitulé *Guerre dans le cyberespace,* il se croit obligé de me traiter de « fantaisiste ». Je cite : « En France, quiconque utilise un moyen de cryptage, même légal... court le risque de voir le premier fantaisiste venu, genre capitaine Barril, disposer de codes qu'il se serait procurés grâce aux moyens techniques que lui confie arbitrairement la République, voire grâce à des appuis ou à des protections carrément délictueuses dans l'appareil d'État... » Je n'ai jamais eu la chance de rencontrer Jean Guisnel. Quelle obsession poursuit ces gens ? Ils sont acharnés à me nuire, sans oser me rencontrer. Quel courage !

recueil d'aveux plats et consternants, il ressort que la direction de fait de la DGSE n'était pas assurée par son directeur en titre mais par Gilles Ménage, à l'Élysée. C'est clairement confirmé. Le fidèle Silberzahn recevait directives et conseils de Gilles Ménage, comme les autres chefs des services de renseignement et de police de France. « Votre correspondant permanent à l'Élysée sera Gilles Ménage, le directeur de cabinet », lui dit paternellement François Mitterrand, dans les jours qui suivent sa nomination à la DGSE, le 23 mars 1989. Ces propos du président traduisent, souligne Claude Silberzahn, une « profonde mutation politique », puisque François de Grossouvre, « déjà éloigné du suivi des affaires » est placé « hors circuit » par Ménage, de même que le chef d'état-major particulier du président, l'amiral Jacques Lanxade, nommé en avril 1989.

Claude Silberzahn confirme ma thèse fondamentale, à savoir qu'un homme seul, Gilles Ménage, fort de l'aval du président Mitterrand, disposait à cette époque d'un total contrôle sur les services de sécurité français, à travers la DST et les RG à l'intérieur, et la DGSE à l'extérieur.

Jacques Attali, dans *Verbatim III,* ne dit pas autre chose lorsqu'il évoque une séance de travail avec le président de la République devenu très friand d'informations secrètes : « Mardi 21 août 1990, Gilles Ménage rend compte de l'écoute téléphonique d'une conversation de l'ambassadeur d'Irak avec la direction de TF1. L'ambassadeur a suggéré qu'un journaliste aille à Bagdad et en profite pour ramener clandestinement le bébé d'un couple de Français retenu en ces lieux. » Français, ne vous en faites pas : la DGSE surveille attentivement TF1, Patrick Poivre d'Arvor roule pour l'Irak, et le chef de l'État écoute aux portes ! Sans commentaire.

Même au KGB, sous Andropov, même dans l'Irak de Saddam Hussein, une pareille concentration de pouvoirs n'existait pas. Les « politiques » utilisent toujours un service pour en équilibrer un autre. Dans le cas contraire, le pouvoir de celui par qui passent tous les réseaux devient exorbitant. C'est ainsi que tout dérape ensuite, progressivement et irrémédiablement ! « Gilles Ménage voit souvent le président, certains jours à plusieurs reprises », écrit Claude Silberzahn en expliquant que les dossiers diplomatiques ne sont vus « qu'à travers le prisme de la DGSE ». Ce qui intéresse le plus François Mitterrand dans les rapports de cette institution, « ne concerne pas tant la politique étrangère que la sécurité, les conséquences de notre action sur la politique intérieure ». Depuis la réélection de François Mitterrand en 1988, avoue encore ingénument Claude Silberzahn, le pouvoir a décidé de « civiliser l'ensemble de la chaîne », c'est-à-dire de retirer des mains des militaires même le contrôle des services de renseignement dépendant du ministère de la Défense. Cette mesure fait suite à l'appel de 45 officiers généraux du cadre de réserve qui, au cours de la campagne électorale présidentielle, avaient affirmé que « François Mitterrand a affaibli la défense de la France ». Jusqu'à cette date, poursuit notre témoin privilégié, « tout transitait par l'amiral Lanxade ». Il n'aura plus que « les papiers intéressant fonctionnellement l'état-major particulier du président ». En revanche, « toute la production[1] de la DGSE ira désormais chez Gilles Ménage, destinataire prioritaire », écrit encore Silberzahn. Gilles Ménage, lui, a tout : à aucun moment personne ne pourra aller voir le président muni d'un papier de la DGSE sans qu'il en ait eu connaissance au préalable. Il est le seul, au sein de l'appareil d'État, à connaître l'ensemble de la production de la DGSE. Dans ces conditions, il est donc aisé de savoir qui a demandé l'écoute « Rillon I » visant mes bureaux privés de l'avenue de la Grande-Armée, et « Rillon II », l'écoute concernant mon habitation de Champigny.

Il y a, quand même, encore quelques perles à glaner dans le livre de Claude Silberzahn. Il parle en effet d'un richissime homme de l'ombre, proche en affaires de la famille Chadli, l'Algérien Djilali Mehri, qui a racheté l'entreprise bretonne de chauffe-eau Chaffoteaux et Maury, puis déposé sa candidature au rachat de TF 1. François Mitterrand le recevait à l'Élysée, dans le plus grand secret. Du moins, le croyait-il ! Je connais bien, pour avoir effectué des missions dans ce secteur, l'un des châteaux de Mehri, à Orgeval, en banlieue sud de Paris. Au cœur d'un magnifique parc de 130 hectares, se tinrent quelques négociations secrètes. Claude Silberzahn parle de contacts sur le

1. Le terme production signifie l'ensemble des écoutes.

Tchad et de négociations avec le colonel Kadhafi sur la bande d'Aouzou.

Djilali Mehri, qui habite ordinairement Paris, avait pour habitude d'organiser de très luxueux week-ends dans le Sud algérien. Là-bas, sa résidence s'appelle « El Oued ». Elle est protégée, parfois, par des agents de la DGSE. Ménage, Prouteau, Esquivié, plusieurs patrons de la DGSE et d'autres personnalités y avaient table ouverte. Les relations entre Djilali Mehri et Gilles Ménage sont étroites. Ils partagent des goûts communs pour les châteaux et les toiles de maîtres.

Un autre aveu significatif s'échappe de la plume de Claude Silberzahn. Il évoque en effet, sans trop s'attarder et pour cause, les « billets d'avion » et autres « mesures de faveur et avantages en nature » que la DGSE accordait à des « journalistes proches » et même à leurs petites amies, en échange de « petits services ». Au fil des écoutes, Edwy Plenel et Georges Marion s'inquiétaient de la « présence d'agents de la DGSE », en tout cas d'un agent au sein de leur rédaction. Si des journalistes cherchent un sujet d'enquête, il y a de quoi faire au sein même de leur profession.

Claude Silberzahn cite aussi le nom de Jacques Isnard, spécialiste des questions de défense au *Monde,* avec celui de Jean-Marie Colombani, à propos d'un « complot », le mot est dans le texte, qu'ils avaient ourdi tous les trois pour fixer la date de parution d'un article. Je ne reproche pas à Jacques Isnard d'être considéré comme un « ami » par un directeur de la DGSE, tout comme l'est Jean Guisnel d'ailleurs, surtout si la rigueur des relations professionnelles demeure sans complaisance et sans confusion des genres. Je lui en veux, en revanche, pour un épisode que je le mets au défi, sur l'honneur, de démentir. Nous sommes en mars 1985. *Le Monde* vient de publier les trois articles d'« Aramis », dont je conteste, évidemment, certaines affirmations qui me concernent. Je le fais savoir. Jacques Isnard qui n'a pas, jusqu'ici, poussé l'acharnement professionnel jusqu'à me rencontrer, ni même prendre contact par téléphone, comprend que j'en suis blessé. Du moins, c'est ce qu'il me dit lorsqu'il m'appelle, plus tard : « Non ! Non, personne n'a jamais voulu écrire du mal de vous, bien au contraire ! On vous aime bien, tout ce que vous avez fait est bien. Il faut qu'on se rencontre. J'ai envie de connaître vos idées sur la lutte antiterroriste. » Me voici donc invité, un après-midi, dans l'appartement parisien de ce journaliste. Il est 14 h, ses deux filles s'apprêtent à partir. Café, magnétophone, deux heures passent, conviviales. La conclusion d'Isnard est explicite : « Tout ce que vous me dites est véritablement passionnant. Je vais faire un article. » Je me suis expliqué à fond, convaincu que j'avais devant moi un journaliste du *Monde* et qu'il allait rédiger un article sérieux. Nous nous sommes quittés à 16 heures, sur ses paroles : « Je vais faire un papier qui rééquilibrera tout ce qui a été écrit jusqu'ici contre vous. Vous êtes un type formidable, toutes les actions auxquelles vous avez participé, etc. »

Sur le coup de 19 heures, soit trois heures plus tard, François de Grossouvre m'appelle de l'Élysée. Un enregistrement de notre conversation est déjà entre les mains de Gilles Ménage. Furieux, celui-ci avertit le président Mitterrand et, en retour, l'Élysée « prie *Le Monde* » de tout stopper. Il n'y eut pas d'article Et je n'entendis plus jamais parler de l'honorable M. Isnard.

Toujours à propos du *Monde,* Jacques Attali, dans *Verbatim III,* à la date du 20 janvier 1989, enfonce le clou et lâche : « François Mitterrand apprend par Gilles Ménage que *Le Monde* de demain s'apprête à publier un article établissant que Roger-Patrice Pelat aurait acquis des actions Triangle en Suisse. » Quelle est la source ? Une écoute téléphonique ou un honorable correspondant de la DGSE ? « Honorable correspondant », c'est d'ailleurs l'origine du vocable, car non rémunéré. Des patriotes qui informent leur pays, même pas pour « la gloire » puisque ces choses restent secrètes. Disons, tout au plus, pour une gloire intérieure, celle que l'on appelle, je crois, l'estime de soi.

Les informateurs du *Canard enchaîné* ne se disent pas « honorables » – une façon d'économiser les mots sans doute. Ils sont payés, bien et parfois par des moyens que la morale réprouve, mais que l'éthique des services autorise et d'ailleurs recommande. Il faut savoir que ce journal à vocation satirique n'est pas une société de presse banale mais une coopérative. Peu de gens connaissent donc réellement le nom des propriétaires du journal. Encore moins de gens imaginent leur richesse individuelle. Alors que la presse française souffre financièrement, les bénéfices du *Canard*, pour l'année 1994, s'élèvent à 23 788 324 F, sa réserve de trésorerie est de 180 millions de francs placés en dépôt à terme, ce qui est bien pour une entreprise de 49 salariés... Au-dessus de 49 employés, il faudrait un comité d'entreprise. C'est parfois gênant ! *Le Canard enchaîné* a donc les moyens de rémunérer confortablement une cohorte d'informateurs ou de « correspondants », honorables inclus. La plupart sont des journalistes, qui travaillent pour d'autres journaux moins généreux. Ils mettent ainsi du beurre dans leurs épinards. Parfois, beaucoup de beurre en réservant au *Canard* la primeur d'informations que leur emploi au sein d'autres rédactions aurait dû orienter vers un autre titre. Étranges mœurs en vérité, étrange cuisine professionnelle. *Le Canard enchaîné* n'y est pour rien, bien sûr. Il se contente d'en profiter, au sens financier du terme, en véritable « oncle Picsou » de la presse française, assis sur son trésor.

Ce journal si rentable a pris, par exemple, une part importante dans la déstabilisation du général Aoun, le « petit Bonaparte » libanais. Toujours bien informé, *Le Canard enchaîné* publie une photocopie prouvant que le général et son épouse possédaient un compte bancaire en France, à la BNP, et sur lequel figurait un avoir financier de plusieurs millions de dollars. Ce document comportait la reproduction des mouvements du compte. Scandale immédiat, aiguisé par le conflit entre pro-Syriens et pro-chrétiens.

Sensible à tout ce qui concernait l'avenir du Liban, François de Grossouvre m'appela d'urgence et me fixa un rendez-vous pour le lendemain matin, à son bureau de l'Élysée.

« Mon p'tit Paul ; c'est grave et important. Tu as vu ce que publie *Le Canard ?* Il faut que tu ailles voir Laurence Soudet, c'est une collaboratrice du président. Elle s'occupe des archives, de la presse, et d'autres tâches importantes au palais. C'est aussi une proche du patron de la BNP, Thomas. Elle t'attend. Vois avec eux comment enquêter discrètement sur cette affaire, puisque des fuites bancaires ont eu lieu. Rends-moi compte, dès que tu en sauras un peu plus. Il faut trouver le coupable ! » J'ai donc rencontré Laurence Soudet, en présence d'un de mes collaborateurs, Éric M., à l'Élysée, puis René Thomas à la BNP. Guidé par l'instinct du chasseur, j'ai eu l'idée de chercher s'il n'existait pas, au sein du personnel de la BNP, quelqu'un de nationalité ou d'origine libanaise. Deux personnes correspondaient à ce schéma : une femme et un homme. Chacun d'eux avait accès aux écrans informatiques. Seul problème technique, aucun des écrans ne pouvait être relié à une imprimante. Dès lors, il leur était virtuellement impossible d'avoir réalisé une copie du listing. En enquêtant plus avant, j'ai découvert que l'une de ces personnes était chrétienne pro-Aoun, tandis que l'autre se révélait de sensibilité pro-syrienne. Dans le bureau de cette dernière, j'ai découvert un Polaroïd. L'écran avait été photographié, puis le tirage photo photocopié et apporté au *Canard enchaîné.* La personne responsable fut licenciée.

La France, et plus particulièrement l'Élysée, se sentant coupable vis-à-vis du général Aoun devenu indésirable au Liban, lui offrit l'asile en mettant à sa disposition une villa du côté de Marseille puis une autre en Seine-et-Marne. Cette anecdote explique, en partie, la présence du général sur notre beau sol de France. *Le Canard enchaîné* avait influé, une fois encore, sur l'actualité.

Tout serait tellement plus simple si chaque citoyen interviewé pouvait savoir, clairement, quand il reçoit un journaliste, ou quand il est reçu par lui, à qui il a affaire, pour qui ce dernier travaille réellement. Au moins ce jour-là ! L'omniprésence des spécialistes en manipulation journalistique ou médiatique est en train de tuer l'idée même d'une presse libre. Ayant moi-même un pied dans l'univers de l'information « fermée », celle des « services », et l'autre dans l'information « ouverte », avec *Haute Protection,* ma lettre confidentielle mensuelle, je souhaite sincèrement cette « mise à plat ». Elle serait utile pour tous et d'abord pour ceux qui, comme moi, ont souffert de cette forme indirecte de terrorisme intellectuel que constitue la « guerre médiatique », menée par des hybrides, ces « agents d'influence » que sont aussi, et peut-être avant tout, les journalistes professionnels.

Fin de mission

Synthèse du rapport

Afin d'honorer la mémoire de François Durand de Grossouvre, j'ai voulu que la vérité le venge. Ai-je réussi ? J'ai essayé. Ce sera ma dernière mission contre les socialistes.

Mai 1995. Jacques Chirac se rend sous l'Arc de Triomphe où le plus grand drapeau tricolore de France est déployé, offert au vent de l'histoire. Anonyme dans la foule, j'ai les larmes aux yeux. J'écoute *La Marseillaise,* seul, figé au garde-à-vous, regard dans le lointain, et je pense à vous, François Durand de Grossouvre. Ce livre, je l'ai écrit pour vous.

J'arrête ce combat épuisant. Pendant plus de dix ans j'ai vécu comme un véritable clandestin dans mon propre pays, traqué par des forces invisibles mais nombreuses, sans cesse menacé, poursuivi. Pour survivre, j'ai dû maintenir un rythme d'enfer : billet d'avion acheté au dernier moment, destination tenue cachée, noms d'emprunt, voitures de location, motos rapides. Je ne suis jamais monté à bord d'un véhicule sans en avoir fait l'inspection au préalable. Sans me coucher dessous, non plus, pour éviter d'être transformé en bruit et lumière. J'ai traqué les agents d'accès, les infiltrés, les taupes. J'ai découvert des micros dans ma chambre et dans mon bureau, des bips sous ma voiture. J'ai résisté. L'amitié m'a sauvé, et le patriotisme de ceux qui m'ont aidé, en me protégeant aussi contre la solitude.

Pendant plus de dix ans, je n'ai pu m'endormir comme un citoyen ordinaire. J'ai toujours eu une arme à portée de main. De même pour ma lampe « Maglite » prête à l'emploi, refusant l'idée d'être assailli dans le noir, durant mon sommeil. J'ai toujours placé, au pied de mon lit, où que je sois dans le monde, un sac à dos bouclé, contenant mes affaires, avec une paire de tennis à velcro ouvertes prêtes à être enfilées en hâte, pour permettre une « exfiltration » en catastrophe.

Oui, c'est ainsi que j'ai vécu et survécu. Mais je suis libre et vivant. Cette pression constante et presque insupportable m'a aguerri. Pas de planning, ou difficilement, juste pour l'essentiel de mes obligations. Pas d'habitudes surtout. Très rarement des rendez-vous pris longtemps à l'avance. Et enfin, pas de fréquentation de lieux publics trop exposés, donc aucune sortie nocturne. Toujours un témoin à mes côtés, le plus souvent armé et entraîné à riposter. C'est à ce prix que je suis vivant. Il n'y a aucun miracle là-dedans. Pour « flinguer » un homme, il faut un groupe de trois personnes, du moins c'est la règle habituelle, la norme en quelque sorte : un bon tireur, un homme de couverture qui le protège, et un chauffeur expérimenté. Pour « flinguer » deux personnes, il faut compter six hommes voire davantage. Cela complique singulièrement les choses.

Cinquante grammes de drogue « découverts par hasard », à la douane, dans les valises du capitaine Barril, ou pire, un « calibre sale » ayant servi dans un meurtre, un hold-up, un attentat, imaginez les manchettes des journaux : « Barril fait comme un rat » ! Non merci. Alors, jamais de bagages en soute.

Le meilleur de mes outils de défense est mon ordinateur de poche, un modèle portable et crypté. Il s'agit de mon Psion, un agenda électronique codé. J'y ai tout noté, toujours, en permanence. Il contient les numéros de voitures un peu trop curieuses à mon goût, le signalement des gens douteux... J'ai appris à utiliser jusqu'à la moindre ficelle du code pénal, et même du code de procédure pénale, sans jamais hésiter à écrire au procureur de la République, ni à signaler tel ou tel fait au doyen des juges d'instruction. Menace dénoncée, menace annulée. Dans l'arsenal de la dissuasion, côté artillerie lourde, mes avocats : les meilleurs, devenus de vrais amis et toujours disponibles, quel que soit l'emploi du temps de tel ou tel ténor du barreau. Encore merci, Jacques Vergès, Patrick Rizzo, Alex Ursulet, Hélène Clamagirand, Joséphine Trang et Francis Szpiner. Attaquer les journalistes félons, répondre coup pour coup, faire des procès, rédiger des droits de réponse cinglants, ne pas lâcher un seul pouce de terrain, répliquer, contre-attaquer sans cesse, préparer de nouveaux dossiers, ce fut un combat titanesque. J'en ai souffert, beaucoup souffert, mais quelle expérience !

Aujourd'hui, c'est fini. Mes cheveux ont blanchi, le combat cesse, je rends les armes, et je détruis les vieux dossiers... Sauf un ou deux peut-être, dont celui du Qatar, avec les commissions versées depuis plus de dix ans, que je garde sur les conseils d'une vieille tireuse de cartes, une gitane de Bagdad dont j'ai connu les fils dans les marais d'Irak, entre Tigre et Euphrate, en Mésopotamie, tout près de l'antique Babylone. Maintenant, je passe le relais et m'apprête enfin à goûter un repos bien mérité.

J'ai confiance. Un nouveau président de la République, un gouvernement digne de la France, des hommes de cœur et de valeur, honnêtes et désintéressés, sont à l'œuvre. On dit que je suis naïf parfois, plein d'illusions, trop « bleu-blanc-rouge » et pas assez cynique. C'est faux ! Je l'ai su en voyant les hommes du GIGN, nos successeurs, monter à l'assaut de l'Airbus A 320 pris en otage sur l'aéroport de Marignane, recevoir une grêle de balles, rouler à terre du haut d'une passerelle de 12 m, se relever et... remonter à l'assaut des preneurs d'otages restés dans l'avion. Des braves, portant haut l'honneur de notre nouvelle armée de métier et l'avenir de la France. Ce jour-là, aux yeux du monde entier, l'armée française, et la France tout entière, se sont relevées d'années et d'années d'échecs, d'humiliations et de reculs successifs. De Diên Biên Phû à nos morts du « Drakkar », au Liban, de la honte de Sarajevo à notre fuite du Rwanda, des coups que nous avons pris sans en donner...

Du baume au cœur, l'exemple de ces jeunes Français du GIGN, capables de risquer leur vie pour sauver celle des autres, pour un salaire de 8 000 F par mois, sans fausses factures, sans corruption et sans magouilles médiatiques, en préférant l'anonymat et l'honneur du devoir accompli.

Oui, l'espoir !

Annexes

Annexe 1

Laissez-passer et lettres de mission du capitaine Barril
établis par la présidence de la République

PRESIDENCE DE LA REPUBLIQUE

LAISSEZ-PASSER
donnant accès au Palais de l'Elysée

N° 545

Paris, le 30 août 1982

PRÉSIDENCE DE LA RÉPUBLIQUE
Le Commandant Militaire

- Nom et prénom : BARRIL, Paul

- Date et lieu de naissance : 13 avril 1946 à VINAY (38)

- Qualité : Capitaine de Gendarmerie - Adjoin au chef du G.I.G.N.

- Nota : Dès qu'il cesse ses fonctions au Palais de l'Elysée, le titulaire doit rendre son laissez-passer au secrétariat du Commandant Militaire de la Présidence de la République.

PRÉSIDENCE
DE LA
RÉPUBLIQUE

Paris, le 25 août 1982

Cabinet du Président

Le Conseiller Technique

Cher Monsieur,

Vous seriez très aimable d'apporter au détenteur de cette lettre toute l'aide qui vous sera possible.

L'échange des renseignements étant indispensable pour une meilleure efficacité, il est évident que je ferai de même le jour où l'occasion se présentera.

Acceptez toute ma reconnaissance.

Je vous prie de croire, cher Monsieur, à l'assurance de mes sentiments les meilleurs.

Christian PROUTEAU.

PRÉSIDENCE
DE LA
RÉPUBLIQUE

Lè 7 septembre 1982

Cabinet du Président

Le Conseiller technique

Monsieur,

La mission, qui m'a été confiée, comporte plus particulièrement des relations avec toutes les polices internationales sur le sujet du terrorisme.

Le Capitaine BARRIL, porteur de ce document, par la présente se voit confier la même mission.

Dans le cadre de la coopération, qui a toujours uni nos deux pays, je vous serais très reçonnaissant de lui apporter toute l'aide qu'il vous sera possible, pour mener à bien sa mission.

Il est évident que nous ferons de même lorsque l'occasion se présentera.

Veuillez agréer, Monsieur, l'assurance de mes salutations distinguées.

Le Chef d'escadron PROUTEAU

Annexe 2

Notes tendant à la création d'un service spécial de protection présidentielle

Menée à partir de postes d'observation qui auraient pu être des positions de tir... Une mission d'évaluation des *RISQUES* encourus par une personnalité de l'entourage immédiat du Chef de l'Etat a fait apparaître certaines lacunes dans l'organisation de la sécurité même du Président.

Les propositions qui suivent ont pour but de remédier aux déficiences constatées, en créant :

LE SERVICE SPECIAL
DE
LA PROTECTION PRESIDENTIELLE

Un postulat sous tend toute l'architecture de ce projet :

"A MISSION SPECIALE, SERVICE SPECIAL".

Attendre, pour neutraliser un terroriste, qu'il fasse feu sur *SON OBJECTIF*, étant un risque inacceptable... le Service de la Protection du Président doit - non seulement être capable de réagir immédiatement et brutalement face à toute agression - mais posséder la volonté et la capacité d'anticiper, c'est-à-dire de remonter avant l'attentat au point origine de la ligne de mire du terroriste, c'est-à-dire jusqu'au cerveau du réseau qui lui sert de support.

Le Service de la Protection du Président doit donc être une véritable Unité opérationnelle à 2 composantes : l'une apparente, servant de bouclier conventionnel, l'autre invisible procédant à l'investigation clandestine.

Tel est le sens du qualificatif *SPECIAL* à donner à ce Service.

Ce projet comporte trois volets :

LA CONCEPTION : déjà présentéedans un précédent rapport, elle est insérée dans ce dossier pour mémoire ;

L'ORGANISATION : la structure définitive ne pouvant raisonnablement être élaborée qu'après plusieurs semaines de recherche et de constat (pour tout dire, de fonctionnement) sur le "terrain opérationnel", une structure provisoire est proposée à partir de ce qui existe déjà.

LES BESOINS : ils n'ont pu être évalués que d'une façon très approximative par défaut d'inventaire des moyens en place.

Dans le contexte de la "guerre civile mondiale", le Chef de l'Etat constitue, par sa fonction même un *OBJECTIF*. Le risque est permanent, omniprésent, protéïforme.

- LA MENACE -

Le Président de la République peut être victime de deux types d'action :

a) - l'attentat meurtrier ;

b) - l'atteinte à sa dignité et à son prestige.

Ces actions peuvent avoir des origines très diverse: de l'individu déséquilibré ou illuminé aux "stratèges de la peur" du terrorisme international en passant par la multitude des groupuscules activistes.

Les principaux facteurs de danger potentiel résultent actuellement des questions extérieures, PROCHE et MOYEN ORIENT, et du ton nouveau des relations avec l'EST, mais sans exclure l'éxacerbation partisane des tensions socio-politiques intérieures.

- LES CONCEPTS -

Le problème de la protection Présidentielle peut êt schématisé par l'équation suivante :

CURITE = (EFFICACITE + ANTICIPATION + CLANDESTINITE) MOTIVATION

a) - *L'EFFICACITE* suppose évidemment d'avoir des hommes qui savent se battre... l'introduction de deux facteurs nouveaux a pour but d'en augmenter les résultats ;

b) *L'ANTICIPATION*, pour devancer la menace adverse grâce au renseignement et à l'évaluation des risques ;

c) - *La CLANDESTINITE* pour donner la chasse à l'adversaire sur son propre terrain et le débusquer avec les méthodes qui font sa force.

d) - Mais la *MOTIVATION* reste un coefficient essentiel : s'il tend vers zéro, le produit, (c'est-à-dire la sécurité) sera nul, notamment devant un danger physique immédiat.

- LES PRINCIPES DE BASE -

"UNE ET INDIVISIBLE"

la protection Présidentielle doit être confiée à un seul Service, placé sous l'autorité opérationnelle et administrative d'un responsable unique.

L'INSERTION DANS UN ENSEMBLE :

Ce service devra avoir pour cadre et support le di positif militaire du Palais de l'Elysée.

LA SPECIFICITE DE LA MISSION :

Ce Service à la fois homogène et spécialisé devra être dégagé de toute autre mission.

L'ACQUISITION DU RENSEIGNEMENT :

le renseignement conditionnant l'efficacité de la Protection Présidentielle, sa recherche doit s'opérer sur deux plans :

a) - la détection des *MENACES*,

- . par des polices à l'intérieur des frontières ;
- . par la D.G.S.E. à l'étranger et auprès des Services Spéciaux alliés et amis ;

b) - l'évaluation des *RISQUES*,

- . en tous temps et en tous lieux ;
- . sous forme de reconnaissance et d'études ;
- . par des spécialistes de l'action ponctuelle clandestine.

LA PREVENTION DE L'ATTENTAT :

c'est l'essence même de la Protection Présidentiell Dans ce domaine, la capacité d'*ANTICIPATION* est une nécessité vitale. Il est donc important de disposer de personnels qu leur formation et leur expérience mettent en mesure de raisonner à la façon d'un adversaire éventuel.

.../...

LA DISSUASION :

elle est un des aspects fondamentaux de la Protection Présidentielle ; décourager les instigateurs comme les exécutants d'une tentative d'attentat, suppose une *COMPOSANTE CLANDESTINE*, démarquée de l'organisme officiel, et assurant une protection invisible.

LA FIDELITE DE COMBATTANTS D'ELITE :

alliant l'abnégation à des capacités hors du commun ceux de la Protection Présidentielle doivent être *SELECTIONNE EDUQUES et ENTRAINES* en permanence pour assurer la protection rapprochée du Chef de l'Etat, et être attachés sans réserve à sa personne.

LA PRESERVATION DU SECRET :

condition nécessaire de la Protection Présidentiell les personnels doivent être protégés et contrôlés, les procédures fiables, le cloisonnement entre les divers organes instauré et maintenu.

UNE UNITE OPERATIONNELLE :

Le Service de la Protection Présidentielle doit êtr commandé depuis un PC activé 24 heures sur 24, disposant des moyens d'intervention et de liaison indispensables. Un officier "opérations" doit y être en mesure de déclencher sans délai des actions réflexes en cas de crise.

UNE DOCTRINE :

pensée, vécue et actualisée en permanence, une doctrine doit guider l'élaboration de *METHODES d'ACTION*, concrétisées par des *DOSSIERS d'OBJECTIFS*, sans cesse remis à jour.

LE BUT A ATTEINDRE :

la spécificité de la mission détermine le but à attei dre : organiser un service de Protection Présidentielle autonom et homogène.

LES FREINS :

un changement d'une telle importance rencontre de mul tiples difficultés :

- le caractère permanent de la mission exclut toute solution de continuité dans la valeur du service ;

- l'importance des moyens matériels et financiers à engager impose l'étalement de la réalisation du projet ;

- les mouvements de personnels à prévoir nécessitent la pris en considération des impératifs de gestion des organismes comme des intérêts légitimes des personnels concernés ;

- le changement nécessaire des mentalités ne peut s'opérer q graduellement ;

- l'adaptation rigoureuse de l'organisation future aux problèmes posés par la Protection Présidentielle nécessite une étu approfondie à partir d'une approche pragmatique.

UNE SOLUTION REALISTE :

la véritable mutation du Service de la Protection Présidentielle devra donc être menée à bien avec *PROGRESSIVITE*.

La solution proposée tient compte de cette nécessité e ménageant une *PHASE DE TRANSITION* d'une durée de trois mois.

Au cours de cette phase seraient implantées :

1 - une équipe de *COMMANDEMENT*, cerveau et moteur de la mutation à opérer capable :

- de commencer à recruter, sélectionner et former des personnels spécialisés, et d'insérer le Service nouvellement crée dans le dispositif militaire du Palais Présidentiel, tout en prenant en charge immédiatement l'évaluation, le montage et la conduite des missions de protection.

2 - une *STRUCTURE* souple, intégrant à l'organisme conventionnel en place, les capacités d'un organisme clandestin engagé à la demande.

- LE COMMANDEMENT -

LE CHEF :

les principaux facteurs conditionnant la fiabilité Service de la Protection Présidentielle déterminent le profil souhaitable de son chef :

- *L'EFFICACITE* nécessitant un entraînement rigoureux et une discipline ferme, le Chef doit être un *MENEUR d'HOMMES* éprouvé.

- *L'ANTICIPATION* imposant l'interprêtation correcte des renseignements recueillis en vue de la détection de la menace le Chef doit être rompu *AUX METHODES DU RENSEIGNEMENT.*

- *LA CLANDESTINITE* de l'évaluation des risques et des di positions prises pour leur prévention étant une nécessité abs lue, celle-ci ne peut être maîtrisée que par un Chef formé au *TECHNIQUES DE L'ACTION CLANDESTINE.*

LES ADJOINTS SPECIALISES :

sans partager sa responsabilité le Chef du Service c la Protection Présidentielle sera conduit à déléguer une part de son autorité à des subordonnés investis de missions particulières concourant à la fiabilité du Service. Pour ces tâches *TROIS ADJOINTS SPECIALISES* seront mis en place :

- un Commissaire de la D.S.T. responsable du recueil des renseignements auprès des divers services de police, et du fonctionnement des transmissions opérationnelles ;

- un Officier de la Garde Républicaine responsable de la Sécurité Intérieure du Service, et de la mise en place des moyens généraux ;

- un Officier de la D.G.S.E. responsable de la montée en capacité opérationnelle par le recrutement, la sélection et la formation de tous les personnels, et des liaisons avec le Service de Contre Espionnage de la D.G.S.E.

- LA STRUCTURE -

LES DEUX ORGANISMES :

deux ensembles très différents apportent leurs capacités propres dont l'intégration se fait au niveau du Chef du Service de la Protection Présidentielle.

- *L'ORGANISME CONVENTIONNEL*, partie intégrante du système de sécurité, demeure seul chargé de l'*EXECUTION* des opérations de protection du Chef de l'Etat. Il agit sous l'autorité direc du Chef de Service de la Protection Présidentielle en liaison avec les Services compétents de la Police Nationale.

- *L'ORGANISME A VOCATION CLANDESTINE*, appartenant à la D.(S.E. apporte, (au cours de missions d'évaluations effectuées à la demande) sa compétence en matière d'action ponctuelle clar destine. Il agit avec ses méthodes d'action spécifiques et ses personnels organiques, ses capacités propres lui permettant d'a porter sa contribution sous forme de *DOSSIERS D'OBJECTIFS* et de *SENSIBILISATION* des responsables.

LES CHEFS DE MISSION "PROTECTION"

Les chefs de mission de protection sont chargés de préparer et conduire les missions permanentes ou temporaires de protection statique ou mobiles.

Ils sont désignés par le Chef du Service de la Protection Présidentielle parmi les personnels affectés à l'organisme conventionnel. Ils assurent le commandement opérationnel de chaque mission sous l'autorité directe du Chef du Service de la Protection Présidentielle et sont responsables devant celui-ci de la compétence et de la motivation de leurs subordonnés.

LES CHEFS DE MISSIONS "EVALUATIONS"

Les opérations d'évaluation sont demandées par le Chef du Service de la Protection Présidentielle au Directeur Général de la D.G.S.E.

Les Chefs de mission appelés à conduire ces opération sont désignés par le Directeur Général de la D.G.S.E. Ils sont mis à la disposition du Chef du Service de la Protection Présidentielle pour la durée de leur mission.

Avant de faire un récapitulatif des besoins en perso nels, matériels et finances, il eut été nécessaire d'effectuer d'abord l'inventaire des "existants" et d'en observer le fonctionnement.

Le présent tableau n'est donc fourni qu'à titre indi catif :

- LES PERSONNELS -

COMMANDEMENT :

- un Chef de Service
- 3 adjoints (DGSE - DST - GENDARMERIE)
- 1 secrétariat.

ORGANISME CONVENTIONNEL :

chargé des missions de protection, il comprendrait :

- 3 chefs de missions statiques à 4 hommes.
- 3 Chefs de missions mobiles à 12 hommes.

L'effectif total serait ainsi de 6 Chefs de Missions et de 48 hommes. Cette organisation permettrait d'avoir en permanence une équipe en opération, une à l'entraînement et une au repos.

ORGANISME CLANDESTIN :

chargé des missions d'évaluation, il fournirait à la demande des équipes de spécialistes. L'effectif engagé comporterait au maximum deux équipes formées d'un Chef et de deux spécialistes

- LES MOYENS GENERAUX -

La gestion et l'entretien des matériels devraient être assurés par le corps support (GRP).

Cependant des moyens particuliers seraient à mettre en place :

- véhicules adaptés (blindage, toit ouvrant...)
- Armement (fusils à pompe, gaz, grenades flash...)
- Transmissions (portatives et sur véhicules).

- LES FINANCES -

Les finances sont conditionnées par le nombre, la durée et l'éloignement des missions. Le budget de fonctionnement est donc impossible à évaluer globalement.

CREATION D'UN GROUPE DE SECURITE ASSURANT

LA PROTECTION DE M. LE PRESIDENT DE LA REPUBLIQUE

Evaluation du danger :

Il peut avoir deux origines :

- les déséquilibrés,
- le terrorisme politique.

Dans les deux cas, en matière de sécurité, il n'y a pas, lorsque l'acte mortel est le but des agresseurs, de petit ou grand danger. Il y a ou pas danger. Si donc, il y a risque et en l'occurence actuellement (sans parler du problème des déséquilibrés) au niveau du terrorisme sans que la menace soit précise, on ne peut que le penser, il faut protéger Monsieur le Président de la république.

La protection ne doit pas se borner à entourer en permanence le Président de "gros bras" pour aboutir à ce qui a fini par être qualifié, avec une certaine vérité il est vrai, les "gorilles" que l'on voit partout lorsque l'on parle protection.

Ce type même de protection est illusoire.

Quelque soit le type d'agression et son résultat, la vulnérabilié est un signe de faiblesse.

Objectifs pour la nouvelle unité :

L'unité n'aura sa pleine efficacité que si elle accomplit sa mission en permanence 365 jours par an.

Son efficacité sera d'autant plus grande que M.le Président l'acceptera mais il revient au personnel d'être le plus discret possible afin de ne pas indisposer par une présence trop envahissante.

Les hommes doivent présenter tous les critères que l'on attend d'un personnel d'élite :

- tenue
- dévouement
- discipline
- efficacité
- courage

L'ensemble de ces critères sera obtenu à partir d'une sélection et d'un entraînement rigoureux.

Structure de la nouvelle unité :

Elle appartiendra à la Gendarmerie.

Une des garanties de son efficacité, de sa discipline et de son dévouement est que cette unité soit rattachée au G.I.G.N. dont elle aura toutes les qualités.

Il est indispensable, sans entrer dans les détails, qu'elle possède les informations sur l'activité terroriste lui permettant de prévoir les actions éventuelles et de s'adapter en fonction de la nature du danger.

Afin de permettre une permanence de protection sans user le personnel, il est indispensable de tourner à quatre groupes de 12 sous-officiers et 3 officiers.

Une des conditions de l'efficacité étant de maintenir le personnel à un haut niveau d'entraînement, la structure à 4[groupes couvrira tous les besoins

- service
- entraînement
- repos.

Sélection et formation du groupe de sécurité :

Les 4 chefs de groupe seront pris au G.I.G.N.

Le personnel, sélectionné parmi les volontaires de la gendarmerie, suivra un entraînement spécifique de trois mois.

L'unité sera, comme le G.I.G.N., parachutiste ce qui sera une garantie de courage.

Si la qualité de la sélection initiale ne permet pas d'obtenir, en une seule fois, tout le personnel, il sera indispensable de procéder progressivement à la mise à niveau plutôt que de prendre un personnel médiocre.

La structure instruction du G.I.G.N. encadrera la formation des hommes et l'entraînement mensuel.

Mise en place de l'unité :

La période actuelle est peu favorable. L'approche des vacances estivales va allonger le délai de sélection. Cependant la phase de transition indispensable pour construire un service efficace sera malgré tout active. Sans effectuer un service continu, l'officier du G.I.G.N. chargé de la construction de la nouvelle unité se familiarisera avec la mission pour mieux évaluer les besoins et préparer l'entraînement.

- Dans la vie courante
- Dans la vie officielle sur l'hexagone
- Dans la vie officielle à l'étranger.

Sur chaque déplacement important, le dispositif actuel sera renforcé par une équipe du G.I.G.N.

Sur les déplacements courants, la présence du G.I.G.N. sera occasionnelle et des contrôles de sécurité fréquents permettront de dévoiler la préparation d'actions dangereuses pour la personne de M. le Président ou ses proches. On peut donc penser raisonnablement que la construction du groupe de sécurité présidentielle, si la décision intervient avant le mois de juillet, permettra la formation des personnels sélectionnés et parallèlement la mise en place des structures et des moyens à partir du 15 septembre. Ainsi, avec 3 mois de formation le service sera effectif à partir du 15 décembre.

Installation et équipement :

Un matériel très moderne devra équiper le groupe. La gendarmerie qui en assurera la mise en place devra recevoir un complément de crédit important ne serait-ce que pour le cantonnement du personnel qui, pour des raisons de discrétion et d'efficacité, devra se trouver à SATORY dans le même ensemble que le G.I.G.N.

L'équipement se répartit en quatre rubriques :

- véhicules
- radio
- armement
- moyens spéciaux

1) véhicules : 10 Renault 18 Turbo - 2 Trafic - 1 véhicule type camping-car - 3 moto type "750"

Evaluation : 1200 000 francs

2) Radio :

- 10 convertacom Motobola
- 24 Motorola + équipements discrets
- 1 base d'émission moyenne distance
- 1 console d'appel sélectif
- 24 appels sélectifs
- 4 radio téléphone
- 4 VHIT "Gendarmerie"
- 3 scanner

Evaluation : 890 000 francs

3) Armement :

- 70 MR 73 Mle Gendarmerie 3'
- 10 HK MPK
- 10 RIOT GUN
- 10 FRF 1

Evaluation : 490 000 francs

4) Moyens spéciaux :

- 60 gilets pare-balles et couvertures anti balles
- 5 lunettes de visión de nuit
- 3 jumelles de vision de nuit
- systèmes individuels de protection.

Evaluation : 800 000 francs

5) Autres moyens : un budget de fonctionnement doit être évalué prévoyant :

- les remboursements des transports en mission de reconnaissance
- les engagements de frais des personnels en mission
- les carburants
- les munitions.

L'unité support du G.I.G.N. garantirait le maintien en condition et le suivi des équipements.

L'ensemble des dépenses à envisager se situe donc, en s'attachant aux seuls problèmes d'équipement à :

- 3 380 000 francs

L'évaluation de ce budget de fonctionnement est délicate et l'on peut penser qu'il faut environ :

- missions : 400 000 F
- carburants : 120 000 F
- munitions : 200 000 F
- divers : 80 000 F

Total : 800 000 francs

Il convient de souligner que la création de ce service doit s'inscrire dans un aménagement de la structure actuelle du G.I.G.N. qui est la seule unité à pouvoir mettre sur pied un instrument d'élite efficace. Cet aménagement n'est en fait qu'une reconnaissance administrative de structures déjà existantes.

Le nouvel organigramme pourrait se présenter comme suit :

GROUPEMENT D'INTERVENTIONS
DE LA GENDARMERIE NATIONALE

- 2 officiers
- Equipe commandement : 8 sous-officiers

G.I.R.O.	G.I.G.N.	G.S.P.P.
<u>Groupe d'Instruction et de Recherche Opérationnelle</u>	<u>Groupe d'Intervention de la Gendarmerie Nationale</u>	<u>Groupe Spécial de Protection Présidentielle</u>
- mission de renseignement, d'instruction et de recherche technique et tactique	- missions actuelles - renfort du G.S.P.P. sur déplacements importants	- protection de M. le Président et ses proches
- 3 officiers	- 4 officiers	- 3 officiers
- 12 sous-officiers	- 48 sous-officiers	- 48 sous-officiers

<u>Conclusion</u> :

Une société est en danger lorsque ses institutions sont attaquées. Lorsque le représentant de l'Etat est vulnérable, il est l'objectif prioritaire de ceux qui n'acceptent pas la démocratie. La moindre agression, si elle est tentée, quelque soit son résultat, prouve que l'action terroriste est possible.

Psychologiquement, il est inacceptable que le représentant de l'Etat et des Français puisse être vulnérable. Actuellement, une action contre le Président de la république est réalisable.

Sans transformer la protection de M. le Président de la république en un carcan lourd et pesant, il est possible, en l'entourant d'hommes dévoués, entraînés régulièrement d'obtenir une protection efficace et discrète.

- Par leur vigilence,
- Leur aptitude à répondre à un incident,
- Leur capacité à neutraliser un ou plusieurs agresseurs armés.

Cette unité, créée à l'image du G.I.G.N., ne peut qu'appartenir au G.I.G.N. pour en conserver les qualités d'élite.

FICHE SYNTHESE

- La création de la nouvelle unité est à faire au sein du Groupe d'Intervention de la Gendarmerie Nationale.

Sélection :

- Une phase transitoire de trois mois permettra la sélection et la mise en place des structures pouvant accueillir la nouvelle unité. Pendant cette période, le G.I.G.N., chaque fois qu'il le pourra ou que les évènements l'exigeront, assurera cette protection pour mieux évaluer le problème et préparer la doctrine de la nouvelle unité.

Formation :

- A l'issue, le personnel encadré par des sous-officiers du G.I.G.N., subira une formation intensive de trois mois conduisant l'unité à être opérationnelle le 15 décembre 1982.

Implantation :

- Dépendante du G.I.G.N. pour l'entraînement et l'infrastructure de travail, l'unité devra être stationnée au nouveau cantonnement de SATORY. Ceci entraîne un problème de logements pour le personnel qu'il faut souligner. L'alerte sera prise à l'Elysée.

Incidence budgétaire :

- En dehors des soldes, l'équipement minimum, susceptible d'évolution, est évalué à 3 380 000 francs.

Sous réserve d'aménagements en fonction des réalités, le budget de fonctionnement doit se situer aux environs de 800 000 francs par an.

Annexe 3

Note prévoyant la couverture DGSE de la « cellule »

PRÉSIDENCE
DE LA
RÉPUBLIQUE

Paris, le 28 août 1982

Cabinet du Président

Le Conseiller Technique

Note à l'attention de M. le Président de la République.

Conformément au projet que je vous ai présenté, les personnels dont les noms suivent me seront indispensables pour accomplir ma mission.

S'agissant de personnes appartenant au Ministère de l'Intérieur, j'ai cru bon, afin qu'il n'y ait aucune ambiguïté, de vous faire parvenir la liste des hommes que je souhaiterais avoir auprès de moi.

Je distingue deux types d'affectation auprès de moi :

- un détachement pour constituer mon cabinet de travail,

- un détachement constituant l'équipe "action".

Compte tenu du caractère strictement confidentiel devant entourer la nomination de cette dernière catégorie de personnel, M. BIANCO, M. COLLIARD et moi-même avons pensé que seule une mutation à la D.G.S.E. garantirait la discrétion absolue.

La mesure de détachement concernant la 1ère catégorie de personnels n'étonnera personne, compte tenu de mes fonctions.

Aussi, si vous n'y voyez aucun inconvénient, pourriez-vous demander à M. le Ministre d'Etat, Ministre de l'Intérieur et de la Décentralisation d'effectuer ces mouvements dans des délais les plus courts.

Ci-joint la liste des personnels et leur affectation avec les deux catégories concernées.

Annexe 4

« Vrais-faux » passeports du capitaine Barril

83LV-76768

VOIR EN DERNIERE PAGE LA RUBRIQUE

RECOMMANDATIONS IMPORTANTES

NOM : COLAS
Surname

Prénoms : Bernard
Christian names

Né le : 12 Mai 1946
Date of birth

à : Lyon 3e (69)
Place of birth

Nationalité française

Profession : Ingénieur

Domicile : Paris 16e
Address
27, rue du Ranelagh

N° 75-2239568

Ce passeport contient 32 pages
This passport contains 32 pages

80HM-47315

VOIR EN DERNIÈRE PAGE LA RUBRIQUE

RECOMMANDATIONS IMPORTANTES

NOM : -COLAS-
Surname

Prénoms : Bernard
Christian names

Né le : 12 Mai 1946
Date of birth

à : LYON 3e (Rhône).
Place of birth

Nationalité française

Profession : Ingénieur

Domicile : 35, Rue Saint Didier
Address
PARIS 16ème.

N° 75-1887415

Ce passeport contient 32 pages
This passport contains 32 pages

Annexe 5

Version originale du communiqué de Jean-Edern Hallier

Réponse laconique à Raymond Barre

Bien qu'ayant achevé mon livre sur l'Honneur perdu de François Mitterrand, je [illegible] s'en dispose le manuscrit chez [illegible] afin que son existence ne soit pas mise en doute, et je suspens sine die sa parution.

En effet, elle me paraîtrait inopportune à la veille des prochaines échéances électorales. Il y a beaucoup plus de courage aujourd'hui à soutenir le président de la république qu'à l'attaquer. Je ne veux pas faire profiter de la haute littérature à la basse politique. De plus, l'homme de gauche que je suis toujours ne voit pas pourquoi il ferait le cadeau qu'[illegible] profite pas à une droite qui, même sans les nostalgiques de retour au pouvoir, n'a su ni renouveler ses hommes, ni [illegible] une image, tirer la leçon de son échec ; en [illegible] d'espérance...

Jean-Edern Hallier

29 mars 84

Annexe 6

Notes manuscrites du colonel Fournier à François de Grossouvre

- FICHE -

Objet - Recherche aux Archives Centrales de la D.G.S.E de documents concernant les activités pendant la Résistance de Monsieur François MITTERAND -

Dans le courant du 1er semestre 1984, le Préfet PARANT a chargé Monsieur CHAUVEAU, chef des Archives Centrales de rechercher tous les documents relatant les activités de Monsieur François MITTERAND pendant la Résistance, et de faire le relevé de toutes les personnes qui en auraient été les témoins -

Cette opération s'est effectuée entre le 1er Mai et le 15 Juillet 1984, en dehors des heures de travail normales et avec les participants suivants :

- Monsieur CHAUVEAU qui supervisait l'opération -
- Madame JEANDEY
- Monsieur FALLOURD.

Tous les documents répondant à cette directive ont été transmis au Préfet PARANT après avoir été photocopiés

Le lot complet de ces tirages se trouve actuellement dans le coffre de Monsieur CHAUVEAU -

Lors de ces travaux, afin d'impressionner son personnel, Monsieur CHAUVEAU lui a laissé entendre que le Préfet PARANT remplacerait bientôt l'Amiral LACOSTE à la tête de la D.G.S.E —

Le Préfet PARANT, fait effectuer des recherches aux Archives Centrales de la D.G.S.E, sur certaines personnalités Françaises et en particulier sur Mr François MITTERAND.

Le fonctionnaire chargé de cette mission est Mr CHAUVEAU - chef des Archives Centrales —

Ce dernier est l'un des rescapés de l'équipe de la "Base Paris" qui s'est fourvoyée dans l'affaire POMPIDOU/MARKOVIC —

Annexe 7

Droit de réponse à France 2 concernant l'affaire des Irlandais de Vincennes

Paris, le 3 janvier 1996

Monsieur Jean-Pierre Elkabbach
Président-directeur général
France 2
22, avenue Montaigne
75387 Paris Cedex 08
OBJET : Irlandais de Vincennes
Diffusion de l'émission du 08 janvier 1996

Monsieur le Président-directeur général,

Il a été porté à ma connaissance que la Chaîne France 2 s'apprêtait à diffuser, le huit janvier prochain, un film réalisé par messieurs Pierre Péan et Christophe Nick, relatif à l'affaire des Irlandais de Vincennes.

Préalablement à la diffusion de cette émission télévisée, au sujet de laquelle je me réserve d'entreprendre toute action judiciaire et administrative m'apparaissant opportune, j'entends apporter les précisions suivantes :

Alors que messieurs Pierre Péan et Christophe Nick ont entendu réaliser un reportage sur l'affaire des Irlandais de Vincennes, me mettant une nouvelle fois en cause, il est remarquable de constater que ces journalistes, en violation de la Charte des Journalistes, *n'aient pas cru devoir m'interroger ou me contacter pour recueillir ma version de cette affaire.*

– Dès 1981, les Irlandais de Vincennes, loin d'être de simples sympathisants de l'Armée Républicaine Irlandaise, s'intégraient dans un vaste réseau de terroristes internationaux responsables d'attentats sanglants dans toute l'Europe (Angleterre, Allemagne, Pays-Bas, France).

– A telle enseigne que, postérieurement à sa libération, monsieur Stephen King a, en 1993, été arrêté une nouvelle fois en France, pour des faits de terrorisme en liaison avec l'ETA.

– Ces terroristes, formés aux techniques de déstabilisation des démocraties (techniques développées notamment par les pays de l'Est et certains pays du Moyen-Orient comme la Libye), disposaient en France, dont en région parisienne, d'un soutien logistique et humain efficace.

– Monsieur Bernard Jégat, que le film tend à présenter comme un idéaliste de gauche, a, en parfaite connaissance de cause, *activement collaboré à ces réseaux.* Il soutenait ces terroristes, notamment en entreposant du matériel, des armes, des munitions et des documents. *Préalablement à l'affaire dite des Irlandais de Vincennes, le même Bernard Jégat s'était distingué en participant à la réalisation d'un attentat sur le territoire allemand.*

– C'est cet activisme de gauche qui a d'ailleurs permis à monsieur Bernard Jégat, grâce à l'intermédiation de monsieur Jean Daniel, rédacteur en chef de l'hebdomadaire *Le Nouvel Observateur,* de rencontrer à l'Élysée Monsieur Régis Debray, alors Conseiller du Président François Mitterrand.

– Sur ordre direct du Chef de l'État et ce, en présence de monsieur Jean Daniel, j'ai été mis en contact avec monsieur Bernard Jégat, dans les locaux mêmes du *Nouvel Observateur.*

– Le Commandant Christian Prouteau, qui venait d'être nommé Conseiller Technique du Président Mitterrand en matière de lutte antiterroriste, m'a alors demandé de recueillir les déclarations de monsieur Bernard Jégat.

– Ce dernier, après l'attentat particulièrement sanglant de la rue des Rosiers à Paris, avait manifesté son intention de « balancer » ses amis terroristes irlandais et de collaborer avec la « Gauche » désormais au pouvoir.

– Monsieur Bernard Jégat m'affirmait alors, devant Jean Daniel, et d'autres personnes, qu'il détenait des éléments d'information sur l'attentat de la rue des Rosiers dont les auteurs lui étaient connus, puisqu'il avait identifié formellement un de ses amis irlandais : « Michael Plunkett ».

– Il a été ensuite interrogé, comme l'aurait été tout autre témoin, et ses déclarations suivirent un cheminement hiérarchique classique.

– Je rappelle que le GIGN, dont j'assurais alors le commandement opérationnel, n'avait aucune vocation à interférer dans les procédures judiciaires qui pouvaient ultérieurement être engagées par les officiers de police judiciaire compétents territorialement sous le contrôle d'une juge d'instruction.

– Le GIGN constitue une force opérationnelle militaire et ses interventions sont requises par l'autorité administrative et hiérarchique dont il dépend, à l'exclusion de tout autre service.

– C'est dans ces conditions que le 28 août 1982, l'ordre a été donné au GIGN, par Monsieur Charles Hernu, alors Ministre de la Défense, d'intervenir à Vincennes pour procéder à l'arrestation des terroristes irlandais. Le ministre confirma cet ordre devant l'Assemblée nationale et vous retrouverez ses propos inscrits au *Journal officiel...*

– A aucun moment les hommes du GIGN ne sont entrés dans l'appartement occupé en permanence par les Irlandais de Vincennes, réputés armés et dangereux, préalablement à leur arrestation.

– A aucun moment, lors de l'arrestation, mes hommes et moi-même n'avons eu le temps ou la possibilité technique ou pratique de déposer des armes ou des objets quelconques dans l'appartement minuscule – type F2 – des Irlandais de Vincennes et ce, en leur présence permanente.

– Il convient de préciser que lors d'une arrestation jugée dangereuse, opérée par le GIGN, le personnel engagé dans l'action doit pouvoir disposer de la plus grande liberté de mouvement.

– Un apport d'armes ou de matériels n'aurait pas permis de procéder efficacement à des arrestations physiques de personnes entraînées et armées comme l'étaient les Irlandais de Vincennes.

– Bizarrement, ce n'est qu'en 1985, soit plus de 3 ans après l'arrestation des Irlandais de Vincennes, que monsieur Bernard Jégat, sous les conseils éclairés de monsieur Pierre Péan, a décidé d'entrer en contact avec la presse et la Direction de la Surveillance du Territoire, pour déclarer qu'il m'aurait remis des armes, des munitions et des documents qui auraient été trouvés, ensuite, dans l'appartement des Irlandais de Vincennes.

– Avant de faire de pareilles déclarations, monsieur Bernard Jégat avait, à maintes reprises, réclamé à l'Élysée ainsi qu'au ministère de l'Intérieur une rémunération d'un million de francs au titre des services rendus à la Présidence de la République.

– C'est postérieurement à un refus, opposé par les autorités auxquelles il s'était adressé, que monsieur Bernard Jégat a déclaré, à qui voulait l'entendre, que des armes et des munitions auraient été apportées, par mes soins, dans l'appartement des Irlandais de Vincennes.

– Monsieur Bernard Jégat est un affabulateur.

– En août 1982, il n'était pas physiquement présent lors de l'arrestation.

– Il ne connaissait même pas l'existence de l'appartement occupé par les Irlandais de Vincennes. Il ne peut donc pas, sans contradiction, soutenir que j'ai personnellement déposé des armes, des munitions et autres documents.

– Ce sont néanmoins ses seules déclarations, enregistrées sur des procès-verbaux de la DST qui furent habilement distribués à la presse, alimentant ainsi *la légende* du dépôt d'armes réalisé par mes soins dans l'appartement des Irlandais de Vincennes.

« Un mensonge répété par plusieurs journalistes, sympathisants ou proches de causes terroristes à la recherche de scoops, ne peut devenir une vérité absolue, même 14 ans après. »

– Pas plus la DST que les instances de Police Judiciaire n'ont cru devoir confronter ma version des faits à celle avancée par monsieur Bernard Jégat.

– Les documents issus de la DST et fournis à la presse en vue d'en assurer leur divulgation, malgré les strictes consignes de sécurité en vigueur dans ce service, ne constituent, jusqu'à aujourd'hui, que des déclarations unilatérales émanant d'une seule personne.

– Monsieur Bernard Jégat, qui, *après avoir trahi les siens pour de l'argent*, a décidé plus de 3 ans après les faits d'apporter à la presse une nouvelle version des faits et a, depuis lors, déjà été condamné par la justice française pour détention illégale d'armes de guerre.

– La circonstance que monsieur le Substitut général près la Cour d'appel de Paris, monsieur Marc Domingo, que je ne connais pas, se croit autorisé, en dépit du devoir de réserve que lui impose sa position de magistrat du Parquet, de déclarer publiquement qu'instruction aurait été donnée de ne pas engager une action judiciaire à mon encontre, ce qui ne constitue pas davantage un élément de preuve formelle à mon encontre.

– Monsieur Marc Domingo n'a, à aucun moment, été impliqué directement ou indirectement dans l'affaire dite des Irlandais de Vincennes.

– Les confidences qu'il aurait pu recevoir d'un de ses confrères, dont il se garde bien de révéler l'identité, mais dont on sait, désormais grâce à son démenti embarrassé dans le journal *Le Monde*, qu'il ne s'agit pas de monsieur le Procureur Michel Jéol, n'ont pas davantage le caractère d'une preuve judiciaire, mais plutôt d'un ragot du Palais de Justice.

– Monsieur le Substitut Marc Domingo ne précise pas davantage, dans quelle autre affaire j'aurais pu bénéficier d'une clémence particulière !

– En effet, dans l'affaire des Irlandais de Vincennes proprement dite, les autorités judiciaires ont été saisies d'un procès de subornation de témoin concernant le Préfet/Colonel Prouteau ainsi que le Commandant Beau. Au cours de ce procès, j'ai été requis de déposer, *en qualité de simple témoin*, à la demande pressante du Commandant Jean-Michel Beau, qui a d'ailleurs été condamné à une peine sévère par la justice.

– A ce jour, et malgré les tentatives de messieurs Bernard Jégat, Jean-Michel Beau et de nombreux journalistes dont Pierre Péan, je n'ai jamais été inculpé, ni mis en examen, n'ayant même pas été entendu par qui que ce soit !

– Les pièces de procédure et les procès-verbaux d'interrogatoires de monsieur Bernard Jégat, réalisés par la DST, puis diffusés par la presse au soutien de ses accusations, ne m'ont jamais été présentés, n'ayant pas davantage été débattus contradictoirement en ma présence.

– Les Irlandais de Vincennes sont des terroristes internationaux de haut niveau.

– Au moment de leur arrestation, ils s'apprêtaient à commettre un attentat à Paris et Stephen King devait, dès le lendemain, regagner les Pays-Bas.

– Le GIGN sous mon commandement, par son action préventive modérée, a empêché volontairement que le sang d'innocents ne soit versé.

– Je suis fier de ce seul résultat, même 14 ans après, et j'en revendique la responsabilité.

– Il est dommage cependant que messieurs Péan et Nick n'aient pas jugé utile d'interroger les autorités allemandes et anglaises, ainsi que la presse britannique, sur la dangerosité des trois terroristes irlandais.

– Je note également que monsieur Pierre Péan, qui est le défenseur du gouvernement libyen dans l'affaire de l'attentat sanglant du DC 10 d'UTA, n'a pas osé demander l'avis d'un magistrat spécialisé dans la lutte contre le terrorisme, monsieur le Juge Bruguière.

– En conséquence, il apparaît dans cette affaire que la presse, en tant que relais des seules accusations portées contre moi par monsieur Bernard Jégat et son ami Pierre Péan, a largement outrepassé son rôle d'informateur en endossant l'habit d'accusateur, au service d'authentiques terroristes.

– Au moment même où le terrorisme ensanglante notre pays, il n'est pas bon de promouvoir, grâce à votre chaîne et un reportage douteux et truqué, des assassins en victimes innocentes.

– Il n'est pas sain, également, de salir médiatiquement les hommes d'action, gendarmes et policiers qui, pour un salaire modeste, risquent leur vie pour sauver celle des autres. La corruption, les fausses factures, les délits d'initiés, les abus de biens sociaux ou voyages de rêve à l'île Maurice au Royal Palm Beach, par exemple, doivent se chercher ailleurs !

– Conformément à la Loi, je vous somme de porter à la connaissance de votre public ma version des faits, préalablement à la diffusion de l'émission sur France 2.

Veuillez agréer, Monsieur le Président-directeur général, mes salutations distinguées.

Capitaine Paul Barril.

Bibliographie sélective

Adler (Laure), *L'Année des adieux*, Flammarion, 1995

Alexandre (Philippe), *Plaidoyer impossible pour un vieux président abandonné par les siens*, Albin Michel, 1994.

Attali (Jacques), *Verbatim I (1981-1986), Verbatim II (1986-1988), Verbatim III (1988-1991)*, Fayard, 1993-1995.

Barril (Paul), *Missions très spéciales*, Presses de la Cité, 1984.

Bourdrel (Philippe), *La Cagoule*, Albin Michel, 1992.

Brozzu-Gentile (Jean-François), *L'Affaire Gladio*, Albin Michel, 1994.

Chatenet (Aymar du) et Coq (Bertrand), *Mitterrand de A à Z*, Albin Michel, 1995.

Colombani (Jean-Marie), *Mitterrand, Le roman d'une vie*, éd. Mille et une Nuits, 1996.

Colombani (Jean-Marie) et Portelli (Hugues), *Le Double Septennat de François Mitterrand*, Grasset, 1995.

Daniel (Jean), *Les Religions d'un président*, Grasset, 1988.

Debray (Régis), *Loués soient nos seigneurs*, Gallimard, 1996.

Faligot (Roger) et Krop (Pascal), *La Piscine. Les services secrets français de 1944 à 1984*, Le Seuil, 1985.

Faligot (Roger) et Krop (Pascal), *Éminences grises*, Fayard, 1992.

Favier (Pierre) et Martin-Roland (Michel), *La Décennie Mitterrand*, 2 vol., Le Seuil, 1994-1995.

Genestar (Alain), *Les Péchés du prince*, Hachette, 1992.

Giesbert (Franz-Olivier), *Le Président*, Le Seuil, 1990.

Giesbert (Franz-Olivier), *François Mitterrand, une vie*, Le Seuil, 1996.

Giesbert (Franz-Olivier), *Le Vieil Homme et la mort*, Gallimard, 1996.

Gouze (Roger), *Mitterrand par Mitterrand*, Le Cherche-Midi, 1994.

Gubler (docteur), *Le Grand Secret*, Plon, 1996.

Guichard (Marie-Thérèse), *Le Président qui aimait les femmes*, Robert Laffont, 1993.

Hallier (Jean-Edern), *L'Honneur perdu de François Mitterrand*, Les Belles Lettres-Le Rocher, 1996.

Harstrich (Jacques) et Calvi (Fabrizio), *R.G., 20 ans de police politique*, Calmann-Lévy, 1991.
Hennezel (Marie de), *La Mort intime*, Robert Laffont, 1995.
Lang (Caroline) (sous la dir. de), *Le Cercle des intimes : François Mitterrand par ses proches*, La Sirène, 1995.
Laurent (Frédéric), *L'Orchestre noir*, Stock, 1978.
Leblanc (Michel) et Dematteis (Raymond), *Haute Surveillance, six présidents, vingt ministres*, éd. Michel Lafon, 1995.
Madelin (Philippe), *La France mafieuse*, Le Rocher, 1994.
Marion (Pierre), *Le Pouvoir sans visage*, Calmann-Lévy, 1990.
Melnik (Constantin), *Des services très secrets*, éd. de Fallois, 1989.
Melnik (Constantin), *La Mort était leur mission*, Plon, 1996.
Mitterrand (François), *Mémoires interrompus*, Odile Jacob, 1996.
Mitterrand (Danielle), *En toutes libertés*, Ramsay, 1996.
Molho (Danièle), *François Mitterrand*, éd. Milan, 1996.
Montaldo (Jean), *Lettre ouverte d'un « chien » à François Mitterrand au nom de la liberté d'aboyer*, Albin Michel, 1993.
Montaldo (Jean), *Mitterrand et les 40 voleurs*, Albin Michel, 1994.
Montaldo (Jean), *Rendez l'argent*, Albin Michel, 1995.
Nay (Catherine), *Le Noir et le Rouge*, Grasset, 1984.
Nay (Catherine), *Les Sept Mitterrand*, Grasset, 1988.
Péan (Pierre), *Affaires africaines*, Fayard, 1983.
Péan (Pierre), *L'Homme de l'ombre : Jacques Foccart*, Fayard, 1990.
Péan (Pierre), *Vol UTA 772*, Stock, 1992.
Péan (Pierre), *Une jeunesse française*, Fayard, 1994.
Péan (Pierre), *L'Extrémiste : François Genoud, de Hitler à Carlos*, Fayard, 1996.
Plenel (Edwy), *Mourir à Ouvéa*, La Découverte, 1988.
Plenel (Edwy), *La Part d'ombre*, Stock, 1992.
Pomateau (Jacques), *L'État et l'école en France*, Payot, 1985.
Pontaut (Jean-Marie) et Derogy (Jacques), *Enquête sur trois secrets d'État*, Robert Laffont, 1986.
Pontaut (Jean-Marie) et Derogy (Jacques), *Enquête sur un Carrefour dangereux*, Fayard, 1987.
Pontaut (Jean-Marie) et Prieur (Dominique), *Agent secrète*, Fayard, 1995.
Pontaut (Jean-Marie) et Dupuis (Jérôme), *Les Oreilles du président*, Fayard, 1996.
Pradinaud (Bernard), *Nos années Mitterrand*, Édition n° 1, 1995.
Rondeau (Daniel), *Mitterrand et nous*, Grasset, 1994.
Seguéla (Jacques), *La Parole de Dieu*, Albin Michel, 1995.
Silberzahn (Claude), *Au cœur du secret*, Fayard, 1995.
Wolton (Thierry), *Les Écuries de la Vᵉ République*, Grasset, 1989.

Ont été consultés en outre la collection des organes de presse suivants : *France-Soir, L'Événement du jeudi, L'Express, L'Idiot international, Le Canard enchaîné, Le Figaro, Le Journal du dimanche, Le Monde, Le Nouvel Observateur, Le Point, Libération, Minute, VSD*

Index

Abd el Wahhab (Mohamed), 15-16, 18.
Abdallah (ibn Abd el Aziz, prince), 15-16, 18.
Abessole (M'ba), 301.
Adham (Omran), 156.
Agça (Ali), 21.
Alain, 238, 239.
Albrecht (Bertie), 182, 198.
Alençon (Pierre d'), 193.
Alençon (Véronique d', Mme Yves Mourousi), 193.
Allégrini (Jean), 95.
Allende (Salvador), 22, 28.
Alloncle (Gérard), 103, 105, 107.
Al-Massaari (Mohamed), 15.
Almory, 69.
Al-Otaibi (Jouhaymane), 12.
Ancian (Jean-Marc), 74.
Anderson (Terry), 314.
Andriès (adjudant), 260.
Andropov (Youri), 319.
Angeli (Claude), 210, 212, 227-228, 230, 247, 268.
Aoun (général), 323, 324.
Arafat (Yasser), 41, 43, 156, 158.
Assad (Hafez el-), 155.
Assad (Riferat el-), 155.
Attali (Bernard), 125.
Attali (Jacques), 125, 130, 243, 298-299, 319, 322.
Aubert (François d'), 309.
Audibert (Jean), 104, 109.
Audran (général), 98, 246, 306.
Augendre (Jean-Pierre), 265.
Auque (Roger), 191.

Bacelon (Jacques), 63, 83-84.
Badinter (Élisabeth), 222.
Badinter (Robert), 71, 164.
Balladur (Edouard), 90, 95, 274, 277.
Bardon (Claude), 270, 295, 308.
Baroin (Michel), 306-307.
Barril (Patrick), 262, 285.
Baudelot (Yves), 236.
Baudet (Jean-Louis), 170.
Beau (Jean-Michel), 59, 67-68, 239, 240, 269.
Beaucé (Thierry de), 111.
Beaujolin (Gilbert), 142, 144, 148.
Ben Abdulaziz (Nawaf), 289.
Benamou (Georges-Marc), 269.
Ben Barka (Mehdi), 143, 158.
Bennour (Ahmed), 157.
Bensaïd (Daniel), 73, 224.
Ben Talal (Walid), 18.
Bérégovoy (Pierre), 127, 131, 172, 180, 274, 306, 307.

Bergé (Pierre), 198, 269, 293-295.
Berger (Claude, Mme Durand de Grossouvre), 142.
Bermont (Jean-Marie), 69.
Bernstein, 271.
Berti (Philippe), 81, 242.
Besset (Jean-Paul), 207, 211, 213-214, 222, 317.
Bhutto (Benazir), 170.
Bianconi (Jean), 297-298.
Billard (Lionel), 264.
Blanc (Christian), 299-300.
Blanc (Lucien-Aimé), 50, 112.
Blancheteau (Maurice), 69.
Bode (Thilo), 317.
Boistel (Barbara), 226.
Bokassa (Jean-Bedel), 115, 152, 302.
Bongo (Omar), 45, 106, 301.
Bonnet (Yves), 163.
Borras (capitaine), 257.
Boucheron (Jean-Michel), 109.
Bouchet (Paul), 269-276, 278.
Boulouque (Gilles), 98.
Bouquet (Carole), 266.
Bourget (Jacques-Marie), 200, 210.
Bourguiba (Wassila), 157.
Bourret (Jean-Claude), 81-82, 280.
Bousquet (capitaine), 141.
Bousquet (René), 189, 191, 308.
Brimo (Nicolas), 214, 215.
Brocard (Véronique), 53, 223.
Broglie (Jean de), 78.
Broussard (Robert), 61-63, 72, 73.
Brown (James), 205.
Bruguière (Jean-Louis), 62, 178, 235, 266, 301-302.
Brusini (Hervé), 238, 242.
Burguburu (Danièle), 95-96.
Burguburu (Jean-Marie). 110.
Bush (George), 317.

Cabu, 225.
Caldironi (Fabien), 95, 97-98.
Calo (Bele), 111-112.
Caradech (Jean-Michel), 296-297.
Careil, 208-209.
Carlos, 58, 267, 300.
Carmichael (lieutenant), 81.
Castro (Françoise, Mme Fabius), 217, 219, 220, 221, 266.
Caudan, 67.
Ceausescu (Nicolae), 302.
Cette (adjudant), 294.
Chadli (président), 320.
Chalet (Marcel), 43, 153, 163.
Chalier (Yves), 103, 226.
Chanas (Jean-Louis), 101-102, 107, 299.
Chaput (Corinne), 264, 271-272.
Charasse (Michel), 94, 109, 116, 133. 152, 171, 182, 198, 282, 310-311.
Charrier (colonel), 210.
Charroy (général), 93, 101.
Chassigneux (Pierre), 120, 182.
Chevènement (Jean-Pierre), 146.
Chirac (Jacques), 24, 33, 49, 91, 94 114, 128, 134, 136, 200-201, 217, 246, 258, 295, 298, 305-306, 325.
Clamagirand (Hélène), 326.
Clarhaut (Alain), 95.
Claustre (Françoise), 151.
Clinton (Bill), 43, 313.
Colas (Alain), 199
Colas (Teura), 199
Colé (Gérard), 132-134
Colliard (Jean-Claude), 267.
Colombani (Jean-Marie), 279, 321.
Comte (Antoine), 205, 233-235, 267.
Cresson (Édith), 125.
Crozemarie (Jacques), 100, 135.
Cruse (Jean-Paul), 200.
Cuningham (lord), 58.

Dacko (David), 152.
Danet (Olivier), 19-20.
Daniel (Jean), 39.
Darnand (Joseph), 141, 147.
Dassault (Marcel), 168.
Debray (Régis), 28-29, 39, 125, 134, 196, 198.

Debré (Michel), 93.
Defferre (Gaston), 22, 52, 59, 64, 135, 149-150, 153, 179-180.
Deiber (Jean), 214.
Delebois (Jacques), 103.
Deleplace (Bernard), 217-218, 222, 227.
Deloncle (Eugène), 189.
Delors (Jacques), 171-172.
Dematteis (Raymond), 116, 291.
Denard (Bob), 110, 252.
Derogy (Jacques), 50.
Desgorges (professeur), 66.
Désir (Harlem), 109.
Devilliers (Jacky), 41, 248.
Deutch (John), 314.
Dianou (Alphonse), 299.
Dlimi (Ahmed), 158.
Doucé (Joseph), 270, 294-295, 307.
Doumeng (Jean-Baptiste), 197.
Doust (Rafiq), 170.
Dubos (Jean-François), 21, 51, 77, 79, 81, 83-85, 87-88, 98, 149, 159, 298.
Dubos (Mme), 98.
Duboys, 150.
Dufoix (Georgina), 140, 270.
Dufourg (Jean-Marc), 270.
Duhamel (Alain), 279.
Dulac (René), 110.
Dulaurence (Colonel), 152.
Dumas (Roland), 26, 125, 142, 144, 198, 290.
Dupuis (Jérôme), 134, 204.
Duroy (Lionel), 223-224.
Duvalier, 68, 70.

Eechout (colonel), 96, 97, 107.
Elkabbach (Jean-Pierre), 300.
Emin (général), 208-209.
Empain (Jean-Édouard), 205.
Engrand (Alexandre), 69-70.
Erhel (Catherine), 223-224.
Esquivié (Jean-Louis), 31, 53, 74, 99, 105, 107-108, 165, 181, 207, 226, 228, 277-279, 292, 321.
Evain, 150.

Fabius (Laurent), 67, 70, 133, 198, 207-208, 211, 213-222, 228, 241, 266, 278, 317.
Fadlallah (cheikh), 161.
Fagart (Thierry), 63, 83, 84.
Fahd (roi), 14-16, 170.
Fajardie (Roger), 149.
Faligot (Roger), 146.
Faure (Jean-Louis), 293-294.
Faure (Maurice), 188, 190.
Favier (commandant), 281.
Fayçal (Saoud el-), 18.
Feilberbaum (Joachim), 144.
Ferrand (Christian), 291.
Filippini (Mireille), 307.
Fleury (général), 107.
Fleury (Jean-Pierre), 109, 154.
Foccart (Jacques), 107, 150, 153, 300.
Foucault (Michel), 206.
Fourcade (Marie-Madeleine), 187, 189, 191, 194.
Fournier (Joseph), 44, 198, 257.
Franceschi (Joseph), 24, 47, 52, 61, 62, 72.
Fresnel (François), 190.
Freudenreich (Peter), 171.
Frey (Roger), 145.
Froment-Meurice (François), 266.

Gallo (Max), 75-76, 89.
Galopin (Pierre), 151
Gandhi (Rajiv), 290.
Garcia (Alan), 170.
Garcia Vargas (Julian), 276.
Garretta (Michel), 125, 225.
Gaulle (général de), 148.
Gemayel (Amine), 140, 158.
Gemayel (Béchir), 140.
Gemayel (Pierre), 49, 140-141.
Genoud (François), 300.
Genthial (Jacques), 197.
Georges (commandant), 262.
Ghedira (Ameur), 157.

Giesbert (Franz-Olivier), 279.
Gilleron (Pierre-Yves), 39, 53, 97, 100, 111, 207, 228, 243, 277, 279, 292-295, 301, 303.
Giraud (André), 93, 208.
Giscard d'Estaing (Valéry), 115
Gonsales (contrôleur), 145.
Gorbatchev (Mikhaïl), 317.
Gourevitch (Jean-Michel), 81-82.
Grillot (colonel), 259.
Grimaud (Maurice), 135.
Grossin (général), 25.
Grossouvre (François Durand de), 21, 23, 25, 31, 34, 36, 41, 45, 48, 49, 58, 74-75, 104, 108, 110-111, 116, 119-124, 126-131, 133-135, 137, 139-145, 151-163, 168-185, 193, 195, 198, 280, 282, 284, 294, 302-303, 306, 310-311, 319, 322, 323, 325.
Grossouvre (Maurice Durand de), 140.
Grossouvre (Nathalie Durand de), 154.
Grossouvre (Patrick Durand de), 172.
Gubler (docteur), 27, 88, 133, 135, 192.
Guézou (Jean-Yves), 132, 180, 278, 279-280, 282, 306.
Guisnel (Jean), 318, 321.

Habré (Hissène), 151-152.
Habyarimana (président), 176.
Habyarimana (Mme), 177.
Hagopian (Hagop), 46.
Hallier (Jean-Edern), 187-201, 267, 279, 294, 303.
Hanin (Roger), 125.
Hariri (Rafik), 102, 289.
Heinrich (Jean), 159, 170.
Hennezel (Marie de), 140.
Heraud (Jacques), 176.
Hernu (Charles), 20-21, 23-24, 35-36, 41, 44, 75, 76, 77, 88, 98, 128, 149, 153, 190, 207-215, 218, 256, 260.
Herzog (Maurice), 144.
Hinckley (John), 21.
Hobeika (Élie), 102.
Holden (Roberto), 199.
Hussein (Saddam), 313, 319.

Imbot (général), 268-269.
Isnard (Jacques), 321, 322.
Iyad (Abou), 156, 157.

Janin (juge), 257.
Janvier (colonel), 133.
Jarreau (Patrick), 219.
Jean-Pierre (Thierry), 131, 157-158, 306.
Jégat (Bernard), 29, 39-40, 207, 229-230, 232-243, 300.
Jordan (professeur), 66.
Joumblatt (Walid), 170.
Joxe (Pierre), 90, 130, 165, 167-168, 197, 212, 223, 227, 238, 240-241, 243, 257, 285, 303.
July (Serge), 223, 267, 270, 279.
Juppé (Alain), 91, 276.

Kadhafi, 151, 321.
Kaehlin (Gilles), 149, 170.
Kagamé (Paul), 176.
Kahn (Jean-François), 236.
Kahn (Marcel), 198.
Kalfon (Claude), 120, 133.
Kattan (Don), 171.
Khazizian (Claude), 24, 114.
Khomeiny (ayatollah), 14, 17, 187, 246.
Kiejman (Georges), 40, 88, 198, 223.
Kihr Il Sung, 157.
Kolingba (général), 115-117, 152.
Krivine (Alain), 73, 206, 211, 218, 222, 224.
Krop (Pascal), 146.

Lacaze (général), 187, 209, 212.
Lacoste (amiral), 153, 208, 212, 269.
Lafitte (Éric), 267.
Laignel (André), 171.
Lalo (Christine), 234.
Lambert (Christian), 69, 239.

Lambert (Yannick), 296.
Lambinet (Michel), 45-46, 49.
Lang (Jack), 198, 309.
Lanxade (Jacques), 319-320.
Laroche (juge), 68.
La Rocque (colonel de), 189.
Lascorz (Charly), 228.
Laurent (Frédéric), 146, 170.
Laurent (Yves), 307.
Léauthier (Alain), 268, 271.
Le Caro (Alain), 30, 111-114.
Le Cavelier (Gilbert), 228, 232.
Leclerc (Henri), 88.
Lefranc (Jacques), 100-101.
Legendre (Bertrand), 212-213, 215-216, 229, 232-233, 235-236.
Legorjus (Philippe), 296-299.
Lellouche (Sydney), 226.
Lenoir (Jean-Pierre), 143.
Léonard (Philippe), 19.
Léotard (François), 281-282.
Le Pen (Jean-Marie), 267.
Leroy-Finville, 143, 150.
Lesquer (Jean), 209, 260.
Lévy (Claude), 241.
Lévy (Raymond), 105.
Libois (Jean), 273.
Lignières, 150.
Lionnet, 150.
Lissouba (président), 53, 107, 295.
Llitjos (Pierre), 277.
Loisy (Claude), 126.
Lorenzoni (Marcel), 61.
Lousky, 69.
Lubrani (Uri), 170.
Lucas (Jean), 237-238, 243.
Lucet (René), 179-180, 307.
Lutbert (Yves), 95-99.
Lutz (Gustav), 171.

MacFarlane (Robert), 170.
Machoro (Éloi), 297.
Madelin (Philippe), 225.
Mafart (Alain), 247, 257, 260.
Maï Feng, 144.
Majinsky, 147.
Malley (Simon), 283.
Maloubier (Bob), 150.
Mantion (colonel), 112, 115.
Mao Tsé-toung, 143, 149, 309.
Marchiani (Jean-Charles), 151.
Marcotte (capitaine), 246.
Marenches (Alexandre de), 150, 153.
Marion (Georges), 71, 73, 78, 83, 86, 167, 168, 204, 206, 211, 214, 225, 227-230, 232, 235, 238, 240-242, 244, 268, 269, 317, 321.
Marion (Pierre), 44-46, 51, 150, 153, 155, 156, 259, 318.
Marolles (général de), 209.
Maroun (Samy), 49, 154.
Marsaud (Alain), 236.
Marty (Claude), 301.
Massé (Pierre), 293.
Masselin (capitaine), 297.
Massimi (Pierre-Jean), 71.
Mauchand (Michel), 100, 105.
Mauroy (Pierre), 20, 139.
Méhaignerie (Pierre), 266.
Mehri (Djilali), 320, 321.
Melnik (Constantin), 93.
Ménage (Gilles), 31, 32, 49, 51, 53, 62, 64, 71, 75, 87, 94, 110, 111, 114, 121, 125, 130, 132-137, 139-143, 145, 148, 149, 154, 156, 161, 163-165, 167-170, 172, 175, 181, 182, 188, 190-196, 198, 204-206, 212, 222-223, 227-228, 232, 243-244, 257, 265-270, 272, 277-279, 289-291, 293, 295, 298, 303, 308, 310, 319-322.
Mendès France (Pierre), 145, 148.
Merli (Pierre), 23.
Mesrine (Jacques), 50, 61, 63.
Mezo (Étienne), 289-290
Miaillier (Thierry), 105-106, 108
Millon (Charles), 91.
Minaberry (Jean-Pierre), 177.
Minchelli (Paul), 269.
Mitterrand (Danielle), 23, 30-31, 109, 125, 135, 157, 189, 199, 215.

Mitterrand (François), 20, 22, 24-26, 29, 31-34, 36, 38-39, 42, 46-49, 53, 57, 59-60, 67, 71, 90-91, 93-95, 98, 105, 107-110, 113, 115-116, 119-120, 121, 123, 125, 127, 129, 130-135, 137, 139-140, 144-146, 148-150, 152-154, 156-159, 161, 164, 167, 169, 170-171, 173, 178, 181-183, 187-192, 195, 198-201, 207-208, 210-215, 221, 226, 249, 252, 257, 260, 264-265, 267, 269, 276, 280, 282, 289, 294, 298, 299, 306, 308-311, 319, 320, 322.
Mitterrand (Gilbert), 109.
Mitterrand (Jacques), 45, 150.
Mitterrand (Jean-Christophe), 108-109, 154, 157.
Mobutu (Sese Seko), 45.
Molho (Danièle), 220.
Monate (Gérard), 227.
Mongin (Pierre), 274-275.
Montaldo (Jean), 172.
Montoya (Robert), 95, 97, 111.
Moreau (Éric), 51, 63, 163.
Morrachini (Marie-Paule), 105.
Mouchon (Louis), 149, 150.
Moulin (Jean), 182.
Mourier (Régis), 280.
Mourousi (Yves), 193.
Mutin (Pierre), 42.
M'Zali (Mohammed), 157.

Navarro (José), 239.
Naville (Claude), 210.
Neave (Airey), 57.
Nekli (Yahia), 145.
N'gouabi (Marien), 106.
Ngouelondele, 106-108.
Ngouelondele (Emmanuel), 105-108.
N'guesso (Sassou), 105-106, 110.
Nick (Christophe), 229, 275, 318.
Nidal (Abou), 37-38, 40, 157.
Nixon (Richard), 264.
Noyelle, 52.
Nucci (Christian), 103, 125, 226.
Nut (colonel), 306.

Ockrent (Christine), 19, 279.
Orluc (Jean), 52-53, 277.
Orr (Andrew), 229, 233-235, 238, 240-241.
Orsoni (Alain), 60-62, 71, 73-74, 196.
Orsoni (Guy), 71-73.
Orsoni (Roger), 72.
Ouahtani (Mohamed el-), 12.
Oueddeï (Goukouni), 151.

Pacepa (Ion), 302.
Padirac (Alain), 207.
Pandraud (Robert), 136.
Paquet (inspecteur), 35, 36.
Parant (préfet), 198.
Parisot (Pascal), 295.
Pasqua (Charles), 93, 136, 266, 314.
Patassé (Ange), 115-117.
Péan (Pierre), 53, 187, 189, 229, 238-239, 274-275, 293, 300-303, 318.
Pelat (Roger-Patrice), 130, 131, 148, 154, 157, 189, 190, 306, 322.
Pellegrini (Charles), 50, 52, 71, 89-90, 95, 112.
Pellegrini (Geneviève), 95.
Penne (Guy), 32, 70, 152.
Perrimond (Guy), 167, 274, 303.
Perrin (Jean-Michel), 177.
Pétain (maréchal Philippe), 141.
Peyrot (Maurice), 232.
Pichon (Bernard), 170.
Picon (capitaine), 297.
Pineau-Valencienne (Didier), 313.
Pingeot (Anne), 31, 120, 149, 169.
Pingeot (Mazarine), 31, 33, 113-114, 120, 125, 149, 190.
Pinochet (général), 22.
Pisani (Edgard), 42.
Plenel (Edwy), 32, 73, 167-168, 189, 197, 206, 210-242, 244, 268, 270-272, 275, 317, 321.
Plunkett (Michael), 40, 57-58, 234-238, 241.

Poirotte (Gérard), 132.
Poivre d'Arvor (Patrick), 319.
Pomateau (Jacques), 225.
Pons (Bernard), 298, 299.
Pontaut (Jean-Marie), 50, 134, 204.
Poperen (Jean), 216.
Prévost (Nathalie), 275.
Prieur (Dominique), 247, 257.
Prouteau (Christian), 20, 23, 25, 29-31, 39-40, 45, 47-49, 51, 59, 62, 63, 67-68, 73-80, 82-83, 85, 87-89, 97-101, 103-104, 113-114, 128, 136, 149, 163, 165-166, 190-194, 198, 228, 236, 240, 243-244, 260, 265-269, 272, 277-279, 283, 297-298, 303, 311, 321.
Puisais (Harris), 131, 306.

Quilès (Paul), 214-215.

Rabin (Yitzhak), 43, 102, 132.
Rampion (procureur), 84.
Rassam (Jean-Pierre), 267.
Rauffer (Xavier), 228.
Reagan (Ronald), 21.
Reid (Mary), 241.
Renon (Gérard), 280.
Rizzo (Patrick), 326.
Robert (colonel), 107.
Rocard (Michel), 301.
Rocca (Michel), 69.
Rochet de La Baume de Dupuy-Montbrun (Charles-Armand Maurice de), 177.
Rondeau, 150.
Rosso (Félix), 71.
Rougelet (Patrick), 103.
Rouillan (Jean-Marc), 62-63, 74, 76, 78, 83-85, 88-89, 196.
Rousselet (André), 135.
Royal (lieutenant), 252.
Royal (Ségolène), 252.
Rozès (Simone), 96.
Ruggeri (Christian), 23.

Sadate (ahouer el-), 22.
Sadon (Paul-André), 96.
Sadr (Bani), 194.
Sales (Claude), 217.
Sansaricq (Bernard), 70.
Saulnier (Jean), 153, 163, 209, 212.
Savimbi (Jonas), 106.
Schmelck (Robert), 270.
Schwartzenberg (Léon), 125.
Schweitzer (Louis), 133, 214, 278, 279.
Sengelin, 307.
Serra (Narcis), 276.
Servan-Schreiber (Fabienne), 221.
Sharon (Ariel), 40, 43.
Silberzahn (Claude), 318-321.
Soltan (prince), 16, 18, 283.
Soudet (Laurence), 120, 323.
Souss (Ibrahim), 42.
Storti (Martine), 207, 218.
Suarez (Adolfo), 276.
Szpiner (Francis), 75-80, 82-83, 86, 88, 196, 232, 236, 326.

Tabet (Émile), 98.
Tamraz (Roger), 99, 100, 103.
Tandler (Nicolas), 228.
Tapie (Bernard), 88, 113, 115, 125, 199.
Tarallo (André), 301.
Tarnero (Jacques), 207, 217, 218, 221.
Tarot (docteur), 140.
Telliez (Alain), 277.
Thatcher (Margaret), 57-58.
Théret (Max), 197.
Thiriez (Frédéric), 52, 63, 223.
Thomas (Général), 41, 66.
Thomas (René), 120, 323.
Tillier (Jacques), 78, 83, 86.
Tissier (Michel), 277.
Tourancheau (Patricia), 270-271, 274, 318.
Traeger (René), 307.
Trang (Joséphine), 326.
Trey (Pierre), 217.
Tricot (Bernard), 211.
Turenge (époux), 208, 211, 247.

Ursulet (Alex), 326

Vaillant-Couturier (Paul), 76.
Valat (Jean-Paul), 31, 56, 132-133, 190-191, 243-244, 264-268, 271-272, 276, 278-279.
Valentin (François), 146.
Vallaeys (Béatrice), 232-234, 242, 267.
Varga (Pierre de), 78, 87.
Vasquaises (Piédade), 190.
Verbrugghe (Pierre), 164, 227, 270, 285, 295, 308
Vergès (Jacques), 88, 183, 200, 326.
Verleene (juge), 232, 235, 241, 266.
Vidal (général), 299.
Villeneuve (Charles), 80, 81, 137.
Violet (Bernard), 295.

Weber (Henri), 207, 219, 221.
Wild (Pierre), 307.
Windels (major), 68.
Woodward (Bob), 271.

Zinzon (Lionel), 218-219.
Zunjensky (Victor), 147.